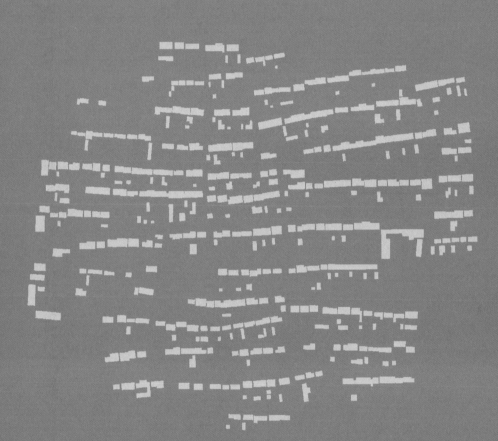

中国传统聚落
保护研究丛书

江西聚落

姚糖 蔡晴 著

国家重大出版工程项目
"十三五"国家重点图书

中国建筑工业出版社

总编委会

顾　问：

张锦秋　　陆元鼎　　王建国　　孟建民　　王贵祥　　陈同滨

编委会主任：

常　青

编委会副主任：

沈元勤

总主编：

陆　琦　　胡永旭

委　员：（按姓氏笔画排序）

王　军	王金平	韦玉姣	冯新刚	朴玉顺	刘奔腾	关瑞明
李群(女)	李群(男)	李东禧	李树宜	杨大禹	吴小平	余翰武
张兴国	张鹏举	陆　峰	范霄鹏	金日学	周立军	郑东军
单晓刚	赵之枫	姚　赯	贾　艳	高宜生	郭　建	唐　旭
唐孝祥	黄　耘	黄文淑	黄凌江	韩　瑛	靳亦冰	雍振华
燕宁娜	戴志坚	魏　秦				

《中国传统聚落保护研究丛书　江西聚落》

姚　赯　蔡　晴　著

审　稿：徐少平

序一

一、引子

中国传统文化将一个地方的环境气候和风俗民情的特质和韵味称为"风土"。《国语·周语上》韦昭注："风土，以音律省土风，风气和则土气养也"，即从当地方言的乡音民谣中便可感知一方土地、民风的文化气息，因而"风土"一词与英文的Vernacular近义。"风"指风习、风俗、风气，"土"指水土、土地、地方，所谓一方水土养育一方人，供奉一方神，从这个意义上，"风土"与西方的"场所精神（Genius Loci）"也有一定的关联性。日本近代哲学家和辻哲郎著有《风土》一书，他对"风土"的定义是自然环境气候诸因素加上"景观"，这里的"景观"应指审美角度的自然和人文两个方面，二者相融合的文化景观就是一种典型的传统聚落。

然而，在当今乡村振兴的时代大潮中，传统聚落最常见的关键词是"乡土"而非"风土"，差不多已约定俗成了。"乡土"一词是中国农耕社会中故乡、家乡、老家和乡下的意思，至今中国社会还延续着这个传统的语义。但中文"乡土"与英文Vernacular的语境存在差异，因为西方并不存在以宗法制为基础的传统乡民社会，其乡村也就不会有类似于中国"乡土"的概念内涵。而乡村的发展前景是要走出农耕语境的乡土，留住文化记忆的乡愁，延续场所精神的风土，再造生态文明的田园。再说自近代以来，乡土并不包括城里的传统聚落，比如北京的胡同，西安、成都、苏州的巷子，上海的弄堂等属于"风土"而非"乡土"的范畴。

自1930年朱启钤先生发起成立中国营造学社以来，在梁思成和刘敦桢两位学科巨擘的引领下，我国建筑界对传统民居和乡土建筑的研究持续推进，成就斐然，形成了传统建筑研究的一大专业领域。但如何使这些研究更多地关联和影响城乡建设的进程，对整个建筑类学科都是一个很大的挑战。

二、中国传统聚落的源流与特征

1."匝居"与城乡同构

中国传统聚落营造的信史可追溯到商周时期的聚落遗址。其中有关"营造"的最早文字记载见于《诗·大雅·灵台》："经始灵台，经之营之"。这里的"经"，是策划、管控的意思；而"营"，原意即"匝居"，是围而建之的意思，例如"营窟""营市（阛、阓）""营垒""营国"等一系列聚落营造范畴的词汇。因此，古代聚落即以"匝居"的方式，形成血缘的乡村聚落，地缘的城邑聚落，以至作为国家统治中心的都邑聚落——都城。这些华夏聚落以宗庙或祠堂为空间秩序的中心，以城垣壕堑为空间领域的边界，虽层级和功用不同，但从深层构成看却大多同构，保持和发展着"匠居"的聚落营造方式，从而部分地诠释了城乡一体的"亚细亚生产方式"学说。因为，一方面，许多乡村聚落拥有城垣、堡楼、街坊、庙宇等要素，俨如一座座城邑，如从汉代的"坞堡"到明清的庄寨、围堡均是如此；另一方面，城邑甚至都邑虽然看上去坚固伟岸，依然不过是政治权力和经济活动高度集中，等级制度极为森严，壕堑防卫更加严密，水平向扩展开来的巨型村寨而已，是乡村聚落的放大升级版。

2. 聚落原型与变换

从"匠居"的外在方式到聚落的内在构成，可以看到中国传统聚落源于商周"井田制"的"井"字形空间概念及其原型意象。所谓"井田制"，即以王室收取贡赋为目的的土地经营制度和划分方式。如周代王室拥公田，公卿以下据私田，遗有周代理想的营国制度，以百亩为夫，九夫为井，九井为国（都邑）。据此制度，田野的纵横阡陌就演变为聚落内经纬交错的街衢，并围合成间、里等空间尺度及单位。后世的里坊、厢坊、街坊，以及后来的胡同、街巷和弄堂等都是这样演变而来的。但这一"井"状网格空间原型的聚落并非处处趋同，而是因地制宜，异彩纷呈，依循了"因天材，就地利，故城郭不必中规矩，道路不必中准绳"（《管子·立政篇》）的变通法则，适应地理环境和地貌条件的差异而产生拓扑变换。这就犹如某种语言，尽管"方言"各异，但"句法"和"语义"相通。或许以这样的解读，方可辩异认同、知恒通变，把握住中国传统聚落的结构本质及其演变方向。

3. 水系与聚落分布

中国传统聚落源于近水的邑居，据《史记·五帝本纪》："禹耕历山……一年而所居成聚，二年成邑，三年成都"。其中，对水畔、雷泽、河滨等的劳作场所描述，均寓意了聚落是伴水而生的文化地景。甲骨文中的"邑"字右边旁加三撇表示傍水，即"邕"字的金文来历，同样表示聚落即环水的邑居。除了统治与防卫上的考虑，古代聚落选址的首要地理条件，是必须依傍满足漕运需要，方便物资供给的水系。因此，自上古以来聚落选址一般都位于大河的二级台地或其支流的一级或二级台地上。在物流以漕运为主的古代，这些水系可以说是聚落生存的命脉，对于都城而言尤甚，如长安、洛阳、汴梁（开封）沿黄河及其支流东西走向一字排开，建康（南京）、江都（扬州）濒临江淮，北京（涿郡）和临安（杭州）则处于南北大运河的两端。实际上历代中心聚落——都城在空间上的移动，均因应了文化地理的条件和漕运线路的兴衰，并与社会动荡、族际战争和人口迁徙相伴随。

4. 乡村风土聚落

在中国古代，与城邑聚落不同的是，乡村聚落社会是按血缘关系和经济共同体为纽带所形成的聚居系统，聚族而居的社会秩序和居住形式仰赖宗法制度维系，特别是自宋代以来，程朱理学倡导"敬宗收族"，形成了以祠堂、族田和族谱为核心的宗族组织及其聚居制度，宗法的社会结构更加趋于自组织化。但由于特定地域下的自然环境（如气候、地貌、水土、材料等）和人文环境（如宗法、宗教、数术、仪式等）的差异，聚落中的宗法秩序和空间布局亦有着同中有异的呈现方式，营造活动很少有统一法式的约束，较之城邑营造更加因地制宜，灵活多变，因而在与自然地景融为一体的有机生长中，保留了纯朴的古风和浓郁的地方性，可以说是千姿百态，谱系纷呈，表现了与西方的"场所精神"相类似的地方特质。以下按地理纬度和等降水量线，将中国各地域的聚落建筑分为四个区段。

1）农耕—游牧混合地区，即400毫米等降水量线以北半干旱北方地区的聚落建筑。如昆仑山南北侧和蒙古草原上游牧民族的帐幕、蒙古包；塔里木盆地周缘突厥语族—东伊朗民族的木构平顶阿以旺住宅；青藏高原上的藏式碉房，甘青地区各族建筑元素相混合的"庄窠"式缓坡顶两合院与三合院，以及青藏高原东部边缘的羌式碉房及合院等。

2）西北、华北和东北地区，即400毫米等降水量线以南至800毫米等降水量线以北之间半湿润北方地区的聚落建筑。如豫、晋、陕、甘各式窑洞，木构坡顶及包砖土坯（胡墼）墙房屋组成的晋系狭长四合院；东北、京、冀、鲁、豫木构坡顶、平顶、囤顶建筑构成的宽敞四合院等。

3）西南、江淮、江南地区，即800毫米等降水量线以南湿润地区的聚落建筑，如川、黔、桂、滇地区，以穿斗体系、干阑—吊脚为显著特征的楼居及合院，藏缅语族各民族的"土掌房""一颗印"（"窨子屋"）"三坊一照壁"等合院；湘、赣、闽北地区"四水归堂"的天井合院或"土库"建筑；江淮地区介于南北方之间的合院和圩堡；徽州地区以堂楼为中心，高耸的马头墙、墙厦、精工木雕、楼面地砖为特色的天井合院；江浙地区穿斗—抬梁混合式的多进厅堂和宅园等。

4）华南地区，即大部处于1600毫米等降水量线范围的高湿多雨地区聚落建筑，如闽南、粤北地区客家、潮汕（闽系）聚落以夯土墙和木屋架构成的大厝、土楼、土堡、围龙屋；粤南广府地区大屋、天井、冷巷构成的合院群等。

总体而言，延续至今的乡村传统聚落基本上都是明清以来的遗存，说明经过两晋南北朝开始的由北而南为主流的历次民族、民系大迁徙，明清时期各地乡村建筑相对稳定的地域分布格局已基本形成，可以从民间流传的营造匠书和聚落族谱中得到印证。如元明之际的《鲁般营造正式》、明万历年间的《鲁班经匠家镜》和清末民初的《营造法原》等，对江南地方的民间建筑影响尤其广泛。

至于少数民族地区的乡村传统聚落，因源于不同的文化传统，其构成及相互关系比较复杂，与汉民族聚落也存在交融现象。比如，明清两代逐渐推进"改土归流"，在南方的少数民族地区以"流官"管理制取代"土司"世袭制，推进了汉族与少数民族的异质文化交融，但后者的"熟化"（或"汉化"）程度，大大超过了前者的"夷化"。

自1930年中国营造学社成立以来，在梁思成和刘敦桢两位学科巨擘的引领下，建筑史界对乡土民居的研究成就斐然，形成了传统建筑研究的分支领域。跨世纪以来，建筑史界对传统民居的人文地理背景和建筑形态分布区系已有一些学术探讨，并有过以传统建筑结构类型为主线的地域区划专题研究。但是这些研究成果怎样对城乡改造中的遗产保护难题产生积极影响，还有待实践中的借鉴和运用。

三、城乡改造与传统聚落

1. 消亡中的乡愁载体

自19世纪末以来，直到改革开放之前，传统中国逐渐从农耕文明走向了工业文明，演变进程是相对缓慢曲折的。尽管传统聚落的宗法社会结构已经崩解，但血缘和宗族关系依然得以延续，聚落的空间结构和传统风貌依然大致如故。随着近30年来城镇化和城乡改造浪潮的冲击，传统聚落的文化特征已发生巨变，大部分古城只保留着少量的历史文化街区。作为乡村传统聚落的大多数村镇，经过撤并集聚或自发式改造，使原有的自然和社会生态系统瓦解或巨变，残留下来比较完整，较多保留着原生态风貌的多在边远山区，占比很大的部分已破败不堪，或被低质化改造，总体上正以极快的速度趋于消亡。

据中外学者的研究，民国时期的城镇化水平不过10%左右，中华人民共和国成立直到改革开放前也只达到17%左右。20世纪70年代末改革开放以来，城镇化开始飞速地发展，城镇化率2018年已达59.58%，其中城镇户籍人口42.35%（包括拥有宅基地的部分镇人口和城中村人口），与欧美约75%~85%及日本93%的城镇化率相比仍差距明显。截至2016年，我国乡村自然村仍有244.9万个，基层自治管理单位"村民委员会"52.6万个，乡村户籍人口7.63亿，常住人口5.6亿，在本地和外地谋生的农民工约2.88亿。2017年全国城乡人均收入倍差2.72，一些贫困的山区和边远地区农村人均收入与全国城乡平均收入倍差则远高于这个数字，这些地方的衰败或空村化现象更加严重（数据来源自2017年、2018年国家统计局公布的数据）。

虽然这种文明进程在任何一个走向现代化的农耕社会迟早都会发生，但是中国作为人类文明诸形态中唯一保持了连续性进化的国家，文化传统的基因和源头即存在于城乡传统聚落之中。这一"乡愁"载体的消亡，不但会使国家和地方失去身份认同的文化根基，而且会使城乡一体化发展的战略目标发生偏差。

2. 风土建成遗产

在中国传统聚落的话语体系中，"民居"是对功能类型而言，"乡土"是对乡村聚落而言，而"风土"是对城乡聚落及其文化地理背景而言，三者均属同一范畴。因此，乡村聚落也是最具文化载体性的风土聚落，呈现了各个地域环境、气候和民族、民系背景下异彩纷呈的风土特质。西方的风土建筑研究可以追溯到法国18世纪新古典主义理论家德·昆西（Quatremère de Quincy），他最早指出了建筑语言的风土（Vernacular）和习语（Idiom）属性。到了当代，英国建筑理论家兼乡村爵士乐作曲家鲍尔·奥利弗（Paul Oliver，1927—），集风土建筑研究大成，在1997年出版了覆盖全球的《世界风土建筑百科全书》（*Encyclopedia of Vernacular Architecture of the World*），他认为研究风土建筑不只是为了记录过往，对未来的文化和经济可持续发展也是不可或缺的。随后R. 布伦斯基尔（Brunskill R. W.）在2000年出版《风土建筑：一部图解的历史》一书，把20世纪以前定义为"风土建筑时代"，以大量的插图详解了数百年来英国风土建筑在农耕时期和工业化早期的形态特征。

"建成遗产"是经由营造活动所形成的建筑、聚落、景观等文化遗产本体的总称。1999年，国际古迹遗址理事会（ICOMOS）在《风土建成遗产宪章》（*Charter on the Built Vernacular Heritage*）中，首次提出了"风土建成遗产"的概念，即特定风俗和土地上所建造的文化遗产，其保护价值今已成为全球共识。首先，"聚落建筑"作为风土建成遗产的第一保护对象，是城乡历史环境的栖居场所，也是民族民系身份认同和乡愁记忆的空间载体，携带着可识别的中国传统文化基因。其次，"营造技艺"蕴含乡遗的工巧智慧精华，是对其进行保护、传承和再生的意匠源泉，而只有将传统聚落的营造技艺真正传承下去，保护才是可持续的，才能使聚落遗产长存下去。再次，"文化地景"（或文化景观Cultural Landscape）呈现聚落的环境因应特征，是人工与天工相交融的在地景观。韩国建筑师承孝相，为了表达地景建筑创意，生造了"Landscript"（地文）一词，本意是强调人的活动在土地上留下的印记，就如大地书写一般。显然,"地文"需要保护和续写,即像日本的"合掌造"民居、中国的西递—宏村那样,严格保护好聚落遗产标本,激活历史环境的"场所精神"(Spirit of Place),在新建筑中创造性地转化风土建成遗产的原型意象。

3. 国家级聚落遗产

根据住房和城乡建设部和国家文物局颁布的最新保护名录,中国传统聚落列入国家保护名录的有三大类,均可看作风土建成遗产。其一为100多处"国家重点文物保护单位"身份的传统聚落;其二为国家历史文化名城、名镇、名村,包括135座"名城"、312个"名镇"和487个"名村";其三为6819个部分由国家财政资助保护的"传统村落"。此外,皖南古村落西递—宏村、福建土楼、开平碉楼与村落,以及红河哈尼梯田文化景观等4项乡村传统聚落及景观被收入世界文化遗产名录。

这其中的传统村落数量最为庞大,部分还同时具有国家级历史文化名村及重点文物保护单位的身份。其分布特点为:南方约占全国总量的78%,大大多于北方;山区多于平原、盆地,如晋、湘、滇、黔、闽的山区占比超过全国总量的二分之一;方言区多于官话区,如晋系方言区约占北方各官话区总和的40%左右;工业化、城镇化起步较晚的地区多于起步较早的地区,如西北地区多于东北地区;城乡人均收入倍差相对较高的地区多于发展水平相近的较低地区,如贵州、云南处于全国传统村落数量排名前列。

上述的三大类传统聚落遗产保护系列中的前两类,有着相应的国家保护法规及实施细则,生存问题相对无虞。而第三类——传统村落量大面广,没有直接的相应保护法规作保障,其生存问题看似有国家财政资助,实际状况则堪忧。

四、传统聚落的保护与活化

1. 模式与问题

对风土建成遗产的专项保护,比较典型的首推北欧斯堪的纳维亚半岛的挪威和瑞典,这里在第二次世界大战前最早以民俗博物馆的方式,保护和展示当地的风土建筑,这种方式随后风靡欧洲大陆和英国。1952年英国"古迹委员会"将18世纪以前的风土建筑均纳入了保护名录，特别值得注意的是，英国将乡村划为120个自然区和181个特色景观区，这是可以借鉴的乡村文化地景谱系保护策略。日本于20世纪70年代兴起的"造村运动"，是通过农业升级改造、乡村特色塑造和技术培训投入，提振乡村经济社会活力和磁力，最终使乡村聚落得到活化和再生。聚落遗产保护和传承是其中的一个部分，如长野县的妻笼宿和岐阜县的马笼宿，其风土建成遗产在存真、修缮、翻建、活化等方面皆有坚定的价值坚守和丰富的保护经验，可供中国乡村风土建成遗产保护和再生实践学习借鉴。

我国城乡风土建成遗产保护与活化前后已历20载左右，经验和教训并存，其中数量占大多数的乡村聚落遗产保护与活化主要有三种模式。第一种为国家文博体系和大型国企主导的乡村博物馆模式，如山西的丁村、陕西的党家村、湖南的张谷英村、福建的田螺坑土楼群及玉井坊郑氏大厝等，经费、法规、导则等条件较为完善，部分村民通过村委会组织参与经营活动受益。第二种为社会企业主导的风土观光综合体模式，乡村聚落遗产由企业与当地政府、村自治体——合作社以契约形式合作及分成，如安徽黟县宏村、浙江松阳县村落、山西沁水县湘峪村、福建连江县杜棠古村三落厝等。第三种为村自治体主导风土生态体验区模式，以由村自治体所属企业及乡村活化能人掌控风土观光资源，进行乡村聚落开发，村民参与其中的相对较多，受益也相对大一些，如安徽黟县西递村、山西平遥县横坡村、陕西礼泉县袁家村、山西晋城市皇城村、福建屏南县北村等。

不可忽视的是，乡村聚落遗产在保护和活化中存在一些带有普遍性的问题和挑战：一是大多没有以乡村经济、社会的改造升级为根本前提，而是过多地依赖于旅游资源的消耗；二是管理政出多门，既条块分割，又一事多管，造成一些村落一村多名，准入标准和处置方式交错低效；三是原住民生活资料——集体土地、宅基地和房屋处于不确定的流转状态，所有权和使用权分离，但土地与房屋租金普遍低廉，收益分配不成比例，原住民的公平共享诉求难以兑现，存在着大量的权益矛盾和法律纠纷，潜在的社会风险已然存在；四是维修和民宿化改造等多为村民自发行为，存在严重的安全隐患，如结构安全意识薄弱，涉及公众安全的强制性技术规范和安全施工监管缺位，消防间距、人身防护不合规范的状况随处可见，声、光、热等室内环境控制指标大都达不到基本使用要求；五是宅基地内滥建低质楼监管缺失，低质翻建率常在一半以上，严重的达70%～80%，使村落风貌严重失控，而招揽观光的利益驱动导致拆真造假现象也随处可见；六是薪火相传趋于中断，大部分营造技艺面临失传，由于种种原因，"非物质文化遗产传承人"名誉并未起到明显的弥补作用，传统意匠及技艺存续与再生尚待突破，新旧修复材料融合手段薄弱等问题普遍存在；七是同质化严重，社会资金普遍投入乡村聚落保护与再生项目的可能性有限，而传统村落依赖国家财政扶持也是很有限的，且不可持续。

2. 标本保存谱系化

当下我国城乡风土建成遗产的保护与活化，首先并不是个建筑学问题，而是涉及保护什么，如何保护，怎样活化的实质性问题，与经济、社会的可持续发展背景息息相关。从物种标本保存的战略眼光看，传统聚落保护与活化的前提是对聚落遗产标本的保存和研究。

少量被定格在某个历史时期或文化样态下的聚落遗产，比如平遥、丽江古城以及各地名镇、名村一类进入各种遗产名录，是受到严格保护的风土建成遗产标本。但这些遗产标本只是聚落遗产中极小的一部分，我们认为，实际上需将我国城乡风土建成遗产按民族、民系的语族区或方言区进行全覆盖，成体系地作分类分级梳理，为后世存续完整的风土建成遗产谱系标本，兹事体大，关及国家和地方历史身份和文化传承的根基。因此，应依风土建成遗产谱系统一甄别、筛选和认定聚落遗产，再以地景修复、聚落修补和技艺传承为基础，将之纳入再生过程。当务之急，是应对其谱系构成缘由与分布有比较系统的认知。

由于语言作为文化纽带的重要性仅次于血缘，而风土在语言学上的含义，即连接一个地方聚居群体的交流媒介"语缘"，既可代表不同的文化身份，也可作为判断各文化身份间亲疏关系的参照。因此，从文化地理学和人类学的角度，可尝试以民系方言和语族—语支为参照，对各地风土建筑做出以"语缘"为纽带的谱系分类区划。总体上看，历史上语族相近，说明有相关的文化渊源；语族的方言或语支相通，说明血缘和地缘存在关联性。传统的汉语族—方言和少数民族的语族—语支是在漫长的历史变迁中，由于地理阻隔及民族、民系迁徙所形成的。虽然建筑谱系和语言谱系是否完全对应确是个问题，但设若不同族群在语言上可以交流，则其聚落及建筑一般也会存在交互关系。

参照语言人类学家的语缘区划，汉藏语系的汉语族民族民系聚落及建筑谱系主要可分为：其一，东北、华北、西北、江淮和西南等五大官话区建筑谱系；其二，华北的晋语方言区建筑谱系；其三，江南的吴语、徽语、赣语和湘语四大方言区建筑谱系；其四，华南的闽语、粤语和客家语三大方言区建筑谱系。少数民族语族区聚落及建筑谱系主要可分为：其一，西南地区汉藏语系藏缅语族17个民族的建筑谱系，壮侗语族9个民族和苗瑶语族3个民族的建筑谱系；其二，北方地区阿尔泰语系突厥语族7个民族，蒙古语族6个民族和通古斯语族5个民族的建筑谱系等。此外，还有少量西北地区印欧语系斯拉夫语族和伊朗语族的民族的建筑谱系，以及华南地区南亚语系和南岛语系民族的建筑谱系。以这样的谱系认知方式，对风土建成遗产谱系遗产的标本系列进行谱系化的保护，是有重要意义的一种尝试。

突厥语族区建筑		其他区建筑	蒙古语族区建筑		其他区建筑	通古斯语族区建筑		其他区建筑
定居区	游牧区		定居区	游牧区		定居区	渔猎区	
北方官话区西部建筑			晋语方言区建筑			北方官话区东部建筑		
河西	关中		北部	中部	东南部	京畿	胶辽	东北
西南官话区建筑			北方官话区中部建筑			江淮官话区建筑		
滇	黔	川	鄂	豫	鲁	淮	扬	
藏缅语族区建筑			湘语方言区建筑		赣语方言区建筑	徽语方言区建筑		吴语方言区建筑
藏区	羌区	彝区	其他	湘西	湘中	湘东	豫章	临川	庐陵	歙县	婺源	建德	苏州	东阳	台州
壮侗语族区建筑			客家方言区建筑			闽语方言区建筑		
壮区	侗区	其他	西部	中部	东部	闽中		闽东
苗瑶语族区建筑			粤语方言区建筑			闽语方言区建筑（闽南）		
其他区建筑			桂南	粤西	广府	潮汕	南海	台湾

我国民族民系风土建成遗产谱系分布示意图

3. 大量性传统聚落的出路

除了经典传统聚落风土建成遗产谱系的标本保存，大量性的传统聚落，特别是乡村聚落，总体上面临着景象劣化、原有建筑被大量低质改建、乡村经济和民生有待振兴的境况。因此，需要将聚落有机更新和文化地景再造，作为未来发展的主要方向。实际上，对大量性传统聚落的可持续发展而言，实践中应考虑保存有标本价值的聚落典型建筑，延承风土营造谱系所曾依存的地貌特征、空间格局和尺度肌理，再造出隐含着基质原型、适应生活变迁的新风土聚落及文化地景。

此外，传统聚落遗产管理系统和遗产归口的合理化，遗产运作的信托化，遗产基金、社会"领养"

和活化途径的模式化，营造技艺传承的制度化，以及保护技术的系列化等，都应作为传统聚落保护与再生的改进方面加以关注和实施。

五、关于丛书编纂

这部丛书是第一部关于中国传统聚落特征与保护的大型研究集锦，内容覆盖了各省市自治区传统聚落的历史溯源、地域特征与现存状态、保护与活化的方法与途径，以及未来走向的展望等。丛书中的"传统聚落"聚焦于狭义的"村"和"镇"，并可选择性地涉及"城"，即"县"或"市"的老城区，如北京的胡同和上海的弄堂。书中内容兼顾理论观点和叙述方式的历史性、逻辑性和独特性，引述材料要求真实可靠，体例同中有异，充分表达地域特征，并将之纳入史地维度和经济、社会发展的叙事语境。保护与活化内容要求选取兼顾普适性和典型性的工程实践案例，对乡村振兴中的建成遗产存续和再生问题进行全方位的讨论。由于本丛书仍是以行政区划单位作为各分册的研究范畴，难免存在少量跨省市区之间的互涵和重复内容，但作为一部大型丛书，总体上还是完整统一的，其中不少篇章都可圈可点，对乡村振兴和传统聚落的未来探索有多方面的参考价值。

（本文主要内容及参考文献见《建筑学报》2019年12期）

中国科学院院士、同济大学教授
己亥夏至于上海寓所

序二

聚落，是人类聚居和生活的场所，《汉书·沟洫志》曰："或久无害，稍筑室宅，遂成聚落"。聚落这一概念最早出现时是为了描述区别于都邑的居民点，现在已泛指人类生活地域中的村落和城镇。聚落是在各个地域内发生的社会活动、社会关系和特定的生活方式，并且是由共同的人群所组成相对独立的生活空间和领域。传统聚落主要是指具有一定历史性的城乡聚落，拥有物质形态和非物质形态的文化遗产，是先人运用自己的智慧，依据自然、气候、地理、习俗等环境因素建立的适宜的居住空间，同时具有较高的历史、文化、科学、艺术、社会、经济价值，能够反映一定历史时空的社会物质文化与精神文化的重要载体。

传统聚落是人们与自然协调过程中不断地尝试和调整所形成的，是在一定的时空条件下的总结。传统聚落是一定地域空间范围内的人文现象，它既是一种空间系统，也是一种复杂的经济、文化现象和社会发展过程。其起源、形成、发展均在特定地理环境和社会经济背景中，通过人类活动与自然相互作用下的结果，是对自然地理条件、社会治理结构、文化机制作用等多方面的缓慢调整适应，既是人类不断地适应、改造自然环境的实践积淀和智慧结晶，也是特定地域环境人地关系的空间反映。正如本套丛书之一《云南聚落》编写作者杨大禹教授所说："几乎所有的传统聚落，作为联系自然环境和人文环境的中介，从它们的地理分布、外部整体形态、内部空间结构，到聚落与周围自然环境、山水地形的紧密关系，都体现出因地制宜、和谐有机的共同规律。"这些共识是协调当地的地理条件、社会风俗与生活方式等积累而成的。在以聚居为主的生活模式下，都会充分考虑到聚落的环境特点，尽量找到资源配置最为合理、微气候最为和谐的场所。聚落形态与民居建筑形式的存在，与人们应对自然环境的生理、心理需求有着千丝万缕的联系。所以，传统聚落都能反映出在一定的地域空间环境、一定的民族和一定的历史时期所承载的建筑文化底蕴。

传统聚落作为中华文明的一种载体，凝聚着具有地域性、民族性与艺术性的布局特色和建筑风采，以及文化习俗下构成的聚落分布、空间格局、生产模式、景观形态等风情各异、千姿百态的元素。传统聚落是先人们长期适应自然，与自然和谐相处的历史见证，凝聚着中国悠久的农耕文明，展示着人们自古至今的生存智慧，可以说，传统聚落承载着中华文化精华和中华民族精神。所以，保护传统聚落就是维系中国传统文化的延续，就是在保护中华文明的根。

对于聚落空间的研究，既要把控聚落自身各种要素以及各要素之间的相互关系，也要关注聚落内部空间与聚落外部空间之间的关系，从而进一步了解单个聚落与同一个地域内其他聚落之间的关系，以便获得对聚落空间完整概念的把握。通过对传统聚落特色的系统研究，包括将传统聚落的不同历史发展阶段，各种历史文化要素和不同形态载体归纳合一，作为相互交融、贯通的体系来研究，从理论层面上梳理传统聚落各种有关形成、发展、演化的普遍规律和地区特征，挖掘其精神文化及生命智慧，发现其内在的文化价值，尊重其自身的运营机制，肯定其在现代聚落发展中的积极作用，以丰富我们对于人类聚居的认识。

长期以来，我们的先人经过不断的实践，运用了他们的丰富智慧，无论在聚落总体布局或在民居建筑技术、艺术方面都取得了很高的成就，积累了丰富的经验。传统聚落生存智慧拥有中国优秀传统文化的内核，是体现传统建筑智慧最具特色的代表。如何重新再认识传统聚落所具有的地域性、民族性与文化多样性特征，进一步发掘潜藏其中的营建技艺、理论精华和创造智慧，寻求传统聚落的持续发展相应的理论支撑，是我们当前重要的课题。当然，蕴含着中华文化基因的传统聚落更是当代建筑文化特色形成的基础，值得我们去进行研究、总结、学习和借鉴。

"中国传统聚落保护研究丛书"各卷作者综合运用文献研究法、调查研究法、比较研究法、定性分析法等科学研究方法，建构传统聚落研究的基本思路。采用文献分析、田野调查、理论研究与实证分析结合、系统化分析等方法，通过对学术文献、地方志、文书族谱等史料资料进行梳理筛选，对现有传统聚落进行建筑测绘、口述访谈，在吸取前人研究成果的基础上，归纳总结我国传统聚落发展特点及其背后蕴含的丰富文化和物质内涵，从整体上考虑多元文化影响下的传统聚落特征。丛书作者在编写过程中，借鉴历史学、社会学、建筑学、城乡规划学、文化地理学、景观生态学等跨学科交叉的思路，采用融合融贯的研究模式，既对传统聚落的基本共性特点归纳总结，也对受各区域条件影响的传统聚落比较分析，从整体上来把握研究对象。

在新时代的聚落发展和建设中，对传统聚落的保护与研究就显得尤为重要。传统聚落所呈现出来的优秀空间格局与营造技艺，不仅能给聚落的保护更新提供更为合理的方法途径，同时也能为新时代的聚落建设提供更多的方式方法及可能性。探究历史文化基因的内在联系，研究传统聚落的起源、演变、特点和价值，为传统聚落的传承提出依据，以便于更好地加以保护与利用。与此同时,在弘扬与传承优秀传统文化的基础上,探寻传统聚落发展模式及其保护的策略与原则,对保护与更新提出更为具体的要求与措施,构建整体保护的格局理念,以及与其相适应的、分级分类的传统聚落保护体系,更好地把握传统聚落在当代的发展道路与方向。

"中国传统聚落保护研究丛书"的编写希望以准确翔实的史料、精确细腻的测绘、真实生动的图片来全面展示中国传统聚落悠久的历史、灿烂的文化、淳朴的民风。由于各地区的状况不同和民族差异,以及研究基础也会参差不齐,故在编写中并未要求体例、风格完全一致,而以突出各地区传统聚落自身特色,满足各地区建设的需求为主。同时,丛书的编写,也希望对全国各省、直辖市、自治区传统聚落保护与传承、历史街区与传统村落建设,以及城乡人居环境提升起到重要的参考与指导作用,这是本套丛书研究编写的目的和意义所在。

2020年11月16日

前言

聚落是人类的居住地。这个词不见于中国传统经典，出处不过是《汉书·沟洫志》而已，历史不足2000年，直至20世纪早期，使用仍不频繁。20世纪30年代，中国地理学家将欧洲聚落地理学Settlement Geography引入国内，这个词开始得到较广泛的应用，至20世纪80年代以后成为通行词汇。作为人类居住地的总称，这个概念具有两个显著的特征：多尺度和多维度。

多尺度意味着聚落范畴需涵盖尺度相距甚远的城市和乡村，从面积成百上千平方公里到数公顷，从人口成百上千万人到不足百人，均为聚落的研究对象。多维度意味着影响聚落尺度、形态、面貌的因素极为复杂，政治和经济、环境和社会、技术和文化、历史和灾变，均持续塑造和改变着聚落。正因为如此，聚落才成为人类文明的综合性物质体现。

保存到今天的传统聚落都充分体现了这两个特征。历史城市作为古代世界中的顶级聚落，其规模尺度之大、构成元素之丰富、面貌之千变万化，均非村庄所能比拟。另一方面，乡土历史聚落尽管较之城市单纯许多，却因为完全基于地方产业结构、自然环境和技术传统，更能够反映特定地域的历史面貌，同样具有足够多的维度，其遗产价值丝毫不亚于历史城市。

江西地处中国东南部中心位置，古代经济繁荣，人文昌盛，兴起了大量各种尺度的聚落，其中有相当部分或多或少地保存到今天。至2020年，江西有国家历史文化名城4座，江西省历史文化名城8座；江西省历史文化街区75处，其中涉及18个没有公布为各级名城的城市；中国历史文化名镇12个，江西省历史文化名镇5个；中国历史文化名村37个，江西省历史文化名村64个；中国传统村落343个，其中有97个同时为各级名村，或者为各级名镇的镇区所在村庄；江西省传统村落248个，其中145个后来公布为中国传统村落，还有5个同时为各级名村，或者为各级名镇的镇区所在村庄。总计以各种方式得到保护的传统聚落数量达到492个。这些不同级别的名城、街区、名镇、名村和传统村落，都是祖先留下来的宝贵财富，是江西古代文明的集中体现和优秀文化传统的见证，值得深入研究、用心呵护。

江西传统聚落保存数量众多，类型丰富，但迄今为止研究成果相当有限。已故黄浩先生作为江西传统建筑与聚落研究的开拓者，于2008年出版《江西民居》，首次对江西乡土建筑进行全面系统的研究，其中有专章讨论江西古村镇，惜篇幅有限，且未涉及城市。本书作者于2015年出版《江西古建筑》，其中亦有专章讨论城镇与村落，同样篇幅有限，资料亦不完整。闵忠荣、段亚鹏、熊春华三位先生于2018年合作出版《江西传统村落》，从江西省内当时已公布的中国传统村落中选取了87个加以介绍，是对江西传统村落的首次系统研究，资料丰富翔实，惜未涉及城市和市镇。《城市规划》杂志多年来与同济大学国家历史文化名城研究中心合作设立专版报道各地传统聚落，江西已有多个村镇被列入，惜亦篇幅有限。此外，还有一些分散的研究，主要集中于个案或局部区域，其中最值得重视的是万幼楠先生对江西南部传统聚落进行的长期调查与研究。总而言之，江西传统聚落的研究只是刚刚开始。

本书作者居住在上述492个传统聚落之一，从21世纪初开始参与传统聚落保护工作，造访过其中大约200个，审查过更多的保护规划或其他相关文件，阅读过大量相关原始历史文献，亲身经历了近20年来的传统聚落保护历程。在庆幸一些价值极为突出的传统聚落得到妥善保护的同时，也深感聚落保护工作任重道远。对任何特定聚落而言，保护措施必须真正符合其特征，从而弘扬其遗产价值，有效化解风险。然而聚落的多尺度和多维度特征，使得其遗产价值以及其他特征的构成既非常复杂，又高度个性化，绝非简单套用某种程式所能厘清。此外，所有聚落都是一个活着的有机体，一直在不断地生长变化之中，如何科学引导其发展，既不破坏其遗产价值，又不妨碍其居民追求更美好的生活，是一个更加难以把握的问题。

有鉴于此，本书运用文化地理学的方法，研究传统聚落与自然环境的关系，以及聚落彼此之间的关系；运用文化人类学的方法，研究组成聚落的人群亦即聚落的建设者，尤其是他们的领袖；运用文献学的方法，研究和传统聚落相关的各种原始历史文献；运用历史学的方法，研究聚落的形成、发展和演变过程；运用城乡规划学和建筑学的方法，研究聚落的空间形态。在大量田野调查的基础上，通过对部分特定聚落的深入分析，为如何解读传统聚落提供参考范例，并进而为有效保护传统聚落提供一种方法论：基于解读的方法。

本书第一章是对江西自然环境和历史人文的一个概述，试图通过揭示江西"百川并流"的自然与文化特征，为解读江西传统聚落的多维度特征提供一个大背景。

第二章讨论城市，概述了江西古代城市最典型的营建特征，以及江西古代城市体系的形成过程。在此基础上分府城、县城两个层级对总共7座城市进行详细考察，包括1座省府、2座府城、2座县城和2座故县城，规模尺度和地域分布均有一定代表性。

第三章从选址、布局和形态三方面讨论江西乡土历史聚落的营建特征。其中，山水关系和家族构成是两个特别突出的因素，此外，江西的儒学传统、工商业传统、多样化的地方崇拜以及防卫需求对聚落形态也具有显著的影响。

第四章至第七章是对典型江西乡土历史聚落的详细考察。第四章考察了江西中部赣江中游地区和抚河流域的13个村镇，代表了江西传统聚落最核心的特征。第五章考察了江西东北部饶河流域和信江流域的9个村镇，工商业传统在此区域显示出更为强大的影响。第六章考察了江西南部赣江上游章水流域、贡水流域和珠江上游东江流域共11个村镇，并包括大余特有的村城群，体现了此区域对防卫的特别需求。第七章考察了江西西北部修河、袁河、消江和锦江流域共6个村镇，虽然数量最少，但形态各异，堪称江西最为多元化的区域。

第八章讨论江西传统聚落的保护。本章首先回顾了本书作者亲历的江西传统聚落保护历程，在此基础上对一系列不同类型的保护案例进行分析研究，涉及典型聚落的保护工程、资金筹措方式和产业发展路径等多个方面，并进而提出基于解读的传统聚落保护方法。

传统聚落是一种特别复杂的遗产类型，远非单座建筑物所能比拟。其价值的深入挖掘、有针对性的保护措施的制定，尤其是有前瞻性和可行性的发展战略，均需要对特定聚落进行深入的、多学科的研究。本书作者虽然有一定积累，但与传统聚落本身的博大精深相比不过沧海一粟。衷心希望本书所做的工作和思考能够为未来的江西传统聚落研究和保护提供帮助。

2020年8月8日
于豫章城南听笛阁

目 录

序 一

序 二

前 言

第一章 自然与文化背景

第一节 江西自然地理——————002
 一、地形——————002
 二、水系——————002
 三、气候——————006
 四、植被——————006

第二节 江西历史——————007
 一、先秦时期——————007
 二、秦汉时期——————008
 三、六朝时期——————008
 四、隋唐五代时期——————009
 五、两宋时期——————010
 六、元明清时期——————011

第三节 江西传统文化——————012
 一、儒学——————013
 二、文艺——————013
 三、宗教——————014
 四、族居、移民和方言——————015
 五、工商业传统——————016

第二章 城市

第一节 概述——————022

第二节 江西古代城市体系——————023
 一、秦汉时期——————023
 二、汉末至六朝时期——————025
 三、隋唐时期——————028
 四、南唐时期——————032
 五、两宋时期——————032
 六、元明清时期——————035
 七、江西古代城市体系的特征——————039

第三节 府城——————042
 一、南昌府城——————042
 二、赣州府城——————047
 三、抚州府城——————058

第四节 县城——————063
 一、南丰县城——————063
 二、金溪县城——————068
 三、安仁故城——————075
 四、定南故城——————081

第三章 江西乡土聚落营建特征

第一节 山水与聚落选址——————092

一、山水与风水————092
二、聚落与山水————094
三、环境解读与重构————099
第二节 家族与聚落布局————101
一、聚落与家族社区————101
二、聚落与家族祭祀————102
三、聚落与家族建筑————104
第三节 聚落环境与形态————106
一、聚落与耕读传统————106
二、聚落与工商传统————108
三、聚落与地方崇拜————112
四、聚落与防卫————115

第四章　江西中部村镇

第一节 概述————122
第二节 赣江中下游村镇————123
一、吉安永和镇————123
二、吉安溪陂村————129
三、吉安钓源村————136
四、吉水燕坊村————140
五、吉水仁和店村————143
六、乐安流坑村————145
七、泰和蜀江村————153
第三节 抚河流域村镇————158
一、金溪浒湾镇————158
二、广昌驿前镇————165

三、宜黄棠阴镇————172
四、金溪竹桥村————180
五、金溪东源曾家村————189
六、南城磁圭村————193

第五章　江西东北部村镇

第一节 概述————202
第二节 饶河流域村镇————203
一、景德镇————203
二、浮梁瑶里镇————209
三、浮梁严台村————214
四、婺源理坑村————218
五、婺源思溪村————223
第三节 信江流域村镇————228
一、铅山河口镇————228
二、铅山石塘镇————232
三、贵溪上清镇————236
四、铅山陈坊村————239

第六章　江西南部村镇

第一节 概述————248
第二节 章水流域村镇————249
一、南康唐江镇————249
二、大余云山村————254
三、大余明代村城群————258

第三节　贡水流域村镇————265
　　一、赣县白鹭村————265
　　二、于都上宝村————272
　　三、会昌羊角水堡————277
　　四、龙南关西村————284
　　五、宁都东龙村————290
　　六、瑞金密溪村————293
　　七、全南雅溪村————300
第四节　东江流域村镇————306
　　一、安远老围村————306
　　二、寻乌周田村————312

第七章　江西西北部村镇

第一节　概述————320
第二节　修河流域村镇————321
　　一、铜鼓排埠镇————321
　　二、修水朱砂村————325
　　三、安义罗田村————330
第三节　袁河流域：新余黄坑村————335
第四节　潦江流域：高安贾家村————339
第五节　锦江流域：宜丰天宝村————346

第八章　江西传统聚落的保护

第一节　21世纪以来的江西传统聚落保护工作回顾————354
　　一、艰难起步：2002年之前的江西传统聚落保护————354
　　二、渐入佳境：2002~2008年的江西传统聚落保护————355
　　三、走向深入：2008年至今的江西乡土历史聚落保护————357
　　四、全面开花：2008年至今的历史城市保护————358
第二节　案例研究————359
　　一、南昌市万寿宫街区————359
　　二、万载县田下街区————363
　　三、乐安流坑村————368
　　四、龙南关西村————370
　　五、金溪县"拯救老屋行动"————373
　　六、产业之路：景德镇、婺源、广昌————374
第三节　基于解读的传统聚落保护————376
　　一、解读聚落选址————376
　　二、解读历史文献————377
　　三、解读营建特征————377
　　四、基于解读聚落的科学评价————378
　　五、基于解读聚落的发展规划————379

附　录————381

索　引————396

参考文献————400

后　记————406

第一节 江西自然地理

一、地形

江西版图轮廓略呈长方形。全省南北长约620公里，东西宽约490公里。土地总面积达166947平方公里，占全国土地总面积的1.74%。省界南界位于北纬24.5°，已接近北回归线；北界位于北纬30°，是中纬度和低纬度地区的分界线，这一纬度区域内分布着美索不达米亚文明发源地乌尔为中心的苏美尔文明；古代埃及文明从孟菲斯到底比斯的全部精华地区；北印度的精华地区德里、阿克巴等；以及佛罗里达半岛。

江西地貌类型较为齐全，分布大致成不规则环状结构，东西南部三面环山，中部丘陵起伏，仅北部较为平坦，全省成为一个整体向鄱阳湖倾斜而往北开口的巨大盆地。常态地貌类型以山地和丘陵为主。其中山地面积达60101平方公里（包括中山和低山），占全省总面积的36%；丘陵70117平方公里（包括高丘和低丘），占42%；岗地和平原20022平方公里，占12%，水域面积16667平方公里，占10%（图1-1-1）[1]。

江西地貌大致可以划分为6个地貌区（图1-1-2）：

西北部中低山与丘陵区，面积约3.5万平方公里。山区主体由幕阜山和九岭山组成，山峰多在海拔1000米左右，有的达1500米。

鄱阳湖湖积冲积平原区，面积约1.5万平方公里。区内有广阔的河湖冲积淤积平原，外沿则多为低缓岗地。

东北部中低山丘陵区，面积约2.52万平方公里。山区主体是怀玉山，其北面有黄山余脉，东北面有天目山余脉，南面为武夷山脉。地势中高南北低，山间分布垄状丘陵和盆地。

中部河谷阶地与丘陵区，面积约2.19万平方公里。雩山山脉自南向北逐渐降低，周边河流阶地、丘陵和盆地交错，地势呈波状起伏，坡度较缓，亦有中低山零星分布。

西部中低山区，面积约1.04万平方公里。罗霄山脉贯穿本区，北面以武功山与赣西北山地分界，南面则与南岭结合。

南部中低山与丘陵区，面积约5.94万平方公里。区内东为武夷山脉，西接罗霄山脉，中南部则为南岭山脉，包括九连山、大庾岭和诸广山，多为红岩层和花岗岩组成的低山、丘陵和盆地。

二、水系

江西雨水丰沛，水资源丰富。多年平均水资源总量1565亿立方米，人均水资源量3557立方米，均居全国第7位。河网密布，水系发达，境内流域面积超过10平方公里的河流有3771条之多，堪称"百川并流"。这些河流汇集成赣江、抚河、信江、饶河、修河五大水系，从东、南、西三面汇流注入中国最大淡水湖——鄱阳湖，经调蓄后由湖口注入长江，形成一个完整的鄱阳湖水系[2]（图1-1-3）。

鄱阳湖水系流域面积约16.22万平方公里，约占长江流域面积的9%，其中15.67万平方公里在江西省境内，相当于全省国土面积的94%。鄱阳湖洪水、枯水的

---

[1] 杨巧言. 江西省自然地理志[M]. 北京：方志出版社，2003.
[2] 熊小群. 江西水系[M]. 武汉：长江出版社，2007.

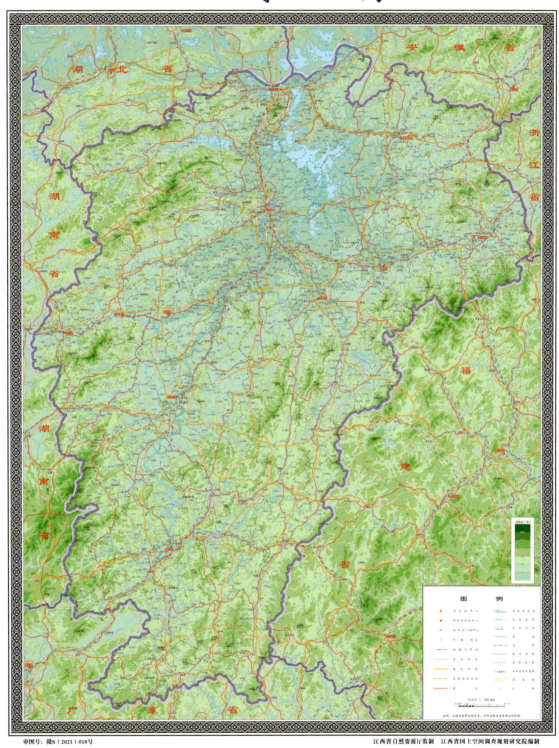

图1-1-1 江西省地势图（来源：江西省自然资源厅，审图号：赣S（2021）018号）

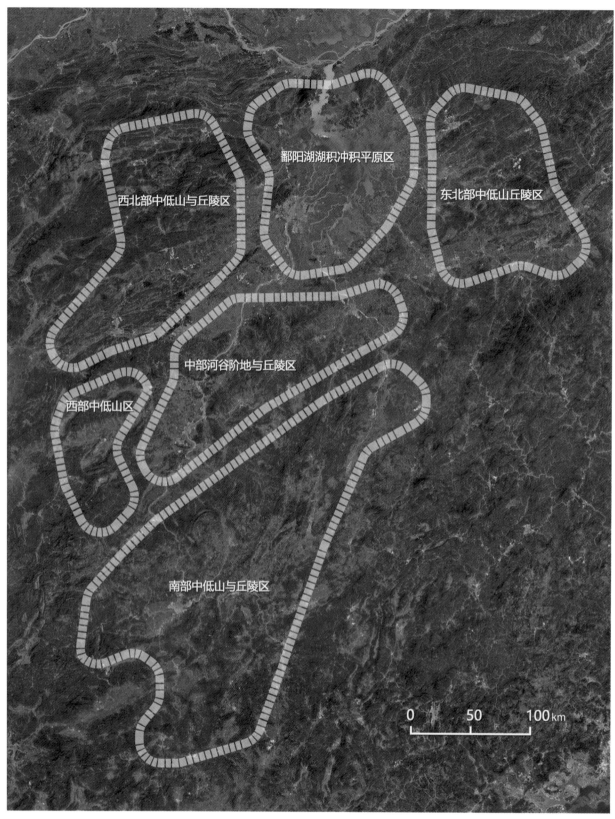

图1-1-2 江西省地貌分区图（来源：蔡晴据《江西省自然地理志》第55页《全省地貌分区图》重绘）

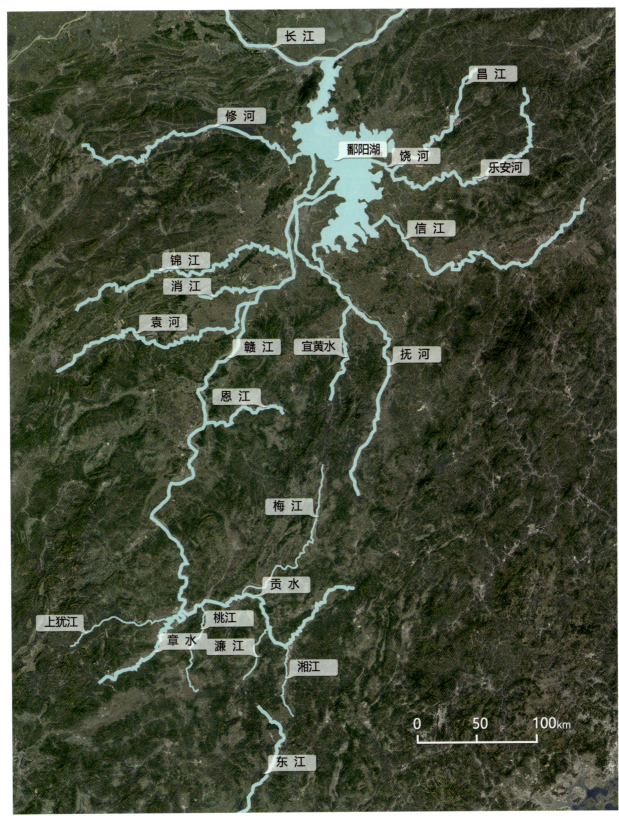

图1-1-3 江西省主要水系示意图（来源：蔡晴据《江西水系》附《江西省水系图》绘制）

湖体面积、湖体容积相差极大，2019年最高水位时面积约3700平方公里，最低水位时仅有约280平方公里[①]。独特的地形气候条件，使得江西洪涝干旱灾害频繁，水土流失较为严重。

赣江是江西第一大河，上游以发源于武夷山脉南端江西石城与福建长汀交界处的贡水为干流，西流至赣州市与章水汇合，自南向北汇入鄱阳湖。主河道长约823公里，流域面积约占江西省总面积的一半。

抚河位于江西东部，是流域面积仅次于赣江的江西第二大河，主河道全长约348公里，自南向北汇入鄱阳湖。

信江位于江西东北部，以流域面积计为江西第三大河，主河道全长约359公里，自东向西汇入鄱阳湖。

饶河在信江北面，由北支昌江和南支乐安河两大支源在鄱阳县姚公渡汇合而成，以发源于婺源五龙山的乐安河为干流。汇合后的饶河长仅31公里即汇入鄱阳湖，加上乐安河的主河道全长311公里。

修河是江西西北部的最大河流，主河道全长约419公里，自西向东汇入鄱阳湖，就长度而言位居江西第二，而流域面积则排在五大水系之末。

上述所有大河均有无数支流，其中许多大支流在古代具备通航能力，构成江西历史上的交通体系。赣江北接长江，南过南岭山脉与广东的珠江水系连接，构成历史上极其重要的南北交通线。其余各条河流，多与周边诸省的主要水系有着便捷的联系。饶河、信江上游与新安江水系连接，通安徽、浙江；信江的一条重要支流铅山河与闽江水系连接，通福建；抚河上游与闽江、九龙江水系连接，亦通福建；修河上游与湖北东部的陆水河上游连接；赣江下游的一条重要支流袁河与湖南东北的浏阳河水系连接。这样，江西的水系构成了一个堪称四通八达的交通网，使江西成为周围诸省之间交通运输来往的必经之地。

三、气候

江西属亚热带季风气候区，四季分明。春季为3～5月，平均气温17.3℃，阴冷多雨，天气复杂多变，4月开始进入汛期。夏季为6～8月，平均气温27.6℃，6～7月受锋面和台风影响，降水集中，易发暴雨洪涝，雨季结束后受西太平洋副热带高压控制，常常发生伏旱。秋季为9～11月，平均气温19℃，天气晴朗，风力不大，湿度较小，气温适中，是一年中最宜人的季节。冬季为12月至次年2月，平均气温7.2℃，湿度较大，冷空气影响频繁，其中1月天气最为寒冷，月平均气温仅6℃。20世纪80年代后期以来冬季气温上升较为明显，冬季降水量也有明显上升的趋势。

全年雨量充沛，全省多年平均降水量1638毫米，居全国第4位。但降水时空分布不均匀，赣东北降水约1800毫米，赣南仅1400毫米。降水集中在春夏季，峰值出现在5～6月间，月降水量可超过300毫米。秋冬季降水稀少，12月降水量可降至50毫米左右。降水的显著季节性使得江西天然水体水位涨落显著。

四、植被

江西植被属于亚热带常绿阔叶林区域，全省普遍分布典型的湿润型常绿阔叶林，为地带性植被。植物群系丰富，总计有6000种以上，形成了多样化的植物群落。

江西植被可分为5个区域[②]：

赣东北北部的浙、皖山地丘陵青冈、苦槠林栽培

---

① 中央电视台. 鄱阳湖水位跌破8米进入极枯水期[N/OL]. (2019-12-01)[2020-01-19]. https://news.sina.com.cn/c/2019-12-01-doc-iihnzahi4590629.shtml.
② 杨巧言. 江西省自然地理志[M]. 北京：方志出版社，2003.

植被区，分布在赣东北的黄山余脉、天目山余脉和怀玉山区。

赣东北南部的浙、闽山地丘陵栲楠林、松杉林区，分布在武夷山北部。

鄱阳湖平原的湘、鄂、赣平原、丘陵栽培植被、水生植被区，林地以马尾松、杉木及毛竹林为主，大面积的平原、缓丘均开垦为农田。

湘赣山地丘陵栲、楠、木荷林栽培植被区，此区面积极为广大，从赣西北山区一直延伸到赣江、抚河、信江中下游丘陵地区，北部山区落叶阔叶树渗入常绿阔叶林，体现出向北亚热带森林过渡的性质，其余部分山区和村庄周围仍有大量零星常绿阔叶林分布。

南岭山地丘陵栲、楠、蕈树林、松杉林区，此区面积亦极大，从赣西中部井冈山一直覆盖到整个赣南地区。在井冈山、三百山等山区还分布有成规模的常绿阔叶林。

经过长期的开发，灌木草丛群落、半天然半人工的杉木林、马尾松林、竹林，以及包括农田、菜地和人工林在内的人工植被已经成为江西大部分地区的优势植被类型，天然常绿阔叶林大多退居山区特别是省县交界线上。

第二节　江西历史

一、先秦时期

人类在江西地区的活动历史极其久远。1989年，考古学家在南昌附近安义县潦河左岸的樟灵岗、凤凰山、上徐村等地进行考察，共获得石制品40件，经过研究，确定为旧石器时代中晚期文化，距今约5万年。2015年，在潦河流域又发现了时代更早的旧石器遗址15处，年代上限可能推至20万年前甚至更早。

约1万年前兴起万年文化。在万年仙人洞遗址发现了1万年前的栽培稻植硅石，这是现今所知世界上年代最早的栽培稻遗存之一。

江西早期居民属于古越族即百越民族，江西地方的越人又称扬越、干越。较主流的意见认为，鄱阳湖西岸属扬越，东岸属干越。赣江上游则属南越，与广东亲缘更近。

中原文明可能在公元前17世纪开始渗入江西。公元前14世纪（中原商代中期），江西地区出现早期国家形态，以樟树市的吴城遗址为中心，其文明达到相当高度。1989年在吴城遗址以东直线距离约20公里的赣江东岸新干县大洋洲出土大批青铜器，时代约在公元前13世纪。

公元前7世纪（中原春秋中期），江西进入吴楚越三国争夺时期。楚国于成王时期（公元前671~前625年）开始由湖南进入江西，大约于公元前6世纪到达鄱阳湖东岸建立番邑。吴国于公元前504年由浙江大举攻楚，占领番邑，并继续向西挺进，在湖南至江西的通道上建立艾邑。

公元前473年越灭吴，吴地大部入越。公元前306年楚灭越，江西大部入楚。此前的各种早期国家在此期间全部消失[1]。

---

[1] 彭适凡. 江西通史1：先秦卷[M]. 南昌：江西人民出版社，2008.

二、秦汉时期

公元前223年秦灭楚，江西纳入秦国版图。公元前221年秦国统一中国，在全国建立郡县行政体系，江西属九江郡（治所在安徽寿春，辖安徽、河南淮河以南、湖北黄冈以东和江西全省），设7县，控制极为有限。

公元前219年，秦发动南征战争，试图统一百越。有关记载极少，成书于西汉前期的《淮南子》载："使尉屠睢发卒五十万，为五军，一军塞镡城之岭，一军守九疑之塞，一军处番禺之都，一军守南野之界，一军结余干之水。"[①]按镡城在湖南怀化，汉高帝五年（公元前202年）置，故城在今靖州西。九疑即九嶷山，在湖南永州，靠近江西。番禺地望尚有争议，部分意见认为即广东番禺，另有部分意见认为即江西番邑，今鄱阳县。南野在今江西南部的南康，余干即今江西余干县，在信江入鄱阳湖之口。秦军大败，屠睢战死。秦朝再度增兵，实现了对岭南的控制。江西此时已成为中原王朝控制南方的主要出发地。

公元前209年，秦末大起义在安徽爆发。秦朝官员、番阳县令吴芮起兵响应，据说麾下半数为越人。吴芮军进至湖北北部，被项羽封为衡山王，建都于邾（今湖北黄岗县西北）。之后项羽败死，吴芮又率先拥立刘邦登基，封长沙王。

吴芮北征之后，江西地方陷入无政府状态，直至公元前202年才由刘邦的老兄弟灌婴平定，设立豫章郡，下设18县，是为江西成为独立行政区划之始。灌婴在赣江、抚河汇合处建立南昌城，作为南昌县和豫章郡城。其部队一直推进到赣南的于都盆地，建有营垒，后成为庐陵南部都尉治所。

汉武帝时期征南越、闽越，均以江西为重要基地。征南越时自赣江南下，征闽越时自信江东进。此后江西经历了长期的太平盛世，初步奠定农业大省的地位。西汉末的元始三年（公元2年），江西有6.7万户、35万人，至东汉后期的永平五年（公元140年），暴增至40万户、167万人。司马迁《史记·货殖列传》称江南"无冻饿之人，亦无千金之家"，江西长期保持此一传统[②]。

三、六朝时期

东汉初平元年（公元190年），讨伐董卓的战争爆发，东汉统治开始瓦解。东汉兴平元年（公元194年），大军阀袁术控制江西。东汉建安四年（公元199年），袁术败死。建安五年（公元200年），孙策自湖北攻入江西，迅速控制全境，从此成为孙吴的重要后方。

孙吴在江西大力开发，分豫章郡设庐陵等4郡，又设庐陵南部都尉，实际上相当于一郡，又大量增设县。至孙吴末期，江西共有5郡1都尉57县，许多纯为开发而设，其中相当部分后来完全消失不知所终。开发过程中与原有的越族人冲突不断，称"山越之乱"，公元203年首次大规模爆发，264年最后一次大规模爆发，规模较大明载史册的即有13次之多。

西晋太康元年、东吴天纪四年（公元280年）晋灭吴，实现了短暂的统一。西晋元康元年（公元291年），鉴于江西诸地夹在扬州、荆州之间，疆土辽阔，治理不易，决定分荆州之武昌、桂阳、安成3郡加上扬州之豫章、鄱阳、庐陵、临川、南康、建安、晋安7郡，共10郡建立江州，升豫章郡城为州城。这10郡中，豫章、

---
① （汉）刘安. 淮南子·卷十八·人间训. https://zh.wikisource.org.
② 卢星，许智范，潘乐平. 江西通史2：秦汉卷[M]. 南昌：江西人民出版社，2008.

鄱阳、庐陵、临川、南康、安成6郡大致覆盖今江西境域，建安郡约为今福建建瓯市域，晋安郡约为今福州市域，武昌郡包括今湖北省东南大部，桂阳郡约为今湖南郴州市域，并包括广东北部部分县。西晋永兴元年（公元304年），又在江西北部建立寻阳郡，使江西境内的郡一级建置达到7个。

公元291年西晋爆发八王之乱，北方中原地区陷入动乱，大量北方移民此后南迁江西，称侨姓士族，与江西本地土豪产生摩擦。东晋时期江西动乱不断，既有东晋统治者内讧，又有孙恩、卢循五斗米道教徒造反，还有各种侨士冲突、流民起义，每次都席卷江西北部至中部的精华地区。刘宋以后，江西相对安定，经济继续发展，直至六朝完结①。

四、隋唐五代时期

隋开皇九年（公元589年）大军渡江，消灭江南陈朝，重新统一中国。经短暂动乱，至开皇十一年（公元591年）完全控制江西，随即对江西地方行政区划进行大调整，撤销大量郡县，又改郡为州，在江西境内形成7州23县的行政区划。

隋炀帝大业七年（公元611年），隋末大动乱爆发。大业十二年（公元616年），江西高安、鄱阳等地先后爆发起义。鄱阳人林士弘于大业十三年（公元617年）一度控制整个江西。梁朝宗室萧铣于湖南起兵造反，沿江而下，击败林士弘，于大业十四年（公元618年）占领江西大部，林士弘退据赣南。唐武德四年（公元621年）以李孝恭和李靖为将，率大军平定萧铣，又平定若干动乱，至武德七年（公元624年）完全控制江西。此后，江西进入又一段太平岁月，经济文化均出现较大发展。

---

① 周兆望. 江西通史3：魏晋南北朝卷[M]. 南昌：江西人民出版社，2008.

唐开元四年（公元716年），广东韶关人张九龄奉朝命开凿大庾岭驿路。此前，赣江—北江交通线虽在秦代即已形成，但大庾岭山路难行，成为瓶颈。此后，这条交通线正式成为国家南北交通大动脉的主干线，成为江西此后千年间的经济动力。

隋初全国已有190州，全部直辖中央，在前工业时代无法有效治理。唐贞观元年（公元627年）分天下为10道，派遣官员出巡监察各地官吏，称黜陟使，实际上都为临时差遣。江西诸州县均在江南道，除江西外，还包括浙江、福建、湖南之全境，江苏、安徽、湖北之江南部分，甚至远及四川东南部和贵州东北部。因为面积过大，唐开元二十五年（公元737年）再分为15道，每道设采访使，检察非法，为常任官员，并确定常驻治所。江西划入江南西道，简称江西道，采访使治所设在洪州州城即南昌，"江西"之名由此始。此道范围仍极辽阔，共辖18州，除江西7州外，还包括湖南大部及湖北、安徽除歙州以外的江南部分，实际上仍大到难以有效治理。

唐天宝十四年（公元755年）安史之乱爆发，此后各地陆续进入军阀割据时代，但江西仍忠于唐王朝中央政府，成为唐代中后期主要经济支柱之一。浙江南部至江西东北部穿越怀玉山的通道在此时开通，由此可通过衢江和信江，连接鄱阳湖水系和钱塘江水系。为此，唐乾元元年（公元758年）在饶州东南部信江流域建立信州，使江西境内的州增至8个。

唐乾符五年（公元878年），黄巢率部自安徽潜山渡江大举进入江西。高安小商贩钟传聚众自保，自称高安镇抚使。唐中和二年（公元882年）钟传入主洪州，基本控制江西，唐朝政府授其为江西团练使，不久又陆续加镇南军节度使、检校太保、中书令等头衔，封南平郡王，正式成为江西最大的军阀，控制江西达

24年之久。南城人（今属黎川县）危全讽据抚州，授抚州刺史、昭武军节度使，统治抚河流域25年。吉水人彭玕据吉州，授工部尚书、东南指挥使、吉州刺史，统治赣江中游25年。唐光启元年（公元885年），宁都人卢光稠据虔州，授百胜军节度使、虔州防御使、虔州刺史，统治赣南26年，人称"卢王"，现仍有卢王庙。此三人名义上均为钟传下属，实际上均为自成体系的军阀。这些军阀虽然彼此常有争夺，但基本保持了江西的安定，在地方治理、城市建设等方面均有建树，影响至今。

唐天祐三年（公元906年）钟传去世，江西随即进入动荡。控制江淮的大军阀杨吴（由合肥人杨行密建立，前一年去世，由其子杨渥继位）攻入江西，先据江州，再占洪州。危全讽向控制江浙的大军阀钱镠求援，彭玕则向控制湖南的军阀马氏求援。第二年唐亡，中原进入五代时期。公元909年，危全讽、彭玕先后败走，杨吴控制江西大部，仅虔州尚未得手。不过这时杨吴已由权臣徐温实际控制。公元911年，卢光稠去世。公元916年，吴军经过数年相持占领虔州，江西全归吴国。公元937年，徐温养子徐知诰取代杨吴，自立为帝，改国号为唐，改元昇元，史称南唐。

南唐时期江西基本安定，经济进一步发展，形成了许多新的人口聚集地。南唐保大十年（公元952年），分洪州西部成立筠州，使江西境内的州增至9个。

南唐保大十三年（公元955年），后周发兵南下攻打南唐，至南唐交泰元年（公元958年）占据南唐全部江北领地。中主李璟畏于后周兵锋，改洪州为南都南昌府，并于北宋建隆二年（公元961年）正式迁都南昌。四个月后李璟去世，后主李煜即位，随即还都金陵。不过南昌仍保留南都地位，直至公元975年南唐灭亡[①]。

五、两宋时期

后周显德七年（公元960年），赵匡胤发动兵变，代周为帝，建立北宋。北宋开宝七年（公元974年）开始攻打南唐，975年南唐亡，但江西还在继续抵抗，至公元976年才基本平定，江州、吉州等地均遭到大屠杀。

北宋控制江西之后，在江西陆续将行政区划调整为9州4军共13军州的建置。自唐代后期以来，地方军阀兼领军民事务十分普遍，许多地方名为某某军，实际上管辖若干个县，已经等同于行政区。五代十国沿袭此种建置，虽然江西大多数行政区划仍为州县，但南唐末年也在南城设立建武军。北宋继续沿袭，派驻的首席官员称"知军事"，监管下属各县事务，与州一级官员完全无异。除在江西继续保留建武军并改名为建昌军外，又陆续增设南康军、南安军和临江军。以后历代虽然名称有所更改，区划却延续了近千年之久。

宋朝继承唐制，分全国为10道，北宋开宝八年（公元975年）改为10路，每路均辖多个军州，设转运使，负责收集财赋，供应京师。太平兴国二年（公元977年）以后，又授予转运使包括防务、治安、司法、监察等在内的多种权力，实际上已经等于高级地方官员，以后又增加官员数量分担不同权责。北宋至道三年（公元997年）扩充为15路，江西属江南路，治所在江宁府，即今南京。由于范围过大，此后各路均不断分拆。北宋天禧四年（1020年）分江南路为江南东、西二路。江南东路治所仍在江宁府，辖今日江苏西部和安徽的江南部分，以及江西东北部饶、信2州，江西中北部临长江

---

① 陈金凤. 江西通史4：隋唐五代卷[M]. 南昌：江西人民出版社，2008.

的江州和南康军；江南西路治所在洪州，辖今日江西境内其余6州3军，以及湖北东南部的兴国军，即今阳新、通山、大冶、黄石诸县市。南宋初年将江州划归江南西路，其余未变①。

两宋时期是江西经济文化最为发达的时期。农业大省地位日益突出，加上属江南东路的江、饶、信3州和南康军，江西地区每年调出漕粮大米约150万石，宋代1石约60公斤，约合9万吨，仅稍逊于浙江（两浙路），居全国第二。吉州永和镇、饶州景德镇均在此时成为陶瓷业大镇。大庾岭驿道得到进一步开拓。赣东北穿越怀玉山和武夷山沟通浙江福建的驿道得到开拓整修，日益畅通。与江西四通八达的水系结合，形成了沟通周围江浙、闽粤和湖广各地的交通网络②。

六、元明清时期

1274年，元军大举南下进攻南宋，1275年攻入江西。在文天祥等人领导下，江西军民进行了顽强的抵抗。1277年，文天祥撤离江西，元朝建立了对江西的完全控制。

元朝在攻取南宋过程中，在各地派出高级军政机构协调军事和民政，称行中书省，根据作战需要，随时调整。1277年设立江西等处行中书省，简称江西行省，此后兴废无常，最大时包括江西、福建、广东三地，最小时完全并入福建行省。治所大部分时期在南昌，但是也曾经迁徙至吉安甚至赣州。1292年以后，江西行省辖境大致稳定下来，范围仍包括广东大部，大大超过宋代江南西路。但在今日江西省域内的范围则与南宋接近，仅将南康军从江浙行省划归江西，饶州、信州仍属江浙行省③。

1351年，彭莹玉彭和尚在湖北起兵反抗元朝，推布贩徐寿辉为首领，迅速攻入江西。到1359年，徐寿辉部将陈友谅基本控制了江西全境。1362年，朱元璋又攻入江西，至1364年控制江西全境。1368年，朱元璋在南京称帝，建立明朝，改元洪武。第二年将广东划出江西，成立广东等处行中书省，明洪武四年（1371年）将原属宋代江南东道、元代江浙行省的饶州、信州一并划入江西行省，终于形成了完整的江西地方。

明洪武九年（1376年），朱元璋将行中书省分为承宣布政使司、都指挥使司和提刑按察使司，分别掌管一地民政、军事和司法。在全国共设立13个布政使司，不过民间仍习惯称某某省。江西布政使司设在南昌，下辖13府，全部在宋代军州基础上直接改名。

明宣德五年（1430年），由于三司相互掣肘，行政效率低下，朝廷派员巡视各省，称"巡抚"，以后正式称为巡抚某省都御史，成为一省最高行政长官。

明朝分封宗室，在江西封有多个藩王。其中主要者为永乐二年（1404年）由大宁（汉右北平郡城、辽中京、金北京，今内蒙古自治区赤峰市宁城县）徙封至南昌的朱元璋第十七子宁王、正统元年（1436年）由广东韶州徙封至鄱阳的明仁宗朱高炽第七子淮王、弘治八年（1495年）封于南城的明宪宗朱见深第六子益王。此三王之后裔除袭王位者外，另封有54个郡王，另外还封有大批将军、中尉等，至明中后期嘉靖年间（1522~1566年）已多达388人，每年开销江西省级财政约11万两白银，府县财政不计其数。

明代江西经历了规模巨大的人口流动，各地原住民和新移民之间的冲突不断，尤以赣南为甚。明弘治八年（1495年）设立巡抚南赣都御史，简称南赣巡抚，驻赣

---

① 许怀林. 江西通史5：北宋卷[M]. 南昌：江西人民出版社，2008.
② 许怀林. 江西通史6：南宋卷[M]. 南昌：江西人民出版社，2008.
③ 吴小红. 江西通史7：元代卷[M]. 南昌：江西人民出版社，2008.

州，辖江西的南安、赣州、建昌，福建的汀州，广东的潮州、惠州、南雄，湖广的郴州，合计7府1州，实际上是一个跨4省边境地区的准省级行政机构。

明正德年间，赣南流民动乱日益激烈。正德十二年（1517年），浙江余姚人王守仁出任南赣巡抚，第二年完全平定赣南。正德十四年（1519年），第四代宁王朱宸濠造反，40天即被王守仁消灭。王守仁因此受封为新建伯，世袭罔替。

明代江西调出漕米增至260万石左右，明代一石米约重70公斤，约合18万吨，较北宋又增加一倍[①]。

明朝于1644年灭亡，南京大臣拥立福王称帝，改元弘光。南明弘光二年（1645年）清军南下，南明灭亡，江西驻军主力投降，另有部分军队和地方势力在抚河流域、赣中西部（袁州、吉州、临江3府）和赣南继续抵抗。至清顺治三年（1646年）年底，江西大部分被平定。顺治五年（1648年）驻守南昌的清军反正，至顺治六年（1649年）亦被镇压。此后，江西完全为清朝控制。

清康熙十二年（1673年）年底，吴三桂等起兵造反，称"三藩之乱"。至次年中，三藩军自湖南、福建两路入境，占领江西大部。此后三藩军与清军在江西来回拉锯，造成巨大破坏，尤以袁州、吉州和临江3府为烈。康熙十六年（1677年），三藩军被完全逐出江西。

此后，江西获得了将近180年的安定，经济文化至乾隆年间（1736~1795年）达到鼎盛，但总体而言发展缓慢，逐渐失去了原有的经济优势[②]。

1853年，太平军攻占九江，不久后发动西征，大规模进入江西。湘军自湖南来援，是该部首次出省作战。此后湘军与太平军在江西反复争夺，聚落、建筑和人口均遭到严重损失。1864年，江西境内的太平军被完全消灭。

1856年第二次鸦片战争爆发，至1858年结束，清朝与英、法、俄、美分别签订《天津条约》，内容雷同，规定通商自由、传教自由，开放长江内陆沿江自汉口以下共三处口岸。1861年，九江被辟为通商口岸，成为江西对外贸易的门户。1898年，萍乡煤矿大量开采，成为清末洋务运动的重要节点。1903年，萍乡至湖南醴陵的铁路通车，以方便煤炭外运。1905年，这条铁路延伸至株洲。1907年开工建造南昌至九江的南浔铁路。

1911年10月10日，辛亥革命在湖北武昌爆发，立即影响到毗邻的江西。从10月23日起，江西爆发了一系列反清起义。10月31日，起义军控制省会南昌，成立江西军政府，宣布独立，是继湖北、湖南、陕西之后的第四个革命省份。清朝对江西的统治至此终结[③]。

第三节　江西传统文化

由于历史的原因，江西具有非常深厚而多样化的古代文化积累，正如江西丰富多样的水系一样，堪称百川并流。综合而论，可以分为儒学传统、宗教传统、族居传统和工商业传统四个方面。

[①] 方志远，谢宏维. 江西通史8：明代卷[M]. 南昌：江西人民出版社，2008.
[②] 梁洪生，李平亮. 江西通史9：清前期卷[M]. 南昌：江西人民出版社，2008.
[③] 赵树贵，陈晓鸣. 江西通史10：晚清卷[M]. 南昌：江西人民出版社，2008.

一、儒学

传说春秋末年孔子弟子澹台灭明自中原南下进入江西讲学,为儒学传入江西之始。晋代以后,随着江西经济的发展,儒学传统日益兴旺。宋明之际,江西儒学走向极盛,见证了儒学思想的多次重要变革。宋明多位重要思想家周敦颐、朱熹、王守仁等虽然不是江西人,但都在江西长期任职和生活,对江西学者影响极大。临川王安石创立新学,作为其变法的思想基础,虽然后来遭到儒学主流批判,实际上对宋明儒学的发展影响深远。金溪陆九渊的思想后来被称为"心学",又被王守仁继承,称"陆王心学",在江西影响尤为深刻,号称"江右王学",是中国古代重要思想传统。

出生于鄡阳(今都昌县)、成长于寻阳(今九江市)的陶侃,在东晋时期成为重臣,官至侍中、太尉、荆江二州刺史、都督八州诸军事,封长沙郡公,是江西诞生的第一位真正具有全国性影响的大人物,不仅武功治政均显赫,且能文,有文集二卷,已佚。陶渊明为其曾孙。唐代赣县(今属兴国县)钟绍京曾任中书令,封越国公,是第一位出任执政大臣的南方土著,号称"江南第一宰相",又是著名书法家。

自宋代以后,江西人在国家科举考试中长期具有优势。两宋期间,江西进士占到全国进士的12.7%。这些进士集中在江西东北部和中部,包括饶、吉、抚、洪、信5州和建昌、临江、南康3军,又尤以饶、吉2州和建昌军为甚。明代江西进士占到全国进士的10.96%,集中在中部,吉安府、南昌府优势最为突出,合计超过一半。一些地方大族在科举中尤为突出,祖孙、父子、兄弟进士遍及各地,吉安府等地常有"一门三进士、隔河两宰相、五里三状元、十里九布政、九子十知州"等民谣流传。

北宋淳化二年(公元991年)南昌陈恕出任参知政事,此后江西人大量出任执政大臣(同平章事、参知政事、知枢密院事、同知枢密院事)。北宋时期江西先后有18人任执政,包括庐陵(今属永丰县)欧阳修、临川晏殊、临川王安石、德安王韶、南丰曾布等著名大人物。南宋时期江西先后27人任执政,包括庐陵周必大、余干赵汝愚、都昌江万里、庐陵文天祥等著名大人物。明代中前期,江西人仍在朝廷中扮演着重要角色。自明建文四年成立内阁至明朝灭亡242年间,有23名江西人进入内阁,10人先后为首辅,累计67年。清代江西日渐衰落,仍偶有大人物出现,如修水陈宝箴、大庾戴衢元,均同时具有国家重臣和著名文学家、大学者身份。

二、文艺

江西传统读书人均多才多艺,爱好广泛,兼通诗、书、画。东晋至刘宋初著名诗人陶潜,字渊明,柴桑人,陶侃曾孙,开创田园诗派。唐代钟绍京以楷书著称,笔法秀丽,影响深远。南唐钟陵(今进贤县)董源为当时南方最著名画家,开创南派山水画传统。北宋欧阳修、王安石和南丰曾巩(曾布之堂兄)均极负文名,完全改变了西汉以来以骈文为正宗的文体,并列"唐宋八大家"。分宁(今修水县)黄庭坚开创"江西诗派",又为著名书法家。鄱阳姜夔为著名词人、音乐家。明代临川汤显祖为著名戏剧家。明末南昌宗室朱耷为宁王后裔,清初著名画家,别号八大山人。

文艺深刻渗入江西人的精神。除上述文艺领袖之外,其他名臣如庐陵文天祥、吉水解缙,权臣如新喻(今新余市)王钦若、分宜严嵩等人亦普遍具有高度文艺才能。即使民间也常有不知名的大才,江西各地传统聚落、建筑遗存中,常可见匾额、对联和其他书画作品,文辞雅驯,笔法可观。

三、宗教

江西自东晋开始成为江南佛教活动的中心之一。山西僧人慧远在4世纪末移居庐山，创建东林寺并住持多年，开创汉传佛教重要流派之一净土宗。

唐代中期，四川僧人马祖道一在江西临川、赣县和南昌先后说法共达43年，对佛教禅宗的发展有重要影响，禅宗临济宗、沩仰宗均出自其门下。临济宗江西祖庭在宜丰西北部的黄檗山，沩仰宗江西祖庭在宜春南面的仰山。浙江僧人良价在唐代后期移居宜丰东北部的洞山，说法10年，其弟子本寂此后移居宜黄曹山，又说法20年，由此开创禅宗曹洞宗。北宋前期，宜春僧人方会在10世纪初移居萍乡杨岐山，由此开创禅宗杨岐宗。北宋后期，玉山僧人慧南在11世纪中期移居修水黄龙山，由此开创禅宗黄龙宗。因此说，禅宗五家七宗，五宗祖庭在江西。

道教在江西的渊源也非常深。江西是道教的发源地之一。传说五斗米道创始人、江苏人张陵（又称张道陵）于东汉永元二年（公元90年）前来江西，在江西贵溪山中修道炼丹，经36年"丹成而龙虎见"，此山遂得名龙虎山，现为世界遗产地。大约在三国吴时期，张陵的曾孙张盛返回龙虎山定居，其子孙世代承袭，成为南方道教符箓派的领袖。唐天宝七年（748年），唐玄宗追封张陵为太师。此后历代皇帝，续有封赠。元至元十三年（1276年），元世祖封张陵第36代孙为"嗣汉天师"，从此称为张天师，龙虎山因此成为南方道教活动中心之一。

魏晋时期著名的道教学者葛玄，传说曾在清江阁皂山（今属樟树市）炼丹修道，道成，于此升天。后来的道教灵宝派，奉葛玄为祖师，奉阁皂山为祖山。

江西还存在多种地方崇拜传统，其中最重要的是许真君崇拜。

许逊传说为晋代人，但不见诸于《晋史》，仅见于南昌地方史料和道教经籍。据这些史料记载，许逊，字敬之，原籍河南许昌，其父于汉末为避战乱移居南昌。许逊于吴赤乌二年（公元239年）于南昌出生，西晋太康元年（公元280年）出任旌阳（今四川省德阳市旌阳区）县令，因此人称许旌阳。后弃官返乡，时值鄱阳湖水灾连年，他率领百姓治水，足迹遍及鄱阳湖周边，并远至湖南、福建等地，据说所到之处，水患平复，由此形成了流传广泛的许逊治水传说。传说许逊于东晋宁康二年（公元374年）全家飞升成仙，"鸡犬升天"。至唐代后期融入道教神仙系统。北宋徽宗皇帝封许逊为"神功妙济真君"，此后常被称为许真君。明代以后成为江西商人的保护神，其宫观统一称"万寿宫"，大量兴建于江西各级大小聚落，又随江右商帮传播到全国各地甚至海外，常与江西会馆合并建造，从而成为具有全省影响力、极具地方特征的地方崇拜和江西人的象征。

傩文化亦在江西有大面积的传播。傩神崇拜是江西远古巫术的遗存，以傩舞方式进行驱疫降福、祈福禳灾、消难纳吉等祭礼。江西傩事活动分布广泛，其中的许多民俗遗存和影响一直延续至今，其中有代表性的包括南丰的石邮傩、乐安的流坑傩、婺源的长径傩、万载的沙桥傩、萍乡的车湘傩、德安的樟树傩等。2006年6月，傩舞（南丰跳傩、婺源傩舞、乐安傩舞）、萍乡湘东傩面具、傩戏，被国务院公布为第一批国家非物质文化遗产。

此外，各地还有张王崇拜、萧公崇拜、将军崇拜、福主崇拜等各种千奇百怪的地方传统。

意大利天主教传教士利玛窦约在明万历二十三年（1595年）底或万历二十四年（1596年）初由广东进入江西，之后在南昌、吉安、赣州等地均有天主教活动。至17世纪后期，江西主要城市均有天主教会活动，九江、吉安、抚州、赣州等主要城市均已建立教堂。1842年《南京条约》签订后,天主教在江西的活动日益频繁,至19世纪后期,形成了驻九江的江西北境、驻吉安的江西南境和驻抚州的江西东境三个代牧区,分别派驻主教负责[①]。

基督教新教在江西的活动均在九江开埠之后开始,由于教派众多,各自活动,较天主教会更为混乱。主要有英国圣公会及其下属各种传道会、美国北方卫斯理宗美以美会(即今天卫理公会,1939年由美国卫斯理宗各支合并而成)两支。新教传教士总体而言不重视教堂建设,而是致力于建造学校医院等慈善机构,如九江生命活水医院(今九江市第一人民医院)、同文中学、南昌医院(今江西省人民医院)、豫章中学等,基本都流传至今。

四、族居、移民和方言

自东汉以来,江西一直是全国重要的粮食产区,农业经济发达。另一方面,江西由于交通便利,又一直广泛接受来自外省的移民。至五代,已经形成了基于农耕生产的族居传统。德安陈氏祖籍河南颍川,于唐玄宗年间迁居江州浔阳县太平乡常乐里永清村(今德安县车桥镇义门陈村),至北宋中期,陈氏家族人口接近4000人,仍聚族而居,被称为江州义门陈氏,是江西族居传统的代表[②]。这种传统一直保持到近代,各地的乡村聚落,基本上都以一个或几个大族为主,构成其人口的主体。

明嘉靖十五年(1536年),江西贵溪人、大学士夏言向皇帝上疏《请诏天下臣工建立家庙议》,提议所有品官或其后人都可以建家庙,将建庙祭祀祖先的资格扩大到整个士大夫阶层[③]。此后,在江西兴起了建设宗祠的高潮,在部分家族长期聚居的大型聚落中甚至在宗祠下又分设房祠,形成祠祀建筑体系。这些祠堂均为独立建造的建筑,在聚落中占有显著地位,规模、尺度、场地均大大超过聚落中的其他建筑,尤其对乡土聚落空间结构影响极为深刻(详见本书第三章第二节)。

明清两代江西经历了大规模的移民运动。元末明初,朱元璋发动"江西填湖广",组织人多地少的江西人迁往湖南、湖北,从湖南醴陵至江西萍乡的湘赣驿道成为最重要的移民通道之一。广东、福建和浙江等省则有相当规模移民进入江西,之后又在江西境内继续迁徙。这一移民过程时断时续,直至清末,在江西南部和西北部形成了面积广大的客家人聚族而居的区域。

今天一般认为的"赣南",指今赣州市及其所属3区14县1市。而移民分布的范围并不局限于这一行政边界,还包括与其相连的遂川县、万安县、永丰县、吉安市、广昌县的部分地区。如位于罗霄山脉东麓的遂川县,从唐末起,每逢大规模战乱,都有一次明显的人口迁徙,县内大族多为外地迁入,明代之前来源还较分散,明清之际则主要来自广东、福建[④]。又如位于雩山山脉中部的永丰县,根据地名志记载,从省外迁入建村的以福建人居多,共有313个;由省内其他地区迁入建村的以赣州地区最多,达479个[⑤]。可见赣南地区人口的主体是客家移民,其中又以明清时期福建、广东移民为主。

赣西沿湘赣边境的山区,有的地方历来人口稀少,如南昌府的宁州(今修水县、铜鼓县);有的地方

---

① 刘志庆. 江西天主教教区历史沿革考[J]. 中国天主教, 2015(3): 55-62.
② 许怀林. 江西通史5: 北宋卷[M]. 南昌: 江西人民出版社, 2008.
③ 王鹤鸣, 王澄. 中国祠堂通论[M]. 上海: 上海古籍出版社, 2013.
④ 《遂川县志》编纂委员会. 遂川县志[M]. 南昌: 江西人民出版社, 1996.
⑤ 江西永丰县志编纂委员会编. 永丰县志[M]. 北京: 新华出版社, 1993.

虽开发较早，但元明之际经济凋敝，如袁州府诸县。这一带在明清两代也经历了大规模的移民运动。在此期间，大批闽南移民进入赣西北山区。明代中期以后，又有大量闽、粤流民辗转迁徙至赣西北山区，结棚而居，史称"棚民"。袁州府各县和宁州等地都有大量移民进入，拓荒种地，逐渐形成了与原籍土著居民相抗衡的社会势力。这一过程一直持续到清代中前期（图1-3-1）①②。

受到长期移民运动的影响，江西方言构成非常复杂。按照2012版《中国语言地图集》的统计，主要有以下7种（图1-3-2）③：

主体居民使用赣语，使用人口约2900万，覆盖赣江中下游、抚河流域、鄱阳湖地区。

第二大方言为客家话，使用人口约800万，主要居住在赣南，在赣中和赣西北山区也有分布。

第三大方言为吴语，使用人口约240万，主要在赣东北邻近浙江的信江中上游地区。

此外，在沿长江地区还有江淮官话，使用人口约90万，主要分布于九江市、九江县、瑞昌市。在邻近徽州的地区有徽语，使用人口亦有约90万，主要在婺源县、浮梁县、德兴市。

赣南存在一个典型的方言岛，使用西南官话，人口约60万，集中于赣州市城区和信丰县部分地区。

赣东北邻近福建的山区还有闽语，使用人口约20万，上饶市城区和各县均有分布。

五、工商业传统

江西由于交通便利，资源丰富，工商业传统也十分深远。商周时期的瑞昌铜岭商周铜矿矿冶遗址，是中国迄今发现的矿冶遗址中年代最早、保存最完整、内涵最丰富的一处大型铜矿遗存。三国时期南昌市西南的谷鹿洲，现名蓼洲，是孙吴的主要造船基地之一。

唐代以后，江西逐渐形成了四通八达的贸易线路。最重要的当属南北向的赣江贸易线，连接中原、两广，其上游章贡二水还分别连接湖南、福建。抚河贸易线同样连接福建，也扮演着重要角色。东西向则有连接安徽和浙江的饶河贸易线，连接浙江和福建的信江贸易线，连接湖南和湖北的袁河贸易线、锦江贸易线和修河贸易线。

唐代的德兴银冶，是国内目前所见开采时间最早、面积最大、矿井数量最多、延续开采时代最长的一处大型银矿遗址，号称"大唐银冶第一山"，唐代中期产银量曾占全国六成。鄱阳永平监铜矿每年铸钱七千贯，约合35吨。

五代至宋，吉州永和镇（详见本书第四章第二节）、饶州景德镇（详见本书第五章第二节）先后成为南方著名瓷业中心，远销海外。宋代铅山场是当时全国三大铜场之一。

明清时期形成了若干工商业中心。景德镇仍为瓷业中心，铅山县河口镇（详见本书第五章第三节）为纸业中心，并和景德镇一起成为茶叶贸易中心，清江县樟树镇和建昌府城（今南城县城）为药材贸易中心，新建县吴城镇（今永修县吴城镇）为大米贸易中心，金溪县浒湾镇（详见本书第四章第二节）为雕版印刷业中心。

除上述著名产业外，江西还有历史极为久远的麻纺织业，至清代形成了万载、宜黄、宁都等夏布生产中心。因夏布贸易而形成其专业市场——夏布墟，有宜黄县棠阴镇（详见本书第四章第三节）、万载县

---

① 曹树基. 中国移民史·第五卷·明时期[M]. 福州：福建人民出版社，1997.
② 曹树基. 中国移民史·第六卷·清 民国时期[M]. 福州：福建人民出版社，1997.
③ 张振兴. 中国语言地图集（第2版）：汉语方言卷[M]. 北京：商务印书馆，2012.

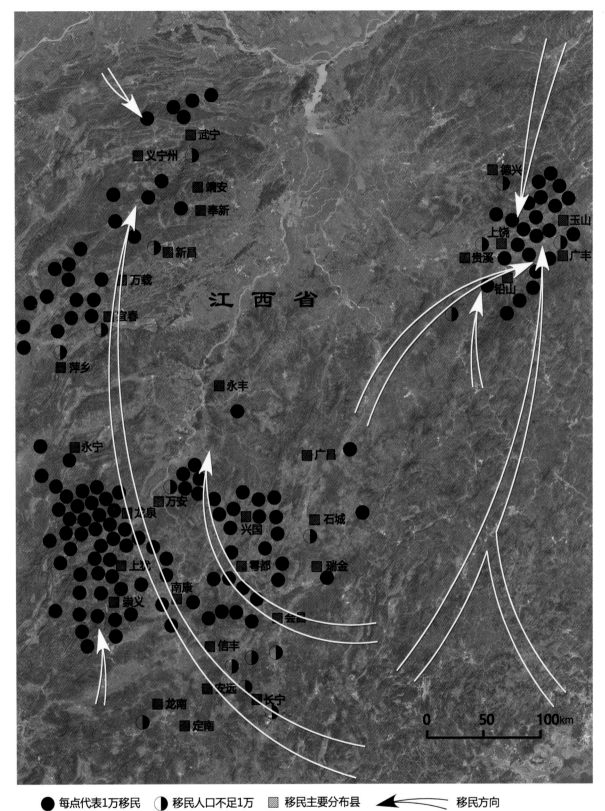

图1-3-1 清前期江西移民的迁入与分布（来源：蔡晴据《中国移民史·第六卷·清·民国时期》图6-1重绘）

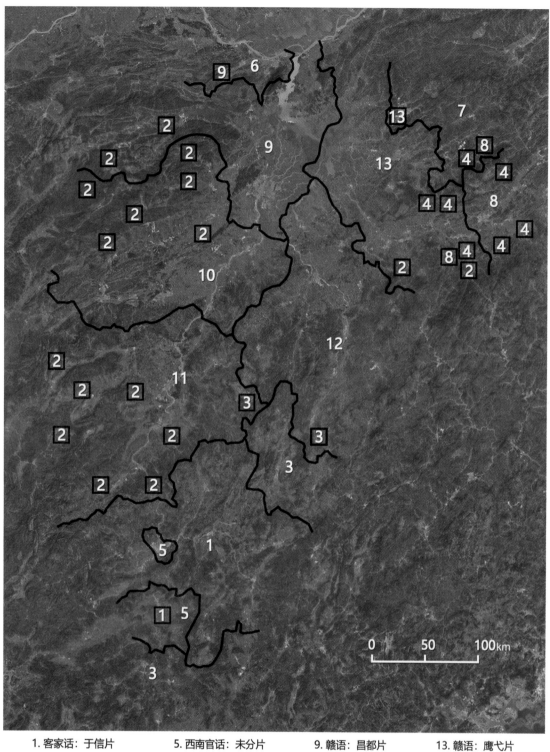

1. 客家话: 于信片	5. 西南官话: 未分片	9. 赣语: 昌都片	13. 赣语: 鹰弋片
2. 客家话: 铜桂片	6. 江淮官话: 黄孝片	10. 赣语: 宜浏片	
3. 客家话: 宁龙片	7. 徽语: 祁婺片	11. 赣语: 吉茶片	
4. 闽语: 闽南片赣东北小片	8. 吴语: 上丽片上山小片	12. 赣语: 抚广片	

图1-3-2 江西省的汉语方言（来源：蔡晴据《中国语言地图集第2版：汉语方言卷》图B2-9重绘）

株树潭（今株潭镇）、临川李家渡（今进贤县李渡镇）等[①]。

明代正式形成江西商人集团，史称"江右商帮"，主要活动于两湖、云贵川等地，在北方也有相当势力。尽管在江右商帮中，既没有出现像徽商那样坐拥巨资、堪与王侯相比的富商巨贾，也没有能够像晋商那样经营着垄断行业，更没有如浙商那样成为中国近代资本的源头，但江右商帮以其人数之众、操业之广、渗透力之强为世人瞩目，不仅对明清时期的江西社会经济产生了相当大的影响，也深刻地影响到江西境内的城市和乡土聚落。

---

① 韩国栋. 江西省商业志[M]. 北京：方志出版社，1998.

第一节　概述

城市的营建是一个漫长的过程。江西现有11个设区市、12个县级市，还有60座县城，其中绝大部分基于古代城市。设区市中，南昌、九江、吉安、赣州、上饶、抚州和宜春均基于唐宋州城；萍乡、新余均基于唐宋县城；景德镇于宋代设镇；历史最短的鹰潭也于宋代设坊，清代设镇。72座县级市和县城中，除极少数外均基于古代县城，至少也基于古代市镇。这些经过长期历史累积生长而成的城市，今天均已不同程度地实现现代化，但历史的印记仍然不可磨灭。至2020年7月，这些城市中共产生了国家历史文化名城4座，省级历史文化名城8座，省级历史文化街区75处。它们是江西古代城市的宝贵遗存，集中体现了古代江西人民的营建智慧。

江西古代城市营建具有以下一些共同特征：

第一，城市选址高度依赖水道。金溪县城是江西古代唯一不临主要河流的城市，其余80座古代城市全部临大河，甚至位于河流汇合处，如南昌位于赣江、抚河交汇处；赣州位于章贡二水汇合成赣江处；抚州位于临水汇入抚河处；宜黄县城位于临水干流宜黄二水汇合处和曹水入宜黄水处。城市等级越高、历史越长，所依托的河流也越重要。《康熙江西通志》所载《江西郡县图》（图2-1-1），清楚地表达了古人对江西城市与水道关系的理解。

第二，城市设防范围均较为有限，但城外常发展出大面积关厢。如南昌为江西首府，明清设防面积仅约4.3平方公里，但城南有大面积关厢，使城市建成区总面积达到约6.5平方公里；抚州府城明清设防面积不足2平方公里，但周围均有关厢，东面隔抚河的港东厢繁荣程度根本不亚于城内。

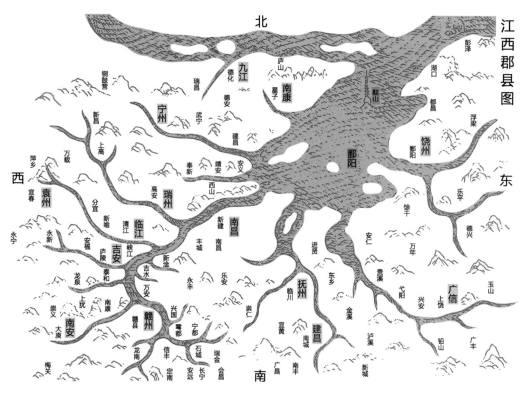

图2-1-1　江西郡县图（来源：蔡晴据《康熙江西通志·卷一·图考》重绘）

第三，设防轮廓形状自由，与所在地形结合紧密。江西古代没有一座轮廓接近规则几何形状的城市，城市设防全都依托所在地形自由布置。《周礼·考工记》城郭制度对江西城市完全无影响，没有如同北方城市或者苏州古城那样的方正布局。不但用地紧张且地形变化丰富的山区城市如此，即使是位于地形平缓的盆地、平原地区的城市也全部如此。南昌地处赣江下游平原，自古为江西首城，甚至一度成为南唐都城，城内外地形平坦，只有微小起伏，但城市形状亦完全不规则。

第四，内部空间格局多样自由。不但城市设防轮廓既不受方正几何形状影响，城内街道布局也完全顺应地形和历史演变，不盲目追求横平竖直，而是自由生长。城内各种重要设施包括官署、官学等均根据需要布置，不受古代"居中"思想限制。如南昌城内历代州郡省府等高级官署自唐代以来一直位于城西南一隅，抚州府城内历代州府衙门一直位于城西北一隅，安仁故县城内县衙则位于城东南一隅，而南丰县城内县衙又非常接近城市中心，等等，并无定法。

第五，城市营建与水体紧密结合。城内常有天然水体如河流湖泊与城外大河相连通，作为城内给排水通道并作为消防水源。如南昌城内有三湖九津，均与赣江、抚河相通。如果没有合适的天然水体就开凿沟渠，照样和城外大河相通，如赣州城中之福寿沟、南丰县城之上下水关，均属此类。

以上特征，使得江西古代城市格局面貌千变万化，每座城市各有自身特征。

第二节　江西古代城市体系

城市不可能孤立存在，必定要和其他聚落进行交流。一定地域范围内由一系列规模不等、职能各异的城市和市镇所组成，并具有一定的时空地域结构、相互联系的聚落网络，构成城市体系[1]。江西地处长江南岸，进入中原文明体系较晚。中华人民共和国成立以来的考古进展已发现相当数量和规模的史前聚落，如自新石器时代晚期一直延续至战国时期的樟树筑卫城遗址、商代中晚期的樟树吴城遗址、商晚期至西周早期的新干牛头城遗址等。春秋战国时期，楚、吴两国在江西境内先后建立番、艾两座城邑。但这些聚落与其他聚落的关系并不明朗，而江西城市体系的形成则从秦代建立郡县制度开始。

一、秦汉时期

秦代江西境内设有7个县。鄱阳湖东岸的番阳县即楚番邑，修河上游山区的艾县即吴艾邑，又在鄱阳湖南岸信江入湖口设馀汗县，在武功山南麓今安福县境设安平县，在赣江下游袁河入赣江处附近设新淦县，在赣江中游设庐陵县，在赣江上游章水南岸设南壄县。这7座县城基本沿鄱阳湖—赣江布点，以保护赣江交通线的安全。虽然已经具有某种体系特征，但空间距离过于分散，还不能称为城市体系（图2-2-1）[2]。

西汉初年在江西设豫章郡，在赣江、抚河交汇处建立豫章郡城，邻近鄱阳湖。又建立南昌县，但没有另

---

[1] 顾朝林. 中国城镇体系——历史·现状·展望[M]. 北京：商务印书馆，1992.
[2] 本章所有州郡府县建置存废及治城位置均据清光绪《江西通志》及各府县志书辑出，不一一列举，详见本书参考文献。

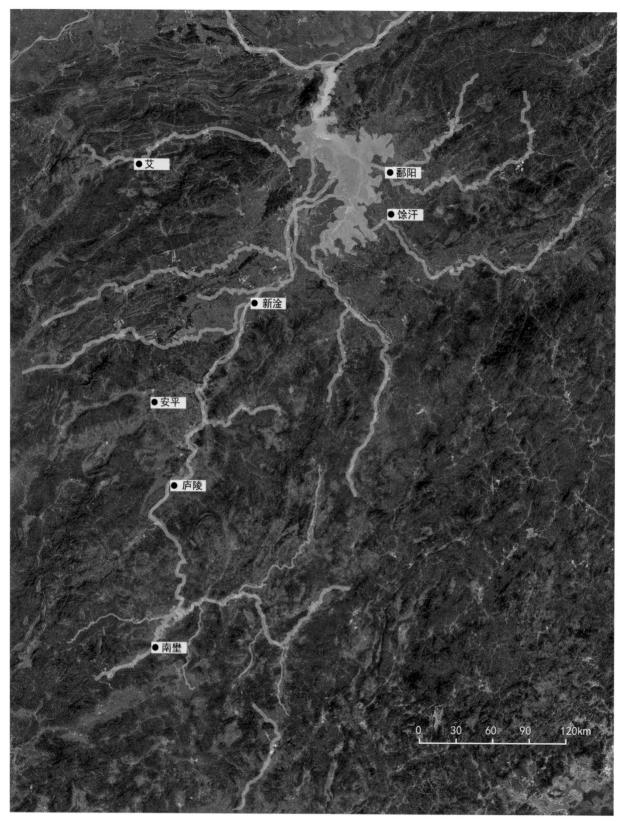

图2-2-1 秦代江西城市分布示意图（来源：蔡晴 绘制）

建县城，而是与豫章郡同城而治，称为"附郭"，从此成为高等级地方行政中心城市的传统，南昌亦从此确立江西中心城市的地位。此外又在鄱阳湖东岸增设彭泽、鄡阳2县；鄱阳湖西岸增设柴桑、历陵、海昏3县；赣江中游吉泰盆地西部边缘设安平县；赣江上游章水流域设赣县；赣江上游贡水流域设雩都县；抚河流域设南城县；袁河流域设宜春县；锦江流域设建成县。秦代7县继续保留，使豫章郡共辖18县。此外还在赣江中游西部山区设安成县，属长沙郡，使江西境内城市总数达到19座。其相对的空间位置所形成的关联，可视为江西城市体系的起点（图2-2-2）。

二、汉末至六朝时期

西汉建立的江西城市体系维持了近300年，到东汉后期才开始微调。和帝永元年间（公元89~105年）在赣江中游分庐陵县设石阳县，在抚河中游分南城县设临汝县，又在修河左岸分海昏县设建昌县。灵帝中平年间（公元184~189年）又在南昌周围新增新吴、上蔡、永修、汉平4县，新吴由海昏、建昌两县分出，在修河支流潦河南支中游；上蔡由建城县分出，在锦江中游北岸今上高县治；永修由建昌县分出，在潦河北支中游；汉平由宜春县分出，在袁河北岸，孙吴统治时改名吴平。在东汉解体之前，江西城市总数已达到26座（图2-2-3）。

东汉末年在赣江中游设庐陵郡，仍属扬州，标志着这一地区以吉泰盆地为中心的开发达到了一个新的水平。庐陵郡设的具体时间诸说不一，最早为汉献帝初平二年（公元191年），最晚为建安五年（公元200年）。虽然前后只差9年，但前期江西尚在汉朝一统之下，后期则已为孙吴实际控制。

孙吴控制江西之后，为迅速开发积聚财力，在各地大量增设县治。

庐陵郡自设后，共辖西昌、高昌、石阳、巴邱、南野、东昌、新兴、吉阳、兴平、阳城，计10县。西昌即原庐陵县改名，仍在原庐陵县城。南野即秦南壄。石阳亦为原有。其余7县均为孙吴新设，大部分系由庐陵县分出。

东汉建安十五年（公元210年）在江西东北部设鄱阳郡，属扬州，辖鄱阳、广昌、乐安、馀汗、鄡阳、历陵、葛阳、上饶，计8县，基本实现了对饶河、信江流域的控制。其中鄱阳、馀汗、鄡阳、历陵4县为原有，其余4县为新设。

孙吴嘉禾五年（公元236年）在江西南部设庐陵南部都尉，属扬州，辖雩都、赣、阳都、平阳、南安、揭阳，计6县，以当时的雩都县城古田坪南五里的灌婴旧垒为都尉治所。虽无郡之名，实际上基本自成体系，相当于一郡。除雩都、赣两县为已有，其余均为新设。

孙吴太平二年（公元257年）在江西中部抚河流域设临川郡，属扬州，以临汝县城为郡城，共辖10县，除临汝、南城二县为原有外均为新设。析南城县东南部分置东兴、永城、南丰3县，析临汝西南部分置西平、新建、西城、宜黄、安浦5县。

孙吴宝鼎二年（公元267年）设安成郡，属荆州，辖平都、宜春、永新、新渝、安成、萍乡共6县，升平都县城为郡城。平都、宜春两县为已有，又将秦代建立、此前一直属于长沙郡的安成县划入，标志着初步厘清了江西湖南西部边界。但平都、安成、永新3县在武功山南面吉泰盆地西北边缘的山区，而宜春、新渝、萍乡3县却在武功山北面的袁河流域，实际上是两个相互分隔的地理单元，直到今天交通往来都不够便捷，并不适合作为一个政区进行管理。

在孙吴分设诸郡之后，豫章郡辖境已由此前几乎覆盖整个江西，缩小到仅辖赣江下游和鄱阳湖西岸地区，包括南昌、海昏、新淦、建城、上蔡、永修、建昌、吴

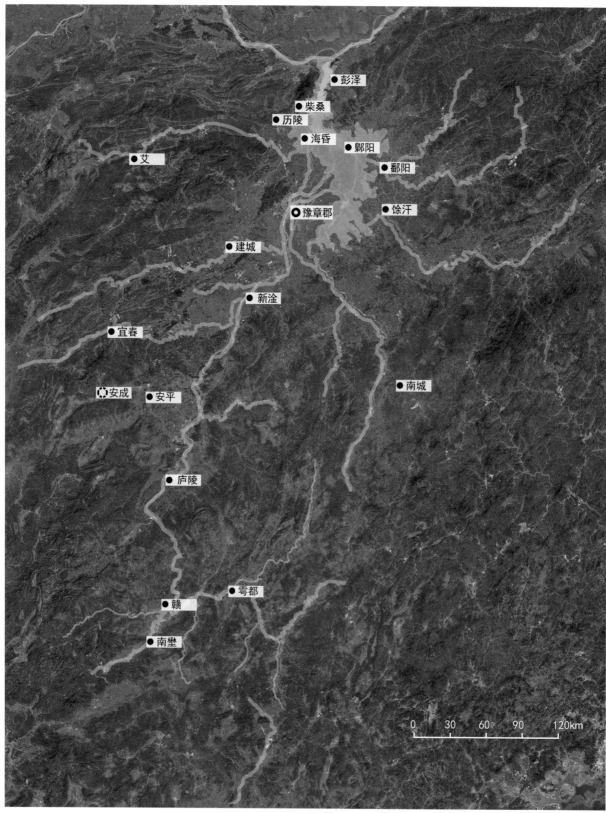

图2-2-2 西汉时期江西城市分布示意图(来源:蔡晴 绘制)

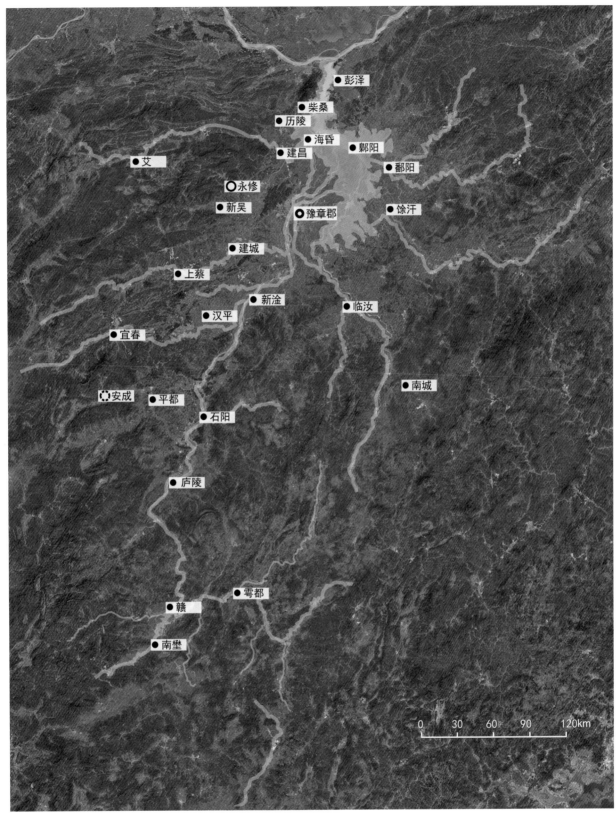

图2-2-3 东汉时期江西城市分布示意图（来源：蔡晴 绘制）

平、西安、彭泽、艾、宜丰、阳乐、富城、新吴、钟陵，计16县，郡城仍在南昌。新增了西安、宜丰、阳乐、富城、钟陵共5座县城。

到孙吴统治末期，江西共有5座郡城，1座功能与郡城相当的都尉治城，另外还有至少51座县城，较东汉后期增加了一倍以上（图2-2-4）。虽然孙吴建立的县城有许多后来被完全放弃湮灭，但城市体系的大骨架却延续至今。

西晋太康元年（公元280年）灭吴，统一全国，嫌扬州地域过大，将安成郡划归荆州。此后直至六朝结束的300多年间，江西城市体系仍基于孙吴建立的框架继续调整。西晋太康三年（公元282年），改庐陵南部都尉为南康郡。

西晋元康元年（公元291年），鉴于江西诸城夹在扬州、荆州之间，疆土辽阔，治理不易，决定分荆、扬两州共10郡建立江州，升豫章郡城为州城。从此，江西形成州城—郡城—县城三级城市体系。

西晋永兴元年（公元304年），又分庐江郡南部的寻阳县（县城约在今湖北黄梅蔡山附近的古城村，在长江北岸）和武昌郡东端的柴桑县成立寻阳郡，并在长江南岸鹤问寨（今九江八里湖西岸）新建郡城。之后又将豫章郡彭泽县划入寻阳郡。这样，除掉地域不在今江西省境的4郡，晋代江州在江西省内共有7郡，分别为豫章、鄱阳、庐陵、临川、南康、安成和寻阳（图2-2-5）。

晋代一度将江州治所迁至寻阳郡城，但此地在江西7郡之最北，虽然与其他州交通方便，但距离治下大部分郡城都太远，不久又迁回豫章郡城。此后又来回迁移，直至南朝梁太平二年（公元557年）回到豫章郡城，此后不再移动，南昌作为江西境内顶级城市的地位自此确立。

南北朝后期政局动荡，地方政区变动频繁，建置十分混乱。就城市体系而言，值得一提的是南朝梁承圣元年（公元552年）将南康郡城迁至章贡二水汇合成赣江处，即今赣州市区。

三、隋唐时期

隋开皇三年（公元583年）进行地方行政体制大改革，取消所有郡一级建置，将地方城市体系重新简化为州城—县城二级。开皇九年（公元589年）隋朝占据江西，亦基于此体制，对江西地方建置进行了大幅度精简，形成7州23县的行政区划。虽然州城仍有7座之多，但其余县城减至16座，孙吴至南朝时期建立的大部分县城都被降级乃至放弃。

豫章郡改为洪州，撤并9县，仅余南昌、建昌、建城、丰城4县。

庐陵郡改为吉州，撤并6县，仅余庐陵、太和、安复、新淦4县。

鄱阳郡改为饶州，撤并4县，仅余鄱阳、余干、弋阳3县。

临川郡改为抚州，撤并后仅余临川、南城、崇仁3县。另外将武夷山东麓原属福建建安郡的邵武县划入。

安成郡改为袁州，在今宜春市区新建州城，以宜春县附郭。南部3县划入吉州，仅余宜春、萍乡、新喻3县，武功山成为袁州与吉州的天然边界，山北为袁河流域归袁州，山南为赣江中游吉泰盆地边缘归吉州。

南康郡改为虔州，撤并2县，仅余赣、虔化、零都、南康4县。

寻阳郡改为江州，在长江南岸白水湖和甘棠湖之间新建州城，即今址。撤柴桑县，以寻阳县为州城附郭。仅余寻阳、彭泽2县。

经过隋朝的撤并，江西城市总数比东汉末年还少（图2-2-6）。此后，江西城市体系经历了一次重建过程。

图2-2-4 三国孙吴时期江西城市分布示意图（来源：蔡晴 绘制）

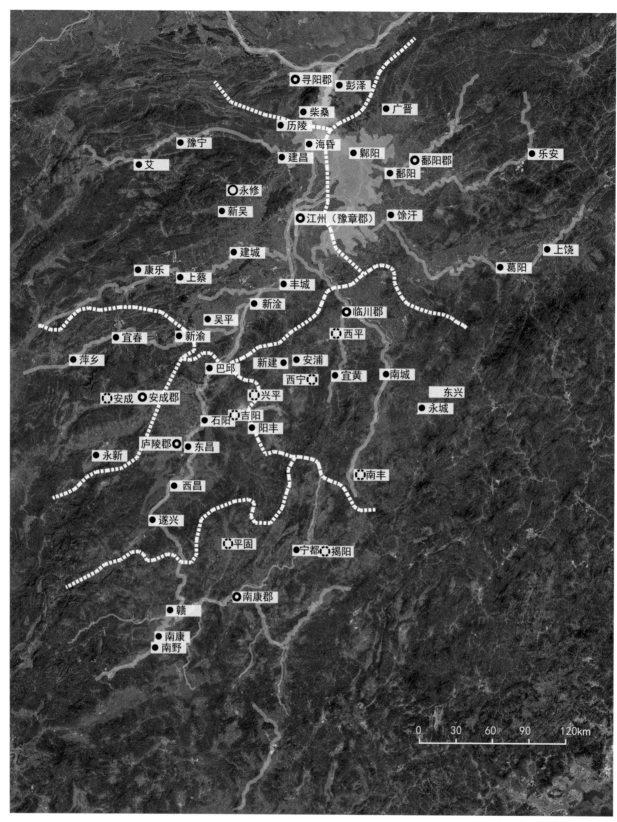

图2-2-5 晋代江西城市分布示意图（来源：蔡晴 绘制）

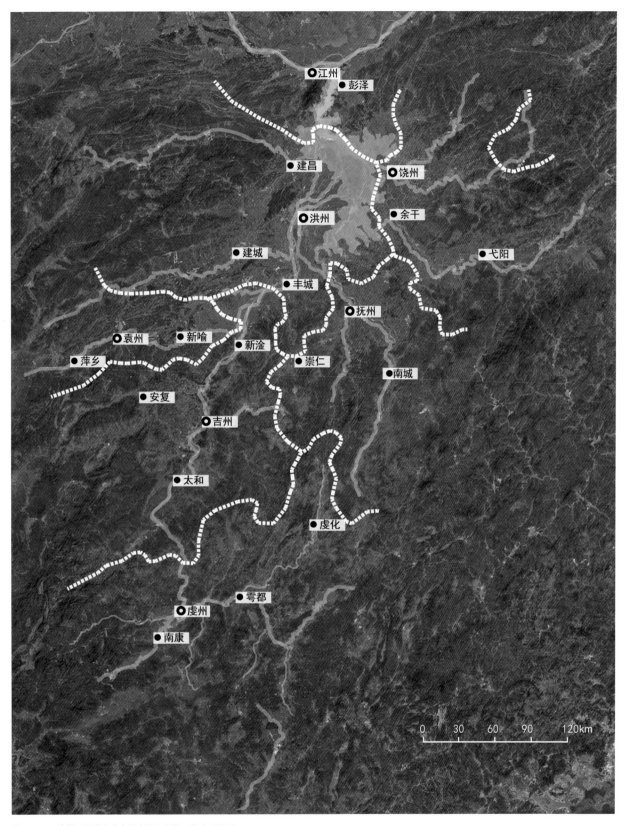

图2-2-6 隋代江西城市分布示意图（来源：蔡晴 绘制）

唐初分天下为10道，江西属江南道，开元二十五年（公元737年）再分为15道，江西属江南西道，派采访使驻洪州，设衙门，实际上又恢复成道城—州城—县城三级城市体系。

唐乾元元年（公元758年）在饶州东南部信江流域建立信州，使江西境内州城增加到8座。到唐代后期，在今江西境内共有8州38县，38座城市（图2-2-7）。

洪州先后恢复东汉新吴县、西安县，又在修河上游新增分宁县。吉州恢复孙吴永新县，唐永淳元年（公元682年）在赣江左岸、禾水汇入赣江口以北新建州城，即今吉安市区。抚州恢复孙吴时期设的南丰县，唐乾符年间（公元874~879年）在抚河中游左岸、邻近临水入抚河河口重建州城，即今抚州市区。

饶州先恢复孙吴乐安县，改名为乐平县，分鄱阳县东境设新昌县，之后改名浮梁县，又恢复西汉鄡阳县，改名都昌县，初属江州，唐大历年间（公元766~779年）划入饶州。新成立的信州恢复孙吴上饶县，为州城，又在信江上下游分别新增玉山、贵溪2县，并将饶州弋阳县划入。

虔州在赣江支流章水上游恢复南朝陈大庾县，分雩都南境设安远县，又在赣江上游贡水重要支流桃江中游建立信丰县。

江州、袁州辖县未变。唐开元二十八年（公元740年）还分歙州休宁县南部和饶州乐平县东北部设婺源县，隶歙州。

四、南唐时期

公元907年唐朝亡，此时江西已陷入军阀割据状态，此后逐渐被控制淮南至江南一带的杨吴占据。公元937年，杨吴权臣徐知诰夺取政权称帝，公元939年又宣布自己是唐朝宗室，改姓名为李昪，改国号为唐，是为南唐。公元974年北宋灭南唐，中国重新统一。在这大约70年间，江西虽有战乱，但总体而言相对平静，经济在唐代基础上继续发展，城市总数从唐代后期的38座增加到54座，增长了将近一半，其中州城增加到9座，还出现了一座军城，并一度出现都城（图2-2-8），是江西城市体系最终奠定的关键时期。

杨吴时期在江州恢复西汉历陵县，改名德安县，在洪州西部恢复孙吴阳乐县，改名万载县。

南唐先后在饶州乐安河中游新增德兴县，在信州信江中游新增铅山县，在洪州修河支流潦河北支新增靖安县，并将新吴县改名奉新县，在吉州赣江东岸新增吉水县，又在赣江西岸新增龙泉县，在抚州恢复孙吴宜黄县，在虔州新增上犹、瑞金、石城、龙南4县，在江州新增湖口、瑞昌2县，又将彭泽县城从鄱阳湖东岸迁至长江南岸，并将浔阳县改名为德化县。

南唐保大十年（公元952年），将原属洪州的锦江流域分出成立筠州，以西汉初建立的建城县城为州城（该城已于唐初改名为高安），又将万载县划入，并在袁河下游邻近入赣江口一带恢复东汉汉平县，改名清江县，在锦江中游恢复东汉上蔡县，改名上高县。

南唐交泰元年（公元958年），中主李璟改洪州为南昌府，立为南都，并于建隆二年（公元961年）正式迁都于此。四个月后李璟去世，后主李煜即位，随即还都金陵。

南唐李煜九年（公元969年）在抚州南部建立建武军，以南城县为军治所城，恢复早已撤销的东兴、永城2县作为其附郭。

五、两宋时期

江西在宋代达到经济文化发展的巅峰，城市体系又

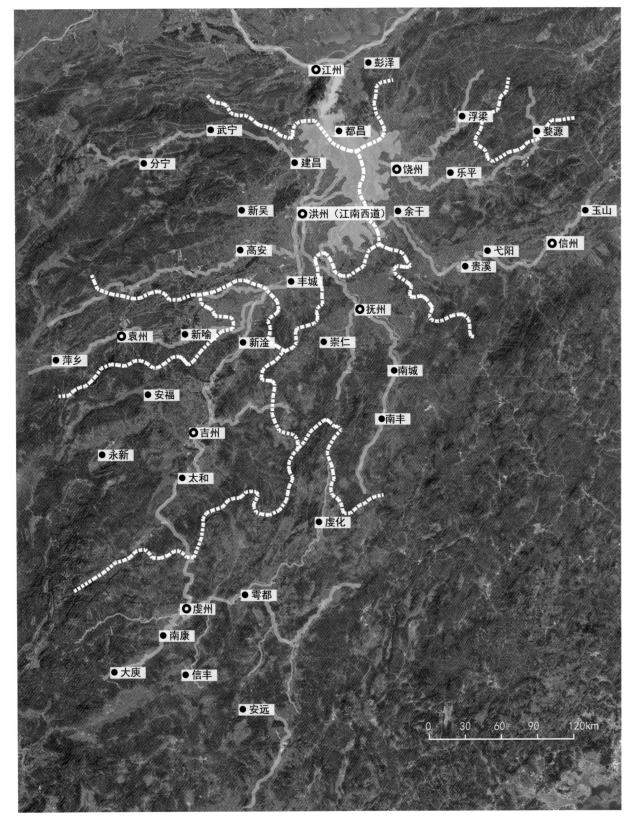

图2-2-7 唐代江西城市分布示意图（来源：蔡晴 绘制）

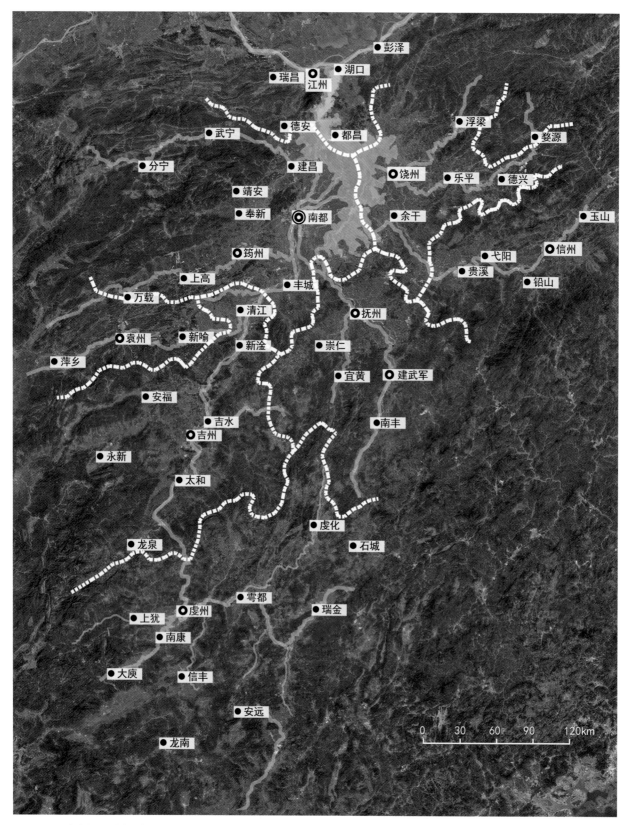

图2-2-8 南唐末年江西城市分布示意图（来源：蔡晴 绘制）

经历一次大发展，所形成的格局一直影响到清末。

北宋将江西划分为9州4军共13个军州。9州至南唐时期已全部建立，军则是宋代特有的行政区划，实际上完全等同于州的建置。除继续保留南唐末年在南城设的建武军外，又陆续增设3军：

北宋太平兴国三年（公元978年）在鄱阳湖西北一带建立南康军，以控扼长江与鄱阳湖间的水道。在鄱阳湖西岸建立星子县，为军治城，又将饶州都昌、洪州建昌2县划入，共辖3县。

太平兴国四年（公元979年）将南唐设未久的建武军改名为建昌军。治城仍在南城县城，将南唐时恢复的东兴、永城2县又重新撤销，另将抚州南丰县划入作为辖县，共辖2县。

北宋淳化元年（公元990年）在赣江上游章水流域建立南安军，以控扼翻越大庾岭，连接赣江水系与珠江水系的通道。以原属虔州的大庾县城为军治城，又从虔州划出南康、上犹2县作为辖县，共辖3县。

淳化三年（公元992年）又在赣江中游建立临江军，以控扼南昌至吉安之间的赣江水道，以及袁河、锦江与赣江的连接。以原属筠州的清江县为军治城，将吉州新淦、袁州新喻2县划入作为辖县，共辖3县。

北宋天禧四年（1020年）在江南设立江南东、西二路，江西东北部的饶、信2州、临长江的江州和南康军均被划入江南东路，其余6州3军则归江南西路，并辖湖北江南部分东端的兴国军，即今湖北阳新、通山、大冶、黄石诸县市，治所在洪州。南宋初年将江州划归江南西路，其余未变。自此，江西由江南东西二路分治时间超过350年，但江西作为一个完整地理单元的自然环境特征并无变化，分属二路的诸军州之间无论是经济往来还是文化交流都十分密集。

除上述路、军州建置外，两宋时期随着经济发展和人口增长，各地陆续增加了新的县城。

洪州分南昌赣江以西部分设新建县，仍为州城附郭，形成一城两县格局，又恢复孙吴钟陵县，改名进贤县。吉州分太和南境设万安县，又分吉水东境设永丰县。抚州分临川东境设金溪县，又新增乐安县。建昌军分南城东南境设新城县，分南丰南境设广昌县。饶州恢复南朝陈所设安仁县，虽然地处信江下游，但未归信州。信州恢复唐代一度在信江上游设的永丰县，虽然与吉州永丰县同名，但因不仅分属两州而且分属江南东西两路，所以没有人觉得有问题。虔州新增兴国县、会昌县。筠州恢复孙吴宜丰县，改名新昌县。袁州分宜春东境设分宜县。这样，至南宋末年，江西境内共有13军州69县68座城市，其中江南西路治城1座，军州城12座，县城55座（图2-2-9）。

南宋绍兴二十三年（1153年），抚州乐安县流坑村（见本书第四章第二节）人、南宋校书郎董德元提议，"虔"字有虎头不吉，将虔州改为赣州，又将虔化县复名宁都县。南宋宝庆元年（1225年）将筠州改名为瑞州。

六、元明清时期

元朝于1277年设江西等处行中书省，将军州统一升级为"路"，洪州隆兴府改为龙兴路，吉州改为吉安路，其他军州一概直接加路字。又将相当数量的县升级为州，还分直隶州、路属州和散州共3种，其中少数州可能管辖2~3县，但大部分州根本就是原来的县，体制十分混乱。1285年将南康路划归江西，1330~1331年间又分吉安路永新县南部地区设永宁县。到元代后期，江西境内共有13路，2直隶州，1路属州，48县，16散州，其中又有2州辖3县。

明朝建立之后，对江西行政区划进行了一系列调整。明洪武四年（1371年）将饶州路、信州路划入江西行省。洪武九年（1376年）废行省设布政使司，改路为府，形成13府建置：龙兴路改为南昌府，为布政

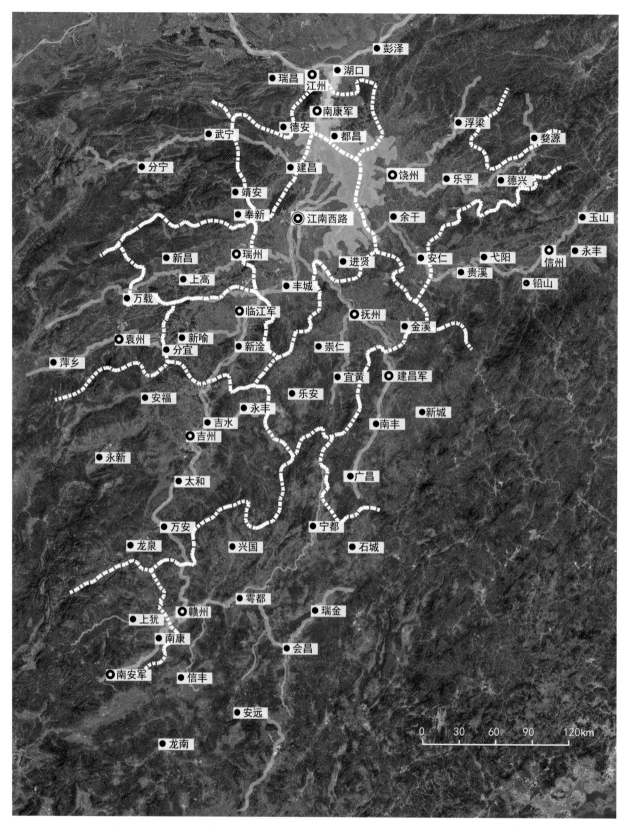

图2-2-9 南宋末年江西城市分布示意图(来源：蔡晴 绘制)

使司治所；信州路改为广信府；元朝其他某某路都直接改为某某府。如此，将宋代军州全部统一为府，又将元代设置的各种州一概废除为县，从而在江西重新形成了清晰的三级城市体系：省城、府城和县城。所有府城均仍在原唐宋州城，附郭县亦无任何变化。

这时，终于有人发现这省里有两个永丰县，一个在吉安府，一个在广信府。经研究，决定一个也不改，而是将它们分别称为吉永丰和广永丰，以示区别，直至明朝灭亡。然而却又改太和县为泰和县。

明弘治十六年（1503年）改宁县（唐宋分宁县）为宁州，无属县。

明代中期起在江西各地陆续增设县治。抚州府在抚河支流云山河支流北港上游设东乡县，建昌府在信江支流白塔河上游设泸溪县，临江府分新淦县南境设峡江县，饶州府在信江下游设万年县，广信府在信江中游设兴安县，南康府分建昌县西南地设安义县，南安府在章水支流上犹江流域设崇义县，赣州府分安远东南境设长宁县，又在江西南端东江上游流域设定南县。至明末，江西城市总数达到78座，其中省城1座，府城12座，州城1座，县城64座（包括仍属徽州府的婺源县城），形成了清晰稳定的城市体系。

清朝全盘继承了明代行政区划，仅将广永丰县改名为广丰县。清乾隆八年（1743年）起陆续设置4处抚民厅，均在边缘偏僻位置，治所建置类同于县城。吉安府分永新、安福2县西境设莲花厅，赣州府将明代设的定南县改为定南厅，又分龙南、信丰2县西南境设虔南厅，南昌府在修河支流定江河上游分义宁州（即明代宁州）南部设铜鼓厅。清乾隆十九年（1754年）升宁都县为直隶州，并辖瑞金、石城2县。其功能近似于府，但建置仍与县基本相当。

到清末，江西境内共有城市81座，其中省城1座，府城12座，直隶州城1座，州城1座，县城62座（包括仍属徽州府的婺源县城），厅治城4座，完成了古代城市体系的建设（图2-2-10）。

明清时期江西各地发展出一些繁盛的商业市镇，虽然不具备行政建置的城市地位，实际上具备城市的特征和功能，发挥着城市的作用。其中最具代表性的就是江西四大名镇。

浮梁县景德镇（今景德镇市，详见本书第五章第二节）自明代起一直设有各种高级地方官署，规格几乎与饶州府城相当。虽然始终没有建造过城墙，其人口聚集、商业繁荣，均不但超过约10公里外的浮梁县城，甚至超过饶州府城，成为整个江西东北部的商贸中心，在民国年间曾一度成为城市，1953年正式成为城市。

信江中游的铅山县河口镇（今铅山县城区，详见本书第五章第三节）于明代后期设巡检司，清代中期设分防同知署，基本取代了铅山县城的贸易功能。1949年，铅山县城迁至河口镇。

鄱阳湖西岸的新建县吴城镇（现永修县吴城镇），位于赣江入鄱阳湖口，邻近汉代海昏县故城。刘宋元嘉二年（公元425年）因鄱阳湖扩张，撤销海昏县并入建昌县，吴城镇遂成为此地的水路交通要点，逐渐发展成江西大米集散地，号称"一镇六坊八码头九垅十八巷"，大小店铺上千家，最盛时人口接近10万，贸易范围面向全国，在相当程度上取代了南昌的商贸功能。清雍正七年（1729年）在此设主簿署，第二年又设同知署。直至近代，吴城镇仍保持相当的繁荣，直到抗日战争期间被日军严重毁坏之后才彻底衰落。

赣江下游的清江县樟树镇（现樟树市），本是极其古老的秦新淦县城，隋开皇十年（公元590年）才迁走。但此城并未就此湮灭，而是凭借其沿赣江的区位优势继续保持一定的繁荣。直至明代，仍有部分城墙和城门，城内共设7坊，有多条街巷。明成化末年（1484~1487年），赣江发生大洪水导致在这一带出现局

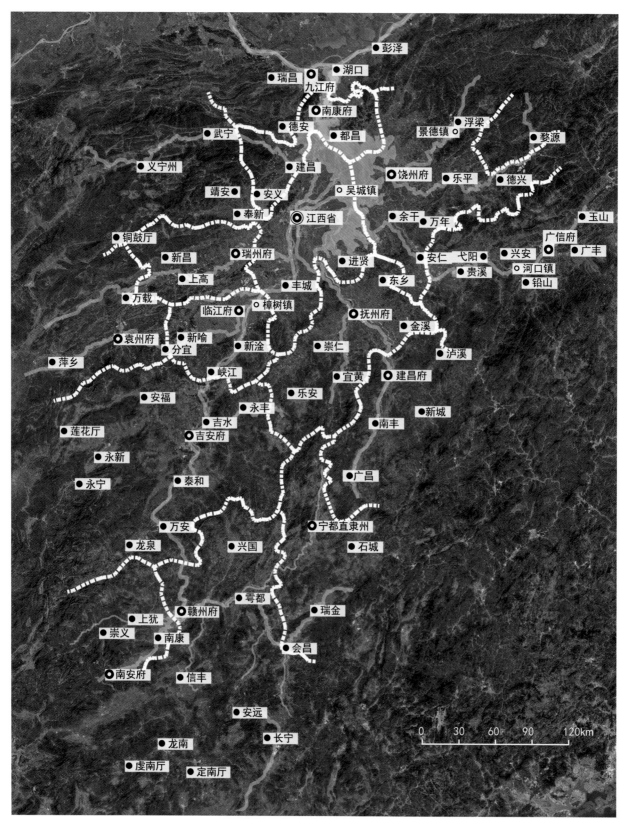

图2-2-10 清末江西城市及主要市镇分布示意图（来源：蔡晴 绘制）

部改道，袁河汇入赣江口改至樟树。樟树镇从此进入高速发展阶段，成为全国主要的药材交易市场之一，清代最盛时有药材行、号、庄、店近200家，炮制作坊上百处，贸易范围面向全国，基本取代了约15公里外的临江府城的贸易功能。明代设巡检司，清代设通判署，并有驻军。1949年，清江县城迁至樟树镇，1988年改为樟树市。

除上述具有全国乃至世界影响的四大名镇之外，还有部分名望稍逊的市镇，在一定区域内，同样扮演着城市的角色。例如抚河支流宜水岸边的宜黄县棠阴市（今棠阴镇，详见本书第四章第三节），明代后期成为江西夏布主要集散地之一，号称"小小宜黄县，大大棠阴镇"，亦在相当程度上取代了县城的贸易功能，清乾隆三十二年（1767年）起驻有巡检司。信江支流泸溪河畔的贵溪县上清镇（今龙虎山风景名胜区上清镇，详见本书第五章第三节），因宋代起成为道教正一派祖庭、"嗣汉天师府"所在地，又地处贵溪、泸溪、金溪和安仁4县之间，成为当地一个重要的商品集散地，清康熙年间（1662~1722年）起驻有巡检司，其服务周边4县的商贸功能延续至今。赣江上游章水支流上犹江畔的南康县塘江墟（今赣州市南康区唐江镇，详见本书第六章第二节），既无特产，又无宗教圣地，完全靠地处上犹县和赣州市之间上犹江水道的中点，亦成为重要的商贸集散地。这些市镇虽然不一定都已经完全具备城市规模、功能和其他特征，但对于主要依靠行政建置形成的城市体系构成重要的补充，值得从体系的角度进行观察。

七、江西古代城市体系的特征

江西城市体系的形成经过多次探索，历时超过2200年。从这个过程中可以发现其若干基本特征。

第一，城市体系形成的过程并不线性，时空分布亦不均匀。从秦代至东汉末年，城市数量的增长和分布大致是线形的，呈现出沿鄱阳湖—赣江一线逐渐扩展的态势，但三国孙吴期间突然出现大增长，并为两晋南北朝沿袭。孙吴城市体系持续约300年，至隋代才进行大调整，虽然城市数量大为减少，但分布已经与汉代完全不同，说明此体系虽然冒进，开发之功仍不可一概抹杀。隋代以后，江西城市体系才开始进入一个线性的发展过程（图2-2-11）。

第二，城市体系发展主要依靠行政推动，城市兴衰与行政区划变动紧密相关，而不同时期的行政力量所关注的主题不同，赋予城市的主要职能也不同，从而导致城市体系的变动。秦汉时期江西城市的主要职能是作为区域内的军事要点，鄱阳湖—赣江一线因此格外重要；三国孙吴时期的城市职能转变为开发江西的基地，这一时期新增的城市大多位于各种边缘位置；隋代起城市才真正成为地方行政管理中心，城市数量因此可以大幅度削减，并在此后1300年间随各地经济社会发展逐渐增长（图2-2-12）。直至明清才大量出现工商业市镇，部分取代了一些行政城市的功能。

第三，城市体系沿水道生长，并以水道为枢轴。赣江水道和抚河水道的重要性非常显著，尤其赣江中游地区和抚河流域，成为整个江西城市最为集中的区域。信江水道开发最晚，但发展迅速。相形之下，饶河水道和修河虽然一直受到重视，但发展则相对停滞。袁河和锦江尽管只是赣江支流，由于其流域广大，亦具有重要地位。由此形成的江西古代城市体系，成为由水道连接起来的一个网络（图2-2-13）。

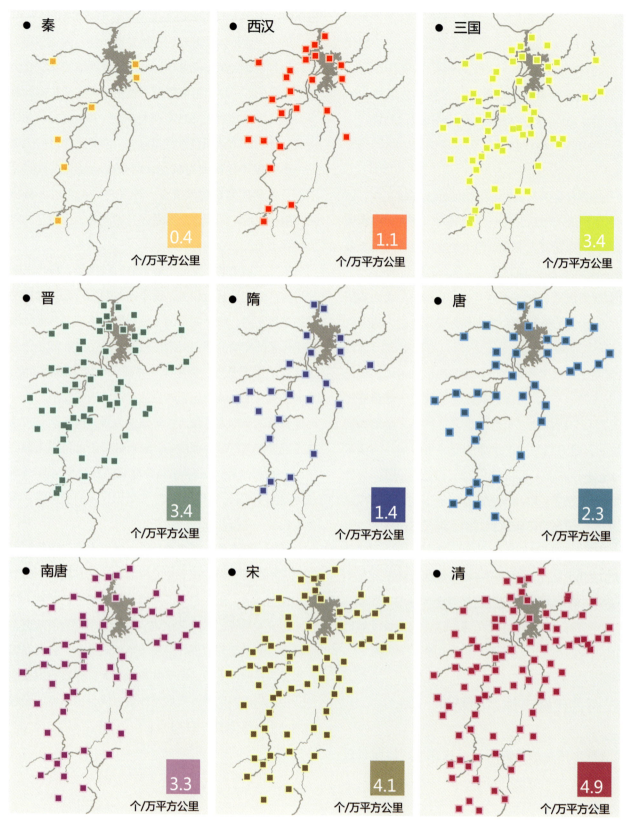

图2-2-11 江西历代城市密度演变图（来源：蔡晴 绘制）

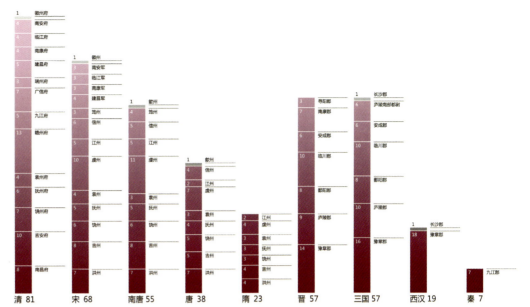

图2-2-12 江西历代行政区划与城市数量关系图（来源：蔡晴 绘制）

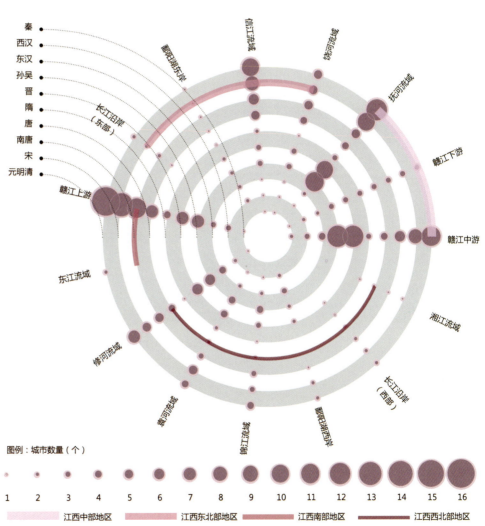

图2-2-13 江西水系与城市数量关系图（来源：蔡晴 绘制）

第三节　府城

一、南昌府城

南昌地处江西中部偏北，赣江、抚河下游，鄱阳湖之滨。城市西部有西山，是江西省西北部的九岭山脉余脉，东北—西南走向，逶迤绵延，长约37公里。其中段称梅岭，以西汉末年著名隐士梅福隐居于此而得名。江西两大河流赣江与抚河在城南汇合，流经城西入鄱阳湖。东距信江入鄱阳湖口不足50公里，北距修河入鄱阳湖口约60公里，是整个江西地区的地理要冲，故南朝人雷次宗在《豫章记》中称为"水陆四通，山川特秀，咽扼荆淮，翼蔽吴越"①。周围地形平坦，河流纵横，湖泊池塘星罗棋布。

根据考古发现，距今5000年左右，南起今青云谱，北至艾溪湖一带已形成密集居民点。到了商周时期，南昌先民已经掌握了用以制造武器和工具的铸铜技术，及"印纹陶"和"原始瓷"的烧制技术。新建县大塘赤岸战国遗址中出土了铁斧范，说明在春秋战国时期南昌地区的先民已开始使用铁农具②。传说春秋战国之际孔子弟子澹台灭明在南昌一带讲学，死后葬于南昌东湖东岸③。

汉高祖五年（公元前202年），遣灌婴率兵渡江平定南方，在赣江抚河汇合处筑城，作为豫章郡治，并兼南昌县城。城址在今湖坊乡境内的黄城寺一带，城墙以土构筑，城周长十里八十四步，开六门，分别为南门、松阳门、皋门、昌门、东门及北门，城区面积约1平方公里。东汉后期南昌人徐穉，字孺子，躬耕于城西南湖畔，为著名隐士。

晋代设江州，以南昌为州城。东晋咸安年间（公元371~372年），豫章太守范宁对南昌城墙进行修整，在城东、西北两个方向各增辟一门。

隋朝改豫章郡为洪州，南昌仍为州城。

唐朝初年在南昌设洪州都督府，在灌城西北另筑新城，即今南昌旧城区所在位置，延续至今的南昌古城历史正式开启。唐永徽四年（公元653年）唐太宗李世民之弟滕王李元婴出任洪州都督，在城西赣江边建楼阁以望长安，俗称滕王阁。唐上元三年（公元676年）都督阎伯玙重修竣工，举行盛大宴会，山西人王勃当时正好路过南昌，应邀与会，写下著名的《滕王阁序》。武周垂拱元年（公元685年），都督李景嘉扩筑城墙，建城门8座。唐开元二十一年（公元733年）设江南西道，在南昌派驻黜陟使，后来又改名为观察使。

唐元和四年（公元809年）颜真卿的外孙、西安人韦丹出任江南西道观察使，对城市进行大规模扩充改造，城墙周长达到二十一里，约合11.3公里，面积可能达到10平方公里以上。城内设子城，位于现民德路西段一带，周长二里二百四十步，约合1.3公里，面积可能在10公顷左右，开有四门。

唐朝末年高安军阀钟传占据南昌，唐朝封其为镇南军节度使，成为统领江西8州的最高长官。钟传死后，杨吴占领南昌，之后改国号为唐，即为南唐。南唐中主李璟改洪州为南昌府，立为南都，按照都城的格局对城区进行了相当规模的改造。修葺城墙城门，改东门称东华门，改西门称西华门，在城东开辟御道，称"鸣銮路"，又建造长春殿（又名皇殿）、澄心堂等殿宇。这是南昌仅有的一次建都史，虽为时短暂，但影响深

---

① 刘坤一.（清光绪）江西通志·卷·舆地略二·疆域三·形胜. 南昌. 1881.
② 彭适凡. 再论古代南昌城的变迁与发展[J]. 南方文物, 1995（4）：86-98.
③ 许应鑅，王之藩.（清同治）南昌府志·卷六十四·杂类·茔墓. 南昌. 1873.

远，最终奠定了南昌作为江西中心城市的地位。南昌从此别称"洪都"，至今还留有"皇殿侧"等地名。

宋代南昌进入最繁荣的时代。北宋废弃镇南军，不过仍保留空衔授给一些重要人物。又设江南西路，以南昌为转运使治所。南昌城市规模进一步扩大，周长达到三十一里，约合17.8公里，面积可能达到20平方公里。共设16座城门，城南设抚州门，城西至城北沿江设官步、寺步、柴步、井步、章江、仓步、观步、洪乔、广恩、北廓10门，城东还有琉璃、坛头、故丰、广丰、望云5门。太平兴国六年（公元981年），划南昌县西北设新建县，衙门仍设在南昌城内，南昌因此路、州和两县共治，是为南昌城池的极盛时期。

南宋绍兴六年（1136年），名臣李纲出任江南西路安抚制置大使兼知洪州，认为南昌城东北部临江，既不利水利也不利防守，将城墙内缩了三里，北廓、故丰、广丰、望云四门因而被废，剩余12门，设防范围大大缩小。

南宋绍兴三十一年（1161年），宋高宗赵构封养子赵元瑰为镇南军节度使，只是空衔，并未到任。第二年又将其改名为赵昚，封为皇太子，并随即传位。1163年赵昚改元隆兴，将南昌升为隆兴府。

元末1362年，朱元璋占据南昌，派其侄朱文正镇守，以城西临江，不利防守，将城墙内缩三十步，废去五门，仅余七门。城墙周长二千七百丈，约合8公里，设防面积约4.3平方公里，远小于唐宋时期。

明朝在江西设承宣布政使司，改隆兴府为南昌府，为布政使司衙门驻地，下辖13府1州77县。南昌因此成为省城、府城并兼南昌、新建两县县城。明永乐元年（1403年）将原封于东北大宁（今内蒙古赤峰市宁城县）的宁王朱权徙封于此。明正德十四年（1519年）第四代宁王朱宸濠造反失败，封爵废除。

清朝仍称南昌府，建置及城墙、城门均无重大变化[1]（图2-3-1）。

明代以后在城外形成了相当规模的城厢。至清代后期，城南广润门、惠民门至进贤门外一带的城厢已完全连成一片，城北永和门外至贤士湖一带亦有面积广大的城厢。连同城内的城市建成区总面积可能超过6.5平方公里。1928年统计，南昌城内外市区人口约22.4万人[2]（图2-3-2）。

明清南昌城北门称德胜门，门内有大街向南直至城守营，称中大街，即今胜利路，是城内最重要的南北向道路。其东有几乎平行的东大街，即今象山北路，西有西大街，即今子固路。这三条大街两侧几乎全为官署，沿街有许多客栈酒楼及其他高级商铺，是古代南昌"三条半街"的主体。明宁王府即位于中大街西侧，今民德路以北，宁藩废后一直荒废，清代改为江西巡抚衙门。其北为新建县衙门，其南即南瑞镇总兵衙门，俗称总镇府。中大街东侧则有南昌府署、驿盐道署。东大街东侧有按察司署、提督学政署等。西大街西侧有布政司署即藩台衙门和督粮道署。南昌县署原在城东北永和门内，元代迁至章江门内，明初再迁至西大街以西、今章江路以南，即南朝梁大佛寺、唐开元寺旧址，唐代高僧马祖道一曾在此说法20年。

城东北为永和门，即宋代坛头门，以门内有仙人黄紫庭所设坛台得名，又名澹台门，以门内传说有孔子弟子澹台灭明的墓而得名。明代改名永和门。位于今八一大道、叠山路、南京西路的交会处。由永和门入城向西，称永和门街，经东湖和北湖之间的状元桥，沿东湖北岸至按察司，大致相当于今民德路，是城内最重要的东西向道路之一。门外亦有大面积关厢。

---

[1] 许应鑅，王之藩.（清同治）南昌府志·卷九·城池. 南昌. 1873.
[2] 南昌市地方志编纂委员会. 南昌市志[M]. 北京：方志出版社，1997.

东南为顺化门,即宋代琉璃门,以门内原有延庆寺,寺内有琉璃佛像,因此得名。明代改名顺化门。城外原为沼泽地,清朝中后期开辟作为大校场,今称八一广场。

南门称进贤门,位于今永叔路、系马桩街和绳金塔街的交会处。宋代称抚州门,以此门陆路通往抚州得名,北宋末年设进贤县,正在南昌与抚州之间,故明代改名进贤门。又名望仙门,以西汉末著名隐士梅福曾任南昌县尉,官邸在此门外。由进贤门入城向北,明清称进贤门大街,至老贡院转向东北,称系马桩,至东湖东南洪恩桥东头,今统称系马桩街。绳金塔街位于城外,即明清进贤门外直大街,贯通东南驿道,连接两广,是南昌陆上对外交通要道。

进贤门西面不远为惠民门,宋代时名为寺步门,以门内附近有隆兴寺得名。门内有惠民仓,为南昌主要粮仓,门外邻近抚河岸边粮食码头,运粮均由此出入,故明代改名惠民门,位于现今船山路与南浦路一带。

西南为广润门,位置约相当于宋代柴步门,又称桥步门,位于今船山路、棋盘街、直冲巷的交叉口。门外即为抚河,又邻近赣江,是南昌最繁忙的贸易码头,旧时外地人员来南昌采买的物资大多在广润门进出。门内则为南昌主要商业贸易区,铁柱万寿宫也在门内附近。明代由广润门内大街入城,向东北至甲戌坊、总兵衙门、府学至东湖南岸,过洪恩桥向东南至顺化门,大致相当于今中山路,是城内另一条最重要的东西向道路。清代广润门内大街消失,进广润门后需向北经翘步街至甲戌坊,但其余东西向部分仍完整保留,中段称府学前、书街,是城内极繁华的文化街市。翘步街即宋代桥步门街,由于城门改名已久,至清代讹为翘步街。

进贤、惠民、广润三门距离既近,又或连接陆路大

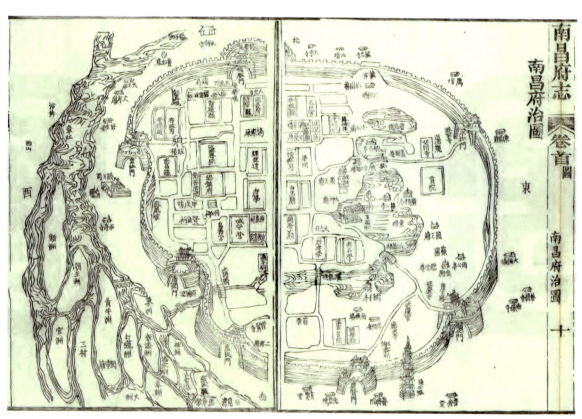

图2-3-1 清代南昌府治图(来源:引自《同治南昌府志》)

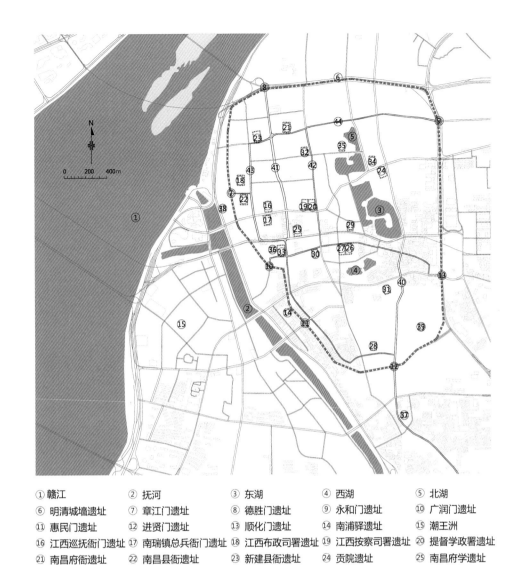

① 赣江	② 抚河	③ 东湖	④ 西湖	⑤ 北湖
⑥ 明清城墙遗址	⑦ 章江门遗址	⑧ 德胜门遗址	⑨ 永和门遗址	⑩ 广润门遗址
⑪ 惠民门遗址	⑫ 进贤门遗址	⑬ 顺化门遗址	⑭ 南浦驿遗址	⑮ 潮王洲
⑯ 江西巡抚衙门遗址	⑰ 南瑞镇总兵衙门遗址	⑱ 江西布政司署遗址	⑲ 江西按察司署遗址	⑳ 提督学政署遗址
㉑ 南昌府衙遗址	㉒ 南昌县衙遗址	㉓ 新建县衙遗址	㉔ 贡院遗址	㉕ 南昌府学遗址
㉖ 南昌县学遗址	㉗ 新建县学遗址	㉘ 豫章书院遗址	㉙ 东湖书院遗址	㉚ 友教书院遗址
㉛ 经训书院遗址	㉜ 府城隍庙遗址	㉝ 铁柱万寿宫遗址	㉞ 佑民寺	㉟ 建德观遗址
㊱ 清真寺	㊲ 绳金塔	㊳ 滕王阁	㊴ 天主堂	㊵ 系马桩
㊶ 中大街	㊷ 东大街	㊸ 西大街	㊹ 永和门街	

图2-3-2 明清南昌城总平面图（来源：蔡晴 绘制）

道，或濒临水路码头，门外一直保持着大面积关厢，至清代已完全连成一片。

西门章江门，以临赣江得名，位于今章江路西端与榕门路相接之处。因城内主要衙署均在章江门内，是各级官员由赣江水道出入的通道，码头上建有接官亭。滕王阁亦在章江门之南侧，今滕王阁南面约400米处。

城内由"三湖九津"组成内部水系。三湖即东湖、西湖和北湖，北湖现又被分为南北二湖。九津实为沟渠体系，有五行津、五事津、八政津等名目。三湖通过九津与城外大河联通，设有水闸以控制城内水位（图2-3-3）。

三湖有多座桥梁。北湖中部有灵应桥，现为北湖和南湖的分界线。北湖和东湖之间的地方有广济桥，始建于明代，相传清朝乾隆年间的江西状元、大余县人戴衢亨回乡途经南昌，经过此桥，遂改名为"状元桥"。东湖与西湖之间有洪恩桥，现仅北面东湖一侧有水体，南面的西湖水面已大幅缩小，与东湖相隔近200米，2005

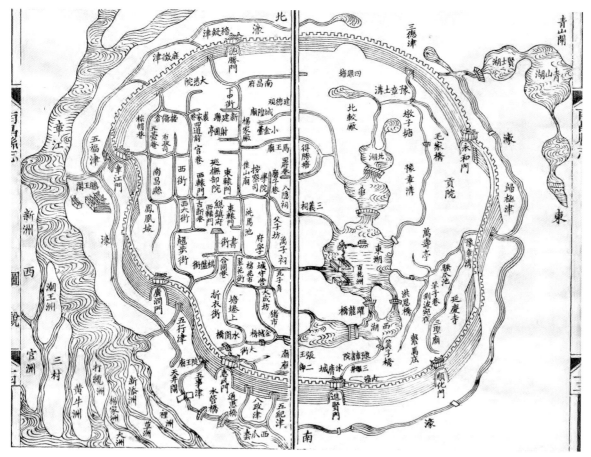

图2-3-3 三湖九津图（来源：引自《乾隆南昌县志》）

年建成"地王广场"大厦之后，连遥望亦不复有。西湖中部有南北向的跃龙桥，又称高士桥，因桥拱甚高，俗称高桥，正对新建县学，风水极佳，现已不存。

虽然城内自然水体丰富，但城内饮用水仍大量依靠井水，至今还存有地名"三眼井""六眼井"等。

南昌作为明清省城，为举行乡试，设有贡院。清代之前屡经兴废，多次搬迁。城南进贤门内有老贡院，历史始于南宋，相传其北面设有桩木，供考生拴马之用，此后沿袭称为"系马桩"。清康熙二十年（1681年），江西巡抚安世鼎在东湖之东北角重建贡院，规模宏大，有考生号房上万间，此后又多次扩建，至清同治六年（1876年），号房增加至17591间。南昌县、新建县则在城内东北永和门内分别设有考棚，供县试之用[①]。1930年拆除贡院，辟为省体育场和湖滨公园，今为八一公园。

南昌府学始于晋代豫章郡学，原在城西，北宋治平二年（1065年）洪州知州施元长迁于洗马池东、明堂路西，明代改称府学。清末废科举，在此设"洪都中学堂"，民国时期部分改为大成公园，现一部分为银行，大部分为南昌市第三中学。

南昌县学历史较短，元末元统元年（1333年）才在进贤门外创办，至正十二年（1352年）即毁于兵火。明洪武五年（1372年）在东湖西南、西湖北岸南宋东

---

① 许应鑅，王之藩.（清同治）南昌府志·卷十一·建置·南昌公所. 南昌. 1873.

湖书院故址重建。同一年在其西侧的南宋宗濂书院故址建新建县学。现为南昌市第八中学西湖校区。

除府县学校外，南昌城内外还有多处书院，其中尤以豫章书院、东湖书院、友教书院、经训书院最为闻名，并称为南昌四大书院。

豫章书院位于南昌进贤门内，创建于南宋，所在街道从此称为书院街。但此后屡经兴废，明清之际还一度改为祠堂，称"豫章二十四先生祠"，祭祀陆九渊等24位宋明时期江西理学名家。至清康熙三十一年（1692年）才由江西巡抚出面恢复，此后又屡次修葺扩充，选拔江西各府县学的优秀秀才入学，成为官学教育体系的一部分。清末改为"省立工业专门学校"，现为南昌市第十八中学。

东湖书院最初于南宋嘉定四年（1211年）在东湖西南创办，元代即废，明初改为南昌县学。清嘉庆八年（1803年）在东湖西岸重建，清末改为南昌县高等小学堂，现为南昌市百花洲小学。

友教书院原为南宋初年建立的澹台祠，祭祀澹台灭明，位置在城北永和门内一带，元代即废，现已不可考。明万历十五年（1587年）在城中心的棉花市重建，称友教堂，仍祀澹台灭明。清顺治十一年（1654年），巡抚蔡士英重修，供南昌、新建两县童生读书，遂成为南昌著名书院。现为南昌市棉花市小学。

经训书院始建于清道光二十年（1840年），时任江西按察使、山西洪洞县人刘体重认为南昌书院虽多，然而均以八股文为主，不学真正经义，遂倡议建设一所新书院。至道光二十三年（1843年）在城中心的系马桩建成开学，迅即建立声誉。因用地过于局促，道光二十七年（1847年）迁至城南的干家巷。现为南昌市第八中学孺子校区。

南昌作为省城首府，原有特别复杂的城隍祭祀系统，分省、府、县三级，县城隍又分为南昌、新建两县，各有祭祀。省城隍庙始建于明朝洪武三年（1370年），位于南昌子城东，后移址于府治东南今象山北路西面的工人文化宫处。府城隍庙在府署头门内东面；南昌县城隍庙在县署头门内东面；新建县城隍庙在县署仪门外东侧。现均已不存。

自六朝起，南昌佛教一直十分兴盛，寺院众多。现城内仅存明初在北湖东岸重建的开元寺，明代称永宁寺，清代改名为佑清寺，规模一度极大，民国改名佑民寺，之后逐渐毁坏，至1990年代初部分重建，占地面积不足1公顷。进贤门外有千佛院，唐末天祐年间（公元904~907年）建有绳金塔，现仅存塔。原亦有大量历史悠久的道教宫观，现仅存城外东南十五里的青云谱（图2-3-4），传为清初著名画家朱耷隐居处，其余均已不存。

二、赣州府城

赣州位于江西南部雩山、武夷山和南岭三条山脉交会处，这里有一个树叶形东北—西南走向的盆地，从东面蜿蜒而来的贡水和西南来的章水在盆地东北角汇合成赣江，形成一个顶点指向北方的三角形，赣州城就位于这个三角形的顶部（图2-3-5）。

图2-3-4　南昌青云谱（来源：姚赯 摄）

图2-3-5 赣州府城鸟瞰（来源：黄继东 摄）

赣州城区平均海拔约120米，四面皆山。城西北方向隔章水有三阳山，主峰与城区直线距离约11公里，海拔高度超过500米。城东南有崆峒山，今名峰山，主峰与城区直线距离约15公里，海拔高度超过900米。赣州城的朝向因而是背枕三阳，面向崆峒[1]。这两座山形成的轴线约为南偏东40°，赣州城中的若干重要建筑物因此也都沿这条轴线布置，与区域景观相呼应。城北方隔赣江与储山遥遥相对，主峰与城区直线距离约10公里，海拔高度超过400米。唯有城西南方向地势开阔平坦。这些连绵起伏的山峰环抱赣州城，形成了郁郁葱葱的绿色背景。

贡水是一条极长的河，主河道长约312公里，超过江西大部分河流。支流极其发达，流域面积超过2.7万平方公里，超过今天整个赣州市域面积的三分之二[2]。其多条大支流如湘水、濂江、梅江、平固江、桃江等，从多个方向穿越江西南部，在多个不同位置沟通福建、广东。在赣州城下与贡水会合成赣江的章水则是赣江最重要的支流之一，从西南方的大庾岭下流来，自唐代起就是中国古代南北大通道中的一段。赣江在赣州城下形成，一路向北，穿越大半个江西省，最后经过南昌汇入鄱阳湖。赣州城因此处于极为关键的战略位置。南宋名臣、诗人、江西中部吉安附近的吉水人杨万里写道：

赣之为州，控西江之上流而接南粤之北陲，故里尚一路之兵钤而外提二境之戎柄，其地重大[3]。

古人开拓赣南近800年才终于找到这个要点。秦代赣南唯一县治南壄治所在章水中游，西汉所设赣县治所也在章水岸边的益浆溪（现赣州城西南蟠龙镇一带），雩都县治所则在贡水中游的古田坪（今于都县贡江镇古田村）。三国孙吴嘉禾五年（公元236年）设庐陵南部都尉，实际上相当于郡，治所在古田坪南五里的灌婴旧垒。

西晋于太康三年（公元282年）改庐陵南部都尉为南康郡，治所仍在灌婴旧垒。太康末年（约公元289年前后），因洪水泛滥，赣县治所迁至今赣州城以北赣江右岸虎岗一带。东晋以后，南康郡治经过数次迁移，至南朝梁承圣元年（公元552年）迁至章贡二水汇合成赣江处建造新郡城，以赣县为附郭，即今天赣州古城所在。

隋朝于开皇九年（公元589年），改南康郡为虔州，以虔化水（今宁都梅江，当时误以为是贡水源头）得名。唐末至五代初期（公元885~911年）军阀卢光稠控制赣州时期，将城区向东、南、西三面扩展，面积扩大近两倍，奠定了此后赣州城区的格局[4]。

因"虔"字为"虎"字头，宋代虔州又别名虎头州、虎头城。至南宋绍兴二十三年（1153年），为图吉利，改名为赣州，沿用至今。

元代改为赣州路城，明清为赣州府城。

明成化二十三年（1487年）设分巡岭北道，是江西按察司的分司，分管所属府县监察、司法。

明弘治八年（1495年）设巡抚南赣都御史，简称南赣巡抚，驻赣州，为赣闽粤湘四省交界地区最高行政长官。

明嘉靖三十七年（1558年）设分守岭北道，亦辖赣州、南安2府，是江西布政使司的分司，分管所属府县民政。

清康熙二年（1663年）将南赣巡抚和分巡道、分

---

[1] 魏瀛，钟音鸿.（清同治）赣州府志·卷之四·山. 赣州. 1873.
[2] 熊小群. 江西水系[M]. 武汉：长江出版社，2007.
[3] 杨万里. 章贡道院记. 转自黄德溥，崔国榜.（清同治）赣县志·卷四·形胜. 赣州. 1872. 1931铅字重印本.
[4] 黄德溥，崔国榜.（清同治）赣县志·卷十·城池. 赣州. 1872. 1931铅字重印本.

守道全部裁撤。但至康熙十年（1671年）又设分巡赣南道，辖赣州、南安两府。雍正九年（1731年），改分巡赣南道为分巡吉南赣道，增辖吉安府。乾隆十九年（1754年），升宁都县为宁都直隶州，又改分巡吉南赣道为吉南赣宁兵备道，实际上辖区未变，仍通称赣南道。

赣州古城设防面积约3.05平方公里，城外没有发展出成规模的关厢，设防面积基本上就是城市面积[①]。1949年市区人口约5.67万人。城市轮廓近似三角形（图2-3-6），两面临江。宋以前城墙为土筑，常遭江水冲坏。北宋嘉祐年间（1056~1064年），虔州刺史孔宗翰改以砖石砌筑，此后历代均不断修缮加固，至明代正德年间（1506~1521年），已形成一道周长约6.5公里、高三丈、宽丈余，城门、警铺、雉堞等一应俱全的雄伟城墙。宋代赣州有城门13座，不过至明代已仅余五门，即东门（百胜门）、南门（镇南门）、西门（西津门）、北门（涌金门）、东北门（建春门）[②]。清咸丰年间（1851~1861年）又在各城门外修建炮城，进一步提高了防御能力（图2-3-7、图2-3-8）。

城东、西两面现仍保留长约3.6公里的城墙，南面城墙已在城市发展过程中被拆除。现存城墙大多高约5~7米，最低在涌金门一带高约4米，最高在西北一带高约11米，基宽约6~7米。城墙中砌筑有大量铭文

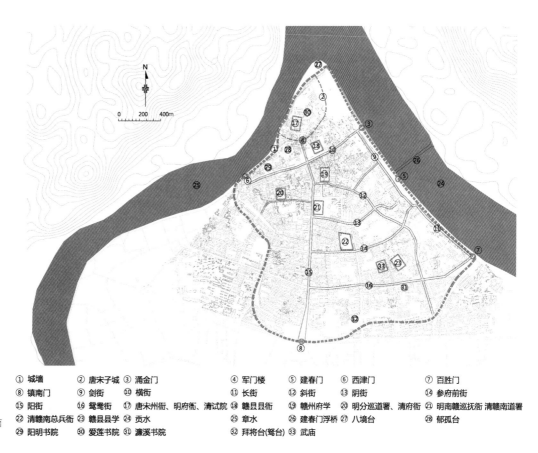

① 城墙　② 唐宋子城　③ 涌金门　④ 军门楼　⑤ 建春门　⑥ 西津门　⑦ 百胜门
⑧ 镇南门　⑨ 剑街　⑩ 横街　⑪ 长街　⑫ 斜街　⑬ 阴街　⑭ 参府前街
⑮ 阳街　⑯ 鸳鸯街　⑰ 唐宋州衙、明府衙、清试院　⑱ 赣县县衙　⑲ 赣州府学　⑳ 明分巡道署、清府衙　㉑ 明南赣巡抚衙 清赣南道署
㉒ 清赣南总兵衙　㉓ 赣县县学　㉔ 贡水　㉕ 章水　㉖ 建春门浮桥　㉗ 八境台　㉘ 郁孤台
㉙ 阳明书院　㉚ 爱莲书院　㉛ 濂溪书院　㉜ 拜将台(鸳台)　㉝ 武庙

图2-3-6　明清赣州城总平面图（来源：蔡晴 绘制）

---

① 赣州市地方志编纂委员会. 赣州市志［M］. 北京：中国文史出版社，1999.
② 董天锡.（明嘉靖）赣州府志·卷五·创设. 赣州. 1536.

图2-3-7 赣州建春门及城墙（来源：姚赯 摄）

图2-3-8 赣州西津门炮城（来源：姚赯 摄）

砖，纪年从北宋熙宁二年（1069年）至民国4年（1915年），内容涉及参与建设的多种人物、机构，清晰记载了赣州城墙建设史（图2-3-9）。

尽管城市两面临江，城墙外仍有城濠。据《嘉靖赣州府志》记载，"延袤十里有百武，广十有四丈"①，《同治赣州府志》则称，西门至南门"有濠计长五百五十二丈，阔十三丈，又自南门至百胜门计三百八十五丈。深五尺有奇，阔十四丈"②，合计长约3.90公里。20世纪后期城东、西两面尚断断续续保留城濠若干段，总长度约1.6公里，宽20～60米不等，深3～5米不等，至20世纪末全部消失。

城内原有子城，位于今城西北田螺岭东北，百家岭以北，八境台以西，赣州人俗称皇城。其地势较高，至今仍有总面积约2000平方米的台地，比赣州城内一般地面高约10米。《同治赣州府志》记载：

郁孤台……东北为王城，卢光稠僭拟地，按光稠官司仅节镇，称王无考……其在隋大业间，则有鄱阳林士宏据虔，称南越王矣，王城之称，其来已久，而或者误皇为王。……宋以后皆为府治，今为学使署，前有宣明

图2-3-9 赣州城墙北宋"熙宁二年"铭文砖（来源：姚赯 摄）

楼，前志云楼踞瓮城上。③

宣明楼即子城南门，南宋嘉定十年（1217年）知军留元刚改建为军门楼，明洪武初改名宣明楼，建于瓮城之上。清代逐渐毁坏，至清末全部毁去无踪，2013年重建。

唐宋州衙均在子城内，卢光稠割据期间还颇有建设。明代府衙继续设在子城。明末短暂的混乱中，流传子城为皇城，1645年在福州称帝的南明隆武朝廷一度有意迁往赣州，不过还没到达就被清军在靠近江

---

① 董天锡.（明嘉靖）赣州府志·卷五·城隍. 赣州. 1536.
② 崔国榜，褚景昕.（清同治）赣县志·卷十·建置志·城池. 赣州. 1872.
③ 魏瀛，钟音鸿.（清同治）赣州府志·卷之三·城池. 赣州. 1873.

西边界的汀州（今福建长汀县）一带消灭。清顺治三年（1646年）年底清朝首任赣州知府、河南举人戴国光到任，因有"皇城"传闻，唯恐惹祸上身，不敢入住子城，在城中租民居充作衙门。如此经历三任知府，直到清顺治十六年（1659年）山西贡生张尔翮前来接任知府，才打报告说明情况，将府衙搬回子城。不过以后各任知府心里可能总是不够踏实，到清康熙二十九年（1690年），因为赣南道已于康熙二十三年（1684年）从城西的明代分巡岭北道署迁往城中心的明南赣巡抚署，知府、辽东恩贡生任进爵便将府衙搬了过去，此后将子城改为考院[①]。清末废科举后，这里逐渐被民居占用。1946年蒋经国来赣州出任专员，在这里租屋居住。

唐末卢光稠扩城，形成阳、阴、横、长、斜、剑六大街道[②]。北宋熙宁年间（1068~1077年），知州刘彝整理修筑了赣州城内的街道系统，以后历代续有开拓，至清代后期形成三纵四横道路骨架（图2-3-10）。

阳街是最主要的南北向道路，自宣明楼前的州前大街起，直通镇南门内的南门大街，贯穿南北，即今建国路、文清路。

阴街西端与阳街南段相连，经道署前、木匠街、生佛坛前经灶儿巷至坛前，通建春门，即今南京路—生佛坛—灶儿巷。

斜街自州前大街起，经府学前、牌楼街、天后

图2-3-10 赣州府城街市全图（来源：引自《同治赣州府志》）

---

① 魏瀛，钟音鸿.（清同治）赣州府志·卷之八·官廨. 赣州. 1873.
② 董天锡.（明嘉靖）赣州府志·卷五·厢里. 赣州. 1536.

图2-3-11 赣州建春门浮桥（来源：姚糖 摄）

宫、世臣坊到南市街，在百胜门前与东门大街交会，即今阳明路—和平路—南市街。

剑街自涌金门起沿东城墙向南，经米市街、樟树街、行祠庙、磁器街至建春门，即今濂溪路至中山路北段。

长街自建春门起沿东城墙向南，经诚信街至东门大街，在百胜门前与南市街交会，大致相当于今赣江路。

横街自西津门起，向东经豆市奥、县前街、县冈坡街、镇远铺至涌金门，即今西津路—章贡路，是城北部最重要的东西向道路。

清代城内南部形成另一条重要的东西向道路，自建春门向西，经寿量寺、卖菜坡、参府前、总镇前、高戏台连接南门大街，即今大公路。

城南靠近城墙还有一条东西向道路，自南门大街向东，经谢细巷、鸳鸯桥至南市街，东段集中有慈云寺、府城隍庙、赣县县学和关帝庙，即今厚德路。

章、贡二水上自宋代起设有多座浮桥。建春门外有惠明桥（后称东津桥，即今天的建春门浮桥）、西津门外有西津桥、镇南门外有南桥、百胜门外有留工桥等。现建春门浮桥仍横贯贡水之上，继续为赣州市民生活服务（图2-3-11），其他浮桥均已拆除。

明南赣巡抚署、清赣南道署在城中心。明弘治八年（1495年）设置南赣巡抚，建起衙门，明正德十三年（1518年）王守仁到任，又大加拓展和建设，取代子城成为赣州城中最重要的官署。明末被严重破坏，只剩下门口几个牌坊。入清后一度空置，不过从清顺治四年（1647年）开始就陆续修复。康熙十年（1671年）设置赣南道，起初将衙门设在城西的明分巡岭北道署，至康熙二十三年（1684年）迁至这里，重新成为赣州城内的权力中心。1933年改为赣州公园。

总镇府在城南，原为明代的察院行台，即御史巡视各地时的驻扎地，清顺治四年（1647年）改为镇守南赣总兵府。

清府衙在城西，原为明成化二十三年（1487年）建立的分巡岭北道署，入清后成为赣南道署，清康熙二十三年（1684年）赣南道迁往城中心的明南赣巡抚署，这里遂空出，至康熙二十九年（1690年），赣州府衙迁入。1946年为蒋经国赣州专员行署。

赣县衙原在百家岭，在子城东面，元大德三年（1299年）迁至子城南面。

图2-3-12 赣州文庙（来源：姚赯 摄）

赣州府学在城中部偏北，赣南道署以北。创建于北宋庆历年间（1041~1048年），原在澄清坊，之后屡次搬迁，明嘉靖四十一年（1562年）迁至瓦市街的紫极观废墟。瓦市街因此改名府学前，就是今阳明路西段，唐宋斜街西段，古老的城市商业中心。自府学迁此，娱乐业及其配套产业尤为发达。现为章贡区公安分局。

赣县县学创建于北宋嘉祐初年（1057年前后），此后亦屡次搬迁，直至清乾隆元年（1736年），才迁至今址，在城东南的鸳鸯桥街东端，靠近南市街，府城隍庙东侧，慈云寺之西。现在仍完整保留其祭祀部分，包括泮池、戟门、官厅、大成门、东西二庑、大成殿、崇圣祠等，是江西保存最好的古代官学遗迹之一，通称赣州文庙（图2-3-12）。

城东的剑街、长街与贡水平行，开有三座城门，水运方便，是主要的商业区。西部沿章水仅一座城门，亦有相当可观的贸易。两岸至清代已有30多座商业码头。城南平坦开阔，无江河天险，只靠高墙深濠，故为军事驻防之重点。各级军事机构设施如镇台、参署、兵营、校场等都在阴街之南。

城内因应地形，多有胜迹。城西北部子城以南有小山丘，名文壁山，又名贺兰山，俗称田螺岭，南对崆峒，北临章水，是古城区的制高点，又紧邻子城，自古为名胜。山顶筑有台，称郁孤台，始于何时已不可考，唐代改名望阙台。南宋绍兴十七年（1147年）知府曾慥造了两座台，山北面一座叫望阙台，山南面一座仍叫郁孤台。南宋淳熙三年（1176年）大词人辛弃疾出任江西提点刑狱，在赣州写下著名的《菩萨蛮》：

郁孤台下清江水，中间多少行人泪。
西北望长安，可怜无数山。
青山遮不住，毕竟东流去。
江晚正愁余，山深闻鹧鸪[①]。

---

① 辛弃疾. 辛弃疾词集［M］. 上海：上海古籍出版社，2013.

图2-3-13 赣州郁孤台（来源：姚赯 摄）

郁孤台从此暴得大名，但明初仍被改为衙署，到明正德年间（1506～1521年）才搬走，修复为郁孤台①。此后仍不免时废时兴，1983年再次按清末式样重建，近年又对其周边用地环境进行大清理，形成全新的公园（图2-3-13）。

位于古城东南面的南市街格局初成于宋代，为宋代赣州主要街道之一的斜街南段。明代之前还颇为荒僻，明代中期以后才逐渐繁荣，现存民居主要建于清末民国时期（图2-3-14）。

城东的灶儿巷为宋代赣州主要街道之一的阴街东段，原名姜家巷，清初巷内多住皂隶（官府差役），故名皂儿巷，后谐音为灶儿巷。旧时街区居民除官府差役，还有较多外来经商户，现存民居主要建于清末及民国时期，建筑类型多样，包括书院、店铺、作坊、客栈、寺院、钱庄、住宅等。建筑风格亦十分多元，客家、江西北部及近代建筑元素和手法均有体现（图2-3-15）。

图2-3-14 赣州南市街（来源：姚赯 摄）

图2-3-15 赣州灶儿巷（来源：姚赯 摄）

---

① 黄德溥，崔国榜.（清同治）赣县志·卷七·古迹. 赣州. 1872. 1931铅字重印本.

城内用水主要来自古井和池塘。仅清《同治赣县志》有记载的古井便有24口，如东门井、八角井、东园前井、太尉庙井等，此外，还有许多分布在居民庭院内的无数大小不一的家井。池塘数量更多，部分自然形成，部分人工开凿而成。据冯长春先生1984年调查统计，赣州古城的池塘面积约0.6平方公里，占整个城市用地的4.3%[1]。

城内排水系统始建于北宋的福寿沟。北宋熙宁年间（1068~1077年），知州刘彝整理修筑了赣州城内的街道系统，同时根据街道布局和地形特点，采取分区排水的原则，建成了两个排水干道系统。因为两条排水沟的走向形似篆体的"福""寿"二字，故名福寿沟。福沟排城东南之水，寿沟排城西北之水。福寿沟完全利用城市地形的高差，以明沟和暗渠相结合，并与城区的池塘相串通，使城市的雨水、污水自然排入江中。既可避免沟水外溢，又可利用废水养鱼和种植水生植物。而当雨季，江水上涨超过出水口，为避免江水倒灌入城，刘彝在出水口处建有12个水窗，设有单向闸，当江水水位低时，沟中水压将闸门推开排水；当江水水位高时，江水水压将闸门封闭。此后历代修葺不绝。

福寿沟为砖拱结构，沟顶分布着铜钱状的排水孔。现存排水沟最大处宽约1米、高约1.6米；最小处宽、深约0.6米。水窗以度龙桥水窗为例，该水窗断面尺寸宽1.15米、高1.65米，水窗沟道坡度为4.25%，是下水道坡度的4倍，确保水窗内能形成强大的水流，足以将泥沙排入江中。保留至今的福寿沟约长12.6公里，仍承载着赣州旧城区近10万居民的排污功能[2]（图2-3-16）。

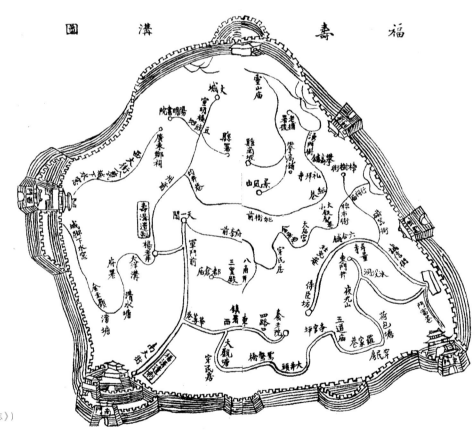

图2-3-16 福寿沟图（来源：引自《赣州市志》）

---

[1] 冯长春. 试论水塘在城市建设中的作用及利用途径——以赣州市为例[J]. 城市规划, 1984(1): 38-42.
[2] 万幼楠. 赣南传统建筑与文化[M]. 南昌：江西人民出版社, 2013.

三、抚州府城

抚州府城位于抚河中下游平原南部，临水汇入抚河的河口附近。抚河是江西省第二大河，流域面积达16493平方公里，占全省总面积的10%[1]。抚州至南昌的河段为抚河下游，古称汝水。临水由发源于宜黄县南部山区的宜黄水和发源于乐安县东部山区、流经崇仁县的崇仁水在抚州市区西南约9公里处汇合而成，又称崇宜水，至抚州市区西面汇入抚河干流。市区西面还有连樊水，是一个由局部洼地汇集而成的小水体，今称南岸湖，又称梦湖。地势平坦，仅有微小起伏。

抚河水道是江西与福建之间的主要通道，至迟至宋代即已形成由南昌经抚州、南城、黎川进入福建，经光泽、邵武、南平至福州的驿道。黎川以下可利用抚河水道，光泽以下可利用富屯溪—闽江水道，仅黎川至光泽之间为穿越武夷山杉关山口的陆路。由抚州跨越抚河向北，还可经东乡或金溪进入信江河谷，从而与赣东北地区建立联系，并由此进入浙江、安徽。因此，抚州既是重要的地区性政治军事中心，又是江西东部乃至中国东南部重要的贸易站（图2-3-17）。

自新石器时代起，即有先民在抚河中下游一带繁衍生息。东汉永元八年（公元96年）在临水、汝水汇合处设临汝县，位置多有争议，较主流的观点认为在今抚州市区西北面的赤岗。三国吴太平二年（公元257年）在抚河流域设立临川郡，属扬州，以临汝县城为郡治。隋开皇九年（公元589年），隋朝统一南北，改临川郡为抚州，改临汝县为临川县，仍为州治。唐仍之。

唐代抚州一带由于河流上游陆续开发造成水土流失，水灾频发。大约于唐上元年间（公元760~761年）开始兴修堤防，初时效果不彰，唐宝应年间（公元762~763年）州城被迫迁移至今抚州市区西面的连樊水西岸。著名书法家颜真卿于唐大历三年（公元768年）出任抚州刺史，主持修筑土塍陂，是唐代抚州系列水利工程中的重要一环，世代为抚州人民纪念。他的继任者包括著名史学家、《通典》编纂者杜佑和著名诗人戴叔伦，后者主持修筑了冷泉陂，也是唐代抚州系列水利工程中的重要部分[2]。唐咸通十年（公元869年），抚州水利工程基本结束，前后历时超过百年。以后历代继续修葺，使这一段抚河河道基本实现了稳定。

唐末抚州一度陷入动乱，衙署、城郭都被烧毁。军阀危全讽控制抚州时期（公元885~909年），将州城迁移至抚河西岸羊角山今址，又对城市持续进行了大量建设，为延续至今的抚州城奠定了基础。

宋代抚州进入最为繁荣的时期。临川人晏殊14岁以神童为进士，一度官至中书门下平章事兼枢密使，军政大权一把抓。其故居在城东北文昌门内，因此所在巷道称为大臣巷。其子晏几道亦为著名词人，父子合称"二晏"。临川人王安石亦官至中书门下平章事，领导了北宋后期的"熙宁变法"。其故居在城东南清风门内盐埠岭，北宋末年改造为王文公祠，以资纪念。曾巩尽管是建昌军南丰县人，却常居抚州城内，并在此创办兴鲁书院，历经兴废，至清末仍为整个抚州府最著名的书院。

元代改抚州为抚州路，明清又改为抚州府，治所始终未变，一直为州、路、府治城，并兼临川县治。

明代以后，抚州经济文化较之宋代均已开始衰退，城市规模亦不断缩小，但人文传统的底蕴仍十分深厚。临川人汤显祖，世居抚河东岸的港东厢，即今文昌里太平街汤家山，明隆庆七年（1573年）后移居城内县学后的沙井巷。明万历二十六年（1598年），汤显祖辞官回乡，定居沙井巷直至万历四十四年（1616年）去世，18年间大肆造作，建有玉茗堂、芙蓉馆、四梦台等，占地超过3000平方米，成为明代后期抚州城内

---

[1] 熊小群. 江西水系[M]. 武汉：长江出版社，2007.
[2] 刘绳武.（清道光）临川县志·卷六·水利. 抚州. 1823.

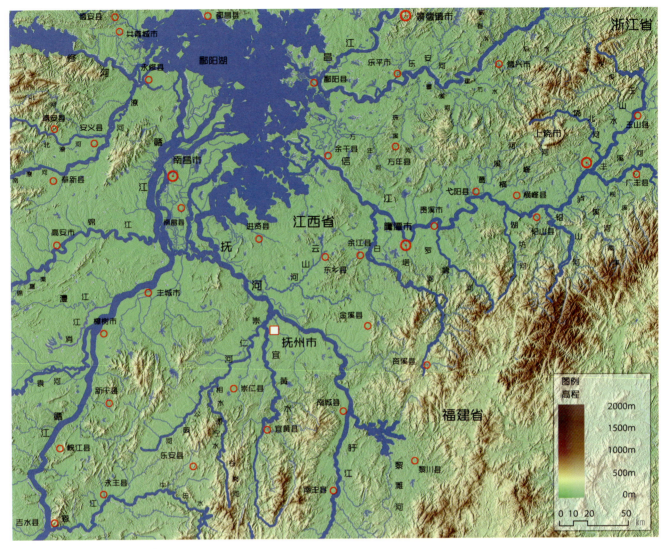

图2-3-17 抚州区位图（来源：赵梓铭 绘制）

著名胜地，直至清顺治二年（1645年）毁于兵火。此后虽有修葺，无复旧观，现为玉茗堂影剧院。

唐乾符年间（公元874~879年）以前的抚州诸城具体规模尺度史籍失载，已不可考。乾符之后的抚州城分内外两重，内为子城，周长一里二百二十五步，实际长度约1.3公里，面积约11公顷，州衙设此。开城门3座，东为承春门，南为通教门，又称观风门，北为望云门，西墙即罗城城墙。外为罗城，周长十五里二十六步，建有8座城门，各门名称亦已失载。南唐升元年间（公元937~943年）扩建罗城，将设防面积增至约4.25平方公里[1]，共建有13座城门。南宋初绍兴年间（1131~1162年）废弃了4座城门，仅保留9座，其中4座在抚河沿岸，自北向南依次为：朝京门；清风门，为水门，是盐船卸货码头；再往南为凤鸣门、金溪门。城南设顺化门，西南设安丰门，城西设迎恩门，城北设进贤门，东北还有安仁门，均有城楼。

---

[1] 长度和面积数据均据抚州市人民政府2018年11月《抚州国家历史文化名城申报报告》附图测算，下同。

城内原有青云、逍遥、桐林、香楠（又作香相）、天庆五座小山，号称极秀，历代多有文人题咏，不过今均已在城市建设过程中消失。

南宋乾道初年（1165~1167年）在朝京门外建造跨抚河的浮桥，至南宋嘉泰年间（1201~1204年）建成石墩木梁桥，桥上建有商铺，称"通济桥"，南宋宝庆元年（1225年）遭火灾烧毁，次年重建，以朝京门内即为州学，改名"文昌桥"，此后朝京门亦通称文昌门。后又多次遭水火灾害，至清嘉庆十四年（1809年）再次重建，形成12跨石拱桥，沿用至今[①]。

抚州子城至南宋末年仍存，元代逐渐颓废。元末明初之际，元军、陈友谅和朱元璋先后在抚州一带连年交战，将抚州城南部分毁为废墟，子城亦几乎完全消失，仅剩下3座城门。明永乐初年（1403~1410年）对城市进行大规模重建，将已毁于兵火的城南部分废弃。重建后的城墙周长九里二十五步，实际长度约5.59公里，设防面积约1.98平方公里，减少了一半以上。城门仅有4座，东为文昌门，南为顺化门，西为武安门，北为进贤门。至清乾隆五年（1740年）又重开清风门，共计5门（图2-3-18）。原子城所余城门全部变成城中楼阁，北门望云门改称飞云阁；东门承春门改称承春阁，又称春台，并作城内谯楼之用；南门通教门改称武当阁。3座楼阁均成为城内重要地标。民国年间逐渐拆除城墙，仅余城门，1950年代全部拆除。

除城内设防区域外，唐乾符时期以后的抚州城周围一直有面积广大的城厢区域。宋代即在城外设有北外厢、南外厢和外东厢3处城厢，由兵马司管辖。明代在抚河东岸设港东厢，清顺治四年（1647年）又在城西增设外西厢，使城厢总数最终达到5厢，连同城内的城市总面积可能超过10平方公里，但人口密度明显低于南昌、赣州，1949年人口约3万人[②]。其中，港东厢因与府城隔河相望，又有文昌桥与城内连接，最为繁荣，今称文昌里。

明清抚州古城由一条南北向道路纵贯南北，北起进贤门，经飞云、武当两座楼阁，直抵城南，即今羊城路—伍家巷—西大街一线，道路约宽3~3.5米。东西向没有贯通全城的道路，但从城北进贤门向东，经州学岭、十字街至城东文昌门，大体相当于今州学路—州学岭路—荆公路一线；再向南经天宁岭、清风门至城南顺化门，大体相当于今荆公路—花家巷一线，与南北向大道形成环路，所围合的区域是城市主体。区域内有大量东西向巷道相互连接，尺度均在1.5~2.5米之间。这个围合区域以外，城西府衙以南区域还有大量水体存在，1980年代以后才逐渐消失（图2-3-19）。

城西北的子城虽已在元末消失，抚州府衙及其重要附属设施如府城隍庙、通判厅、经历司、考棚、预备仓等仍然设在这一带。城东北为临川县衙，宋代时设在城南，元代迁至城北，亦包括重要附属设施如县丞廨、典史廨、捕厅等。

抚州府学在城东，紧邻朝京门。东晋著名书法家王羲之曾出任临川内史，相传抚河岸边有其故宅，唐末危全讽建立今抚州城后括入城内，在此建"文宣王庙"祭祀孔子，至北宋庆历四年（1044年）在庙后建立州学，明代改称府学。其址现为临川第三小学，地名仍称为州学岭。临川县学始建于北宋咸平三年（1000年），本在宋城南部，明初重新筑城后成为城外，至明嘉靖十六年（1537年）才迁至城内南部原宝应寺地。曾巩故居在城南中部，他创办的兴鲁书院即在其侧，今临川六中一带，其地称兴鲁坊，与临川县学一巷之隔。

府学以南的城东沿抚河区域是城内主要商业区，尤以府学外正对文昌门的十字街最为繁华。漕仓、常平仓

[①] 马志武，马薇. 江西古桥建筑[M]. 南昌：江西人民出版社，2019.
[②] 抚州市志编纂委员会. 抚州市志[M]. 北京：中共中央党校出版社，1993.

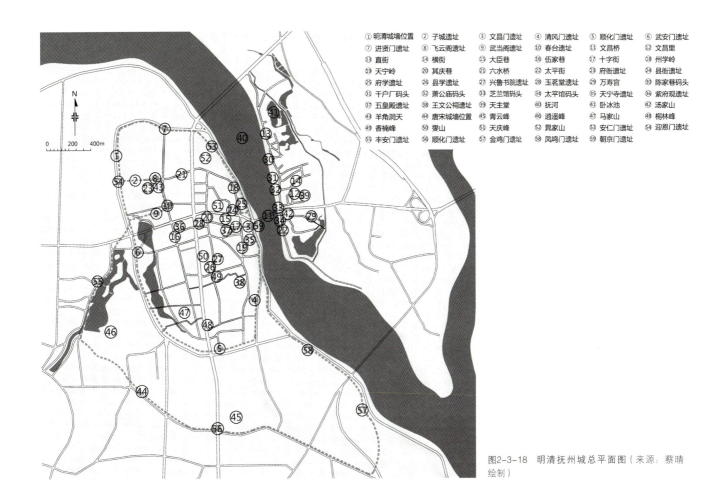

图2-3-18 明清抚州城总平面图（来源：蔡晴绘制）

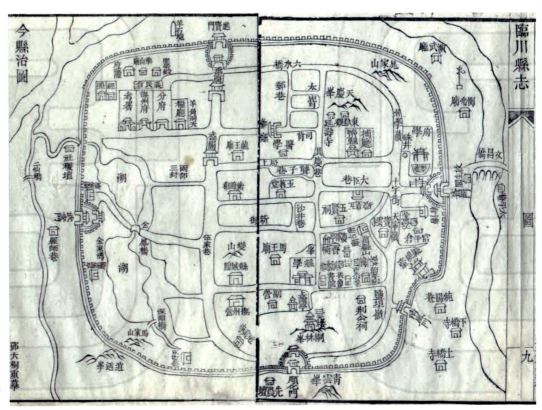

图2-3-19 县治图（来源：引自《道光临川县志》）

图2-3-20 抚州万寿宫（来源：姚赯 摄）

图2-3-21 抚州天主教堂（来源：姚赯 摄）

等重要仓库也都在此区域。文昌门至清风门一带建有多座码头，包括文昌桥北的官码口码头、文昌桥南的文昌桥码头、文昌桥与清风门之间的大王庙码头、水巷口码头，以及清风门外的清风门码头等。

抚河东岸的港东厢，明代已成为城外最繁华的城厢，其空间结构较好地保存至今。文昌桥头起沿抚河向南称太平街，向北称直街，直街中部有一条道路向东通往唐代建立的正觉寺，称横街。这三条街道构成东岸的主要街道，其余巷道均依托这三条街道逐渐形成。由于没有城墙、城门的限制，同时也由于航道的移动，抚河东岸沿直街一带建造了更多的码头，包括关王庙码头、陈家巷码头、萧公庙码头、太平馆码头等，实际上成为抚州的商业运输中心。

作为古代江西东部中心城市，抚州古代的宗教活动与民间祭祀均非常发达。城内东侧邻近十字街的五皇殿为抚州极古老的道观，祀五方五帝，所在的大臣巷因晏殊故居在此而得名，是十字街通往城中部的通道，向西可通往紫府观，至明代已成为极繁荣的商业街，现仍为城内重要市场。

明代洪武年间在抚河东岸的港东厢南部建立文兴庵，清嘉庆十六年（1811年）在文兴庵南建祠祭祀许逊，称旌阳祠。嘉庆二十二年（1817年）在旌阳祠南修起火神庙。清光绪八年至十二年（1882~1886年），抚州府所辖六县（临川、金溪、东乡、崇仁、宜黄、乐安）商人集资进行大规模修建，将文兴庵、火神庙和旌阳祠融为一体，又增建门坊、前厅、戏台及两厢，称为"玉隆万寿宫"，作为六县商人来抚州经商的聚会场所，六县童生来抚考试亦可在此住宿。从此成为抚州重要的公共场所，各种行帮、会社常在此聚会，举行各种社会活动（图2-3-20）。

1700年前后，法国传教士利圣学（Jean-Charles de Broissia）、傅圣泽（Jean-Francis Foucquet）等先后来到抚州，买房建立教堂，不过很快即已衰落[1]。19世纪中期以后法国传教士重新进入抚州，1885年建立天主教会江西东境代牧区，以抚州为中心[2]。1908年在文昌桥东开工建造天主教堂，至1918年建成，是江西最大的天主教堂，至今仍为天主教宗教活动场所（图2-3-21）。

---

[1] 吴薇. 明清江西天主教的传播[J]. 江西师范大学学报, 2003（1）: 54-59.
[2] 刘志庆. 江西天主教教区历史沿革考[J]. 中国天主教, 2015（3）: 55-62.

第四节 县城

一、南丰县城

南丰县位于江西省东部，抚州市南部，抚河上游干流河段盱江中上游。东为武夷山区，西为雩山山脉，夹峙形成南北向的盱江河谷。盱江在这里折向东再转向北，进行了一次扭转，南丰县城就选址在这次扭转所形成的河滩里，东、西、南三面濒临盱江，西北面有军峰山、笔架山，东面有宝应山、何竺峰等作为天然屏障，既有盱江作为交通干线，又依托山水形成防御体系，正是风水术中的最佳位置（图2-4-1）。

南丰在3000年前的商周时期就有人居住。三国孙吴太平二年（公元257年）设临川郡，同时分南城县南境设南丰县，因县境内常产一茎多穗之稻，故初名丰县，又因徐州已有丰县，乃改称南丰。当时治所在今广昌县城北面甘竹镇大嵊村，距广昌县城约5公里[①]。

隋开皇九年（公元589年），南丰县被撤销，仍并入南城县。

唐开元八年（公元720年）抚州刺史卢元敏上奏，

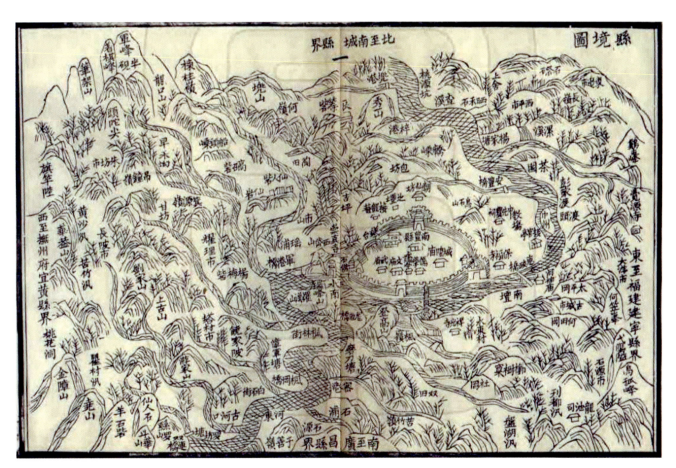

图2-4-1 南丰县境图（来源：引自《同治南丰县志》）

---

① 江西省广昌县县志编纂委员会. 广昌县志[M]. 上海：上海社会科学院出版社，1994.

称南丰"田地丰饶，川谷深重，时多剽劫"，又重新设南丰县，隶属于抚州①。在今县治东一里许的嘉禾驿新建县城，唐开成二年（公元837年）迁至西里坊，即今址。

南唐后主李煜九年（公元969年）在南城县设建武军，南丰依旧属于抚州。北宋太平兴国四年（公元979年），改建武军为建昌军，将南丰划入作为属县，南丰进入历史上最繁荣的时期。

南宋绍兴八年（1139年）划南丰南部四乡设置广昌县，南丰辖境、人口均大幅度缩减，但仍为富庶大县。南宋开庆元年（1259年）户口统计为主客户49309户②，人口可能接近20万。

宋代是南丰人文最为璀璨的时代，又以唐代定居南丰的曾氏家族最为知名。曾致尧于北宋太平兴国八年（公元983年）中进士，官至两浙转运使、吏部郎中。此后77年间，曾家共出进士19人，其中致尧同辈7人，子孙辈各有6人。曾致尧之子曾易占亦为进士，曾任江苏如皋县令。曾易占之子曾巩为北宋著名政治家、文学家，唐宋八大家之一，世称"南丰先生"。他与兄弟子侄及孙辈曾肇、曾布、曾纡、曾纮、曾协、曾敦共7人并称"南丰七曾"，是南丰人文最杰出的代表。南丰县城隔盱江相望的南岸山中还有曾巩读书岩，为当地著名古迹。

元代至元十九年（1282年）将南丰升级为直隶州，不过到明初即重新降为县，仍属建昌军改名的建昌府。清仍之。

南丰何时开始筑城至清代已不可考。《同治南丰县志》记载：

旧志谓无城，元志又载郭内五门，东曰朝天（明初改宜春），西曰迎盱，南二门曰宁都，曰建宁（明初并为一门曰通济），北曰揖仙，则并非无城也，其先有城而后废欤③。

明正德年间地方动荡，正德六年（1511年），南丰知县莫止筑土城891丈，两年后建成，正德九年（1514年）又以红石全部包砌。辟4门，东门称聚和门，西门称崇秀门，南门称通济门，北门称庆成门。因东、西、南三面临河，在南门东西两面开二窦口分杀水势，西面者位居盱江上游，称上水关，东面称下水关。明嘉靖年间南门改名为文明门。嘉靖三十七年（1558年）又进行扩建，形成一个不规则的长条形，从此基本定型。设防范围东西长约1.4公里，南北宽约0.7公里，设防面积约0.72平方公里。因西北广圆，东南平直，形状似琴，名为琴城。

因南城墙临盱江，空间有限，遂在东门外形成码头。明代后期形成东门外关厢，以码头街为骨干，成为南丰县城物资集散和商品交易的中心。清道光二十年（1840年），在修缮城墙时于城东北角增辟一门，称琴台门。自此全城共开5门，城内主要街道6条，大小巷86条，东关厢面积约7公顷，城市总面积约0.8平方公里。这一格局保持至今（图2-4-2、图2-4-3）。

南丰北城墙和东城墙北段均已拆除，仅保留从城东聚和门延伸至城西崇秀门总长约1922米的残墙，宽约5米，残高不等，最高处4.5米，最低处2.8米。城门尚存面对盱江的文明门（图2-4-4）和城西崇秀门。大部分城墙被当地居民利用城墙基础搭建房屋。

南丰县城人口规模历代无载。全县人口于清咸丰元年（1851年）达到峰值，约45万人，但此后持续锐减，1949年仅有约10万人④。据此推测清末县城人口约在1万

---

① 柏春，鲁琪光.（清同治）南丰县志·卷一·建革. 南丰. 1871.
② 江西省南丰县史志编纂委员会办公室. 南丰县志［M］. 北京：中共中央党校出版社，1994.
③ 柏春，鲁琪光.（清同治）南丰县志·卷三·城池. 南丰. 1871.
④ 江西省南丰县史志编纂委员会办公室. 南丰县志［M］. 北京：中共中央党校出版社，1994.

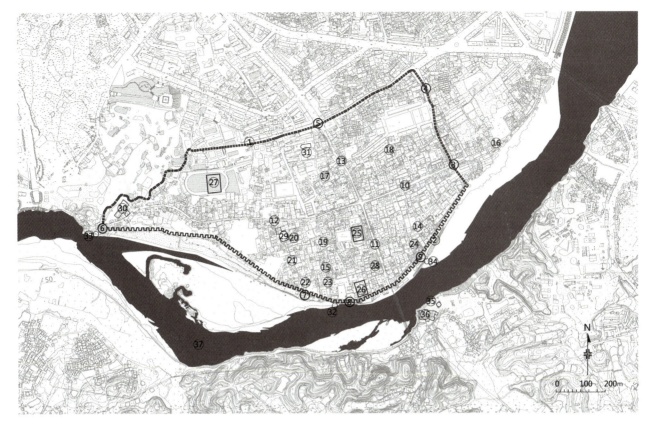

① 推测城墙位置 ② 现存城墙 ③ 聚和门 ④ 琴台门 ⑤ 庆成门 ⑥ 崇秀门 ⑦ 上水关 ⑧ 文明门 ⑨ 下水关 ⑩ 东门街 ⑪ 南门街 ⑫ 西门街 ⑬ 北门街 ⑭ 下前街 ⑮ 上前街 ⑯ 桥下 ⑰ 望仙桥 ⑱ 岳庙上 ⑲ 三忠祠 ⑳ 直钟巷 ㉑ 横钟巷 ㉒ 上水关巷 ㉓ 府官巷 ㉔ 下水关巷 ㉕ 县衙遗址 ㉖ 县学遗址 ㉗ 琴城书院遗址 ㉘ 城隍庙 ㉙ 寿昌寺 ㉚ 地藏寺 ㉛ 天主教堂 ㉜ 南津渡 ㉝ 西津渡 ㉞ 赵家码头 ㉟ 宝岩塔 ㊱ 南台寺 ㊲ 盱江

图2-4-2 明清南丰县城总平面图（来源：蔡晴 绘制）

图2-4-3 南丰县城鸟瞰（来源：马凯 摄）

图2-4-4 南丰县城文明门（来源：姚赯 摄）

人左右，密度不高，城西、城北均有大片空地。

宋代是否筑城虽不可考，但宋代城市布局却流传下来，《同治南丰县志》记载：

> 若夫城中之地，元至元以前以十字街分四隅，各置坊长。升州后病其贫富不等，役使不均，改为东西二隅，编里九，东隅以天地玄黄宇五字编号，西隅以宙洪荒日四字编号，今称九坊，东曰桂华、棣华、集贤，西曰魁星、儒宗，南曰文明、西里，北曰攀桂、人和[1]。

可见宋代城市空间还是基于十字街的方正格局，不过到明代扩城以后实际上已经演变成两横一纵的双重十字街格局（图2-4-5）。两横的第一横为东门大街（今人民路）—西门大街（今胜利路）组成的东西向大街，从聚和门直通崇秀门，贯穿全城，当为明代扩城后形成；第二横在第一横以南，为下前街（今盱江东路）—上前街（今盱江西路）组成的东西向小街，很可能是宋代形成的街道。一纵即北门大街（今人民路）—南大街（今建设路）组成的南北向大街，从庆成门直抵南城墙，亦贯穿全城，但未通南门。此外，城东西两侧还有两条由一系列巷道组成的南北向通道，城东由六方井—陈家巷—祝家巷—下水关等巷道组成，城西则由高风巷—摆布巷—直钟巷—上水关等巷道组成，均大致贯通城内主要建成区。以这些街道为骨架，伸展出多条支巷，形成类似于双鱼骨状的街巷体系。

上前街一带保存大量传统建筑，尤以府官巷为最（图2-4-6）。

城外的东关厢以东门外大街为主轴，即东门大街在城外的延伸，沿盱江还有码头街。

城内公共建筑数量规模均明显逊于府城，重要者仅有县衙、县学、琴城书院、城隍庙、寿昌寺等。清末又建起天主教堂。

县衙位于城内西部靠近城中心位置，1929年被焚毁，即今人民会堂一带，俗称老衙前[2]。

县学始建于北宋庆历年间（1041~1048年），原在盱江岸边，明代筑城后被城墙分隔至城外，此后在文明门内东侧原便民、丰储二仓地上重建，现为南丰县实验小学。

琴城书院原在城东关厢，清乾隆三十八年（1773年）迁至城内西南部，清末废科举，改为南丰县高等小学，现为南丰县第一中学。

城隍庙在县衙东南面，隔上前街和南门大街，传说即原嘉禾驿，唐代县衙一度设此，之后县衙迁至现址，即改为城隍庙。

---

[1] 柏春，鲁琪光．（清同治）南丰县志·卷二·疆里．南丰．1871．
[2] 江西省南丰县史志编纂委员会办公室．南丰县志[M]．北京：中共中央党校出版社，1994．

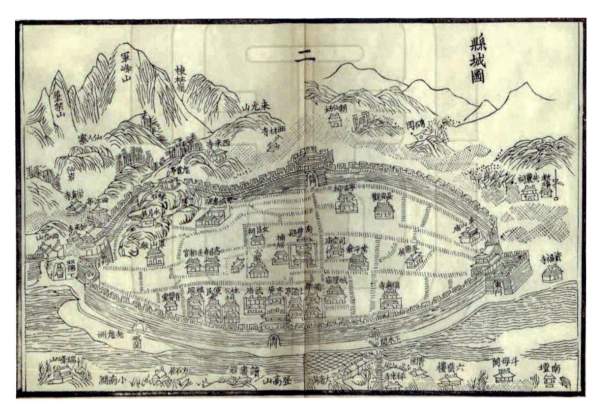

图2-4-5 南丰县城图（来源：引自《同治南丰县志》）

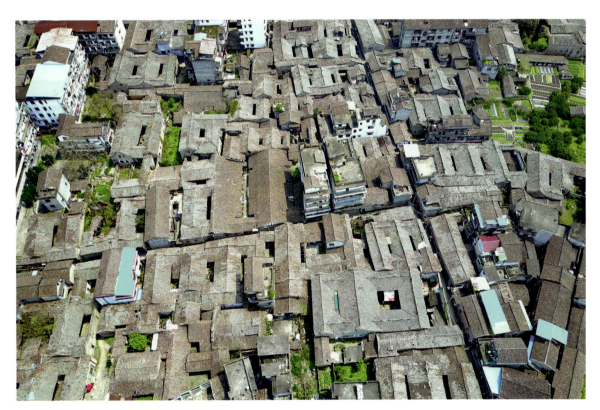

图2-4-6 上前街—府官巷一带鸟瞰（来源：马凯 摄）

寿昌寺在城西直钟巷，始建于唐武德二年（公元619年），此后屡毁屡修，保存至今，是城内唯一持续存在的宗教建筑，但建筑已非旧貌。

天主教大约于清康熙三十年（1691年）前后由比利时籍耶稣会传教士卫方济（François Noël）传入南丰。此人后来返回欧洲，于1711年在布拉格出版《中国六大经典》Sinensis Imperii Libri Classici Sex，第一次完整地以拉丁文向西方翻译了四书、孝经和朱熹所著的《小学》，并因此驰名于西方汉学界[1]。1908年在城北刘家巷建成哥特式样的天主教堂和神父住宅（图2-4-7）。

南丰城内原有完整的沟渠体系，宋代建设了穿越东西的"壕圳"以利城中用水排水，明代筑城时又开设上下水关。城内的排水道基本是由居民各自用条石砌成的阴沟暗渠，围绕"壕圳"形成，经过多次整修，至今仍是城内排水系统的主体。

南丰城内有规模可观的居住社区。本县望族曾氏、饶氏、汤氏、揭氏、黄氏家族等均在城内有相当规模的住宅，饶氏、揭氏、黄氏祠堂均保存至今。清道光二十九年（1849年）张希京中举人[2]，此后做过两任广东曲江县（六朝始兴郡、唐宋韶州、明清韶州府治所，现韶关市曲江区）知县，在任期间主修曲江县志，清光绪元年（1875年）刊印，为该县继清康熙二十六年（1687年）修志之后时隔近二百年的第二部县志[3]。张希京及其家族成员在城南府官巷建造了多幢住宅，至今保存完好。

1926年拓宽了东西南北四条大街。1931年南城至南丰的公路修通，1934年通至广昌，从古城西北经过，城市从此开始向北发展。1957年至20世纪60年代初拆除了城北、城东两面城墙，城西、城南两面城墙因临盱江有防洪作用继续保留。

---
① 费赖之，冯承钧. 在华耶稣会士列传及书目[M]. 北京：中华书局，1995.
② 包发鸾.（民国）南丰县志·卷之十·乡举. 南丰. 1924.
③ 张希京. 曲江县志序. 转自张希京. 曲江县志. 曲江. 1875.

图2-4-7 南丰县天主教堂（来源：姚赯 摄）

二、金溪县城

金溪县位于抚河中游平原东缘，武夷山脉东缘，三面环山。外围有上幕岭、翠云山、卓笔峰、云林峰、隍尖岭、灵谷峰、鸣山、鹧鸪岭等山峰环绕四周，平均海拔400米左右，唯独西南朝向平原，号称"环山为屏"（图2-4-8、图2-4-9）。

城中有锦绣峰、麒麟山、凤凰山、张家山四座小山。锦绣峰位于城中心，在四山中最为高大，金溪县城因此又号称秀谷。四山彼此相连接，绵延起伏，海拔高度在100~150米之间。城内地势复杂，道路蜿蜒起伏，

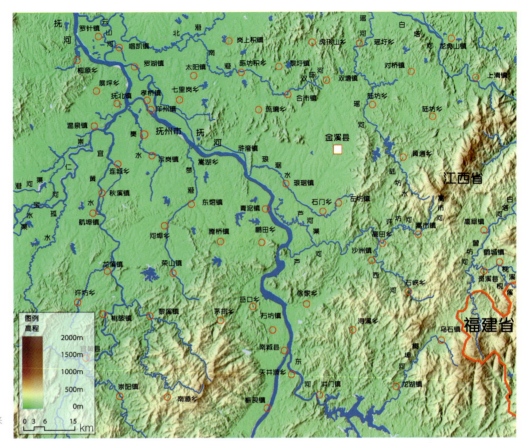

图2-4-8 金溪县城区位图(来源：赵梓铭 绘制)

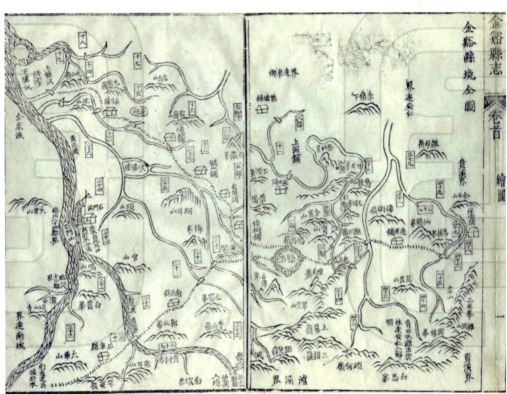

图2-4-9 金溪县境全图(来源：引自《道光金溪县志》)

图2-4-10 金溪县城鸟瞰(来源:金溪县建设局 提供)

形成了丰富的景观和空间变化，街巷和建筑分布在山坡谷地中，是因应地形形成的特色（图2-4-10）。

金溪县域内水系复杂，包括抚河、芦河、金溪水、齐冈水、青田水、三港水等河流。金溪是江西降水量最多的县之一，各季分布不均，历史上水灾频发[1]。县城距抚河约20公里，是江西唯一不临大河的古代城市。金溪水穿城而过，实际为城内沟渠，自城南出城后西流至琅琚镇赖家村附近汇入琅琚水，再蜿蜒流向西北，至浒湾镇詹家村附近汇入抚河。

金溪从新石器时代起就有人类活动，近年的考古研究已发现大量环濠遗址[2]。西汉以来先后为南城、临汝县属地。唐代在城东山区发现金银矿，唐宝历年间（公元825~827年）建冶炼场，并设上幕镇管理。南唐据有江西，继续开矿，今仍存南唐时期的炼银场遗址。可能是因为开矿有成，南唐后主李煜八年（公元968年）以上幕镇及相邻的归政乡设金溪场。北宋统治江南之后，淳化五年（公元994年）分临川县的归德、顺德、顺政连同原来的归政共四乡建立金溪县，属抚州。元属抚州路，明清均属抚州府。县城则一直在唐代建立的上幕镇原址。

金溪自建县以来，人文荟萃，名人辈出。南宋时归政乡（今陆坊乡青田村）人陆氏六兄弟俱有文名，陆九韶、陆九龄均为著名哲学家，陆九渊开创陆王心学，影响中国文化直至今日。他因长期在金溪东北面的贵溪象山书院讲学，史称"象山先生"，金溪因此被称为"象山故里"。元明之际云林白马乡（今黄通乡高桥村）人危素，系唐末抚州军阀危全讽之后，为著名史学家，明初领修宋辽金三史，并同修元史。明代疎溪（今琅琚镇疏口村，详见本书第三章第一节、第三节）人吴悌，嘉靖十一年（1532年）进士，官至刑部侍郎，继承陆九渊心学，学者称疎山先生。

金溪县的矿业至明代基本消亡，之后发展起印刷业，在清代成为全国书籍出版中心之一，以县域东部抚河岸边的浒湾镇（详见本书第四章第三节）为龙头，产业分布实际上几乎遍布全县，号称"临川才子金溪书"。与此同时，由于县城远离水道，金溪县域经济中心随之转移至浒湾，县城中的商业活动长期不振，直到1950年代以后，抚河航运衰退，县城才真正成为全县的经济中心。

上幕镇、金溪场时代以木栅做栏，用以防御，故称"栅城"。后人认为此名不够华美，改为"珊城"。宋代建县之后始建城墙，确切年代史籍失载。最初规模极小，周长二里，高五尺，仅设南北二门，实际设防面积仅约9公顷，很可能只是安置县衙等衙署的子城。元代城墙拆废。明洪武初年又恢复，开有4门，不久又废弃。至明嘉靖三十六年（1557年）才大规模建设城墙，周长八里，高一丈八尺，墙基宽二丈五尺，实际设防面积约0.9平方公里。设有城门4座，东门称协和门，南门称迎薰门，西门称阜城门，北门称拱辰门[3]。此后历代续有修葺，至民国年间逐渐拆除[4]。

由于明清时期县城商业不发达，金溪城外没有形成大规模的城厢，但仍有20个附郭村庄[5]，是其重要特征（图2-4-11、图2-4-12）。

金溪县城古代人口数量史志无载，但直至1982年县城人口还只有1.77万人，占全县人口的8.16%，而

---

[1] 金溪县志编纂领导小组. 金溪县志[M]. 北京：新华出版社，1992.
[2] 江西省文物考古研究所，西北大学文化遗产学院，抚州市文物博物管理所，金溪县文物管理所. 江西抚河流域先秦时期遗址考古调查报告之二：金溪县[M]. 北京：文物出版社，2017.
[3] 李云.（清道光）金溪县志·卷二·建置志. 金溪. 1823.
[4] 金溪县志编纂领导小组. 金溪县志[M]. 北京：新华出版社，1992.
[5] 李云.（清道光）金溪县志·卷一·疆域志. 金溪. 1823.

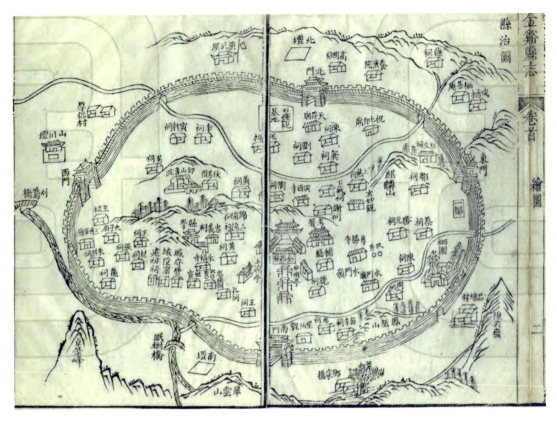

图2-4-11 县治图（来源：引自《道光金溪县志》）

1949年全县人口仅9.26万人①，据此推断，古代县城人口可能在0.7万人以下，比南丰县城人口密度还低。

金溪县城所在地形起伏，城内的主要道路原称金溪街，形成于山谷之间，道路顺应地势，蜿蜒曲折，从城北拱辰门附近开始向东南延伸，行至三分之一段又转向西南方向至阜成门，北段原称上市，中段称中市，西段称下市，当为南唐至宋元矿业发达时的遗存。全长约2.5公里，宽约2米。街中间是石板，两侧以卵石铺砌，随地形不断起伏，当地民谚称"路无半里直，街无百尺平"，正体现出了金溪县古城独特的地形地貌特征，与基本基于纵横道路体系的南丰县城迥然不同。1936年改造为砂石路面，拓宽至10米，可通汽车，改名中山路，中华人民共和国成立后又改名胜利路②。

城中主要巷道分布于金溪街两侧，清代后期已形成14条主要巷道，分别为东梧巷、墟头巷、涂家巷、富春巷、学前巷、郑家巷、全家巷、学畲巷、黄家巷、水门巷、何家巷、田下巷、清泉巷、周家巷等③。因地势变化，金溪街北侧的巷道大致高程相对较高，如富春巷（今王家巷）、学前巷等；南侧巷道高程则逐渐降低，如水门巷、周家巷等。

县衙一直位于城东锦绣峰南面，即今首府花园一带，南宋末年毁于兵火，元代元贞三年（1297年）才重建，元末再毁，至明洪武九年（1376年）大规模重建，明清之际县衙又毁于兵火，直至清康熙九年（1670

---

① 金溪县志编纂领导小组. 金溪县志［M］. 北京：新华出版社，1992.
② 金溪县志编纂领导小组. 金溪县志［M］. 北京：新华出版社，1992.
③ 李云.（清道光）金溪县志·卷一·疆域志. 金溪. 1823.

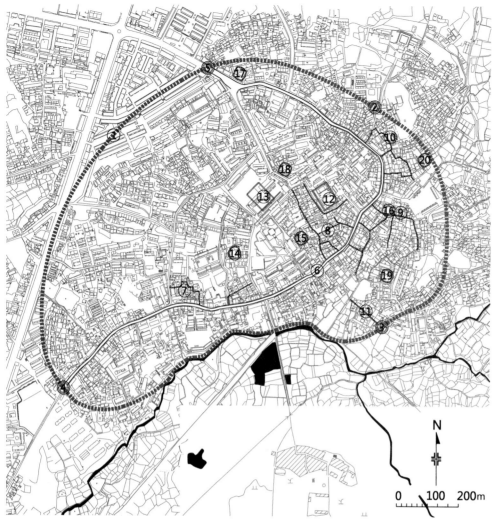

① 推测城墙位置 ② 东门（协和门）③ 南门（迎薰门）④ 西门（阜城门）⑤ 北门（拱辰门）
⑥ 金溪街 ⑦ 王家巷 ⑧ 学前巷 ⑨ 水门巷 ⑩ 东门巷 ⑪ 南门巷
⑫ 县衙遗址 ⑬ 县学遗址 ⑭ 仰山书院 ⑮ 城隍庙遗址 ⑯ 水门庙 ⑰ 天符庙遗址
⑱ 三陆祠遗址 ⑲ 望仙观遗址 ⑳ 烈女祠遗址

图2-4-12 明清金溪县城总平面图
（来源：蔡晴 绘制）

年）才重建完毕。

县学最初于北宋皇祐元年（1049年）建于南门外，此后数次迁徙，南宋嘉定二年（1209年）迁至县衙之西，经明、清数次扩建，规模逐渐完整，现为金溪县第一中学。

清乾隆二年（1737年），知县阎廷佶在城南王家巷倡捐买民居建义学，嘉庆十九年（1814年）县中士绅合力进行大规模扩建，改为书院，称仰山书院，并置有田地店面，以充学产①。现建筑基本保持完整，辟为陆九渊纪念馆（图2-4-13）。

---

① 李云.（清道光）金溪县志·卷四·学校志. 金溪. 1823.

图2-4-13 金溪仰山书院前庭（来源：姚赟 摄）

图2-4-14 金溪水门庙（来源：姚赟 摄）

金溪街中段的中市地段有水门庙，是极具特色的金溪地方祭祀。传说始于建县之初，前殿中至今还供奉着一只活体青蛙神，是一种生活在树林中的树蛙，背上有七个金星般的小圆点，与天文星宿崇拜有关，又掌管县中瘟疫，颇有神异①。至今仍香火颇盛（图2-4-14）。

明代以后县城内的商业一度十分凋零，宋代的上、中、下三市基本消失。直至清光绪三十三年（1907年）才在城内县署前和城隍庙侧两处设墟场。民国初年城内重新出现坐商，1937年后，贯穿县境的鹰潭至南丰公路开通，成为抚河流域与信江、饶河流域之间的重要通道，城内商业逐渐恢复。到1946年，县城内有大小米店170余家，饮食店20多家，较大的南货店15家②。

三、安仁故城

安仁故城在今鹰潭市余江区锦江镇，自北宋端拱元年（公元988年）设安仁县起直至1961年为县城，历时973年。

安仁故城坐落在信江右岸。信江位于江西省东北部，发源于浙赣两省之间的怀玉山，为江西省五大河流之一，流经安仁故城一带的河段又称锦江。信江干流在此分汊形成河套，中有沙洲，左岸有来自武夷山西麓的白塔河汇入，右岸有来自余江区北部怀玉山余脉的蓝溪（又称黄庄溪）汇入。过安仁故城后，信江逐渐进入鄱阳湖东南部的冲积平原，最终形成弯曲交错的多支汇入鄱阳湖。安仁故城因此成为信江航道的重要节点。所在地势平坦，略有起伏，城东至城南一带有玉真山、张古山、三台山等小山丘分布（图2-4-15）。

城内山丘均为"官山"，为官府产业，不属于任何私人。其中玉真山为县衙枕山，三台山为县学枕山，其余官山亦各有其文化内涵。如城南官山之一张古山，又名果老峰，传为张果老修炼之所，有小丹池在山上，练成后飞升而去，后被列入为古安仁八景之一，称"果老丹池"。城东的冲虚山则自古以来一直是各种宗教祭祀

---

① 李云.（清道光）金溪县志·卷六十·杂记. 金溪. 1823.
② 金溪县志编纂领导小组. 金溪县志[M]. 北京：新华出版社，1992.

图2-4-15 安仁故城鸟瞰（来源：马凯 摄）

设施的聚集地，到近代又为天主教堂占据。它们不仅是自然与人文相交织的文化景观，还为城市提供了具有历史意义的开放空间。

安仁在历史上长期为余干县属地。直至唐咸通年间（公元860~874年），在此设兴安镇，设尉司治理。北宋开宝八年（公元975年），兴安镇改名安仁场。北宋端拱元年（公元988年），升安仁场为安仁县，为饶州辖县。县署设在玉真山下，锦溪北岸，即今安仁县衙旧址所在。南宋建炎年间（1127~1130年）在县衙东面三台山下建立县学。

南宋末年，元军占领安仁。南宋大臣、著名诗人谢枋得率军在这一带与元军多次交战，南宋德祐二年（1276年）一度重新占领安仁县城。居民为纪念此事，在城中路口建立石塔，称市心塔，成为传统城市中罕见的纯粹纪念性建筑，从此成为县城地标，直至1950年代为疏解交通被拆除。

民国3年（1914年），因与湖南省安仁县同名，改安仁县为余江县。1958年鹰厦铁路开通，从县域南部的邓埠镇通过，距离约20公里，亦为古老市镇，明代起驻有通判厅、巡检司、县丞署等衙署。1961年，余江县城南迁至邓埠镇。2018年，余江县改为鹰潭市余江区。

安仁县设立以来，一直未建城墙。明正德六年（1511年）始筑土墙，明嘉靖五年（1526年）改筑为石墙，周长约3878米。嘉靖四十一年（1562年）进行扩建，城墙周长达到约4136米，设防面积约0.75平方公里。设有9座城门，分别是北面的会川门，东面的拱极门、育仁门、玉真门，东南面的兴贤门，西面的孟津门、歌薰门、迎澜门、云锦门。此后规模未变，仅进行修补和局部调整（图2-4-16）。1950年拆除大部分城墙，今天仅沿信江一带保存有总长约320米的三段残墙。

传统县城一般设门4~6座不等，前文所述南丰县城、金溪县城规模均与安仁故城相近，均设4座城门，南丰直至晚清才增至5门。山西平遥县城规模更大，亦仅设6座城门[1]。上海县城原亦仅有6门，直至清末在租界压力下才增至10门[2]。南昌府城作为江西省会城市，明清两代亦仅有7门。安仁9座城门的设置，说明其城内外交通特别频繁，在古县城中是不多见的。

安仁故城古代人口规模未见史载。全县人口于清嘉庆十七年（1812年）达到古代峰值，为14.53万人，此后逐渐衰退，至1949年为13.78万人。据此推断，县城人口当在1万人左右。1985年人口统计，镇区人口约0.78万人[3]，2017年调查，古镇区人口约1.4万人。

最迟至清代中期，安仁县城已形成了环城9门、以市心塔为中心的前街、后街及十二坊、十三巷的城市空间格局，并部分保留至今（图2-4-17、图2-4-18）。

这些城门各具不同功能。东面的3座城门与城市对外陆路交通有关，如拱极门、育仁门分别是旧时信州关和徽州关所在地。同治《安仁县志》记载：

> 信州关在城东隅，通贵溪弋阳要冲，故以关名。关外为方家站，元置马站，明洪武初以通水路革之。徽州关在城北隅，通万年乐平徽州要冲，故名。唐咸和中置兴安镇尉司兵于此，后废。按唐无咸和，阙疑。[4]

可见这两个关口何时设置至清代已无可考，但其位置和路线均延续无误。西、北面的4座城门因临锦江或蓝溪，成为城市对外水路交通的出入口。西南面的2座城门则因政权机构建筑群的空间序列而设，云锦门是县衙建筑群空间序列的起点，而兴贤门是县学建筑群空间序列的起点，其作用在于为政权统治中心形成庄严的、仪式化的城市空间。

连接城门的道路形成了城内道路的基本构架，并以连接歌薰门、育仁门的东西向街道及连接孟津门、兴贤门的南北向街道将城市大致划分为三大区域。

南部区域为县城行政中心。统治机构如县衙、县学、县考棚、县试馆、上谕亭、驿站等均设置在本区，偏在一隅。江西一般古代县城官署位置均因地制宜，不求居中，但是如此偏离中心，亦不多见。

北部区域为县城经济中心，与信江航道联系紧密。清道光五年（1825年）在孟津门外建孟津门码头，兼人渡与货运双重功能。会川门外有兰桥码头，主要用于装运瓷土，粮食也由此装运。小南门码头位于歌薰门外，是县城货物集运装卸最繁忙之处，常平仓、社仓、仁裕仓等重要仓储设施都在歌薰门内一带。手工业也集中在本区域，有传统的艺匠聚居社

---

[1] 王金平，李会智，徐强. 山西古建筑[M]. 北京：中国建筑工业出版社，2015.
[2] 王海松，宾慧中. 上海古建筑[M]. 北京：中国建筑工业出版社，2015.
[3] 江西省余江县志编纂委员会. 余江县志[M]. 南昌：江西人民出版社，1993.
[4] 朱潼.（清同治）安仁县志·卷六·津梁. 余江. 1872.

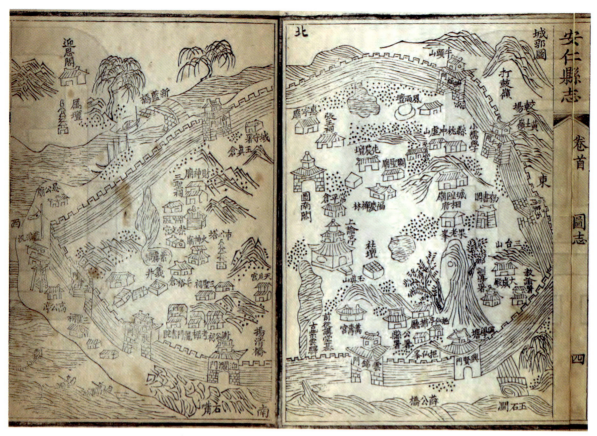

图2-4-16 安仁城郭图（来源：引自《同治安仁县志》）

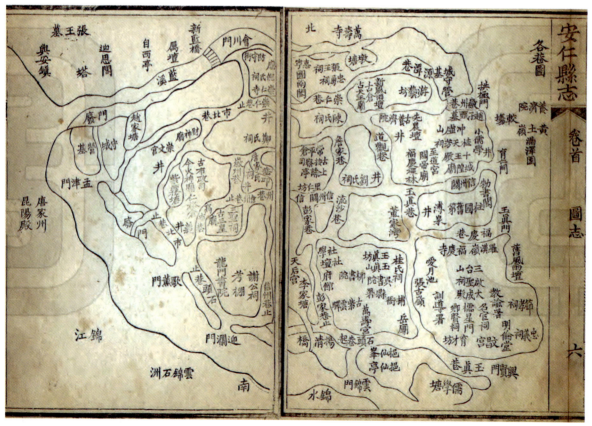

图2-4-17 安仁各巷图（来源：引自《同治安仁县志》）

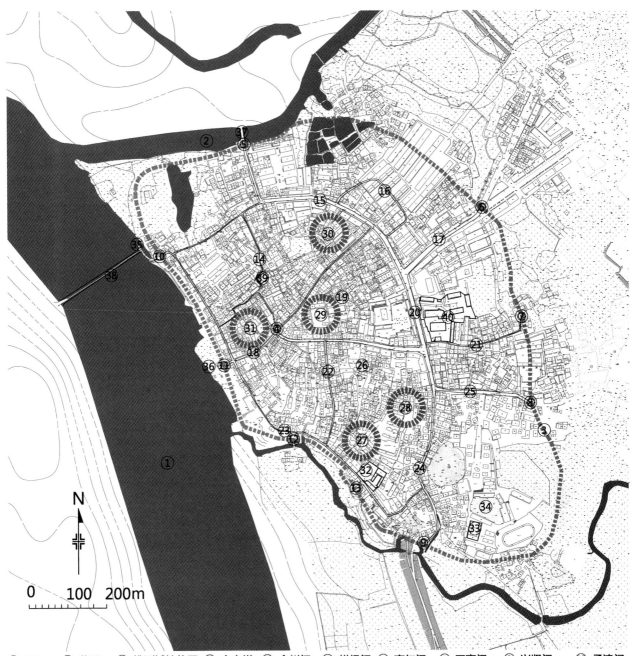

① 锦江 ② 蓝溪 ③ 推测城墙位置 ④ 市心塔 ⑤ 会川门 ⑥ 拱极门 ⑦ 育仁门 ⑧ 玉真门 ⑨ 兴贤门 ⑩ 孟津门
⑪ 歌薰门 ⑫ 迎澜门 ⑬ 云锦门 ⑭ 市北巷 ⑮ 崇仁巷 ⑯ 源潭巷 ⑰ 徽州巷 ⑱ 高市巷 ⑲ 詹家巷 ⑳ 道观巷
㉑ 信州巷 ㉒ 彭家巷 ㉓ 石头巷 ㉔ 玉真巷 ㉕ 福庆巷 ㉖ 流沙巷 ㉗ 宣化坊 ㉘ 玉真坊 ㉙ 里仁坊 ㉚ 游艺坊
㉛ 安平坊 ㉜ 县衙 ㉝ 县学 ㉞ 三台山 ㉟ 孟津门码头 ㊱ 小南门码头 ㊲ 新兰桥 ㊳ 浮桥(孟家渡) ㊴ 财神庙 ㊵ 锦江主教堂

图2-4-18 安仁故城总平面图（来源：蔡晴 绘制）

区——游艺坊。

东部区域为县城祭祀中心。大多数县城因设防面积有限，城内拥挤，而将许多祭祀坛庙设置于城墙以外，但安仁故城的祭祀设施集中在这一区域，如风云雷雨山川坛、先农祠、先农坛、城隍庙等。概因本区域是城内离信江航道最远的部分，相对荒凉，空地较多。

安仁县衙是江西仅存的两处较为完整的古县衙之一。自北宋端拱元年（公元988年）建县伊始，安仁县衙即设于此，位于云锦门内，面朝信江，背靠玉真山。建筑坐北朝南，现存仪门、大堂两进。建筑庭院尺度开阔，与周边民居及商业街的建成环境肌理迥异（图2-4-19）。

安仁县学在县衙以东，始建于南宋建炎年间（1127~1130年），历经元、明两朝6次修葺，明末毁于兵火。清初重建，以后陆续修缮，至清同治八年（1869年）再次重建，规模完备。县学门前为大道，直通兴贤门。其布局理念与县衙相同，面朝锦江，背靠三台山。今天县学仅存部分遗址，其用地及营建格局为余江区第二中学所继承，仍是锦江镇的文教中心。

城内的传统商业、居住街区则呈现了与行政中心完全不同的组织方式和肌理特征。建筑布局依据主要街巷——彭家巷、高市巷（现塔前街，图2-4-20）、信州巷（现信州路）、徽州巷（现东北街，图2-4-21）、市北巷展开，而这几条道路的特征似依自然地理而形成。沿河货栈商业街石头巷（现中心街）位于城西，贯穿南北，走向大致与历史城墙和锦江岸线平行，其街巷呈现出传统沿河货栈商业街的形态特征。它们的建筑布局和城市肌理都与古县城行政中心处的秩序感形成鲜明对照。

图2-4-19　安仁县衙（来源：姚赯 摄）

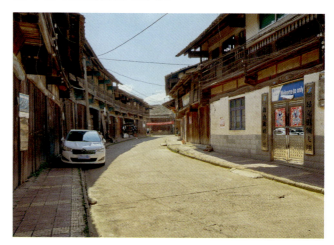

图2-4-20　安仁故城高市巷（来源：姚赯 摄）

图2-4-21　安仁故城徽州巷（来源：姚赯 摄）

图2-4-22 安仁故城主教堂（来源：姚赯 摄）

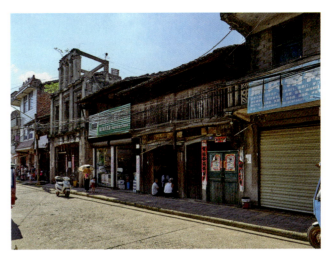

图2-4-23 安仁故城信州巷（来源：姚赯 摄）

至清代中后期，城内形成十二坊、十三巷的格局。居民社区结构仍为聚族而居。据县志记载，城内原有刘、陈、郑、邱等大家族聚居，各有本族祠堂、水井，并以巷道与周边隔开。

城内庙宇火神庙、张王庙、城隍庙、财神庙、崇文宫以及部分家族祠堂均设有戏台，可供会戏、社戏等演出。戏台前有空场，除供居民观戏外，每逢传统佳节、各类庆典和重大节日，常有摇扶船、车仂灯、蚌壳灯和龙灯等传统舞蹈表演。它们构筑了传统城市社区的公共空间。

天主教于清光绪二十三年（1897年）传入安仁县。1918年，法籍神父田烈诺（Bp. Jean Louis Clerc Renaud，1866—1935）来此主持教务，在县城内购买冲虚山西麓的土地建立教堂，经四年落成，名"圣类斯堂"（St. Aloysius Church，图2-4-22）。1928年升格为赣东北教区主教堂，下辖17个县教务，成为当时赣东北教区的中心[1]。1929年起，教会陆续创办学校、医院，最终形成一个天主教会建筑群，经历近百年，大多保存完整[2]。

1932年鹰潭至黄金埠公路开通，从安仁故城东北方向经过，此后沿公路逐渐形成新城区，安仁故城的传统格局风貌因此得以基本保留，除天主教会建筑之外，只有信州巷在近代时期经过改造，使其宽度达到8~10米，成为具有近代特征的商业街。本城所有具有近代特征的商业建筑均位于本街道东侧，如花旗银行等（图2-4-23）。

四、定南故城

定南县位于江西省南端，东邻安远县、寻乌县，西连龙南县，北靠信丰县，南接广东省龙川县、和平县。明隆庆三年（1569年）设县，属赣州府，是江西最晚设立的县之一。

定南故城位于定南县南端，今天称为老城镇老城村，与广东省和平县毗邻。所在位置为南岭山脉东部深处，四面环山，建成区相对平缓，平均海拔约280

---

[1] 江西省余江县志编纂委员会. 余江县志[M]. 南昌：江西人民出版社，1993.
[2] 江西省余江县地方志编纂委员会. 余江县志1986-2005[M]. 北京：方志出版社，2008.

米,周边有多座海拔700米以上的山峰。老城河从城南侧自西向东流过,当地通称定南大河,实际上是珠江水系干流之一的东江上游九曲河(江西境内通称定南水)的主要支流,至直线距离约20公里外的广东省和平县三溪口汇入九曲河,向东南流至广东省龙川县枫树坝与发源于江西省寻乌县的寻乌水汇合成为东江,再一路流向西南,经河源、惠州至东莞,最后汇入珠江口的狮子洋,是江西为数不多的外流水系之一(图2-4-24、图2-4-25)。

定南故城原属龙南县高砂堡。相传当地原有四口开满红莲的大池塘,因此号称"莲塘",至今仍有地名"四口塘"。最初仅有几户人家居住于赣粤交界一带山间,分别为蓝氏、罗氏、雷氏与谢氏。廖氏家族于明初建文年间(1399~1402年)到达此地,开垦繁衍,逐渐成为当地最大家族之一①。

明嘉靖三十六年(1557年),当时属于龙南县的下历堡乡民赖清规聚集数千人发动起义,至嘉靖三十八年(1559年)与同属龙南县的高砂堡谢允樟、属广东省和平县的岑冈李文彪在赣粤边境一带形成鼎足之势,号称"和平三寨",声势甚大。嘉靖四十五年(1566年)赖清规被击败,明军控制高砂堡,在莲塘建起堡垒,设置巡检司进行防守。此后这一带逐渐平定,但赣粤边境依然大小纷乱不断,遂于隆庆三年(1569年)以龙南县东南部的高砂堡、下历堡和横江堡,加上安远县西南部的大石堡、小石堡和伯洪堡,再加上信丰县最南端的半个潭庆堡,设定南县。

设县之初,全县户籍人口不足2000人。官府出白银一百两买下吴家、廖家在莲塘一带的大块土地,作为县城用地②。此后陆续建成城墙、护城河、县衙、县学、城隍庙、社学等一系列设施(图2-4-26)。

黄氏家族于明隆庆四年(1570年)由安远县迁来定南县城居住,以后亦成为当地大家族③。

明万历五年(1577年)扩建城墙。万历十一年(1583年)为聚集人口,招周边流民入住,又在城隍庙前设墟市,每逢三、六、九日为墟日。

明清之际,定南县城多次遭到各路武装的进攻,不过直至清顺治六年(1649年)才首次被广东乡民陈凤等人攻破,知县被杀。此后清政府加强了在定南的驻军,又于顺治十四年(1657年)将城内墟市移至城外。清康熙十五年(1676年)再次被破城,第二年才完全平息。

清乾隆三十八年(1773年),江西巡抚、满洲正黄旗人海成认为定南僻处万山之中,地多险阻,又邻接广东,多有流民,易发匪乱。经报朝廷批准,改定南县为定南厅,派驻同知一员,以便镇压,称赣州府分防定南厅同知。县城此后改称厅城,县衙亦改为同知署,但其他机构未变,实际上仍是一个县的建制。

咸丰至同治年间,定南厅城多次遭到太平天国各路人马攻击,不过仅咸丰六年(1856年)被短暂攻破,其余时间均未得手。清同治十一年(1872年)将墟市移回城内城隍庙前原址。

清光绪二十六年(1900年)廖氏家族发动当地士绅集资建造迎阳桥,历时10年,至清宣统元年(1909年)竣工。

1913年,定南由厅复改为县。1927年秋天,城内廖、黄两大家族发生大规模械斗,县衙被波及烧毁。此后,县政府迁往县域北部的下历城,亦为古老市镇,驻军和设通判厅、巡检司等衙署的历史更加悠久。定南故城从此被称为老城镇,作为县(厅)治所358年的历史至此结束。1928年起为高砂乡公所驻地。1954年起改

---

① 馨德堂第四修委员会. 廖氏族谱. 定南. 1994.
② 赖勋,黄锡光. 定南厅志·卷之一·城池. 定南. 1825.
③ 永兴户六修理事会. 黄氏族谱. 定南. 1994.

图2-4-24 定南故城区位图（来源：赵梓铭 绘制）

图2-4-25 定南故城鸟瞰（来源：黄继东 摄）

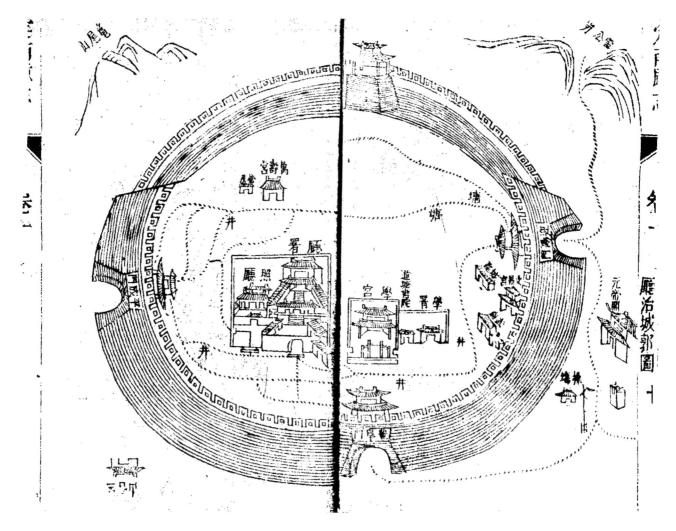

图2-4-26 厅治城郭图（来源：引自《道光定南厅志》）

为老城乡，1997年复为老城镇。进入21世纪后在故城东面建设新镇区，故城成为老城村，完成了从县城到村庄的退化过程。

定南故城始建于明隆庆三年（1569年），城周长四百四十丈，约合1.4公里。东西南三面各设城门一座，东门迎阳门，南门丰阜门，西门平成门。明万历五年（1577年）扩建城墙，周长增至五百六十丈，约合1.8公里。清康熙十五年（1676年）城门被焚毁，至康熙二十年（1681年）才重建完毕。1927年县政府迁离后，城墙无人维护，逐渐坍塌，1950年代陆续拆除（图2-4-27）。现三座城门仍存（图2-4-28、图2-4-29），城墙则已基本消失。

根据当地居民回忆和地形判断，城墙走势大致是一个不规则的长卵形（图2-4-30），设防面积约18公顷，是江西最小的县城之一。城外虽建有军营及若干坛庙、寺观等设施，也有相当数量的民宅，但没有形成成规模的城厢。清代大部分时间设在城外的墟市具体位置不详，没有发现任何记载和遗迹。

故城人口规模史志无载。定南县人口在清道光元年（1821年）达到12.78万人，为古代峰值。此后迅速衰

图2-4-28 定南故城丰阜门(来源:黄继东 摄)

图2-4-29 定南故城迎阳门(来源:黄继东 摄)

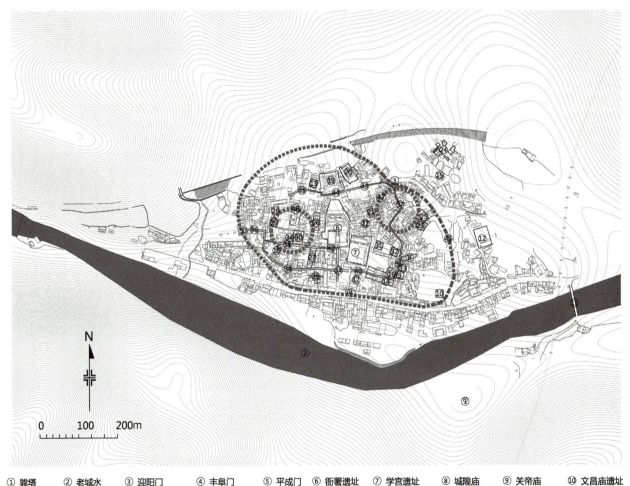

① 巽塔　② 老城水　③ 迎阳门　④ 丰阜门　⑤ 平成门　⑥ 衙署遗址　⑦ 学宫遗址　⑧ 城隍庙　⑨ 关帝庙　⑩ 文昌庙遗址
⑪ 迎阳桥　⑫ 教场　⑬ 营房遗址　⑭ 城内塘　⑮ 东井　⑯ 文昌井　⑰ 聚魁井　⑱ 丹桂井　⑲ 廖氏圯上围　⑳ 廖氏朝珍公厅
㉑ 廖氏匡公厅　㉒ 廖氏绩公厅　㉓ 廖氏石太公厅　㉔ 廖氏井头围　㉕ 廖氏宗祠　㉖ 黄氏五进厅　㉗ 黄氏西华厅　㉘ 永兴黄氏祠堂遗址　㉙ 肖美山黄氏祠堂遗址
㉚ 黄氏宗祠　㉛ 何氏宗祠遗址　㉜ 柳氏宗祠遗址　㉝ 钟氏宗祠遗址　㉞ 十字街　㉟ 横街　㊱ 西门大街　㊲ 东门大街　㊳ 上黄街　㊴ 下黄街
㊵ 学前街　㊶ 庙前街　㊷ 衙前街　㊸ 塘背街　㊹ 衙背街　㊺ 分司街　㊻ 推测城墙位置　㊼ 廖氏聚居区　㊽ 黄氏聚居区

图2-4-30 定南故城总平面图(来源:蔡晴 绘制)

图2-1-27 定南废城用地（来源：黄继东 摄）

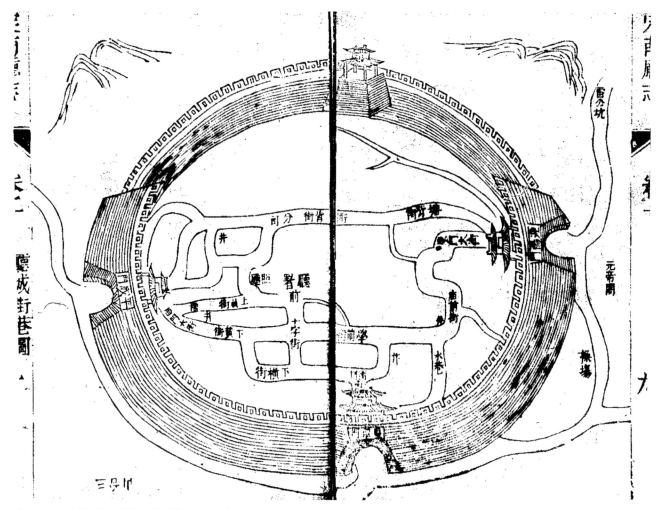

图2-4-31 厅城街巷图（来源：引自《道光定南厅志》）

退，至1935年仅有6.16万人。1945年全县人口回升至7.21万人，此时整个高砂乡人口仅有0.45万人，新县城历市镇亦仅有0.77万人[1]。据此，推测定南故城在1927年县治迁离前的人口约在0.5万人左右。

定南故城的官署集中在城南。县衙即清代厅署，位于全城中心，始建于明隆庆三年（1596年），此后经多次整修。1927年县政府迁离后，这里一度办过学校，后来又成为镇政府所在地，原有建筑逐渐消失。2000年镇政府亦迁离，现为幼儿园。

县学清代称厅学，在县衙东侧，始建于明隆庆四年（1597年），此后亦经多次整修改造。清光绪三十二年（1906年）改为县立小学堂，1944年改为定南县立中学高砂分校，以后多次更名，现称老城中学[2]。

城隍庙最初位于城东南，坐东朝西。此后当地居民认为位置不吉，遂于明万历八年（1580年）在北面约50米处重建至今。目前整体保存尚好，是故城内唯一

---

[1] 定南县志编纂委员会. 定南县志[M]. 定南. 1990.
[2] 同上.

图2-4-32 廖氏聚居区巷道（来源：黄继东 摄）

保留的古代祭祀建筑。

城内居民至清代后期已演化为以廖、黄两大家族为主的格局。廖氏家族占据城东大部，黄氏家族占据城西，两家以县衙为界。城内东南部居民均为杂姓，与廖氏以城隍庙为界。

古城内由12条街和6条巷组成路网体系（图2-4-31）。12街为：西街、东街、横街、上黄街、下黄街、十字街、衙前街、衙背街、分司街、学前街、庙前街、塘背街；6巷为：馆背巷、东城巷、西城巷、廖家巷、吴家巷、水巷。现街道格局仍大体可见（图2-4-32）。最主要的街道包括十字街、横街、西街、东街。十字街位于城南，是古城内公共性最强的街道。东街由迎阳门入城至庙前街，西街由平成门入城至下黄街，横街与南城墙大体平行，东通丰阜门，西连十字街。此外，迎阳门内的塘背街、城隍庙前的庙前街、县学前的学前街，以及县衙前的衙前街，均在城内道路体系中起着重要作用。

庙前街与学前街之间称城内墟，清同治十一年（1872年）后重新成为主要的商业街道。直至1927年县政府迁离前夕，城内商业仍相当繁荣。据1926年统计，城内有店铺73家，其中饮食店11家，南杂货店9家，客栈8家，布店、药店各7家，烟酒店、点心店各4家[①]。1927年县政府迁离后，商业逐渐衰退。2000年镇政府迁离后商业迅速凋零，显示了贸易不发达地区行政力量对聚落发展的影响。

---

① 定南县志编纂委员会. 定南县志 [M]. 定南.1990.

第一节　山水与藩篱造礼

雍正七年（1729年），任右都御史陈时夏（今苏州市吴江区）的曾孙陈其磻之所以成为永祚庄广昌县知事，是因为水的第四等第三号（水田七亩余十分步之九）的编名的田陈操作行，有其：

　　今昌隆场一带……居广昌于上辖。山有名曾为昌之祖，水中立石曾为广之祖，中雕篆篱，结隆篆庵，持水东流，之之美也，所用即藩篱汉美，藩重世源。①

按广昌境内原有北未未西游有淹流，以称水昌，但昌上辖，将广昌和隆的源的藩篱流的源上藩重汉，将于作建以，广昌在现地汉光，为上游，建阁挑隆相汉以中二十四市，建国人，梅之所，又为隆下辖，在隆南。雍正二十（1685年）进士，历任侍接专士，浙江学政专提出，以右手捕阅闻，江南多民，又参隆《隆藩守名》卷十三，广昌承祚称，于藩正十二年（1734年）于藩国名编，著有85条②。

这称大字景隆篆，他自己可以其所文相的篆篆。

有山——足推与沙；
有水——石景和潭；
有田——水雕茅陵；
有持色石小——结隆篆庵；
有林——持水石小；
纵庄的持篆持——云隆出落。

梅之所隆看汉，正是汉其汉土藩汉名多，才便得篆篆就足，"藩篱涂美，藩重世源"。籍世以人汉庄人。

一、山水与风水

江西地汉以山地和丘陵为主，只刮少在阿边的沿江地隆，以北部鄱阳流有以及隆沿大的屋江区域，但山流、水盆充足，推称"山川秀美"。（见北水志专一卷）甲于山海并少十分周繁相峨，则随藩美相对有相中在洛陆地见，其所在大是藩所分的隆所多面隆，其中在底流底的区域及及以及中心之在加处；在底流底的区隆流足大，其他地流是多。"藩篱汉专如《国汉篆隆名》称，"藩篱多相山汉以为上，藩篱多相底曲藩之间，藩遗随遂水隆藩，植前即界底。"③。在神阳隆中，藩篱汉是非常重要的隆面。甲于相世深隆繁建立洛为初，既人等专持其相隆初为远是，以藩篱隆相隆其相汉人员和相汉并，无求化之丘，无米化之水，灰以及推汉隆洛定之寺，建马你各藩隆地，无米明刚人夫根其之隆汉。

提斯家之沙，但于士名间阿家多隆，名户藩隆居之家家，因所有止按阅者，当隆相以藩，其水土是相新薄。所藏《藩书》三十家，居其人相追家之隆，若其汉不名在是人。一日相庄之隆，将七国市，其藩隆称乃大行，其处无二十二沙藩美人。何岳之水其来相为之二；一日时庄于里其，而山所相，不相非藩，袂相人相庄为之丘，其香汉得十之中，其所以诸乏其汉汉。一日

---

① 梅之所：平昌藩氏诸藩序[A] // 藩隆名：广昌藩续藩氏名重修藩诸，广昌，1944.
② 李隆：（清同汉）南城藩氏专、卷八之二、恩人，1873.
③ 黄德滨，崔国樗：（清同汉）藩音汉、卷五・水礼, 1872.

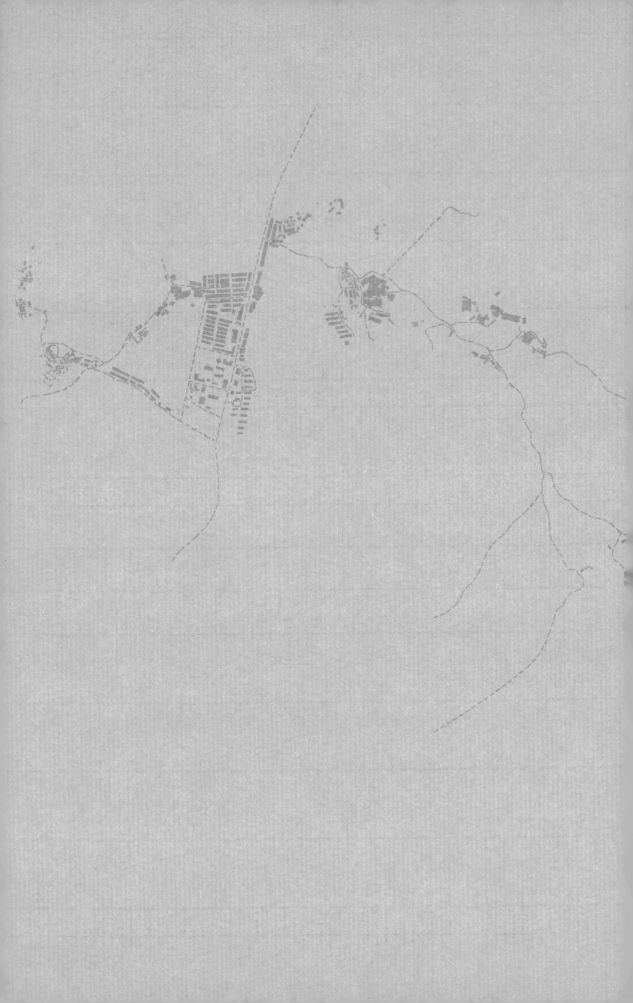

江西之法，肇于赣人杨筠松，曾文辿及赖大有、谢子逸辈尤精其学。其为说主于形势。原其所起，即其所止，以定位向。专指龙穴砂水之相配，而他拘泥在所不论。今大江以南无不尊之者。二宗之说，虽不相同，然皆本于郭氏者。业其术者，恭其异而会其同，斯得之矣①。

按王祎明史有传，浙江义乌人，以文章名于世，朱元璋将其与宋濂并称为"浙东二儒"。《青岩丛录》是王祎所著笔记，内容驳杂，以道家及诸般方术为主，涉及风水、医术等，均言之有物，被明清学者大量引用，《四库全书总目提要》评述郭璞《葬经》时亦照录上述引文。

郭璞为两晋间山西闻喜人，永嘉之乱后南下，既是著名诗人、学者，又以卜筮灵验著称，是当时最著名的方术士。传说著有《葬书》，又名《葬经》，遂被后世推崇为风水术之始祖。《四库全书总目提要》谓此书不早于宋代，多半非自璞手，不过术士通文义者所作而已，持论甚炬。

王伋其人不见于正史，传说祖籍开封，祖父王讷曾于五代后周（公元951~960年）司天监任职，后贬江西赣州。王伋可能因此接触到杨筠松风水术，后移居福建松源（今福建省南平市松溪县），基于五星八卦之说形成理气派风水术，后来被奉为理气派宗师。在江西的影响远小于杨筠松。

杨筠松其人亦不见于正史，目前所知的文献记载不早于南宋。浙江安吉人、藏书家陈振孙，南宋嘉定十四年至十七年（1221~1224年）任南城知县，撰《直斋书录解题》，为宋代著名书目文献。其卷十二·形法类录有：

《地理口诀》一卷，不知何人所集。曰杨筠松、曾杨乙、黄禅师、左仙、朱仙桃、范越凤、刘公、赖太素、张师姑、王吉，凡十家。

《杨公遗诀曜金歌》并《三十六象图》一卷，锡即筠松也。人号杨救贫。

《龙髓经》一卷、《疑龙经》一卷、《辨龙经》一卷、《龙髓别旨》一卷、《九星祖局图》一卷、《五星龙祖》一卷、《二十八禽星图》一卷，以上七种皆无名氏。并前诸家，多吴炎录以见遗。江西有风水之学，往往人能道之②。

按吴炎不知何许人，书中称"南城吴炎晦父"，又称"盱江吴炎"，录有多种书赠陈振孙。据《同治南城县志》，南城吴伸、吴伦兄弟于南宋嘉定年间（1208~1224年）建藏书楼，藏书数千卷，此吴炎或为吴家子弟。

《宋史·艺文志第一百五十九·艺文五》录有"杨救贫《正龙子经》一卷"，未明杨救贫究系何许人，连个正式名号都未载。

《四库全书》收有《青囊奥语》《撼龙经》《疑龙经》《葬法倒杖》各一卷，题为唐杨筠松撰，与陈振孙所藏诸书或有继承关系。《四库全书总目提要》称：

筠松不见於史传……惟术家相传以为筠松名益，窦州人，掌灵台地理，官至金紫光禄大夫。广明中遇黄巢犯阙，窃禁中玉函秘术以逃，后往来于虔州。无稽之谈，盖不足信也③。

按窦州即今广东省信宜市。掌灵台地理，很可能就是与堪舆有关的职务。广明为唐僖宗年号，时值公元880~881年，黄巢攻入长安。虔州即今赣州。虽为民间

---

① 王祎. 青岩丛录［M］// 青岩丛录 华川卮辞 续志林. 上海：上海古籍出版社，2011.
② 陈振孙. 直斋书录解题·卷十二. https://zh.wikisource.org.
③ 纪昀. 四库全书总目提要·卷一百九·子部十九·术数. https://zh.wikisource.org.

传说,但在江西影响极为广泛,民间普遍称为"杨救贫",以其风水术可改换家族命运,传说极多。又有曾文辿、刘江东等弟子,遂使堪舆之学从此在江西广为流传,尤以赣南为甚。明代以后,江西多种地方志均有其传记,多种家谱亦载有其事迹。

二、聚落与山水

杨筠松的形势派风水,主要基于对地形和水系的解读。选址讲究"山环水抱",具体包括"觅龙"(寻找适当的山势,选择开敞地形)、"察砂"(观察土壤情况)、"点穴"(确定适当位置)、"观水"(考察水文情况,避免受洪涝影响)、"取向"(综合日照、主导风向等因素选取适当的建筑朝向)等五个主要方面,实际上是对聚落或建筑周边的地势水文等自然环境要素进行一次空间解读,以建立较为理想的自然空间架构。明代以后,这种法术影响到江西全境各个阶层。

依托河谷盆地的乡土聚落,周边山环水绕,与山水的关系必然受到重视。中国南方汉族地区流行的说法是"枕山、环水、面屏"。具体而言,在江西乡土聚落中,这种关系可以概括为:靠山不依山、临水不枕水,重形势不重方位。

靠山不依山,指的是村庄选址尽量寻找平缓地形作为聚落建设的基地,和较陡峭的自然山体保持适当距离,以减小聚落内部高差。江西大多数乡村聚落,其主体部分内部高差很少超过10米,小型聚落甚至不超过5米。即使在山区,大部分村庄仍选择山脚下的平缓地形建造,与山体的关系主要是寻求围合屏障,而非直接依托山体建设。如九岭山脚下的奉新仰山殿村,开基于清嘉庆年间(1796~1820年)[①],已属相当晚近,仍选择山脚下的平地建村(图3-1-1)。完全建设于陡峭山坡上的聚落虽然也有,如位于雩山深处的乐安稠溪上村,海拔高度470~520米,高差达到50米(图3-1-2、图3-1-3),但非常少见。

图3-1-1 奉新仰山殿村远眺(来源:姚赯 摄)

---

① 江西省奉新县地名办公室. 江西省奉新县地名志[M]. 奉新. 1983.

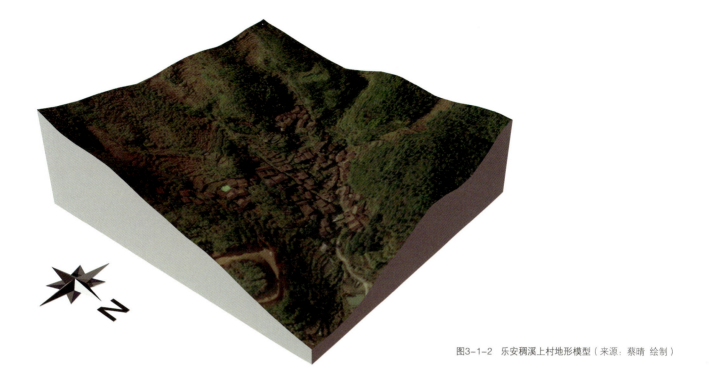

图3-1-2 乐安稠溪上村地形模型（来源：蔡晴 绘制）

黎川洲湖村位于武夷山脉西麓山谷之中，紧邻福建省光泽县。所在的山谷长不过1公里，宽不过300米，海拔约250米，两侧均为陡峭山坡，高差在百米以上。资福水从山谷中穿过，是抚河重要支流黎滩河的支流。陈氏家族于唐末之际迁此开基[①]，黄氏家族于清初三藩之乱期间（1673~1681年）迁入，至清代后期成为村中大族。无论是先来的陈氏，还是后来的黄氏，在这个狭长的山谷中都没有寻求向山地发展，而是坚定地持续在西侧山脚下与资福河之间相对平整的地形上建设聚落（图3-1-4、图3-1-5）。

峡江何君村与一座独特的山构成了一种独特的关系。中国道教名山玉笥山紧邻村庄，为道教第十七洞天、第七福地，秦代以来历代为方士、道士修真炼丹之所。地形为喀斯特地貌，怪石嶙峋，连绵起伏，延伸至何君村周边，形成若干孤立凸出地面的石峰，其中有名号者六处，号称"六石"，包括泰石、仙人石、鹤石、

---

① 黎川县地名办公室. 黎川县地名志[M]. 黎川. 1987.

图3-1-3 乐安稠溪上村（来源：姚赯 摄）

图3-1-4 黎川洲湖村地形模型（来源：蔡晴 绘制）

图3-1-5 黎川洲湖村外景（来源：姚赣 摄）

温涧石、紫霄石和龟石，为古代峡江十景之一[1]。现紫霄石和龟石因采石烧石灰已于20世纪消失，其余四石仍存（图3-1-6）。村庄与这些石峰纠缠在一起，形成了特殊的自然与人类活动紧密结合的文化景观。

仙人石位于何君村中央，形态最为玲珑秀丽。相传秦时骊山役徒孔丘明等10人，避隐玉笥山，一仙人赠一钵10尾鲤鱼，孔丘明等凿池畜养池中，后9鱼化龙，孔丘明等9人乘龙飞升，留何紫霄在人世修成地仙[2]。故泉、石皆名"仙人"，何君村因何紫霄而称"何君"。石中建有环玉阁，始建于宋，原名"大成"，清代改题为"环玉"。高3层，一、三层四角，第二层八角，皆髹以棕漆，青瓦回廊，小巧别致（图3-1-7）。

---

[1] 暴大儒.（清同治）峡江县志·卷一·形胜. 1871.
[2] 暴大儒.（清同治）峡江县志·卷一·山川. 1871.

图3-1-6 峡江何君村与石峰关系示意图（来源：蔡晴据Google Earth图像绘制）

图3-1-7 何君村仙人石与环玉阁（来源：姚赯 摄）

图3-1-8 婺源延村卫星图像（来源：Google Earth）

图3-1-9 婺源李坑村中水景（来源：姚赯 摄）

临水不枕水，指的是聚落虽然常与河道关系密切，但并不像苏州、杭州等地江南水乡一样完全依托河道发展，将河道完全整合到聚落内部，而是同样保持适当距离。即使依托重要河道形成的大型商业聚落，其内部街道肌理实际上均平行或垂直于河道形成，但在聚落内部仍然没有滨水的体验[1]。

位于江西东北角的婺源县，历史上曾长期属于两宋江南东路、明清江南布政使司，是江西和江南水乡关系最紧密的地方。婺源著名的延村位于饶河北支乐安河支流清华水河谷边缘，坐北朝南，北侧与清华水隔一条小山丘，高差约20余米，南侧面临清华水的一条小支流思溪河，略呈"U"形环抱村庄（图3-1-8），正是临水而居的格局。号称最近似江南水乡的婺源李坑村，仅有一条小溪穿村而过，最大宽度不足5米（图3-1-9），

---

[1] 蔡晴，姚赯. 临水而居与枕水而居——婺源与江南滨水历史聚落空间特征的比较研究[J]. 农业考古，2009（4）：306-312.

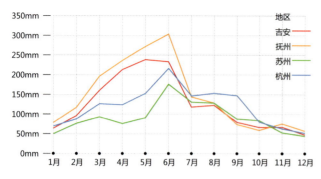

图3-1-10 江西与江南降水分布对比图（来源：姚赯制表，数据来源于中央气象台）

与真正的江南水乡景象仍大异其趣。

此种山水关系的形成，虽然受到风水术的影响，实际上是对江西气候的适应性经验总结。江西降雨丰沛，又分布不均匀，与江南苏杭存在显著区别。地处江西中心的赣江中游一带，以吉安市为代表，年降水量约1500毫米，5月最大，约238.4毫米，但从7月开始即迅速减小，至12月达到最小，仅约47.5毫米，相差超过5倍。同处江西中心的抚河中下游一带，以抚州市为代表，年降水约1740毫米，6月最大，约303.5毫米，后同样立即开始迅速减小，至12月仅约57.2毫米，相差亦超过5倍。相形之下，苏州年降水量仅约1090毫米，6月最大，约176.1毫米，12月最小，约44.2毫米，相差不足4倍。杭州年降水量约1418毫米，6月最大，约216.2毫米，12月最小，约51.9毫米，相差亦仅有4倍出头。总体而言，江南水乡虽然也属亚热带季风气候，但和江西相比，降水分布相对均匀（图3-1-10）。

不均匀的降水，导致江西山地易发山洪，河道丰水期和枯水期水位相差悬殊。聚落如与山水过于亲密，则可能受到洪水侵袭，造成灾害。因此，靠山不依山、临水不枕水，是江西先民数千年来积累的营建智慧的具体体现，不是简单的拘泥于"枕山、环水、面屏"所能概括。

重形势而不重方位，是江西传统乡土聚落选择朝向的重要特征。朝向指的是整个聚落建筑所面对的主要方向，形势则指聚落周边地形，方位指东南西北方位。和一般对传统聚落或建筑的认知不同，江西聚落不拘泥于坐北朝南，而是根据选址所在位置的地形和山水关系，灵活确定朝向，从而导致聚落朝向的多样化，各向均有，朝北的也有很多。较大的聚落亦不拘于一个朝向，可能有两个甚至更多的主要朝向。这正是形势派风水术的特点。

东乡浯溪村位于武夷山西麓余脉虎形山边缘的南北向狭长山谷中，一条名为水龙港的小河自北向南从山谷中流过，村落选址位于东侧山丘和水龙港之间，整个村庄所有主要建筑均坐东朝西（图3-1-11）。

新余黄坑村（详见本书第七章第三节）位于赣江下游平原边缘，在选址时没有依托村庄北面10~12米高的小山丘，而是以东面500米外4~5米高的小丘为靠山，面对西面约1.8公里外的山丘，北面山丘则成为村庄右屏。村庄主朝向因此为西偏北，部分重要建筑朝向为北偏东（图3-1-12）。

樟树塔前彭家村位于赣江下游平原，背靠7~9米高的小山丘，聚落朝向从南偏西逐渐转为西偏南，旋转约45度，形成扇面式朝向，是较罕见的朝向组织（图3-1-13）。

图3-1-11 东乡浯溪村卫星图像（来源：Google Earth）

图3-1-12 新余黄坑村卫星图像（来源：Google Earth）

图3-1-13 樟树塔前彭家村卫星图像（来源：Google Earth）

三、环境解读与重构

不是每个聚落都能恰巧找到上佳的山水关系，平原地区尤为艰难。因此，对环境进行重新解读，并且在可能条件下进行适当重构，也是风水师的重要业务。

对环境进行重新解读和重构，可以高安贾家村（详见本书第七章第四节）为例。该村位于赣江下游平原，所在地势十分平缓。为此，该村将西北方向距离约3公里的西山余脉钧山、三台山作为靠山，以东南方向距离约37公里的阁皂山作为屏山，以两山相对而形成的西北—东南轴线作为村庄主朝向，在大范围内建立山水关系。即使如此，由于两山实在距离较远，又不得不在村北面人工堆土丘一座，作为本村龙脉之龙头。

对村庄周边的水系进行改造在江西也很多见。乐安流坑村依乌江而建，但河流与两岸山峦之间的形态关系不清晰。为此，明代中期以后在村庄南部对天然洼地进行整理，形成狭长的龙湖，与乌江二水夹峙。吉安溪陂村依富水河而建，亦在村庄与沿河街道之间和村庄南面构筑两组水塘，号称"七星伴月"（均详见本书第四章第二节）。

对水系进行大规模改造需要动用大量人力、物力。更多的村庄选择开凿池塘和沟渠，虽然规模有限，仍可在局部形成某种山水对应关系。吉安钓源村（详见本书第四章第二节）在村中开凿系列池塘，作为村庄中心。南城上唐村位于抚河中游地区，武夷山和雩山之间形成的河谷边缘，濒临抚河支流彭武水（当地称上唐河）。刘氏家族大约在五代至北宋初迁来此处，当时还是一片芦苇滩，有一小池塘。刘氏在池塘边建屋成村，以池塘为生活水源，称上池村。此后村庄规模逐渐扩大，池塘亦随之扩大，改名为上塘，通称刘家塘[①]。最后发展成一口长约233米、宽约66米的巨大池塘，面积达到1.2公顷（图3-1-14）。

---

① 南城县地名委员会. 南城县地名志[M]. 南城. 1984.

图3-1-14 南城上唐村刘家塘（来源：姚赯 摄）

在聚落外部，则存在经营"水口"，以提升聚落优势或改善聚落不足的做法。改造措施主要是"障空补缺""引水补基"，即在地理缺陷处培土增高、筑堤、筑水口坝、建造桥梁、亭阁、风水塔等建构筑物，以锁钥的气势，扼住关口，以弥补天然地形不足，或进一步改善风水。其中，特别受到重视的又是下水口，即流经聚落的河流下游方向，选择地形有所改变或河流流向变化的位置，加以经营。如此改造而成的水口空间，往往成为乡村聚落外部重要的开放空间。

婺源凤山村位于黄山外围的狭长河谷中，依托清华水支流凤山水（又名浙溪、浙源水）。北宋初年，查氏家族迁此定居至今，是婺源古老村庄之一[①]。为形成水口锁钥，查氏家族于明万历四十六年（1618年）在村南凤山水下游方向小山丘形成的山口外建龙天塔，砖砌六面七层，底边长约3.5米，高约36米，以细长体量成为山谷中的蔚然景观（图3-1-15）。

金溪疏口村，又写作疎溪、疎口，位于抚河下游平原，抚河支流琅琚水从村南流过，距村庄约600米。唐末中和年间（公元881~885年），吴氏家族迁此定居，历史极为悠久[②]。吴氏家族大约于明末在琅琚水上建有石桥，并建有石亭，既为路亭，又为水口亭（图3-1-16），简朴古拙，浑厚有力。

当缺乏像样的山体可供依托时，也可以利用局部小丘形成风水林。吉安钓源村（详见本书第四章第二节）在村口利用微小地形起伏种植大量樟树形成村口风水林是常见的处理方式（图3-1-17），只是近几十年来由于开垦和建设，能够完整保留下来的很少。

图3-1-15 婺源凤山村龙天塔（来源：姚赯 摄）

---

① 婺源县地名委员会. 婺源县地名志 [M]. 婺源. 1985.
② 佚名. 疎溪吴氏六修宗谱. 金溪. 1941.

图3-1-16 金溪疏口村水口亭（来源：姚赯 摄）

图3-1-17 吉安钓源村口风水林（来源：姚赯 摄）

第二节 家族与聚落布局

聚落由居民聚居形成，聚居方式决定了聚落的基本布局结构。江西有古老而强大的族居传统，各地居民往往聚族而居，在传统乡土聚落中体现尤为显著。家族组成及其特征因此深刻影响到江西传统聚落的布局方式和空间特征。

一、聚落与家族社区

江西传统乡土聚落中的社区基本上由家族组成，不同的组成方式影响到聚落布局。

部分村庄由一个以上不同姓氏的家族组成，称为杂姓村。这种村庄通常具有较清晰的家族结构，各个姓氏家族之间界限分明，由河流、街巷或场地分隔。

泰和爵誉村是一个典型的杂姓村，唐末时有朱、皮、兰、丁等姓氏散居，南唐时周氏迁入，南宋后期康氏、张氏又先后迁入，这三个家族此后成为村庄主体，据2012年统计，周氏有117户526人，康氏有191户1116人，张氏则有40户209人[1]。原有的姓氏则逐渐消失。周氏居村庄西部，康氏居村庄中部，张氏则居村庄东部。周氏、康氏社区之间以村道为界，至今边界清晰。康氏、张氏社区之间虽无显著界线，实际上仍有公认边界（图3-2-1）。

吉水县桑园村也是一个杂姓村，最初有陈、刘、高三姓居住，夏氏于明永乐年间（1403~1424年）迁入，此后陈、刘、高三姓均逐渐衰落。杨氏于清道光十一年（1831年）迁入，从此成为主要由夏氏、杨氏两个家族组成的村庄[2]。夏氏居西部，杨氏居东部，两个社区之间以水塘、空地分隔，现又形成村道穿过（图3-2-2）。

另有部分村庄以一个姓氏家族为主，称为一姓村。这种村庄的布局亦受到家族结构影响，主要是由家族房

---

[1] 泰和县建设局，苏州规划设计研究院. 泰和县螺溪镇爵誉村传统村落保护发展规划（2017-2030）[R]. 泰和. 2017.
[2] 江西省吉水县地名办公室. 吉水县地名志 [M]. 吉水. 1987.

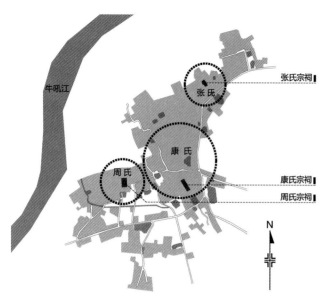

图3-2-1 泰和爵誉村家族社区结构示意图（来源：陶文茹 绘制）

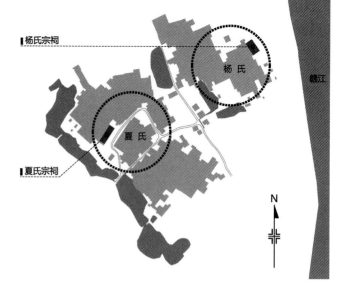

图3-2-2 吉水桑园村庄结构示意图（来源：陶文茹 绘制）

派划分而成。典型者如吉安市钓源村（详见本书第四章第二节），虽然全属欧阳氏家族，但分为仁派、礼派两大房，分居村庄东西两面，之间以低丘上的茂密樟树林形成分隔带。西面的礼派因人丁兴旺，规模较大，又分成南北两个次级组团，之间以水塘和树林进行分隔。

位于江西西北部九岭山南麓边缘的宜丰上下屋村也是一姓村，全村均属于熊氏家族，开基于明代早期永乐年间（1403~1424年），之后分为凯宾、凯南两大房。凯宾房在东北部，称上屋；凯南房在西南部，称下屋。上下屋之间大致以村道分隔。

在江西中部及其周边地区，有一些村庄的空间结构具有特别清晰的秩序。这些村庄通常具有较为强大的家族自治能力，又在关键时期出现了卓越的领袖人物。最典型者如著名的乐安流坑村，在明嘉靖四十二年（1563年）至万历十四年（1586年）间，由王阳明再传弟子、退休官员董燧主持，对村庄进行大规模整治改造，形成了七纵一横共八条巷道组成的空间格局（详见本书第四章第二节）。前述吉水桑园村规模虽小，又是杂姓聚居，亦在清末形成特别整齐的空间秩序。相形之下，其他地区的村庄尽管规模更大，而且家族势力也相当强大，但却不具备显著的空间秩序，呈现出自由散漫的格局。典型者如前述宜丰上下屋村，尽管大的房派结构清晰，但两大房内部完全是自由布局的，没有形成整齐的空间结构（图3-2-3）。

二、聚落与家族祭祀

家族祭祀是中华民族的核心传统之一，对于普遍聚族而居的江西乡村聚落而言具有家族纽带的重要地位和作用，尤其受到重视。明代中期建设宗祠的高潮兴起之后，家族祭祀场所在几乎所有乡村聚落中均具有显著的中心地位。其具体建筑形态各有不同，在江西中部地区及其周边主要体现为由宗祠和房祠组成的祠堂体系。

宗祠是全族人共同祭祀自开基祖以下所有共同祖先的场所，一个聚落中的每个家族最多只有一座。建造宗祠的地点不一定是聚落中心，部分历史悠久的聚落常将宗祠建在聚落边缘交通便捷的位置，可能是由于宗祠的建造时间晚于聚落的形成，中心位置已难以找到适当的用地。无论建在哪里，宗祠必定是聚落中

图3-2-3 宜丰上下屋村鸟瞰（来源：苏东宾 摄，蔡晴 绘制）

规模最大的建筑，有着尺度最大的外部场地，包括池塘、牌坊、照壁等一系列外部空间设施，成为整个聚落的核心和标识，构成聚落中主要的公共空间。建造在聚落中心者如吉安钓源村（详见本书第四章第二节），其宗祠位于多个房派组团组成的村庄中心位置。建造在聚落边缘者如地处江西中部的南丰洽湾村，规模巨大的胡氏宗祠位于聚落边缘，规模远远超过聚落内部其他任何建筑（图3-2-4）。婺源汪口村虽然地处江西边缘，仍以规模同样巨大、装饰更加华丽的俞氏宗祠建于村口（图3-2-5）。

当宗族规模达到一定程度时，需要分房祭祀，称房派、支派、房分，各房可分别建造祠堂，祭祀本房自分房以来的共同祖先，经常以某位知名或具有官员身份，或具有功名的祖先命名，称某某公祠。房祠一般亦具有超出普通住宅的尺度和部分外部空间设施，房派间还经常互相攀比，构成聚落中次一级的公共空间。江西中部的聚落常将房祠分散建造，甚至意图使每座房祠成为本房小家族的中心，如吉安溪陂村（详见本书第四章第二节）。部分聚落将多个房祠围绕宗祠建造，形成一个祠堂群，如于都上宝村、瑞金密溪村（均详见本书第六章第三节）。

图3-2-4 南丰洽湾村胡氏宗祠（来源：姚赯 摄）

图3-2-5 婺源汪口村俞氏宗祠（来源：邹虚怀 摄）

图3-2-6 定南水西村温屋（来源：黄继东 摄）

三、聚落与家族建筑

在江西南部和西北部的部分山区，存在着面积广大的客家人聚族而居的区域。这些区域出现一种特殊的聚落，主要由少数大型建筑组成，彼此之间经常保持一定距离，空间关系松散，形态没有显著的规律。这种聚落曾经数量相当众多，甚至影响到邻近的由非客家人建造的聚落。近代以来，在这些大型建筑之间填充了大量小型住宅，使得其原始布局关系往往不显著。

组成这种松散型聚落的大型建筑，是客家特有的聚族而居的居祀合一型建筑，在整个客家地区形态丰富，如福建土楼、广东围龙屋等，但在江西，最主要的形态是堂横式建筑，在赣南还有部分地区建造围屋。

堂横式建筑是以祭祀功能为主的堂屋和以居住功能为主的横屋组合而成。堂屋居中布置，以用于祭祀的一组"厅"为中心。横屋布置在堂屋两侧，朝向与堂屋垂直。其祭祀功能和居住功能完全分离，"厅"仅用于祭祀，日常生活与之完全无关，一切生活起居都在"屋"中进行。建筑的具体组合方式高度灵活，除堂屋居中外，横屋既可以对称配置，两侧横屋尺度完全相同；也可以不对称配置，仅在一侧布置，或者两侧横屋长度不同，一长一短；当需要进一步扩大规模时，可以在横屋外侧再加横屋，从而形成"二堂四横""三堂六横"等配置，同样可以不对称，形成"二堂五横"之类格局[1]。其规模可以非常巨大。定南水西村温屋，号称"三堂十三横五后横"，意谓其中心有上中下三进厅堂，两侧共有十三道横屋，厅后还有五道与厅堂轴线平行的后横屋，建筑占地面积约7000平方米（图3-2-6），仅一座建筑就已具备村庄规模。

围屋的形态更加复杂，可以由一座单独建造的祠堂在周围建屋包围而成，也可以由一座二至四层的多层建筑围合形成封闭的四合院，也可以由不同规模的堂横式建筑在外围封闭围合形成。建筑高度通常均在二层以上，外部以夯土墙和砖墙封闭，往往建造一座甚至多座炮楼，防御性非常显著，形成集居、祀、堡三种功能于

---

[1] 蔡晴，姚赯，黄继东. 堂祀与横居：一种江西客家建筑的典型空间模式[J]. 建筑遗产，2019（4）：22-36.

图3-2-7 龙南新里村渔子潭围（来源：黄继东 摄）

一身的大型建筑，占地面积可接近上万平方米，形成特别巨大的建筑体量。龙南新里村渔子潭围，建造于清道光九年至道光十八年间（1829~1838年），长方形平面，四周以三层围屋包裹二进厅堂，外部筑有高逾9米的厚墙，四角设有高12米的炮楼。整座围屋占地面积约2500平方米，只能算中小型围屋（图3-2-7）。

这些建筑的特征是一座建筑往往就居住着一个家族。虽然偶尔也有两姓甚至三姓合建的围屋，但数量极少。当家族规模进一步扩大、原有建筑难以容纳时，便在附近择地再建一座，由此发展成聚落。

主要由堂横式建筑组成的聚落例如靖安船湾村，位于江西西北部九岭山深处，海拔约575米。清康熙年间（1662~1722年），钟氏、张氏两家族先后迁至此地[①]，张氏居于东侧，钟氏居于西侧。9座规模不等的堂横式建筑构成聚落主体，最大者为张氏大房九门楼，占地面积约2000平方米，最小者也有近千平方米，彼此之间的最小距离约14米，最大距离约230米（图3-2-8）。

安远老围村（详见本书第六章第四节）则是主要由围屋组成的聚落。陈氏家族于清道光年间至清咸丰十一年（约1830~1861年）在镇岗河两岸先后建起5座规模不等的围屋，构成聚落主体。镇岗河西岸只有一座围屋，已于1933年被毁仅存遗址，河东岸的4座围屋则保

图3-2-8 靖安船湾村卫星图像（来源：Google Earth）

---

① 江西省靖安县地名志编辑部. 靖安县地名志[M]. 靖安. 1986.

存至今。最大者占地面积约10000平方米，最小者也超过1000平方米，彼此之间的最小距离约150米，最大距离约1公里，形态比船湾村还要松散得多。

邻近客家聚居地区的非客家聚落有时也受到此种形态的影响。如前文已提及的宜丰上下屋村，开基虽较晚，但系出本县古老望族熊氏家族，当地方言亦与客家话无关。此村主要由30余座形态接近堂横式建筑的大型住宅组成，建筑布局自由，各行其道，彼此之间没有显著的逻辑关系。

第三节 聚落环境与形态

一、聚落与耕读传统

江西自古为农业大省，又尊重文教，形成了极为悠久的耕读传统。东晋江西著名诗人、隐士陶潜写道：

舜既躬耕，禹亦稼穑。
…………
冀缺携俪，沮溺结耦。
相彼贤达，犹勤陇亩①。

舜、禹是中国远古传说中的帝皇。冀缺即郤缺，又称郤成子，春秋时期晋国人，贵族出身，一度沦为平民，与妻子一同耕种田地。长沮、桀溺为春秋后期隐士，合伙耕地，孔子路过，与之相互对答。这些人物或为国家领袖，或有高贵出身，或有独特思想，然而都亲自参加农耕。

陶潜写这首《劝农》诗的时候还在做官，几年后才终于彻底归隐，又写道：

…………
开荒南野际，守拙归园田。
方宅十余亩，草屋八九间，
榆柳荫后檐，桃李罗堂前。
暧暧远人村，依依墟里烟，
狗吠深巷中，鸡鸣桑树颠。
户庭无尘杂，虚室有余闲。
久在樊笼里，复得返自然②。

陶潜的时代还是玄学之风盛行的六朝，唐宋以后，儒学成为江西文化的主导，进一步将礼仪教化与农耕文明结合，使耕读传统真正深入江西各地普通人家。《康熙江西通志·卷八·风俗》引述旧志写道：

崇名教而修身慎行，绍文献而接武连镳。市井多儒雅之风，田野无靡丽之习③。

对于传统乡土聚落而言，农业是聚落生存的命脉，是最主要最基本的产业。江西作为传统农业大省，乡土聚落与农业的关系极为密切。由于聚落与周边

---

① 陶潜《劝农》，引自逯钦立校注. 陶渊明集 [M]. 北京：中华书局，1979：24-25.
② 陶潜《归田园居五首》，引自逯钦立校注. 陶渊明集 [M]. 北京：中华书局，1979：40.
③ 于成龙.（清康熙）江西通志·卷八·风俗. 1683.

图3-3-1 会昌盘山下村（来源：姚赯 摄）

山水均保持适当距离，靠山不依山、临水不枕水，其结果即为聚落与周边农耕环境关系极为紧密，三面甚至四面全为农田包围的村庄极为普遍。这些农田不是宅旁菜地，往往就是水稻大田，在各种经济作物种植区则是莲田、蔗田等。田野景观与聚落景观交相辉映，是江西乡土聚落的重要特色。

会昌盘山下村位于南岭山脉和武夷山脉交会处的山谷中，海拔约410米。陈氏家族大约于明清之际迁此开基，村庄坐南朝北，背靠山丘，面对山谷中的稻田（图3-3-1）。广昌观音嘴村以种植白莲为经济作物，村庄周边尽为莲田（图3-3-2）。

图3-3-2 广昌观音嘴村（来源：姚赯 摄）

由于儒学传统的影响，江西主流社会风气一直提倡方正内敛，不事奢华。江西传统建筑外部形象通常十分简单，以大面积墙体包围，除屋顶露出外，其余木构架基本均被隐藏。有时，甚至屋顶也被部分隐藏。因此，墙身成为建筑外部造型的主要部分，顶部轮廓线则为山墙、屋脊和檐口。建筑高度均为一至二层为主，除楼阁和塔外很少有超过二层的建筑。由此组成的乡村聚落，形成了朴素而统一的外部形象，是江西全省地方建筑的主流（图3-3-3）。

图3-3-3 金溪游垫村外景（来源：姚赯 摄）

江西传统建筑大量使用清水墙体，除赣东北邻近徽州的地方常用白粉墙之外，其他地方仅做局部粉刷。墙体材料以砖墙为主，大部分是青砖，砌筑方式通常都是空斗墙为主，有一眠一斗、二眠一斗、一眠三斗、全斗式等多种。在勒脚和转角处则采用眠砌以加强墙体，或加入石板、条石。砌筑工艺往往非常精致，形成了浑厚致密的质感（图3-3-4）。少数地区由于材料工艺的变化，有近似于红砖的地方砖材，形成了和青砖不同的色彩质感，但仍然使用类似于青砖的砌筑工艺（图3-3-5）。赣南和赣西的山区则大量使用土墙，包括土筑墙和土坯墙两种。土坯墙往往加泥浆粉刷，效果与土筑墙近似，其质感与砖墙完全不同，更为粗犷浑厚（图3-3-6）。墙体色彩质感的变化给江西乡土聚落赋予了明确的地方特征，可惜在近年的农村建设中常常被简化成统一的白色。

图3-3-4　金溪疏口村某宅（来源：姚赯 摄）

二、聚落与工商传统

江西有悠久的工商业传统，但地域发展并不平衡。在许多乡土聚落没有显著的商业区域的同时，部分乡土聚落由于各种原因形成了自己的商业街区，少数聚落甚至非常发达。

图3-3-5　分宜尚睦村街景（来源：姚赯 摄）

江西乡土聚落的商业街区，其共同特点是与河道关系密切，以河道作为商业运输线路，沿河形成商业街。但居住区域与商业街区的关系则有不同形态。

第一种是以垂直于商业街的巷道向河岸纵深发展，布置居住街区，如景德镇（见本书第五章第二节）、铅山河口镇（见本书第五章第三节）、南康唐江镇（见本书第六章第二节）。发展到一定程度之后在内部形成内街，如景德镇前街、后街。大尺度聚落通常采用此种方式。

第二种是将居住与商业街区混合，共同沿河发展，形成完全的带形聚落，典型者如铅山陈坊村（见本书第五章第三节）、宜黄棠阴镇（见本书第四章第三节）。

图3-3-6　龙南新里村沙坝围外景（来源：黄继东 摄）

图3-3-7 广昌甘竹镇鸟瞰（来源：黄继东 摄）

此种布置方式相对较少。

第三种是居住与商业街区分离，商业街区在外对聚落成包裹状，居住街区在内发展。多见于赣中地区，典型者如广昌驿前镇（见本书第四章第三节）。极端情况下两者之间甚至有树林、水体等形成隔离带，如吉安溪陂村（见本书第四章第二节）。

商业街道是商业市镇和街区的核心。这些街道的形成均经过长时间的生长发育，并没有什么一以贯之的规划，更无法达成严格的几何形态控制。其功能十分丰富，包括人流、车流、沿线的商业服务业娱乐业、沿线举行的各种仪式庆典等。组成街道的建筑除商业店铺之外，也包括住宅以及祠堂、庙宇等公共建筑，并串联各种功能不同的场地和设施，包括广场、码头、骑楼、栏杆、牌坊、里门、过街楼、路亭等。其空间断面的尺度远小于今天的城市道路，高度与宽度之比却较大，甚至可以达到3∶1以上，从而形成幽深绵延的空间感。与此同时，其宽度又时常变化，其两侧的界面未必完全连续。构成这些界面的建筑功能各异，年代有差，风格、材料、技术流派各不相同，从而形成具有多样性的面貌。

广昌甘竹镇位于抚河上游盱江岸边（图3-3-7）。此地原为江畔芦苇沙洲，称芦茅洲。两宋之际，有江、王、李等家族从湖南、南丰等地迁来建村，因芦茅形似竹而甘甜，得名筸竹，清代简化为甘竹[①]。之后逐渐形成墟市，设有税场、驿站，清乾隆十七年（1752年）起常驻军队把守盱江水道[②]。老镇区基本上是一个小型的带形聚落，沿与盱江基本平行的街道发展，功能混杂。街道为聚落核心，长约330米，大致呈东北—西南走向（图3-3-8）。南段称上街，以位居盱江上游方

---

① 广昌县地名办公室. 广昌县地名志[M]. 广昌. 1984.
② 曾毓璋.（清同治）广昌县志·卷一·兵营附. 1867.

图3-3-8 广昌甘竹镇老街鸟瞰（来源：黄继东 摄）

向；北段称下街。北端有镇门（图3-3-9），题额"盱源首镇"，以其为自下游入广昌县域的第一个市镇。街道曲折，宽4~6米（图3-3-10），两侧既有店铺，也有住宅，还有数座祠堂（图3-3-11）。上下街中各有一口水井，上街水井处街道加宽并设井台，石井圈上有款"雍正五年春月重修"，即1727年。下街水井称"雯峰井"，得名于盱江东岸的雯峰书院，创建于明成化六年（1470年），距甘竹镇不足2公里。井周围形成一处凹入的开放空间，中为井台（图3-3-12）。尺度虽有限，仍充分体现了街道空间的公共性。

丰富的活动、空间变化和界面变化叠加在一起，形成有活力的商业街道，是传统商业市镇空间的精华。

图3-3-9 广昌甘竹镇北端镇门（来源：姚赯 摄）

图3-3-10 广昌甘竹镇老街（来源：姚赣 摄）

图3-3-11 广昌甘竹镇老街刘孟隆公祠（来源：姚赣 摄）

图3-3-12 广昌甘竹镇下街雯峰井（来源：姚赣 摄）

图3-3-13 丰城白马寨村总平面示意图（来源：蔡晴据Google Earth图像绘制）

图3-3-14 丰城白马寨北屏禅林外景（来源：姚赯 摄）

三、聚落与地方崇拜

江西地方崇拜复杂多样，影响到聚落外部形态甚至内部空间。

部分聚落在其外围建造庙宇，用于地方崇拜和祭祀。这类庙宇的选址和水口设置有类似之处，往往位于入村道路或河流岸边的关键要点，以形成某种护佑关系。如金溪东源曾家村（详见本书第四章第三节）于明末崇祯元年（1628年）在村东口建仙师殿，祭祀宋东官禅师；崇祯十四年（1641年）又在村西口建萧公庙，祭祀江西地方水神萧公。寻乌周田村（详见本书第六章第四节）在村南口周田水下游建仙师神庙，祭祀当地地方神灵黄悖三仙师。

丰城白马寨村位于赣江下游平原边缘，地势平缓，周围有若干小山丘，高差均不超过20米。槎水（当地又称长港）自东南约20公里外的零山余脉中流来，从村北经过，之后北流至约10公里外汇入清丰山溪，再向北和赣江、抚河下游分叉汇合入鄱阳湖。杨氏家族于元末迁至此处建立村庄，与河道保持一定距离，坐东朝西，四面皆为平畴田野，正是临水不枕水之意。为提升环境，杨氏家族在定居后不久，即于明永乐年间（1403~1424年）在村北面建立北屏庵①，位于村庄与河道之间，背靠长港，坐北朝南，其朝向正指向村前田地。因地处南昌、抚州之间的官道上，该村明清两代十分发达，北屏庵也随之成为丰城著名寺院，多有地方名人题咏。至清代，各种地方崇拜纷纷进入，包括祭祀许逊的万寿宫、祭祀天符大帝的天符庙，以及供奉丰城本地神灵傅祁的傅爷庙。许逊以治水著称；天符大帝为民间传说中的瘟部正神；傅祁为唐末丰城地方豪强，唐乾符年间（公元874~879年）王仙芝起义军经过丰城，傅祁纠集民军抵抗，兵败战死，被丰城人奉为地方保护神②。这些地方崇拜与北屏庵一字并肩，形成一个长条形建筑群，北屏庵居中偏东，其主殿已转换为送子观音堂；其东为万寿宫，其西为天符庙，再西为傅爷庙（图3-3-13、图3-3-14）。庙前还有大尺度水塘。村人将之总称为北屏禅林，繁殖、治水、祛病和拒匪全都得到了保佑。

---

① 徐清选.（清道光）丰城县志·卷五·祠祀. 1825.
② 徐清选.（清道光）丰城县志·卷十四·列传六·忠贞. 1825.

部分聚落则将庙宇建在内部。江西各地傩庙大多如此，如乐安流坑村（详见本书第四章第二节）的仰山庙，是流坑傩戏的主要活动场地，位于中巷东端南侧，是非常核心的位置，周边多有祠堂住宅。

南丰上甘村的傩神殿，位于村庄南侧中心位置，周围都是住宅（图3-3-15）。村庄位于雩山山脉东麓，南唐建隆二年（公元961年）甘氏家族迁入定居至今，始称甘坊，村前小河亦因此称甘坊水。元代因聚落向下游方向发展，改称上甘[1]。这一带傩神崇拜传统久远，相传唐代即有傩神殿，明永乐年间至宣德年间（1403～1435年）迁建至今址。现存建筑为清代建造，实际由傩神殿、戏台和雨棚三部分组合而成。傩神殿在西端，戏台在东端，相向而立，两者之间以雨棚连接，即为傩戏演出时观演场所，可容纳千余观众看戏，外面有围墙围合（图3-3-16）。

江西聚落中地方崇拜的另一种独特的表现是在聚落中建造戏台。江西具有悠久的地方戏曲表演传统，元明之际汉族戏曲四大声腔之一弋阳腔即发源于赣东北地区，民间戏剧演出传统深厚，尤以信江中游的弋阳县和乐安河下游乐平市为甚，凡大村庄、家族或商帮均建有戏台，大部分附属于祠堂、会馆，少部分附属于庙宇、住宅或独立建造。祠堂、会馆和住宅的戏台通常位于内部，对聚落影响有限，但少数祠堂的戏台采用双面形式，部分庙宇的戏台建在庙宇以外的公共空间，还有完全独立建造、不附属于其他任何建筑的戏台。这些戏台往往成为当地聚落中最为华丽的建筑，对聚落内部空间产生了独特的影响（图3-3-17）。

乐平浒崦村位于饶河南支乐安河下游平原东部，

图3-3-15 南丰上甘村总平面示意图（来源：蔡晴据Google Earth图像绘制）

图3-3-16 南丰上甘村傩神殿外景（来源：姚赯 摄）

乐平浒崦村　　　南丰古竹村　　　乐平横路村

图3-3-17 乐平浒崦村戏台、南丰古竹村戏台、乐平横路村万年台与聚落关系示意图（来源：蔡晴据Google Earth图像绘制）

---

[1] 南丰县地名志办公室. 南丰县地名志[M]. 南丰. 1985.

背靠乐安河干流。程氏家族大约于南宋时自安徽歙县迁此定居，至清嘉庆二十二年（1817年）在村庄中部建起宗祠，称名分堂，当时尚无戏台。为与其他村庄攀比，于清道光十二年（1832年）开始筹建戏台，传说当时募集能工巧匠30余人，历时三年竣工。清同治十一年（1872年）又进行大修，形成今日格局[①]。戏台为双面台，内外两侧可同时演出，又称晴雨台或鸳鸯台，以建筑奇巧复杂、雕刻精美、装饰豪华而著称（图3-3-18）。

南丰古竹村位于武夷山脉西麓边缘，是由若干个小组团组成的村庄，深藏在大山之中。刘氏家族于北宋大观三年（1109年）迁此定居[②]。村中有祭祀关羽关老爷的传统，每年农历五月十二日起要连演十天半月戏，除本村戏班外，还要请外地戏班。平时则每逢村中人家有喜事，都要请戏班唱戏庆贺。戏台位于村庄几何中心，始建年代不详，现存建筑面貌具清末特征，近年有维修。建筑坐南朝北，面对关老爷行宫。行宫已非原始面貌，与戏台间现架有一座钢结构雨棚，仍为本村重要公共空间（图3-3-19）。

乐平横路村位于黄山余脉南缘，叶氏家族于唐末乾符六年（公元879年）从婺源迁此定居至今，于明万历五年（1577年）在村庄中部建起一座独立戏台，不依附于任何祠堂庙宇，专供演出之用。当地将演出戏曲时临时搭建的戏台称为草台，为与之区分，这种永久性专用戏台被称为万年台。横路万年台是江西保存至今的戏台中历史最为悠久者之一，戏台及台前的场地从此成为村中主要开放空间（图3-3-20）。

图3-3-18　乐平浒崦村名分堂戏台外景（来源：张义锋 摄）

图3-3-19　南丰古竹村戏台（来源：姚赯 摄）

图3-3-20　乐平横路村万年台（来源：姚赯 摄）

[①] 余庆民. 江西乐平乡土戏台普查纪要——兼论乐平乡土戏台建筑艺术与历史传承及其文化成因[J]. 南方文物，2009（4）：177-186.
[②] 南丰县地名志办公室. 南丰县地名志[M]. 南丰. 1985.

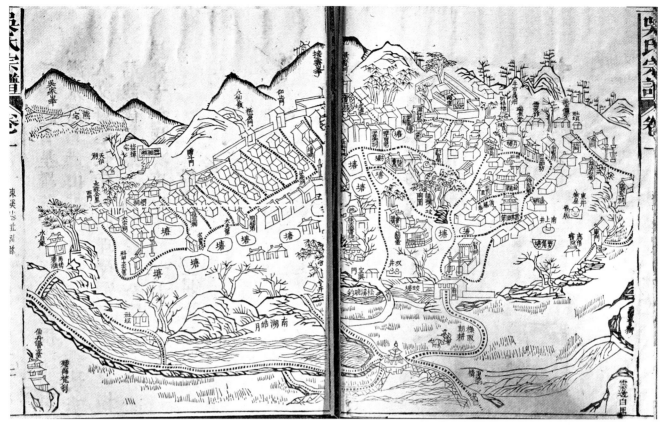

图3-3-21 疏溪吴氏基址全图（来源：引自《疏溪吴氏六修宗谱》）

四、聚落与防卫

江西自古地方富庶，其水系又沟通诸省，交通便利，因此既易遭匪患，又为兵家必争之地，兵匪之祸，历载不绝。乡土聚落的建设不得不将防卫作为一个重要因素加以考虑，许多村庄建有村墙、村门。虽然发展至今，大部分村墙均早已拆除不留痕迹，但村门却大量保留。如高安贾家村（详见本书第七章第四节），清代曾经建成较完整的防御体系，号称"八关四十八巷"，现仍存3座村门。乐安流坑村（详见本书第四章第二节）原亦有完整村墙，建有多座村门，现仍存5座。

本章第一节所述金溪疏口村，至清代在村外建有防御体系，据吴氏家谱《疏溪吴氏基址全图》（图3-3-21）所示[①]，村东、西、北三面建有村墙，南面则依托河流沟渠进行防卫。实际上并不连续，可能仍需利用树木或微地形。共设门9座，村东侧有北门、东门，南侧有南门、宜兴门，西侧设西门，北侧最多，共设瞻斗、拱宸、仰止、景贤4门。现仅存南门、西门2座，均早已废弃，保存状态均不佳。南门位于村南荒地中，三开间悬山顶，明间开券门，两次间均为实墙无窗（图3-3-22）。西门位于村西风水林中，形制做法和南门类同（图3-3-23）。

江西乡土聚落还往往在内部建造有里门，往往利用周围建筑连接而成，防卫功能不显著，主要起空间限定

---

① 佚名. 疏溪吴氏六修宗谱. 金溪. 1941.

图3-3-22 金溪疏口村南门（来源：姚赯 摄）

图3-3-23 金溪疏口村西门（来源：姚赯 摄）

图3-3-24 金溪疏口村明经第门（来源：姚赯 摄）

划分作用。金溪疏口村中原有里门多座，现仍存2座，一座位于村庄西端，称明经第门（图3-3-24），题款为"乾隆丙午仲冬吉旦重修"。乾隆丙午即清乾隆五十一年（1786年），其始建年代可能更早。另一座位于村中部巷内，有额无字。

江西南部地处山区，赣闽粤湘四省交会，对防卫的需求尤为迫切，甚至出现具有显著防御性的乡村聚落，包括村围和村城。

村围指有较完整的村墙、村门包围，由村民自主修建，防御功能完善的村庄。其建造大致始于明正德年间（1506~1521年），当时赣南流民动乱愈演愈烈，各地村民为自保，不得不建造完善防御设施。此后成为传统，广泛存在于赣南山区各县。直至清末，每逢地方动乱频繁时，便出现修筑村围的高潮。大多数规模一般在1~2.5公顷之间，属于单一姓氏的家族。偶尔也有例外，如龙南新园村栗园围规模特大，由李氏家族大约于明代中后期开始建造，围合面积接近4.5公顷（图3-3-25）。大余云山村曹氏围（详见本书第六章第二节）则非单一家族，还有钟姓家族定居其中。

村城更为特别。它不但具备更完善的防御功能，而且得到官府支持或批准建设，因此有资格称为"城"。与村围不同，所有村城均始建于明正德十二年至明嘉靖四十四年间（1517~1565年），最初的建设活动得到明（1517年）正德十二年上任的南赣巡抚王守仁支持。其规模显著大于村围，面积多在4公顷左右（详见本书第六章第二节）。

上犹县营前镇蔡家城是一座仅存于记载中的村城，位于上犹县营前镇东面的陡水水库淹没区。虽今已不存，但它的建造却说明了明代村城建设的许多典型特征。

营前镇位于上犹县西部，所在位置是罗霄山脉最大的盆地。石溪河与平富河在其西南端交汇而成营前河，由西而东穿过盆地，注入上犹江。传说唐末割据江西南部的军阀卢光稠在此建兵营，宋朝追赠卢为太傅，故此

图3-3-25 龙南新园村栗园围鸟瞰（来源：黄继东 摄）

地称"太傅营"，墟场称太傅墟[1]。明正德年间（1506~1521年）蔡氏在太傅营前筑城，名营前城，此后太傅墟逐渐称营前墟。1956年建设陡水水库，将营前墟淹没。

据《蔡氏族谱》记载，蔡氏原居福建莆田，元代迁至营前村，明代逐渐致富。由于当地山高林密，匪盗出没，决定筑城自保。《光绪南安府志补正》记载：

明正德间，村头里贡生蔡元宝等，因地接郴桂，山深林密，易于藏奸，建议请设城池，因筑外城。嘉靖三十一年，贼李文彪流劫入境，知县吴镐复令生员蔡朝佾等重筑内城，浚濠池，砌马路。今城中俱蔡姓居住，城垣遇有坍塌，系蔡姓公祠及有力之家自行捐修[2]。

明天启四年（1624年）上犹知县龙文光参观过蔡家城，有记：

予治犹之初年，因公至村头里，见其山川清美，山之下坦，其地有城镇之，甚完固。既而寓城中，比屋鳞次，人烟稠密。询其居，则皆蔡姓也，他姓无与焉。为探其所以，有生员蔡祥球等揖予而言曰：此城乃生蔡

---

[1] 叶滋澜.（清光绪）上犹县志·卷之二·舆地. 上犹. 1893.
[2] 杨錞.（清光绪）南安府志补正·卷之二·城池. 1886.

姓所建也。生族世居村头里。正德间，生祖岁贡元宝等因地接郴桂，山深林密，易以藏奸，建议军门行县设立城池。爱纠族得银六千有奇，建筑外城。嘉靖三十一年，粤寇李文彪流劫此地，县主醴泉吴公复与先祖邑庠生朝侑等议保障之策，先祖等又敛族得银七千余，重筑内城。高一丈四尺五寸，女垣二百八十七丈，周围三百四十四丈，自东抵西径一百三十丈，南北如之……[①]

据此可见，此城有内外二重，平面形状如团状或近方形，形态紧凑有利防守。城池的建设、管理和使用均全属一个家族，建城前履行过向官府提出申请并得到批准的程序。大部分村城均具有类似特征。

这种在官府认可和保护下的营建，源于明正德至嘉靖年间，一方面江西南部山区的动荡达到高潮，另一方面大家族建立的乡村聚落的经济实力和动员能力也积聚到一定程度。部分大家族中既有能联络官府寻求庇护的成员，又有建设和维护村城的财力，从而可以说服官府，营建村城。但村城的大量涌现说明政府对社会的控制和管理能力薄弱，其强大防御能力类似于土匪山寨，容易形成不稳定的割据势力。因此到明嘉靖四十四年（1565年）东南倭乱基本平息以后，村城便成为绝响。

位于江西西南角的崇义县发展出另一种聚落防御设施——水楼，是一种方形碉堡，四面环水，内设水井，可长期固守。据清初南丰著名学者、曾任崇义训导

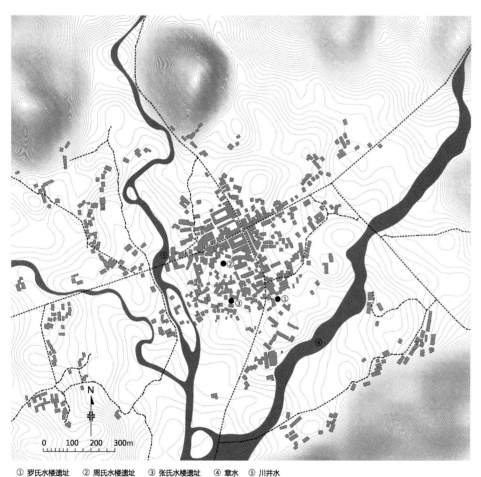

图3-3-26 崇义聂都村总平面图（来源：蔡晴 绘制）

① 罗氏水楼遗址 ② 周氏水楼遗址 ③ 张氏水楼遗址 ④ 章水 ⑤ 川井水

[①] 龙文光. 营前蔡氏城记. 转自叶滋澜.（清光绪）上犹县志·卷十六·艺文. 上犹. 1893.

图3-3-27 崇义聂都村鸟瞰（来源：黄继东 摄，蔡晴 绘制）

15年之久的刘凝记载，其起源于何时已不可考，大约在明宣德至成化年间（1426~1487年），原建有多处，以聂都乡聂都村为最多，共有5座，分别属于黄氏、罗氏、吴氏、周氏和张氏家族，互为羽翼。清初康熙十三年（1674年）吴三桂发动"三藩之乱"，派军侵入崇义，聂都村凭借水楼抵御，吴军不克而去①。按聂都村所在位置为崇义罗霄山脉中最大盆地之一，周围俱为平畴，易攻难守，的确需要建造可靠防御设施（图3-3-26、图3-3-27）。聂都水楼直至清光绪二十四年（1898年）才被粤兵烧毁②，现尚留有3处遗址（图3-3-28）。

图3-3-28 崇义聂都村周氏水楼遗迹（来源：黄继东 摄）

---

① 刘凝. 聂都水楼记. 转自杨镈.（清光绪）南安府志补正·卷之七·艺文. 大余. 1886.
② 黄诗杰. 崇义县志[M]. 海口：海南人民出版社，1989.

第一节　概述

江西中部地区以赣江中游吉泰盆地和抚河中下游平原为中心，即汉晋庐陵郡、临川郡，唐宋吉州、抚州，明清吉安府、抚州府，并包括宋代建昌军、明清建昌府辖地，相当于今天吉安市、抚州市的市域。

吉泰盆地位于这一区域的西南部，赣江在赣州汇合而成，经过万安十八滩进入吉泰盆地，一路汇集发源于遂川的泉江、发源于永新的禾水、发源于安福的泸水、发源于乐安的恩江等大小支流，形成面积接近2万平方公里的盆地。秦代在吉安设庐陵县，东汉末年设庐陵郡，是江西开发较早的地区之一，早在宋代即已成为江西的经济文化中心，明代前期甚至成为全国科举和人才的中心，总共出了10位宰辅①，诸如"一门九进士""隔河两宰相，五里三状元"之类的美谈，几乎遍及全境。

吉泰盆地东隔雩山就是抚河流域。抚河在抚州附近汇集发源于金溪的琅琚水、发源于宜黄的宜黄水、发源于崇仁的崇仁水、发源于金溪流经东乡的云山河等支流形成的开阔平原位于吉泰盆地的东北方向，实际上已经是鄱阳湖平原的边缘。东汉在抚州设临汝县，三国设临川郡，唐初已以文名重天下，王勃《滕王阁序》称"光照临川之笔"。至宋代进入黄金时代，号称"才子之乡"。明代以后，仍有宜黄谭纶、临川李绂等政治家兼大学者出世。

这两个区域地势平坦，土地肥沃，长期是江西历史上主要的粮食产区。庐陵文化、临川文化并称赣文化两大支柱，各有特征，不过均以基于儒学传统的耕读文化为其核心价值。它影响范围广阔，以吉安和抚州为核心，分别沿赣江和抚河向北伸展，在南昌交会，并沿鄱阳湖西岸继续向北延伸至长江沿岸的九江。这里是中原文化最早进入江西的区域，直至明清，一直是江西省经济最为繁荣、文化最为昌盛的区域。作为受外部影响相对较小的地区，这里的传统聚落和建筑具有最纯粹的江西地方特色。

在儒学传统影响下，江西中部的传统聚落和建筑对空间秩序的追求特别强烈。属于家族的祠堂规模庞大，拥有尺度显著的开放空间，在聚落中具有极为显著的地位。而属于各个小家庭的住宅则体量有限，不论身份地位如何，建筑形象、格局具有高度的一致性，有时甚至出现整齐划一的兵营式布局，由大量尺度样式几乎雷同的建筑组成整个聚落的主体。建筑内部空间则执着地基于以天井为中心的矩形平面布局，即使由于极不规则的用地形状导致建筑外轮廓变化复杂，内部仍基于一组或若干组矩形平面布局。聚落和建筑的外部形象通常十分简单朴素，以带搁楼的单层建筑为主，外部十分封闭，普遍使用青砖砌筑的清水墙体将整个建筑包围。入口成为墙体上的主要装饰部位，往往配以精致的石质门仪，并加门罩。少量的石雕或砖雕花窗给墙面增加了活跃的元素。乡村聚落因此具有朴素而统一的内外界面②。

---

① 方志远，谢宏维. 江西通史8：明代卷[M]. 南昌：江西人民出版社，2008.
② 姚赟. 百川并流：江西传统建筑的地域特征[J]. 建筑遗产，2018（4）：62-68.

第二节　赣江中下游村镇

一、吉安永和镇

永和镇位于吉安县中部赣江中游左岸。东汉末年汉献帝初平二年至建安五年间（公元191~200年）设立东昌县，在此建立县城，直至隋开皇九年（公元591年）撤销，前后存在了约400年。这座废弃的县城没有像其他许多被撤销建置的城市一样就此湮灭，而是以永和镇的名义顽强地继续生存下来，甚至还一度十分繁荣，至今仍保留大量遗存。

永和镇地处吉泰盆地中部，是中部红岩低丘陵带向河谷平原过渡部位。赣江在这一带自南向东转北流过，永和镇坐落在赣江这个大转弯中段左岸的冲积滩地上，海拔约60米。沿赣江往上游约5公里，对岸有赣江右岸最大支流之一、发源于赣南兴国县霉山山脉中的孤江（又名泷水）汇入；往下游约5公里，有赣江左岸最大支流之一、发源于赣西武功山南麓的禾泸水汇入。再往下游约5公里即为吉安府城。因为濒临赣江，在古代交通极为便利（图4-2-1）。

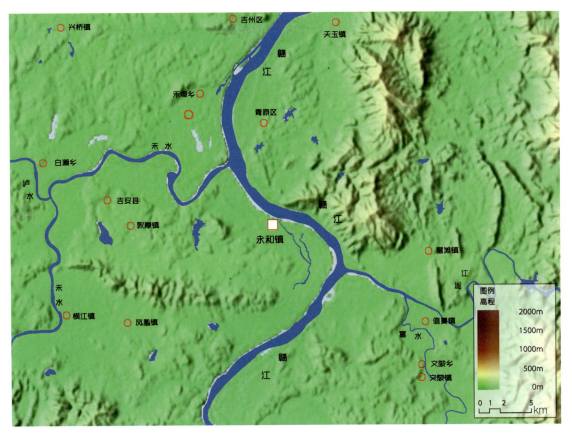

图4-2-1　永和镇区位图（来源：赵梓铭 绘制）

图4-2-2 永和镇鸟瞰(来源:黄继东 摄)

大约在唐末五代之际，这里发展起陶瓷产业，以地处吉州，故称吉州窑。到北宋初步繁荣，南宋达到鼎盛，至元末终烧，有前后近500年的瓷业历史。宋元吉州窑瓷以黑釉瓷最负盛名，以各种釉斑、木叶贴花和剪纸贴花为特色，不仅畅销国内，而且大量外销。南宋末年，吉州窑工匠数千人曾追随文天祥起兵抗元，部分窑工战后流落至景德镇谋生，促进了景德镇瓷艺的进一步发展[1]。

在吉州窑瓷业的推动之下，永和镇迅速繁荣起来。五代初期的时候，这座已经被放弃了300多年的城市还只是初步恢复了一些街市庙宇，到五代后期，就已经称为庐陵县高唐乡临江里磁窑团，派驻有团军将管理治安。至北宋景德年间（1004~1007年）日益繁荣，正式设为永和镇，设监镇司，"掌磁窑烟火公事"，管理瓷业生产相关的一应事务。南宋庆元年间（1195~1201年）改监镇司为都税司[2]。

永和镇是南宋著名政治家、文学家周必大的家乡。他的祖父周诜，在宋徽宗宣和年间曾在庐陵任职，因此定居庐陵。他在这里度过了少年、青年时代，25岁中进士，官至左丞相，封益国公。晚年回乡，在此去世。

北宋永和镇已经形成"六街三市"的格局，居民达数千户，人口过万。两条东南—西北向主要街道与赣江大致平行，南侧街道称莲池街，全长约760米，沿街均为主要的瓷业生产区域，是永和镇的工业中心。北侧靠近赣江的街道称鸳鸯街，全长约1公里，是主要的商业街道。两条主要街道间有瓷器街、迎仙街、竹篮街等东北—西南向街道连接，还有锡器街、茅草街等街道向远离赣江的区域伸展[3]。沿莲池街自东南向西北，分别为上、中、下三市。以鸳鸯街为轴，自南向北形成了长约1公里、宽约500米，总面积约50公顷的镇区，以莲池街为轴，自南向北形成了长约2公里、宽约1公里，总面积约2平方公里的窑区，整个建成区面积约2.5平方公里（图4-2-2）。

六街大体位置已经判明，局部尚存宋元铺装遗迹，部分被现代道路叠压，部分已废（图4-2-3）。周边现仍存窑址堆积24处（当地称"窑包"，状如山丘，见图4-2-4），发现了大量窑炉、作坊等建筑遗址（图4-2-5）。

随着手工业的发达，经济的发展，整个镇区遍布各种文化及纪念设施。有窑主、陶工求神庇佑的本觉寺、清都观和辅顺庙，有与文天祥诗文相关的堆花井、双秀亭，有周必大栽莲自娱的种莲池，有纪念欧阳珣抗金殉难的监丞祠，有缅怀苏东坡、黄庭坚交流学问的讲经台和两人掷钱游戏的金钱池，还有百姓挖掘汲水的东坡井等（图4-2-6）。

本觉寺始建于唐开元年间（公元713~741年），至宋元时期，建置完备，为吉安重要禅宗寺院。元至正十二年（1352年）寺毁于兵火，唯塔独存。寺至明初恢复，后又毁，原因及年代均不详。塔高九层约25米，平面六边形，砖砌塔身，各层有叠涩出挑檐口，1984年维修时曾发现有宋代铭文砖。尽管周边建筑已全部荒废，仍为聚落外部显著地标（图4-2-7）。

清都观原称西台，始建于南唐保大年间（公元943~957年），传有灵应。北宋太平兴国二年（公元977年），道士萧德元在此修炼，得朝廷赐号西台观。北宋治平二年（1065年）改号清都观，次年筑清都台，自此成为当地名胜。至绍圣年间（1094~1098年），规模大盛，除清都台外，尚有逍遥堂、三清殿、北极阁、集庆堂、朝元阁、葆真堂等建筑，及池沼园林。北宋元符三年底至北宋建中靖国元年初（1100~1101年），苏轼、

---

[1] 余家栋，陈定荣. 吉州窑遗址发掘报告 [J]. 江西历史文物，1982（3）：1-24.
[2] 钟焕，曾钝. 东昌志. 江西省博物馆藏抄本，年代不详.
[3] 李德金，蒋忠义. 南宋永和镇的考察 [R]. 未刊稿，江西省博物馆提供.

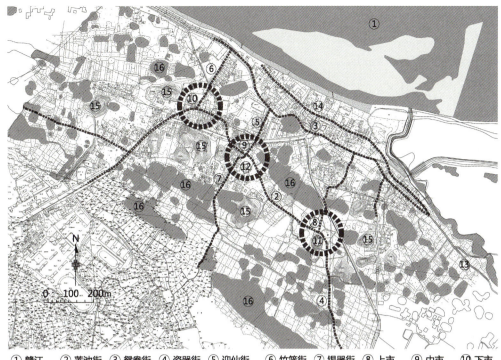

图4-2-3 永和镇街市结构图（来源：蔡晴 绘制）

① 赣江 ② 莲池街 ③ 鸳鸯街 ④ 瓷器街 ⑤ 迎仙街 ⑥ 竹篮街 ⑦ 锡器街 ⑧ 上市 ⑨ 中市 ⑩ 下市 ⑪ 本觉寺 ⑫ 清都观 ⑬ 辅顺庙 ⑭ 永和街 ⑮ 窑址堆积 ⑯ 池塘

图4-2-4 永和镇窑址堆积（来源：姚赯 摄）

图4-2-5 永和镇宋代作坊遗址发掘现场（来源：吉安县博物馆 提供）

黄庭坚曾在此聚会游览。元末一度毁坏，不久即恢复，但未能全复旧观。此后又毁，原因及年代均不详①。现存建筑为清光绪十年（1884年）建造，有碑记。规模远逊于前代，仅有一座三间两进小院及侧面披屋。门前尚有数处台地，疑为建筑基址遗迹（图4-2-8）。

明代以后，永和镇因失去瓷业支撑，迅速衰落，不再为镇，仅称为永和市。但区位未变，仍是赣江水道贸易站点。由于赣江冲积作用，岸线逐渐向北推进，沿新

---

① 陈汝桢. （清同治）庐陵县志·卷四十五·寺观. 吉安. 1873.

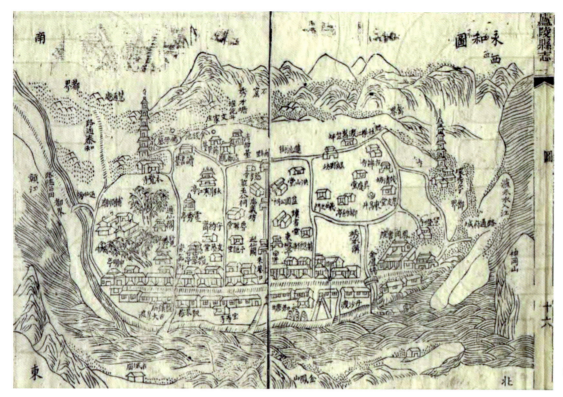

图4-2-6 永和市图
（来源：引自《同治庐陵县志》）

图4-2-7 永和镇本觉寺塔远景（来源：姚赯 摄）

图4-2-9 永和镇明清老街（来源：黄继东 摄）

图4-2-8 永和镇清都观（来源：姚赯 摄）

的江岸形成了第三条街道，即今日永和镇明清老街，长约800米（图4-2-9）。莲池街虽已失去工业大道功能，但仍作为连接各村庄的道路而存在，鸳鸯街则被逐渐放弃。古镇区仍有居住人口约3000人。明清老街直至清代中后期仍保持一定的繁荣，但从清末开始持续衰落，至民国年间已极度衰微。

二、吉安渼陂村

渼陂村属于吉安市青原区文陂乡，位置靠近吉泰盆地东部边缘。东北临富水河，又名富川、王江，发源于兴国县境内，自东南蜿蜒流向西北汇入泷水（又名孤江），在永和镇上游汇入赣江。河流水面宽阔，大帆船可由此直抵吉安、南昌，是吉泰盆地东南部的重要交通运输线之一（图4-2-10）。

清代属庐陵县淳化乡七十六都。宋称顺化乡，明改淳化，清同治元年（1862年）为避皇帝载淳之讳，又改为舜化[1]，民国再改称纯化[2]。1956年后属吉安县陂头乡，之后该乡时置时废，至1984年设文陂乡[3]，2000年划入吉安市青原区。南宋绍兴年间（1131~1162年）梁氏家族迁至此地开基。"渼陂"一名来自陕西鄠县（在西安市西南部，1964年改名户县，2016年改为西安市鄠邑区）涝河汇水而成的渼陂湖，秦汉为上林苑的一部分，唐代成为名胜。因梁氏祖籍陕西，为示慎终追远，将村庄定名为渼陂。刘氏家族于宋代、魏氏家族于

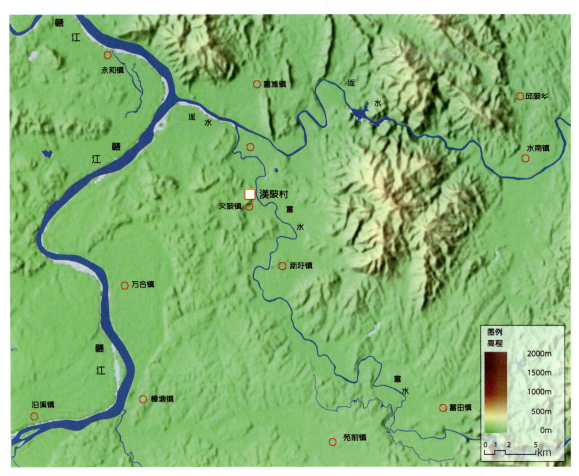

图4-2-10 渼陂村区位图（来源：赵梓铭 绘制）

---

① 陈汝桢.（清同治）庐陵县志·卷二·坊都. 吉安. 1873.
② 李正谊. 民国吉安县志·卷三·墟市. 吉安. 1941.
③ 吉安县志编纂委员会. 吉安县志[M]. 北京：新华出版社，1994.

图4-2-12 渼陂村鸟瞰(来源:黄继东 摄)

元末先后迁入[1]。现有人口约3000人。

渼陂村总面积约15公顷，由相互分离的居住区域和商业街区组合而成。发源于渼陂西南方向泰和县境内的小溪渼水，从西面流经渼陂村汇入富水河。它在村北一分为三，一支直接流入富水河；第二支以明沟的形式穿过聚落北端入富水河；第三支折向东南入村，从陂头街以南穿过整个聚落，沟通一连串池塘，将街市与村落分开，成为一条明显的地理边界，最后在村东南角以暗沟入富水河（图4-2-11、图4-2-12）。

居住区域为村庄本体，并未紧临富水河，正是临水而不枕水之意。村庄主朝向几乎是正南北向，北背河流，南面对1公里以外的小山丘，未必符合明清风水术要领，但似乎没有影响该村的可持续发展。梁氏为村庄主体，构成一个十分密集的大组团。刘氏家族在村庄南部自成一个小组团，称镜湖刘氏，相对独立，以一系列水塘和少量树木与梁氏家族隔开。魏氏家族在村庄西侧另成一个小组团，称唐潮湖魏氏，与梁氏家族间以巷道分隔。三个家族之间关系良好，长期通婚。

三个家族均建有祠堂，在聚落中居于显著位置。

梁氏家族因规模较大，已分房祭祀，故既有宗祠，又有房祠。梁氏宗祠称永慕堂，位于梁氏组团西南角，实际上的村口位置。据称开基不久后即构建，元末毁于兵燹，明正德十四年（1519年）重建，以后又多次扩建重修。现存建筑建于清光绪五年至民国4年间（1879~1915年），坐北朝南，占地约1200平方米，前后三进，体量为村中最大，装饰华丽，南面有开阔广场和面积近千平方米的池塘作为外部开放空间，为古村标志性建筑（图4-2-13）。

渼陂梁氏至明代以后共分为六房，据称原本各房均建有房祠，但只有四房房祠保存至今。长房节寿堂位于宗祠永慕堂东面，距离约70米，朝向与宗祠相同，亦

---

[1] 李正谊. 民国吉安县志·卷二十四·纯化氏族. 吉安. 1941.

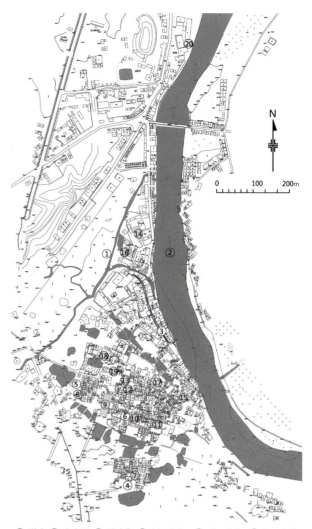

① 渼水 ② 富水河 ③ 陂头街 ④ 刘氏家族 ⑤ 魏氏家族 ⑥ 梁氏家族
⑦ 刘达公祠 ⑧ 端本堂 ⑨ 永慕堂 ⑩ 节寿堂（长房） ⑪ 孝友堂（二房）
⑫ 洪庆堂（四房） ⑬ 求志堂（六房） ⑭ 义仓 ⑮ 明新书院 ⑯ 振翰学舍
⑰ 敬德书院 ⑱ 名教乐地宅 ⑲ 二七会议旧址 ⑳ 地藏阁

图4-2-11 渼陂村总平面图（来源：蔡晴 绘制）

图4-2-13 渼陂村梁氏宗祠（来源：姚赣 摄）

为前后三进，体量超过其他所有房祠（图4-2-14）。二房孝友堂位于梁氏组团东端，距节寿堂约45米，仅内外两进，坐西朝东。近年经过大改造，已非旧观。四房洪庆堂位于组团中央，亦坐北朝南，亦为两进，体量最小。六房求志堂又名轩公祠，位于组团北部，实际上与洪庆堂几乎贴邻，但坐南朝北，朝向完全相反。为改善风水，在祠前以围墙围合成前院广场，向西开院门（图4-2-15）。虽然也只有两进，但空间庞大，尺度已接近节寿堂。三房安志堂、五房清隐堂现均已不存。洪庆堂因位于村中央，用地逼仄，祠前仅巷道稍加宽而已。其余三座房祠前均有开阔场地，长房、二房祠堂前甚至还有大水塘，气派也很可观。

据称，这些房祠的位置、朝向均为族中共议确定，各房族人所建住宅也均依托房祠，从而形成以房祠为中心和标志的房派社区。但最迟至民国年间已经瓦解，各房均相互插花，纠缠不清。

刘氏家族祠堂称刘达公祠，位于刘氏组团南部中央，前后两进，体量与梁氏二房孝友堂相当，祠前亦有开阔场地和大水塘（图4-2-16）。魏氏家族祠堂称端本堂，位于魏氏组团西侧，实际亦为其村口。仅有两进，占地面积仅约220平方米，体量很小。

值得注意的是，尽管渼陂村看似族权相当强大，但管理效能并未得到彰显，聚落空间结构貌似基于房派组织，实际上并不清晰，尤其是内部巷道体系狭窄凌乱（图4-2-17），与江西中部地区其他一些村庄形成显著差异。

富水河下游转弯回旋处是为该村下水口，距村庄主体约750米。明万历四十年（1612年），僧人朗然在此结庵，名铜窝庵，随即得到梁氏族人资助，以获得护佑。明天启三年（1623年）年梁氏族人捐资重修，后又在庵旁增建观音堂、地藏阁。清嘉庆年间（1796~1820年）毁于火灾，清同治元年（1862年）渼陂富绅梁佐汤出资在阁旁建"渼陂书院"，同治八年（1869年）即

图4-2-14 渼陂村梁氏长房节寿堂（来源：姚赯 摄）

图4-2-15 渼陂村梁氏六房求志堂（来源：姚赯 摄）

图4-2-16 渼陂村刘达公祠（来源：姚赯 摄）

破败，梁佐汤再度纠集族人出资扩建，改为"养源书院"，作为梁氏族塾[①]。今仅存地藏阁，三开间歇山顶，楼层有挑出的平座（图4-2-18）。

村中现存住宅大多建于清末民初，均为吉泰盆地独有的高位采光住宅。它们普遍规模不大，外部封闭，主体建筑平面通常近似方形，三开间，中央开门，无内天井，而是通过天门、天眼或天窗等高位开口解决通风采光。这种以高位采光口替代内天井的做法既独特又典型，使其成为江西各地民居中极具特色的一种，其格局做法甚至延续到1970年代以后。部分大型住宅在前面加前院、侧面加跨院，甚至加倒座，以形成更丰富的空间配置。村中著名的"名教乐地"宅，约建于民国初年，前有前院，侧面有跨院，跨院中设花厅，有精致飞罩，以面对的主宅侧墙为照壁，有对联"万里风云三尺剑，一庭花草半床书"，然而其主宅还是一座高位采光住宅（图4-2-19~图4-2-21）。1930年2月，毛泽东率红四军进驻渼陂，主持召开了中共红四军前委、赣西特委（赣南特委因来不及赶到未参加）、红五及红六军军委联席会议，即"二七会议"。曾在此宅居住。"二七会议"旧址亦为一座带前后院的高位采光住宅，至今保存良好。

渼陂村的商业街区在村庄东面，沿富水河自西北向东南延伸，大约至明代中后期才逐渐形成，称陂头街（图4-2-22）。清末时达到极盛，街道总长度约1公里，店铺数量接近150家。民国时期逐渐衰落，抗日战争爆发后，江西省政府及所属机构纷纷南迁，曾带来陂头街的一时繁荣，但很快又重新衰落。

陂头街现存街道长约600米，宽约3米，街道中央以条石纵向铺砌，以便推车行驶，两侧为鹅卵石铺装，路两侧还有下水明沟（图4-2-23）。沿街仍保存店铺百余家。临河一侧有若干小弄通往河边码头，部分沿河店

---

① 陈汝桢.（清同治）庐陵县志·卷十六·书院. 吉安. 1873.

图4-2-17 渼陂村中巷道（来源：姚赯 摄）

图4-2-18 渼陂村地藏阁（来源：姚赯 摄）

图4-2-19 渼陂村"名教乐地"宅外景（来源：姚赯 摄）

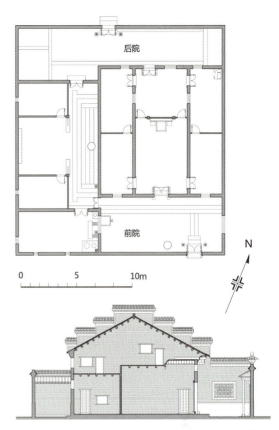

图4-2-20 渼陂村"名教乐地"宅平面图、剖面图（来源：蔡晴 测绘）

图4-2-21 渼陂村"名教乐地"宅跨院花厅照壁（来源：姚赯 摄）

图4-2-22 渼陂村陂头街沿河景观（来源：姚赯 摄）

图4-2-23 渼陂村陂头街（来源：姚赯 摄）

铺也建有自己的专用码头，现仍保存码头14处。陂头街北端还有规模宏大的万寿宫、义仓、福神祠等公共建筑，现义仓仍保存较好，万寿宫亦于2017年修复。

三、吉安钓源村

钓源村位于吉安市吉州区兴桥镇西北部，东南距吉安市区约18公里。坐落于吉泰盆地北部中心位置，低丘地形，微有起伏，坡度平缓。周围田野开阔，树木葱茏，水塘交错，至今仍是一派田园风光（图4-2-24）。西面约5公里有固江镇，发源于安福县武功山南麓的泸水自西北向东南流过，至吉安市区西南与发源于莲花县武功山南麓的禾水汇合成禾泸水，在永和镇以北汇入赣江。南面约3公里处有吉安至安福县城的古道，在固江镇与泸水交会。固江镇明代称固江市，已颇为繁荣，清乾隆三十年（1765年）将井冈巡检司迁至此，从此改称固江镇。由于这些交通条件的支撑，钓源村尽管僻处乡野，仍发展成兴旺的村庄（图4-2-25）。

钓源村明清属庐陵县儒行乡，民国属吉安县第三区，1957年后属吉安县兴桥乡[①]，1987年随兴桥乡划入县级吉安市[②]，2000年后属吉安市吉州区。唐末欧阳弘自安福县迁来此处肇基[③]，与永丰欧阳修家出自同宗，钓源村内至今还遗存有专祀欧阳修的文忠公祠。至南宋，子孙繁衍，分为仁义礼智信五个房派。现仁派、礼派仍在本村居住，其余三房在本村已无后裔，整个村落仍完全由欧阳家族占据。

明代中期以后，欧阳家族经商致富，但仍保持耕读传统。至清代中后期进入巅峰时期。清咸丰年间，太平天国军队攻占钓源，村庄受到严重破坏。清末进行了相当规模的重建，形成保存至今的格局。村庄建成区面积约18公顷（包括村中池塘和风水林），2007年人口约800人（图4-2-26）。

作为单一家族形成的村庄，钓源村的村庄空间结构组织完全基于其家族内部社区结构，反映得特别清晰，是极为可贵的样本。仁派、礼派两大房分居村庄东西两面，仁派在东，礼派在西。两房实际上各自形成自然村，东面称渭溪仁派，西面称庄山礼派，之间以低丘上的茂密樟树林形成分隔带。庄山礼派因人丁兴旺，规模较大，又按小房派分成南北两个次级组团，之间以连绵的9口水塘以及水塘周边的树林进行分隔。这样一共形成了3个清晰的组团。

钓源村的一个重要特点是朝向多变，各组团朝向各不相同，甚至同一个组团也包括不止一种主要朝向。东部仁派组团的西部以仁派宗祠为中心，基本上坐北朝南，但再往东就基本上转向坐西朝东。西部的礼派组团则以连绵水塘为中心，水塘北面的礼派北组团东部大体上坐北朝南，西部则顺着水塘形状逐渐转向朝东南。南面的礼派南组团则东部基本上坐南朝北，连带欧阳大宗祠也坐南朝北；西部也顺着水塘形状逐渐转向朝西北。

西部礼派组团中央的这组连绵近300米的水塘绿地因此具有重要的空间含义。它既是组团空间的界线，也是南北两个次级组团的对景，又是开放绿地，还提供消防水源和辅助的生活水源（图4-2-27）。村民称之为"二山夹一水"，阴阳相间，即为八卦中的离卦，有利养牛。又有解释为太极图形，惜欧阳家族古代家谱已遗失，无法详考。

宗族祠祀体系在村庄空间结构中扮演着重要角色。三个组团共享的欧阳大宗祠位于西部礼派南组团东端，突出于组团之外，周边均有大片空地，位置几乎是整个村庄的几何中心。东组团自己的仁派宗祠靠近组团

[①] 吉安县志编纂委员会. 吉安县志 [M]. 北京：新华出版社，1994.
[②] 吉安市地方志编纂委员会. 吉安市志 [M]. 珠海：珠海出版社，1997.
[③] 吉安县人民政府地名办公室. 吉安地名志 [M]. 吉安. 1987.

图4-2-24 钓源村鸟瞰（来源：马凯 摄）

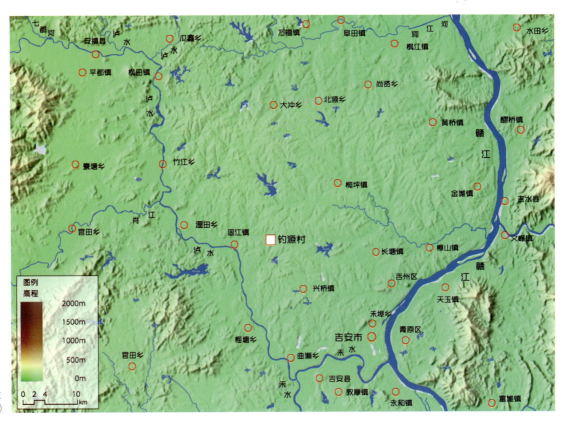

图4-2-25 钓源村区位图（来源：赵梓铭 绘制）

① 欧阳氏宗祠 ② 礼派宗祠 ③ 仁派公祠 ④ 纪祖祠 ⑤ 经祖祠 ⑥ 钱庄 ⑦ 楚畹公祠 ⑧ 文忠公祠 ⑨ 明善祖祠
⑩ 广公书舍 ⑪ 官宦人家 ⑫ 欧阳定如宅 ⑬ 欧阳筱斌宅 ⑭ 歪门斜道宅 ⑮ 年年有余宅 ⑯ 八老爷别墅 ⑰ 安定庙

图4-2-26 钓源村总平面图（来源：蔡晴据Google Earth图像绘制）

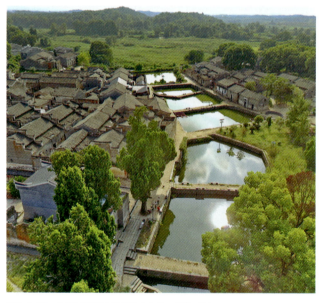

图4-2-27 钓源村西部水塘绿地（来源：马凯 摄）

西部边界和组团入口。西部的礼派宗祠位于南组团的北缘，面对水塘，并隔水塘和北组团相望。专祀欧阳修的文忠公祠在东组团北部边缘。西面的南北两个组团各有次级小房祠，诸如明善祖祠、楚畹公祠等。

欧阳大宗祠是村中最大的建筑，坐南朝北，前有面积约1200平方米的巨大广场，广场上立有8组旗杆石，纪念清代钓源欧阳家族出的8位举人和贡生。建筑本身是一座三进祠堂，前有三开间门厅，内有庭院，两侧为廊庑，中为三开间享堂，之后通过穿堂和后进的寝堂连接。建筑庄严简朴，装饰十分节制（图4-2-28）。

村庄有南北两个村口，其中南面村口朝向通往固江镇的道路，是主要的对外出入口。在此村口以外的田野中，欧阳家族建造了一座道观，称定安观，作为村庄外部的风水锁钥（图4-2-29）。在村北的次要村口以外的山林中，则建了一座宝树亭，具有类似作用。

图4-2-28 钓源村欧阳大宗祠鸟瞰（来源：马凯 摄）

图4-2-29 钓源村定安观（来源：马凯 摄）

图4-2-30 钓源村礼派南组团东部俯视（来源：马凯 摄）

图4-2-31 钓源村巷道（来源：姚赟 摄）

村庄西部礼派部分相传在清代中后期曾经极为繁华，形成了兴旺的商业街道，号称"小南京"，但在太平天国战争中几乎完全被毁。现在的建筑组织基本上是清末重建以后形成的格局，具有显著的秩序。南、北两个组团分别由若干个住宅群组组成，每个群组包括20~30座小型住宅，整齐排列在巷道两侧，又通过巷道与村中主要道路连接，空间层次十分清晰，显示了家族组织的强大力量（图4-2-30）。村中主要道路宽度均在2米以上，组群中的巷道宽度则在1.5~2.5米之间，路面全部采用青石板铺砌，巷道一侧或两侧设排水沟，整体用材做工均十分精致。由于地势存在一定高差，巷道中时常出现台阶踏步，更增添了空间的趣味性（图4-2-31）。村中住宅均为吉泰盆地典型的无天井高位采光住宅，有阁楼，楼上通过抬高屋顶做高侧窗。外部朴素，内部华丽。

图4-2-32 燕坊村鸟瞰（来源：黄继东 摄）

四、吉水燕坊村

燕坊古村位于吉水县金滩镇南部，距赣江西岸仅3公里，与古老的吉水县城隔江相望。村庄地势平坦，仅西面有连绵土丘，满布樟树林，为村庄后龙山（图4-2-32）。

鄢氏家族约于南宋中后期迁至此处开基，以姓名村，称鄢家坊。饶氏家族约在宋元之际迁入，王氏家族约于元明之际迁入[①]。这三个家族从此构成这个杂姓村的社区主体，各家族之间历来和睦相处，互通婚姻。明代中期以后，三个家族均依靠经商致富，生意远达湖广、四川等地。中华人民共和国成立后更名为"燕坊"至今，现有人口约700人，包括周边风水林和水塘的村庄面积约15公顷（图4-2-33）。

燕坊村的空间结构总体上可分为东西两部分，西部主要由鄢氏、饶氏两个家族占据，东部主要由王氏占据。两部分之间由一些不连续的水塘、绿地和空地分隔，每个部分还有细分的空间结构。村中大部分建筑均坐西朝东。

东部的王氏组团大致可分为南北两个组群。北部组群历史较早，在其北侧建有祠堂秩序堂，为门厅、享堂、寝堂组成的三进祠堂，建筑宏伟，但大部分已毁。南部组群历史较晚，在其南侧边缘亦建有祠堂三槐第，相传始建于宋末，但现存建筑为清末重建，亦为三

---

① 江西省吉水县地名办公室. 吉水县地名志[M]. 吉水. 1987.

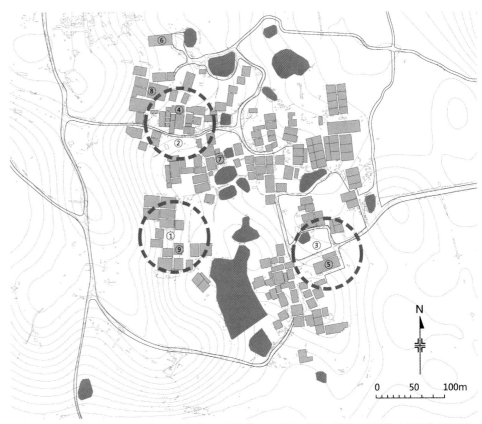

图4-2-33 燕坊村总平面图（来源：蔡晴 绘制）

① 鄢氏家族 ② 鄢氏、饶氏混居 ③ 王氏家族 ④ 鄢氏宗祠 ⑤ 王氏宗祠（三槐第）⑥ 饶氏宗祠 ⑦ 大夫第 ⑧ 州司马第 ⑨ 二十栋大院

进祠堂（图4-2-34）。

西部更为复杂，自北向南形成了三个组群。北部组群历史最早，鄢氏、饶氏混居。组群中部自西向东共建有三座鄢氏家族的祠堂，最西为鄢氏宗祠，称"一本堂"（图4-2-35），历史最久且保存亦最好。其东为鄢氏中房房祠，历史较晚。最东为鄢氏下房房祠。三座祠堂均为两进祠堂，前进为门厅，后进为享堂兼寝堂。饶氏宗祠在组群北侧的外围，是一座三进大祠，近年经过大修，已非旧观。

中部组群历史稍晚，围绕水塘形成，主要为中小型住宅，其中水塘北部的大夫第亦规模较大，由前后两座住宅组成，形制复杂。南部组群建于民国早期，是鄢氏家族一次建成的住宅群，当地俗称"二十栋大院"（图4-2-36），由20座规模格局非常类似的小型住宅组成，其中4座现已不存。村庄中各姓住宅均为高位采光住宅，部分带有前后院和偏房。

最大的住宅称"州司马第"，位于鄢氏宗祠西北，坐西朝东，建筑年代约在清道光年间（1821~1850年），占地面积约530平方米（图4-2-37）。外有前院、门楼，但近年已改造非原貌。主宅前设五开间倒座，大门设在东次间，与主宅厅门错开，有八字门斗。入内为门厅，内有屏门。过屏门为一横向庭院（图4-2-38），倒座中西部三开间向庭院形成一堂二内组合，正对主宅。主宅为一座三开间高位采光住宅，无天井，在天井位置设两层覆斗式藻井，浮雕描金，甚是华丽。厅堂前外墙上方的屋面开"天眼"，以元宝斗形状的内天沟盛接雨水，并通过外墙上的两个水口排出屋外。在大门关闭时，它就成为内部空间唯一的采光、日照和通风口

图4-2-34 燕坊村王氏祠堂三槐第（来源：姚赯 摄）

图4-2-35 燕坊村鄢氏宗祠（来源：姚赯 摄）

图4-2-36 燕坊村"二十栋大院"（来源：姚赯 摄）

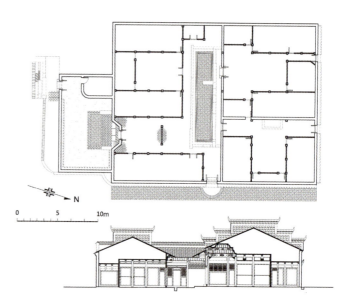

图4-2-37 燕坊村州司马第平面图、剖面图（来源：南昌大学2014级建筑学专业学生测绘成果）

图4-2-38 燕坊村州司马第内院（来源：姚赯 摄）

（图4-2-39）。主宅东面设半天井，开敞厅，利用主宅侧墙做照壁，为吉泰盆地的常见做法（图4-2-40）。北面还有后花园。建筑形制复杂，做工精致华丽，是吉泰盆地不多见的基于高位采光住宅发展起来的大型住宅，也是吉泰盆地古代住宅最杰出的代表之一。

图4-2-39 燕坊村州司马第主宅正厅"天眼"和藻井（来源：姚赯 摄）

图4-2-40 燕坊村州司马第宅侧院半天井（来源：姚赯 摄）

五、吉水仁和店村

仁和店村亦属于吉水县金滩镇，位于燕坊村的北面，两村直线距离仅约500米。北接明末曾氏家族建立的下曾家村，直线距离不到200米。村庄北面和西面为低丘，植有大量樟树，东面和南面为稻田。整个村庄完全处于青山绿树环抱之中。

仁和店村是非常独特的由一个人建造的村庄。其开基祖原为下曾家村人，于清代后期前往四川经商，商号称"仁和店"。致富后退休回乡，计划起造大宅。因下曾家村用地紧张，遂在村南小丘边缘购置田地，大兴土木。一方面是因其共育有七子，考虑到将来分家可能会造成困难；另一方面是清代中期以后，吉泰盆地中心地区新建的住宅几乎全是小型高位采光住宅，大富之家亦不过如此。因此，最后建成的豪宅不是其他地区常见的多路多进天井式大宅，而是建造了一个由16座小型住宅组成的住宅群，以其在四川经营的商号名称命名，成为一个相对独立的小村庄。此后其子孙一直在此小村中居住繁衍。

由于整个村庄系由一位业主统一规划、统一建造，为一户人家服务，仁和店村具有独特的格局，和一般经过长期发展自然生长的村庄非常不同。整个村庄实际上是一个长方形建筑群，长104米，宽49米，占地面积约5096平方米（图4-2-41）。

建筑坐东向西，周围除建筑外均以围墙封闭，内部形成庭院（图4-2-42）。院内是两排整齐的房屋，每排8座，共16座，稍有高差，西侧一排较东侧高约0.4米。两排建筑中间设南北向主巷道，每两座住宅间还有东西向次巷道，均为卵石铺地，条石压边，并有完整的明沟排水系统，至今仍正常工作。东面有狭长院子，院内有水井、牲畜棚等附属设施。整体面貌极为统一，形成了一个类似于兵营的聚落（图4-2-43）。

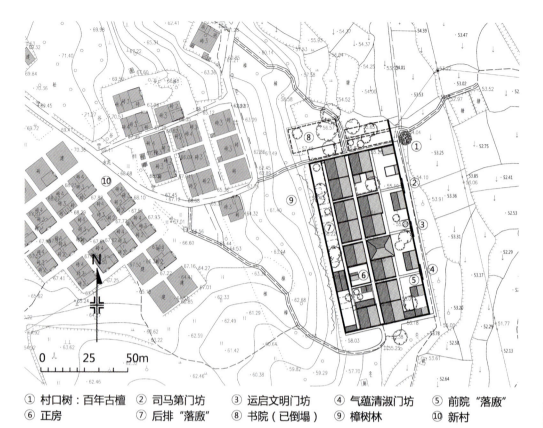

① 村口树：百年古檀　② 司马第门坊　③ 运启文明门坊　④ 气蕴清淑门坊　⑤ 前院"落廒"
⑥ 正房　⑦ 后排"落廒"　⑧ 书院（已倒塌）　⑨ 樟树林　⑩ 新村

图4-2-41　仁和店村总平面图（来源：蔡晴 绘制）

图4-2-42　仁和店村鸟瞰（来源：马凯 摄）

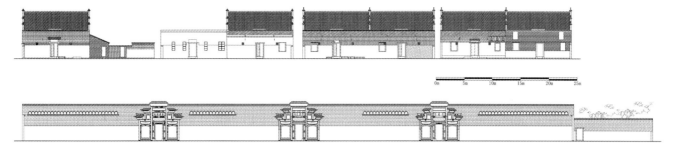

图4-2-43 仁和店村内、外侧立面图（来源：南昌大学2014级建筑学专业学生测绘成果）

所有住宅均由主宅和附房组成。主宅全为带天眼的三开间高位采光住宅，附房当地称"落廒"，作厨房、储藏等用。前排落廒与正房相向，后排与正房同向。建筑均为砖墙承檩的砖木结构，外观以清水砖墙为主，仅在墙裙和檐下做白色粉刷。各主宅正面檐下原均在墙身上设石挑梁承托通长挑檐，以连接各宅，达到下雨串门不湿鞋的目的；现木结构均已不存，仅余挑梁。室内装饰与吉泰盆地主流一致，主要为木雕、描金绘画、各式隔扇及楹联等。整个村庄虽规模有限，但布局紧凑，连为一体，面貌独特。

六、乐安流坑村

乐安县牛田镇流坑村位于江西省中部赣江中游流域东部边缘，雩山山脉西缘的一个小盆地中。这里原属吉安庐陵县，但在南唐至南宋的200年间行政区划归属经过多次变迁。南唐保大八年（公元950年）以庐陵县赣江东岸十一乡设吉水县，遂改属吉水；北宋至和元年（1054年）以吉水县东境置永丰县，又改属永丰；南宋绍兴十九年（1149年）分崇仁、永丰两县地设乐安县，再改属乐安，从此隶抚州。所在的位置是乐安县东南部，距乐安县城约40公里，距牛田镇区约8公里。清属乐安县云盖乡三十八都。村庄四面环山，乌江自东南向西北穿过盆地，在盆地中两次转折，形成一道弧线，流坑村就位于这道弧线的内侧。

乌江是赣江中部重要支流之一，发源于永丰县与宁都县交界的雩山山脉，河道先由南向北，流经永丰县的中村乡、乐安县的招携镇，之后逐渐转向西北，经过流坑村，至牛田镇后转向西流，进入永丰县后改称恩江，经永丰县七都乡至永丰县城折向西南进入吉水县，最后于吉水县城南侧汇入赣江。流坑以上河段河道曲折，坡降大，水流湍急；流坑以下河段则较平缓，具备通航条件。在古代，乌江是流坑最重要的对外交通线路，由于这条水道的存在，流坑与吉泰盆地的经济文化联系较之抚河流域要密切得多，尽管行政区划属于抚州，却需与吉安诸聚落一起讨论（图4-2-44）。

乌江流经流坑时进行了一次大转弯，先自东南而来，接近村庄时转向几乎正北，过隆巷码头后逐渐转向西南，绕过村北后再重新转向西北流往牛田镇。流坑村就处在这个大转弯里，水面开阔，河岸低平，两岸均有漫滩，转弯处尤为显著，岸边古樟林连绵不绝，正是传统风水中的吉地（图4-2-45）。

董氏家族在五代时迁徙至此，逐渐繁衍成一个大家族，使流坑村成为一个单姓村落。自宋代开始直至明代中后期，流坑董氏接连出现杰出人物，号称"一门五进士，两朝四尚书、文武两状元，秀才若繁星"，成为江西有影响的科举仕宦家族，在当地拥有庞大势力。明代后期，流坑董氏又开始从事竹木贸易，至清代进入繁荣，在乌江上游具有垄断地位，获取了大量财富。

明嘉靖四十二年（1563年），流坑人、王守仁再传

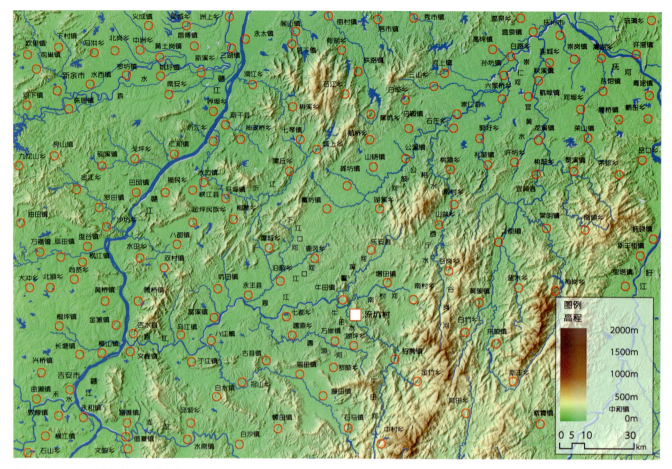

图4-2-44 流坑村区位图（来源：赵梓铭 绘制）

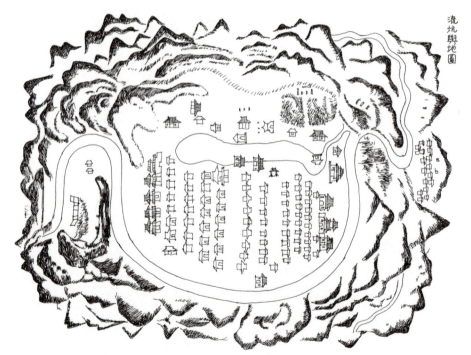

图4-2-45 流坑舆地图（来源：蔡晴据《万历流坑董氏族谱》重绘）

图4-2-46 流坑村总平面图
（来源：蔡晴 绘制）

① 龙湖　② 乌江　③ 横巷　④ 隆巷　⑤ 中巷　⑥ 贤伯巷　⑦ 城上巷　⑧ 明经巷　⑨ 闾家巷　⑩ 上巷　⑪ 理学名家　⑫ 翰林门　⑬ 怀德堂　⑭ 振卿公祠　⑮ 仰山庙　⑯ 肇修堂　⑰ 存仁堂　⑱ 慎余堂宅　⑲ 大宾第　⑳ 敬吉堂宅　㉑ 益宇公祠　㉒ 资深居　㉓ 里仁门　㉔ 镇江门　㉕ 中流砥柱门　㉖ 胤隆公祠　㉗ 文馆　㉘ 董氏大宗祠遗址　㉙ 双桂先生祠　㉚ 宋赠屯田董公祠　㉛ 秘阁校书祠

弟子董燧卸任南京刑部郎中，致仕回乡。此后，在他的主持下，对流坑进行了大规模的建设和整治，增修族谱，订立族规，重建大宗祠，清理水系，改造街巷。董燧于明万历十四年（1586年）去世，这时流坑已形成东临乌江、西拥龙湖、七纵一横的聚落格局，并基本保持至今。清末以后，社会动荡，环境恶化，乌江逐渐丧失运输功能，竹木贸易难以为继。董氏家族逐渐衰落，虽仍为当地大族，但已不能维持村落的持续发展。流坑遂较好地保留了明清以降逐渐形成的聚落面貌和环境，村庄总占地面积约42公顷、人口约5600人（图4-2-46、图4-2-47）。

流坑董氏家族至明初分为两大房，一房称屯田，为北宋人、赠屯田员外郎董文肇之后；另一房称校书，为董文肇之弟、赠校书郎董文晃之后。此后屯田一房人丁繁衍极盛，又分为胤旋、胤隆、胤昂、胤清、胤明、双桂、镜山七小房，与校书一房合而为八，为流坑村家族主体。这八个主要房派下面又分化出若干更小的房派，另外还有一些不属于屯田房下七小房的小房派，形成流坑家族社区体系，基本延续至今①。

流坑村东、北均面临乌江，为村庄天然边界，西部、南部则由龙湖围合。龙湖实际是由七口相互紧密相连的池塘组成的长条形水体，是董燧流坑整治大工程中的一部分，在村西原有的五口池塘基础上疏浚整治而成，并引入乌江水作为水源。整治之后的水体总长约820米，最宽处约70米，最窄处约18米，总面积约3.75公顷，由南而北绵延如龙，故称龙湖。董燧并订立族规，对龙湖水体实行严格保护，有"永不许轻动坏土""永不许恃强阻塞""犯者合族群攻之"等规定，要求族人严格遵守。其形态基本保持至今，除最南端两口池塘稍有淤塞，形态可能有所变化，其余均保存完好。

---

① 周銮书. 千古一村——流坑历史文化的考察[M]. 南昌：江西人民出版社，1997.

图4-2-47 流坑村鸟瞰（来源：黄继东 摄）

龙湖本身具备复杂功能，集风水意象、聚落排水通道、聚落消防水源和聚落景观于一体。在董燧时代，龙湖西岸建筑可能非常有限，它实际上还起着聚落西部边界的作用，但到清代之后即已基本成为聚落内部水体。湖边几乎完全被建筑包围，仅最北端一口池塘东、北岸尚保留农耕环境。东岸中段为横巷背面，南段为横巷。西岸主要为朝朝街背面，沿岸有秘阁校书祠、明斋绳武两先生祠等重要建筑遗存，北段尚有董蕃昌夫妇合葬墓等遗存。湖上建有廊桥，为龙湖两岸最重要通道，经多次改造，现状长约60米，宽约8米，已成为流坑主要菜市场。除廊桥外，另有堤道3条，以及近年新建石桥一座。湖面水平如镜，周围樟柳交织，宅圃相依，与湖水的涟漪倒影一起构成丰富的景观（图4-2-48）。

流坑村主体经过董燧的主持改造，形成"七纵一横"的街巷体系。七条纵巷自北而南分别为隆巷、中巷、贤伯巷、墟上巷、明经巷、闯家巷、上巷，南北向巷道即称横巷。在龙湖西岸还有朝朝街。巷道宽度约2~3米，变化丰富。所有纵巷东端在乌江岸边出口处原均设有村门，现仅存隆巷东口中流砥柱门、中巷东口里仁门、贤伯巷东口翰林门和明经巷口附近的镇江门。门外乌江岸边均设有码头。

巷道体系与流坑村的家族结构大体吻合。大约到清代中叶时，各房派的空间位置范围基本稳定下来。隆巷属胤隆房，中巷属胤昂、胤清两房，明经巷属双桂房，墟上巷属镜山房，上巷属校书房。贤伯巷属董琰子孙，为屯田房下七房之外的一个小房。唯有闯家巷不明确。但这种基于家族社区的空间划分未能持久，至迟到民国以后即已被房派之间相互插花打破。

中巷是流坑村中最重要的一条巷道，西起横巷，东至里仁门，长约270米，线型基本为东西向的直线，但充满小的转折，空间收放自如，变化丰富，充分体现了乡土历史聚落自然生长的空间形态魅力（图4-2-49）。董燧本人当年即居住在此，一直是聚落中重要的居住区域，至今保存大量高价值古建筑，流坑村傩舞演出场所

图4-2-48　流坑村龙湖（来源：姚赯 摄）

  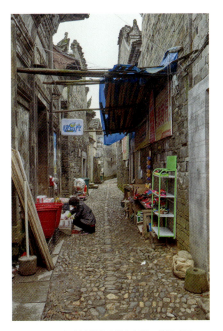

图4-2-49　流坑村中巷（来源：姚赯 摄）　　图4-2-50　流坑村贤伯巷，尽端为翰林门（来源：姚赯 摄）　　图4-2-51　流坑横巷北段（来源：姚赯 摄）

仰山庙戏台亦在中巷东端。

贤伯巷传说原名穿珠巷，因明代国子监司业、翰林院编修董琰居于此巷，为纪念他而改为贤伯。西起横巷，东至翰林门，长约240米，从翰林门至乌江边码头尚有约70米，空间亦变化丰富（图4-2-50）。

横巷是龙湖与乌江间的聚落主体中唯一一条南北贯通的巷道，连接所有东西向巷道和跨越龙湖的通道。北起隆巷，南至上巷，长约600米，线型曲折，变化复杂（图4-2-51）。

村西北龙湖与乌江之间原有流坑董氏大宗祠，始建于明嘉靖十五年（1536年），明万历年间（1573~1620年）重修。原本规模宏大，中路为大宗祠，祀流坑董氏开基祖。东为桂林祠，祀董氏十六世祖。西为桂巘祠，即文馆，本应祀孔子，但村人祀董仲舒。前有宽阔场地和牌坊，组成一个大建筑群。1927年中路、东路均被军阀孙传芳残部焚毁，仅西路文馆幸存。遗址场地总面积约5000平方米，地面尚可见大部分台基阶条石，祭堂尚存五根高约8米、直径约0.7米的大柱，以半圆形石块错缝砌筑（图4-2-52）。

流坑文馆是江西现存建筑质量最高的古代家族学校。建筑坐北朝南，为前带小型庭院的两路天井式建筑，占地约800平方米。外墙正面设门，额书"儒林发藻"四字。两侧设砖砌漏窗，两端厢房山墙为云墙。门内有一单开间门廊。前院为花岗岩条石铺地，两侧有厢房，为课舍。院中有一座东、西两侧石砌对称的长方形泮池，中间设一单拱石桥跨池而过。东路为主路，三间三进，功能包括讲堂、祭祀等，后进二层为"敕书楼"。西路为一小花园，建筑仅端部一进，为藏书楼。建筑用料粗壮，简朴有力，是江西深厚的儒学传统深入民间的具体见证（图4-2-53）。

流坑村中现存最重要的祠堂为两座大房祠，均为三间三进的大祠，建筑高大，木结构粗壮简洁。屯田房的宋赠屯田董公祠，又名屯田郎祠、文肇公祠，始建于明代，原址在贤伯巷，清康熙年间重建于现址明经巷中段，乾隆年间扩建，清同治二年（1863年）大修。校书房的秘阁校书祠，又名文晃公祠，始建于明代，位于龙湖西岸，坐西朝东，面向龙湖（图4-2-54）。屯田房下各小房亦大多各有房祠，如胤隆公祠在村北大宗祠以南，

图4-2-52　流坑村董氏大宗祠遗址（来源：姚赯 摄）

图4-2-53　流坑村文馆前院泮池（来源：姚赯 摄）

图4-2-54　流坑村秘阁校书祠享堂（来源：姚赯 摄）

图4-2-55　流坑村怀德堂外景（来源：姚赯 摄）

亦为三进祠堂。但其余小房祠则多半为两进祠堂，如隆巷东端的双桂先生祠、中巷东端的振卿公祠等。再加上大量祠宅合一的家祠，构成了完整的家族祠祀体系。

因距吉泰盆地中心实在太远，流坑村基本没有高位采光住宅，以江西主流的天井式住宅为主。村中现存最古老的住宅怀德堂，又名尚义门、凤凰厅，位于贤伯巷68号，造主为明代流坑富商董国举。据流坑清光绪《董氏思齐公房谱》，董国举生明嘉靖八年（1529年），殁明万历二十八年（1600年）。谱中录有明万历七年（1579年）《怀德堂记》。则此宅当建于万历初年，不晚于万历七年（约1573~1579年）。

怀德堂是一座三间两进小型天井式住宅，坐北朝南，平面呈长方形，建筑面积约190平方米。出入口在西侧，面临贤伯巷，是一座凸出于主体建筑之外的小门厅，有砖刻门额和楹联（图4-2-55）。进门后向右转再入正门即为前天井，两侧未设厢房。前堂明间

图4-2-56 流坑村怀德堂前天井与前堂（来源：姚赯 摄）

图4-2-57 流坑村怀德堂丹凤朝阳照壁（来源：姚赯 摄）

尺度开阔，开间、进深均接近6米，是整个建筑的主体（图4-2-56）。次间为正房，内部分隔为前后两间。后天井较浅，后堂有楼。木结构全为穿斗式，但用料硕大，做工精细，尤其前堂前檐柱、檐额和内额，直径均超过0.4米，就一座小住宅而言堪称粗壮。前天井中正对前堂设砖砌照壁，以砖雕拼成丹凤朝阳、雀鹿蜂猴、鸳鸯戏水、仙鹤长青等画面，极为精美，为晚明砖雕艺术杰作（图4-2-57）。

七、泰和蜀江村

泰和县马市镇蜀江村位于马市镇东面，距镇区约6公里。所在地位置是吉泰盆地南部，蜀水汇入赣江处冲积而成的古老沙洲，称"蜀口洲"（图4-2-58）。蜀水发源于蜀江村西南面的井冈山市茨坪镇，经遂川进入泰和，经马市镇到达蜀口洲汇入赣江，是赣江中游重要支流之一。赣江和蜀水环抱蜀口洲，实际上是一个岛，仅最北端有桥梁与赣江左岸陆地连接。蜀江村位于蜀口洲的南端，全村几乎全部属于欧阳家族（图4-2-59）。

---

① 泰和县人民政府地名办公室. 泰和县地名志 [M]. 泰和. 1986.
② 宋瑛.（清同治）泰和县志·卷十七·列传. 泰和. 1878.

北宋政和四年（1114年），欧阳献可从泰和以南的万安县顺赣江而下，在蜀江口开基[①]。经200多年生息，进入明代之后开始繁荣。明洪武二十年（1387年）欧阳允坚中举人，虽然未中进士，授官止于益都县丞，但从此开辟了蜀江欧阳氏的科举史。明永乐二年（1404年）欧阳允俊中进士，官至礼部主事。此后历代不绝，祖孙父子连科、叔侄兄弟同科屡见不鲜，明成化十六年（1480年）竟然一家三人同时中举人，明正德三年（1508年）更是一家两人同时中进士。官至尚书、侍郎、布政使等显职者应有尽有[②]，成为泰和乃至整个吉安府的望族。

图4-2-58 蜀江村区位图（来源：蔡晴据Google Earth图像绘制）

图4-2-59 蜀江村鸟瞰(来源:黄继东 摄)

蜀口洲地势平坦，村庄布局较为规整，接近正南北朝向（图4-2-60）。古村面积约8.5公顷，人口约1800人。欧阳氏家族共分11房，但祠堂仅有两座，也没有形成基于房派的组团结构。村庄大体上可分为南北两部分，由一条东西向道路分隔，称为"官道"。北部为主体，形成较早，建筑密集，两座祠堂均在北部。南部形成较晚，建筑相对松散。其相对清晰的街巷体系说明家族仍具备相当的管理能力。北部主要通过两条南北向巷道加两条东西向巷道进行组织，除中央部分巷道不够清晰，其余各部分均通达无虞（图4-2-61）。南部虽建筑松散，巷道却更为清晰。

两座祠堂是蜀江村的核心。崇德堂最为古老，位于村北部南缘中央，传说始建于明永乐九年（1411年），此后经过多次修葺，现存建筑具清代中期特征。坐北朝南，面宽仅三开间，纵深发展。最南端为探花解元台，在官道南侧，是江西各地普遍为本族科举子弟建造的各种纪念物中较为特殊的一处。台上建有解元碑和探花碑。解元碑系纪念明弘治十一年（1498年）欧阳云登科乡试第一名，俗称解元。欧阳云次年连捷中进士，官至浙江监察御史。探花碑系纪念明嘉靖五年（1526年）欧阳衢登科进士第一甲第三名，俗称探花。欧阳衢官至翰林院侍讲。官道北侧有前院与探花解元台相对，设有门楼，为建筑本身的起点，内有内院、享堂、寝堂，多达四进，通进深42米，加上探花解元台的总长度超过60米，总占地面积约625平方米（图4-2-62）。

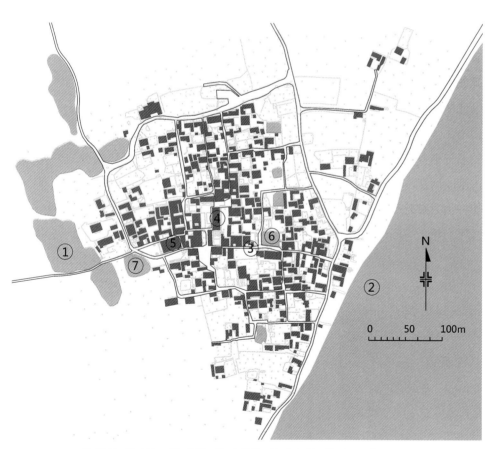

① 池塘　② 赣江　③ 官道　④ 崇德堂　⑤ 复亨堂　⑥ 朱钵　⑦ 墨钵

图4-2-60　蜀江村总平面图
（来源：陶文茹 绘制）

图4-2-61　蜀江村中巷道（来源：泰和县建设局 提供）

图4-2-62　蜀江村崇德堂（来源：姚赟 摄）

图4-2-63　蜀江村复亨堂（来源：姚赟 摄）

复亨堂位于村北部西缘南端，亦紧邻官道，但建筑坐西朝东，并不向官道开门。传说始建于明嘉靖十一年（1532年），又传有王守仁题匾。按王守仁去世于1529年初，此匾或早已写好。祠仅二进一天井，但面宽达到五开间，尺度仍颇可观，占地面积也达到575平方米（图4-2-63）。用材做工均十分精良。

这两座祠堂的关系今天已难以厘清。就规制而言，崇德堂似为宗祠，而复亨堂当为大房祠。当地居民曾表示，崇德堂主办红事，复亨堂主办白事，则两祠为全村所有族人共祀。另有说法称复亨堂内设读书楼、进士楼，凡族人学子中举登科，均在祠击鼓谒祖旌表，村中保存有清乾隆五十一年（1786年）《复亨堂祭簿》，其中载有读书歌和祝鼓词，则此祠又具类似于文庙性质。

蜀江村因地处河口沙洲，易发水涝灾害，故从建村之初即对村庄排水十分重视。村中规整的街巷组织有利于排水和汇水，每条街巷旁都配有明沟，还有地下暗沟。村中有两口主要池塘，一在东部，称朱钵；另一口在西部复亨堂前，称墨钵。朱钵又称槽塘，与村中大量沟渠相通，是村中主要的汇水池。据说因崇德堂主办红事，红者朱也，故称朱钵。又说崇德堂内曾办私塾，是老师点书的朱笔洗笔的池塘，故称朱钵。墨钵的由来则据说是因为复亨堂中建有读书楼，学子在"复亨堂"读书时，在池塘里洗笔砚，水因此变墨黑色，故称"墨钵"。

住宅均沿巷道建造，排列较整齐。基本上仍以吉泰盆地中心地区典型的无天井高位采光小型住宅为主，前后或侧面加上各种附房跨院发展而成（图4-2-64）。

图4-2-64　蜀江村中住宅（来源：泰和县建设局 提供）

第三节　抚河流域村镇

一、金溪浒湾镇

浒湾镇位于江西省抚州市金溪县西部，距县城约24公里，离抚州市约23公里（图4-3-1）。地处抚河中游平原北部，抚河自南向北流经这里转而向西流向抚州。镇区紧傍抚河北岸，水陆交通便利，货船可通赣江直达长江，明代后期起成为金溪县的商贸中心和对外交通中心。现存古镇区占地约36公顷（图4-3-2、图4-3-3），人口约6000人。

金溪于北宋淳化五年（公元994年）建县，当时县中主要的市场在浒湾东北方向约2.5公里处的古竹街，大约在唐末由吴氏家族开基，逐渐发展成集市。明代初年，许氏家族迁至抚河北岸河湾边的一片平地上开基，命名为许湾[①]。此后这里因濒临抚河，方便船舶停靠，迁入的人口也日益增多，遂将许湾改名为浒湾，取水边平地之意。但直至清末，许湾、浒湾仍在各种文献中同时使用，当地人则至今仍将浒湾读作许湾。许氏家族仍为当地大族之一。

浒湾逐渐发展成市场，抚州知府派属吏一员驻此，负责征收商税，贸易凋零。明万历三十五年（1607年）江苏宜兴进士丁天毓出任金溪知县，申请将税吏撤去，改为按商家定额征税，商业遂迅速繁荣，成为县域中最大的市场[②]。古竹街此后则逐渐退化，现在已成小村。清属归德乡十九都，清康熙二十三年后（1684年）屯有驻军[③]，清雍正七年（1729年）在此建立漕仓，并设漕署，管理粮食外运事务[④]。至清末已成为抚河流域最大的商业市镇（图4-3-4），抚河岸边至今仍留有大码头遗迹（图4-3-5）。

---

① 金溪县人民政府地名办公室.金溪县地名志[M].金溪.1986.
② 李云.（清道光）金溪县志·卷一·疆域志·都图.金溪.1823.
③ 李云.（清道光）金溪县志·卷二·建置志·塘汛.金溪.1823.
④ 李云.（清道光）金溪县志·卷二·建置志·廨宇.金溪.1823.

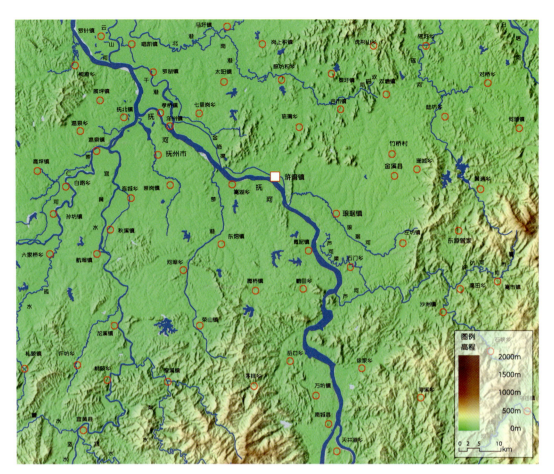

图4-3-1 浒湾镇区位图
(来源:赵梓铭 绘制)

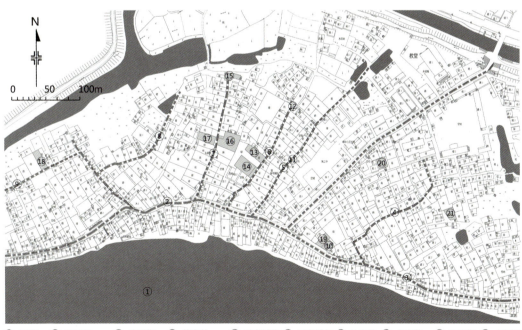

① 抚河 ② 苏州街 ③ 扬州街 ④ 黄家井 ⑤ 前书铺街 ⑥ 后书铺街 ⑦ 礼家巷 ⑧ 占家巷 ⑨ 仁里街 ⑩ 永源祥
⑪ 恒门 ⑫ 藻丽琅寰门 ⑬ 红杏山房 ⑭ 忠信堂作坊 ⑮ 观音阁 ⑯ 十四、八、九都社仓 ⑰ 许家祠堂 ⑱ 竹筠栈 ⑲ 银楼
⑳ 黄氏会馆 ㉑ 三十六都四图漕仓

图4-3-2 浒湾镇总平面图(来源:蔡晴 绘制)

图4-3-3 浒湾镇鸟瞰（来源：黄继东 摄）

图4-3-4 浒湾图（来源：引自《同治金溪县志》）

图4-3-5 浒湾镇大码头（来源：姚赟 摄）

图4-3-6 浒湾镇苏州街（来源：姚赯 摄）

图4-3-7 浒湾镇前书铺街（来源：姚赯 摄）

浒湾大约在晚明发展起雕版印刷业，清代成为全国主要图书出版中心之一，先后开设有90多家书坊，常年出版的图书超过5000种，内容既有经史子集、蒙童课本，也包括戏曲小说、医方药书、佛经佛像，乃至于描红字帖、账册簿记等，远销全国。清乾隆年间的山东进士、藏书家李文藻在北京逛琉璃厂淘书，称"书肆中……不著何许人者皆江西金溪人也……正阳门东打磨厂亦有书肆数家，尽金溪人卖新书者也。"[1]可见其生意之大。

清代后期，浒湾经营的商业既包括粮食、木竹、纸业等大宗货物，也包括南货、布匹、百货等商品，银楼、餐饮等服务业也十分发达。民国时期浒湾的雕版印刷业在现代印刷技术冲击下大为衰微，但其余各种行业仍然十分兴旺，商户数量仍超过300家。民间流传浒湾有"十锦"：和顺祥的土布、祥和号的贡面、天盛仁的纸、赞育堂的药、怡和号的豆豉、民顺楼的米粉、和生栈的饼、洪太生的纸伞、龙香阁的墨、品芳斋的桔饼[2]。在金溪号称"小上海"。

浒湾的商业街区主要沿抚河岸线形成，形成了东西长约1.5公里的大街。当地传说因街道建于河边洲畔，早期又以雕版印刷业为支柱产业，街上无处不是书籍，遂称之为"书洲"，以后讹为苏州街。街道大体顺应岸线弯曲延伸，仅西段有明显曲折。1933年修通抚州至金溪公路，从镇区北面经过，为与公路连接，开通一条小街通入镇区与大街相交。此后大街被以此街口为界划分成两段，西段仍称苏州街，现称红卫路（图4-3-6），东段则改称扬州街，现称红星路。小街本身今称胜利路。

市镇从抚河岸边向陆地发展，形成了9条纵深方向的巷道，大致均呈南北走向或西南—东北走向。这些巷道之间还有多条大致呈东西向的巷道连接。最重要的巷道都位于古镇区中部，包括3条近乎平行的巷道，与苏州街成75°～80°相交。东侧一条称前书铺街，长约220米（图4-3-7）；中间一条称后书铺街，长约200

---

[1] 刘国宣. 书籍史视阈下的《琉璃厂书肆记》[J]. 图书馆理论与实践, 2017 (10): 107-112.
[2] 金溪县志编纂领导小组. 金溪县志 [M]. 北京：新华出版社, 1992.

 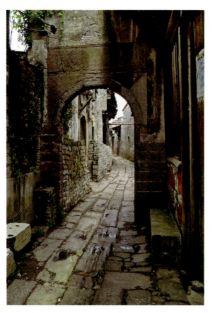 

图4-3-8 浒湾镇藻丽娜嬛门（来源：姚赯 摄）　　图4-3-9 浒湾镇恒门（来源：姚赯 摄）　　图4-3-10 浒湾镇观音阁（来源：姚赯 摄）

米；西侧一条称礼家巷，长约180米。巷道宽度均3～4米。这3条巷道曾经集结了浒湾的大部分书坊，是浒湾雕版印刷业的核心区域，至今仍保存有忠信堂、红杏山房、旧学山房、漱石山房等书坊。

后书铺街北端巷口建有门楼，为单跨石拱门，额题"藻丽娜嬛门"，款题"道光癸卯 合坊鼎建"。藻丽指华丽的文辞，娜嬛为传说中天帝藏书处。道光癸卯即清道光二十三年，1843年（图4-3-8）。

前后书铺街北部有横街相互连接，亦设门楼，亦为单跨石拱门，额题"恒门"，款题"道光庚戌 本坊众建"。道光庚戌即清道光三十年，1850年（图4-3-9）。

礼家巷北端建有观音阁，始建于清乾隆年间，以巨大基座跨越巷口，形态类似于城楼，南侧向巷内开有门洞，但未直通，而是转折向西出口（图4-3-10）。

浒湾镇作为一个工商业市镇，家族影响不显著，仅有少数祠堂混杂在巷道中，如礼家巷中的许家祠堂。其他巷道基本以居住为主，也有少数商号及会馆等杂处其中，如占家巷、仁里街等，尺度较前后书铺街等稍开阔（图4-3-11）。

抚河流域没有出现吉泰盆地那种高位采光住宅，均为江西主流的天井式住宅。浒湾镇的书坊和一般住宅相比亦未见显著区别。唯清末至民国时期出现了若干进深很大、带有天窗的店铺，已能见到显著的近代建筑影响。

1946年建造的杨记银楼位于红星路（扬州街）135号，面对抚河。建筑临街而建，由两间临街店铺和两层三开间的住屋组成。与红星路132号永源祥毗邻并共墙。建筑二层走廊墙中有碑记"杨、廖姓墙角杨玉庭独墙民国三十五年立"，据此可知建于1946年。所谓银楼实际上是金银首饰店，以来料加工为主，也兼售少量成品首饰。用地形状非常不规则，但通过巧妙设计形成了有效的形体组织。建筑由前后两部分组成，沿街部分是一个不规则的四边形，底层为店面，二层为库房。开有贯通明瓦天窗给底层店铺采光。后墙设门，门内为二层单天井两进住宅，由前廊进入。天井周围在二层设走马廊。建筑造型和空间组织均有明显的西方建筑影响，但建筑内部为完整木构体系，外包砖墙，内含两处天井，虽无彩画雕刻，但做工十分精细（图4-3-12、图4-3-13）。

图4-3-11 浒湾镇占家巷（来源：姚糖 摄）　　图4-3-12 浒湾镇杨记银楼平面图、立面图、剖面图（来源：南昌大学2010级建筑学专业学生测绘成果）　　图4-3-13 浒湾镇杨记银楼内宅天井（来源：姚糖 摄）

二、广昌驿前镇

驿前镇位于广昌县域南端，武夷山脉南段西缘，南邻石城县小松、木兰二乡，西毗宁都县湛田乡，北接赤水镇，海拔约270米。抚河的发源地就在驿前镇姚西村的血木岭，《汉书·地理志》和郦道元《水经注》均有记载。血木岭中的山溪流经龙井、天井里形成驿前港，环绕驿前镇区并向北穿越镇域，在赤水的石嘴头与塘坊港汇合，始称旴江，为抚河上游主脉。南面一山之隔为赣江上游干流贡水最大支流之一梅江流域，是抚河流域中上游地区距离赣江流域最近的地方（图4-3-14）。

驿前之地，汉代属南城县，三国后期起属南丰县南丰乡。蔡氏家族最初在此建村，称梅林。唐贞观年间（公元627~649年），赖氏家族自宁都迁入，南宋初年白氏家族又从南城迁入，此后逐渐取代蔡氏，成为驿前两大望族。南宋绍兴八年（1138年），分南丰县南部设广昌县，改属广昌县南丰乡新坊里。其地为连接福建、广东的孔道，位置冲要。绍兴十七年（1147年），广昌县令承敷设谨节税场和谨节驿于此，因地处梅林，又称梅驿。该地由此得名驿前。虽然谨节驿到明代即无记载，但这里凭借其地理位置逐渐发展成镇市，《正德建昌府志》称为梅岭墟市，《同治广昌县志》称为梅驿墟市，又称驿前墟市。清乾隆十七年（1752年）起常驻军队把守陆路安全[①]。

驿前是江西不多见的主要商业街道不沿河发展的市镇。由于旴江上游河床狭窄弯多、落差大，不具备通航能力，驿前尽管面临旴江，但却是一个陆路市镇。驿前街自东北向西南延伸，包裹镇区。从驿前一路向南，约30里山路，即到达石城县的桐江墟（今石城县小松镇桐江村），是为梅江最大支流琴江的支流石田河上游，由此经石城向东可到达福建宁化，向南可经瑞金到达福建长汀，再往南可经会昌、寻乌到达广东平远。

驿前古镇区仍保存较完整的传统聚落形态和相当数量的历史建筑，面积约10公顷，居住人口约1200人，

---

① 曾毓璋. 广昌县志·卷一·兵营附. 广昌. 1867.

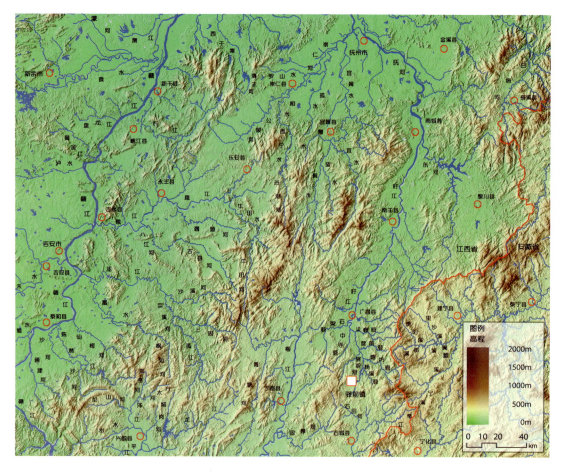

图4-3-14 驿前镇区位图（来源：赵梓铭 绘制）

与周边自然环境和传统农耕环境的关系基本得到延续（图4-3-15、图4-3-16）。

驿前街是在相对平缓的地形上依托聚落逐渐发展起来的商业街，虽然基本连续，但有多处转折。北段称下街，地势最低，大致呈西南——东北走向，长约210米，仍基本保留清末民初状态（图4-3-17）。中段称中街，略呈南北走向，长约90米。南段地势最高，称上街，一路向南，现存长度约85米。这两段现代已经过多次改造，无复旧观。此外还有一条横街，长约250米，从中街与上街连接处开始，先向东南再折向南直抵盱江岸边，现已基本丧失商业功能。这种以一条带形商业街区包绕一个居住区域的组织方式在江西颇为典型。

入清以后，驿前已成为一个多姓家族共处的传统聚落，以赖氏规模最大，白氏次之。各个家族在镇区内的居住地相对集中，形成明显的家族区域。其中，赖氏家族主要居住在镇区东部，北半部称上窝赖，南半部称下窝赖。白氏家族主要居住在镇区西部上街以西，称白家头上。其余小家族则散居周边。

驿前赖氏、白氏两大家族均繁衍已久，族内房派关系复杂。白氏人才不多，赖氏虽然明清两朝均出过进士举人，但没有出现如流坑董燧那样具有公认权威的家族领袖，因此都没有形成如吉泰盆地家族聚落一般清晰的祠祀体系。赖氏家族原有大祠，在中街北端靠近下街街口处西侧，称"赖氏家庙"，始建于明万历年间，此后多次修整。据《广昌梅驿赖氏重修族谱》所载祠图（图4-3-18），前后两进，前为门屋，后为祭堂。门屋外有弧形池塘，立有禁约"大祠总门外栏杆一带及对面店门口公议不许搭凉棚，先行禁革"。1960年代部分拆除，

图4-3-15 驿前镇鸟瞰（来源：黄继东 摄）

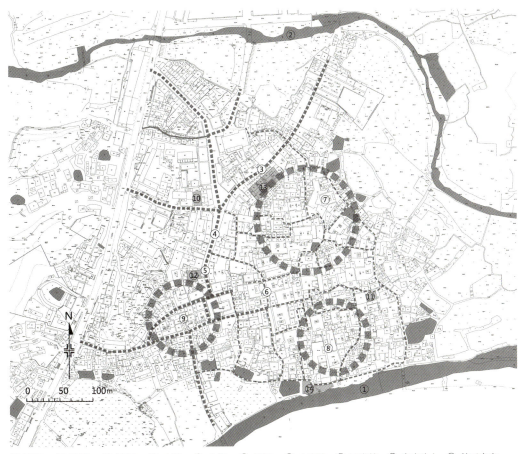

图4-3-16 驿前镇总平面图（来源：蔡晴 绘制）

① 盱江 ② 清溪 ③ 下街 ④ 中街 ⑤ 上街 ⑥ 横街 ⑦ 上窝赖 ⑧ 下窝赖 ⑨ 白家头上 ⑩ 赖氏家庙 ⑪ 奉先思孝祠 ⑫ 白氏宗祠 ⑬ 奎璧联辉宅 ⑭ 清吸盱源宅

近年已经重建，重新成为当地居民活动中心（图4-3-19、图4-3-20）。

赖氏家族现存10座其他祠堂，均系各小房派自建。个别祠堂甚至发生过严重纠纷，更换了祭祀神主。民国《广昌梅驿赖氏重修族谱》载有《铁炉前新祠根由、祭祀定额》，称：

> 铁炉前新祠何以名八轩公？原因轩彩公乏嗣，将己屋送归侍祖景源公支下，牌奉多载。其兄轩仪公子孙藉赁居住，雍正四年除夕毁牌。丁未元旦，源公支下赴祠拜谒，骇知牌毁，累讼多载。后轩仪支孙文秀竟将屋出卖。乾隆庚申，祖支三房支孙轩舆、轩柱、轩文、轩鼎、轩英、轩澄、轩浍、轩漾八公位下凭中议价，向族尚纶公祠买转立契……合建祠宇，常年春祀。八轩公位下按牌挨次轮祭……并轩彩公，不忘所自，仍皆祔为从祀。只有轩仪公一房无牌无赀，虽有子孙，永远不得入

图4-3-17 驿前镇下街（来源：姚赯 摄）

图4-3-18 赖氏家庙图（来源：引自《广昌梅驿赖氏重修族谱》）

图4-3-19 驿前镇赖氏家庙（来源：姚赯 摄）

图4-3-20 驿前镇赖氏家庙内景（来源：姚赯 摄）

祠与分与祭。乾隆四十九年岁在甲辰季春月清明日。[①]

按此祠原系驿前赖氏第十九代赖轩彩住宅，因无嗣，死后改为祠堂，祭祀其曾祖第十六代赖景源一系祖先。之后被其兄赖轩仪子孙借住，于清雍正四年（1726年）除夕毁去祭祀牌位，后来又转手出售，因而引起争议，多年未果。乾隆庚申年即清乾隆五年（1740年），赖轩彩堂兄弟赖轩舆等八小房的子孙合伙将房屋买回，重建为祠堂，即现存奉先思孝祠（图4-3-21），以门额得名。三间两进，前为很浅的门厅，后为很深的享堂。因系轩字辈八小房子孙合建合祭，又名八轩公祠。经两代人后，乾隆四十九年（1784年），八小房子孙再次订约，为不忘本，赖轩彩虽无嗣，仍在此祠附祭。唯独赖轩仪一房子孙永远不得入此祠，以示决绝。

驿前白氏家族规模远小于赖氏，祠堂数量亦少，仅有一座宗祠和两所房祠。白氏宗祠位于上街西侧的白街头上，建于清咸丰元年（1851年），面阔五间，尺寸不大，进深亦仅有两进，用地逼仄，前有庭院，可能原建有门楼已不存，亦未见场地布置（图4-3-22）。

驿前虽然祠祀体系不突出，但住宅却十分精良，其中部分还有绝对纪年，发展脉络清晰。所保存的大量清代中前期住宅建筑遗存，是"康乾盛世"的物质体现。如建于清乾隆八年（1743年）的奎璧联辉宅，俗称七进厅，实为四进，建筑占地面积超过1000平方米，是江西省不多见的大型住宅（图4-3-23）。临河建造的清吸盱源宅，外部为适应狭长地形，又附会风水，做成船形，临水设大轩窗，成为江西罕见的位置、形状均不合常规的住宅，但内部则仍努力遵守一般天井式住宅的规制（图4-3-24、图4-3-25）。建筑均做法考究，大木作、小木作、石作无一不精，地方建筑特征明显，大量使用斗栱、丁头栱、驼峰、月梁、藻井、卷轩、木櫍等构件，充分体现了江西东部地方建筑特征。

除了作为商业墟市，驿前镇凭借独特的地理环境和气候，还拥有独树一帜的特色农业，包括通芯白莲、黑老虎晒烟、中药材泽泻三大农特产品。春夏种白莲、秋冬种泽泻，是当地历史悠久的传统，至今仍为重要产业。聚落和自然环境、传统农耕环境的关系清晰可见，体现了古老聚落的持续发展（图4-3-26）。

---

① 赖日漾. 铁炉前新祠根由、祭祀定额. 转自赖得名，赖梗生. 广昌梅驿赖氏重修族谱. 广昌. 1944.

图4-3-21 驿前镇奉先思孝祠（来源：姚糖 摄）　　图4-3-22 驿前镇白氏宗祠（来源：姚糖 摄）　　图4-3-23 驿前镇奎璧联辉宅（来源：姚糖 摄）

图4-3-24 驿前镇清吸盱源宅鸟瞰（来源：黄继东 摄）

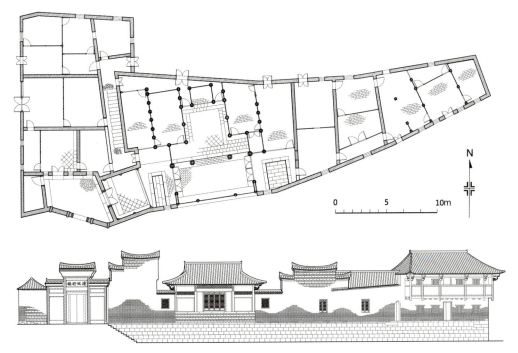

图4-3-25 驿前镇清吸盱源宅平面图、立面图（来源：江西省文物保护中心 提供）

图4-3-26 驿前镇临河界面（来源：黄继东 摄）

三、宜黄棠阴镇

宜黄县棠阴镇位于宜黄县县城东南部，雩山山脉北段的丘陵河谷之中。镇区地势南高北低，东西两面环山，发源于宜黄县南部山区的宜水由南往北流过镇区西侧，至宜黄县城南侧与同样发源于宜黄县南部山区的黄水汇合成宜黄水，之后继续北流，至抚州市区附近与崇仁水汇合成临水，为抚河最大支流，再汇入抚河干流。镇区海拔高程在110~119米之间，东西两侧地势逐渐抬升至海拔300米以上（图4-3-27）。

棠阴始称陂坪。吴氏家族于北宋天圣九年（1031年）由临川迁入，在路边种下甘棠树，祝曰："尔茂吾子孙亦茂"。此后甘棠树果然茂盛，由此命名棠荫，后改棠阴[1]。罗氏家族约于北宋元丰三年（1080年）前后迁入，选择吴氏家族聚居区域的北面约500米处开基。符氏家族在明正统七年（1442年）迁入，在吴、罗两家之间开基，从而正式将三家聚落连成一体，形成棠阴古镇区。这三个家族至今仍是棠阴三大望族。清代属宜黄县仙桂乡七都。现镇区东北部称解放村，西北部称建设村，南部称民主村。并未完全按照家族社区划分。古镇区面积约33公顷，人口约5000人。

北宋末年，棠阴已发展出市场。北宋宣和五年（1123年）由官府出面设立草市"人和市"，位置在吴氏家族聚居区域北端，现在的八府君祠位置，为棠阴见于记载的第一个市。棠阴吴氏第九代孙吴洪于南宋理宗时期（1224~1264年）于镇区东南部设立棠阴市，为棠阴设立的第二个草市。

明代中期，夏布成为棠阴的重要产业。夏布是以苎麻为原料编织而成的麻布，制成衣物凉爽适人，常用于夏季衣着，因此称为夏布。麻纺织业是江西极为古老的产业，历史至少可追溯至战国时期，流程复杂，包括脱胶、漂白、纺织等，成布后还要再次反复锻洗漂白，才能制成柔软细腻的白纻夏布。棠阴一带地处山区，开辟水田种稻不易，却适合种苎麻。这一段宜水又全是卵石河床，不但水质清澈，而且含有硫磺，特别适合漂洗夏布。棠阴宜水沿岸一带的沙洲成为天然漂晒场地，宜水则成为运输线路。棠阴因此逐步形成从苎麻种植到夏布纺织再到漂白染色的全过程生产基地，又在此基础上进一步成为江西东部最大的夏布专业市镇，集生产中心和集散中心于一体，最高年产量达40万匹，不仅行销全国，甚至远销海外[2]。直至民国年间，尽管已受到现代纺织工业的严重冲击，棠阴夏布仍凭借其特有优势保持市场地位。抗战爆发后，还于1939年在棠阴创办了省立麻织科初级实用职业学校，每年招收1个班50余名学生[3]。1942年日本侵略军窜犯棠阴，造成严重破坏，夏布产业此后急剧衰落。棠阴镇失去区域性专业市场地位，但仍然作为宜黄县东部的地方商业中心而存在，其历史格局和面貌基本上保存到了今天。

棠阴古镇区沿宜水伸展成带形格局，南北长东西短，南北长约1公里，东西平均宽度约350米（图4-3-28、图4-3-29）。镇区以纵贯南北的街道为枢，向两侧伸展出巷道，略成鱼骨状格局。商业街区和居住区域没有明显的界线，是其显著特征，和江西中部其他商业市镇存在显著差异。

极盛时，棠阴镇号称"小小宜黄县，大大棠阴镇"，有十里河埠、五里长街、九岭十三巷、三万六千家烟火。

"十里河埠"指宜水从棠阴镇区南面约3公里处的渣堡村到镇区北面约3公里的车上村，水路全长约8公里。这段水域为棠阴夏布产业的漂洗作业区，每年从五月直至九月，河边沙洲上全部铺满晾晒的夏布。岸线则

---

[1] 宜黄县地名办公室. 江西省宜黄县地名志 [M]. 宜黄. 1985.
[2] 江西省纺织工业志编纂委员会. 江西省纺织工业志 [M]. 北京：中共中央党校出版社，1993.
[3] 宜黄县志编纂委员会. 宜黄县志 [M]. 北京：新华出版社，1993.

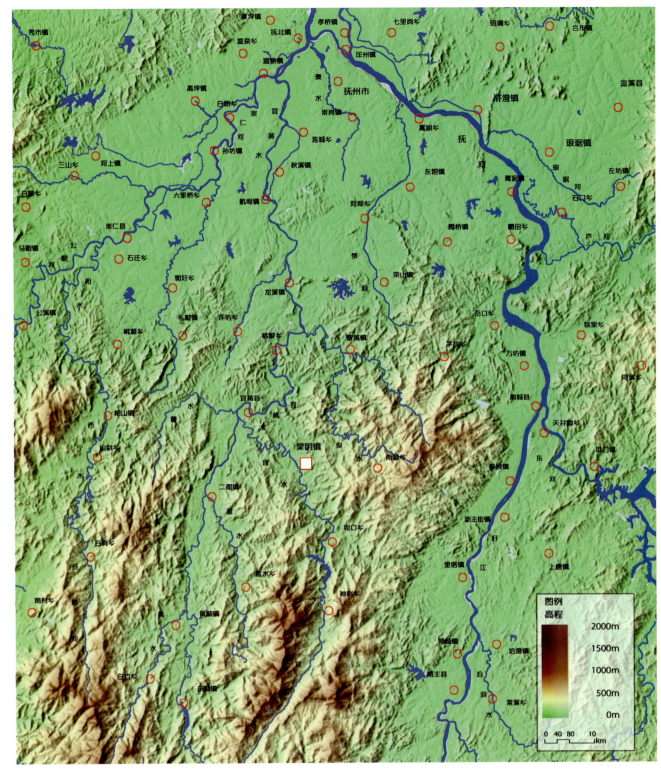

图4-3-27 棠阴镇区位图（来源：赵梓铭 绘制）

图4-3-29 棠阴镇鸟瞰（来源：黄继东 摄）

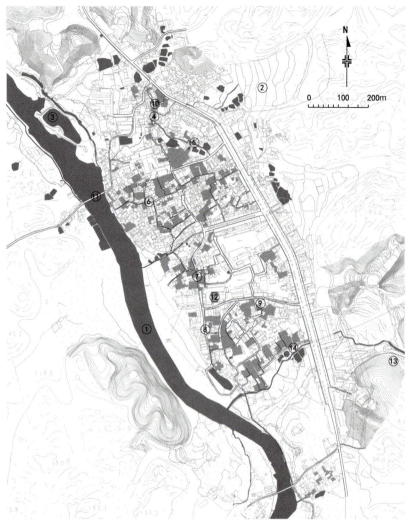

① 宜水 ② 东园牧笛 ③ 螺阜春云 ④ 下街 ⑤ 江家巷 ⑥ 西巷 ⑦ 中街
⑧ 上街 ⑨ 陂头 ⑩ 承恩坊 ⑪ 观埠桥 ⑫ 八府君祠 ⑬ 湋溪飞瀑 ⑭ 暗巷

图4-3-28 棠阴镇总平面图（来源：蔡晴 绘制）

是棠阴夏布产业的装卸码头区。

"五里长街"是指从棠阴北端下街街口至镇区南端的雷湾村，有全长约2.5公里的连续道路，全部以青石板铺砌而成，实际上街道界面并不完全连续。镇区街道主体长约1公里，除南部一小段离河岸较近外，大部分不沿河岸伸展，而是与河岸保持一定距离，线型曲折多变。街道两边店铺林立，为棠阴古镇的商业区。现街道线形、尺度大体尚存（图4-3-30、图4-3-31）。

"九岭十三巷"为街道两侧的居住区域，均为虚数。"岭"指棠阴市镇中地势较高的地方，有官仓岭、

图4-3-30 棠阴镇河口巷（来源：蔡晴 摄）

图4-3-31 棠阴镇暗巷鸟瞰（来源：抚州市文化局 提供）

郑家岭等名目。"十三巷"则有东巷、西巷、昼锦巷、刘家巷、暗巷等。

《同治宜黄县志·卷四·地理》载有棠阴八景：卓岭朝烟、枫林夜月、螺阜春云、桃屏霁雪、渣浦渔灯、东园牧笛、观埠彩虹、溓溪飞瀑（图4-3-32）。

卓岭朝烟指棠阴镇区东面有卓望峰，今称坐石岭，海拔约420米，峰顶有平地，可鸟瞰棠阴全貌，见炊烟袅袅。

枫林夜月指棠阴东南方向约15公里外的圳口乡枫林村，明天顺年间（1457~1464年）吴氏家族之分支迁此开基，地处深山，夏季凉爽宜人，为棠阴吴氏避暑消夏之地。

螺阜春云指棠阴镇区北部宜水河面展宽，水面平静，每逢春季，河中水雾升腾，缥缈弥漫。

桃屏霁雪指棠阴南面约6公里处有桃华山，海拔超过600米，为棠阴镇区对景，视线通达无碍。山上有野生桃林，每逢春季桃花盛开，自镇区视之，有如皑皑白雪。

渣浦渔灯指棠阴南面约3公里处西岸的渣堡村，原

图4-3-32 棠阴八景分布图（来源：蔡晴据Google Earth图像绘制，枫林夜月因距离过远未在图内）

名渣浦，宜水在这里绕村作大转弯，为河中鱼群洄游处，是传统渔场。因滥捕过甚，鱼群早已绝迹。

东园牧笛指镇区东北部原有桑林，又为放牧耕牛之处，牧童嬉戏之所。清代中期以后屡遭兵匪骚扰，化为荒地。

观埠彩虹指镇区北部观埠桥，原为六跨石墩木梁桥，始建于明洪武二年（1369年），清嘉庆九年（1804年）重建①，长约81米，跨越宜水，犹如长虹卧波。1971年改造为钢筋混凝土桥面，5座桥墩至今仍存。

溓溪飞瀑指镇区东南部山间有小溪流出，古称溓溪，今称津溪，流近镇区时形成小瀑布，落差约20米。

棠阴居住社区历史悠久，但祠祀不发达，保存至今的主要祠堂仅镇区中部吴氏家族八府君祠一处，不过这唯一一座祠堂却足以壮观。

八府君祠为棠阴吴氏大宗祠。据吴氏家谱记载，八府君即棠阴吴氏始迁开基祖，吴竦，字敬文，家中排行第八，因此后世子孙称为八府君。明隆庆四年（1570年）吴氏家族买下原北宋末年所设人和市基址，经10年筹划，于明万历八年（1580年）开工建造，当年建成了寝堂、中厅三门、东西两廊，以及廊房外左右店面，充当祠产。为对人和市传统表示尊重，还在祠前买地建造人和神庙。此后又经过多次整修扩建，直至清乾隆五十四年（1789年）才完成建设。前后历时220年，形成了占地面积达4000平方米的大型祠堂。

八府君祠建筑坐北朝南，原有三进，前为门厅，内有广庭，东西两面为廊庑，中为三开间享堂，系经扩建而成，进深极大。两侧南北各设三间附房，中为天井。享堂后隔一狭长天井为三开间寝堂，两侧亦有附房。1939年省立麻织科初级实用职业学校即开办于此，后改为棠阴小学。现门厅、廊庑和寝堂均已不存，仅余享堂及其两侧附房。

享堂为一敞厅，分前后两部分。后部进深四间，明间抬梁，次间穿斗。后金柱间设屏墙，形成面对后天井的外廊。后檐柱和前后金柱均在柱头设座斗承梁，梁顶再以驼峰承檩。前檐柱则为柱承檩，但额枋上下柱径相差明显，当经过后世改造，原始做法可能和后檐柱相同。梁柱均极为粗壮，柱径达0.8米，为江西罕见。这一部分疑为明代原构，至少也是清代早期的做法。前部进深实际仅一间，明间设七架梁，木结构全部以柱承檩，为江西清代中后期常见做法，与后部差异明显，用料亦远小于后一部分，当为乾隆时期扩建而成。两部分之间不设天井，而是将屋檐对齐，做水平天沟，类似但并非勾连搭做法，以形成连通的大厅，使整个大堂的进深接近18米，通进深达到20.5米。整座享堂尺度巨大，空间高敞，气势雄浑，为罕见的集明清木结构为一体的古建筑（图4-3-33~图4-3-36）。

村北部建有承恩坊，亦为明代遗物。明宣德五年（1430年），棠阴吴氏家族成员、中宪大夫、右通政、直秘阁吴余庆致仕回乡，宜黄知县为他建立牌坊，以示纪念。明隆庆五年（1571年）重建。《同治宜黄县志》有吴余庆传，此人于明永乐六年（1408年）应荐举入朝为官，以擅长书法，长期在内阁、通政司等机要部门任职，历经永乐、洪熙、宣德三朝②。坊为全木结构，一间三楼，在大额枋上加童柱承次间两楼。明间额书"承恩"二字，额枋书"中宪大夫通政司右通政吴余庆"，均作浅阴刻。梁柱粗壮，次间为三跳计心造斗栱承挑檐檩，明间为三跳交叉如意斗栱承挑檐檩，主体结构基本完整，仅屋顶有明显后世改造痕迹（图4-3-37）。

---

① 张兴言，夏燮.（清同治）宜黄县志·卷六·地理·津梁. 宜黄. 1871.
② 张兴言，夏燮.（清同治）宜黄县志·卷二十九·名臣. 宜黄. 1871.

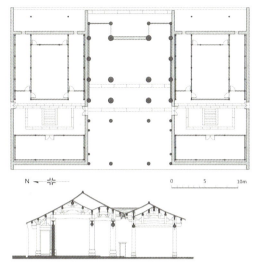

图4-3-33 棠阴镇八府君祠平面图、剖面图（来源：蔡晴 测绘）

图4-3-34 棠阴八府君祠享堂后部明代建造部分（来源：姚赯 摄）

图4-3-35 棠阴八府君祠享堂前部清代扩建部分（来源：姚赯 摄）

图4-3-36 棠阴八府君祠享堂前后部之间水平天沟（来源：姚赯 摄）

图4-3-37 棠阴镇承恩坊（来源：姚赯 摄）

四、金溪竹桥村

金溪县双塘镇竹桥村位于县域北部，南距县城约10公里，西距浒湾镇约31公里。地处抚河下游平原的东北边缘地带，地势平坦，微有起伏，南低北高，建成区最低点与最高点高差约8米。村庄东面有小山连绵，林木葱郁。西面为大片开阔农田，一条小溪自南向北流过，至村西北约2公里处汇入东乡水，又称云山河，发源于金溪县城东面的山中，蜿蜒穿越几乎整个金溪县北部地区，再穿过东乡县、临川县，最后在抚州府城西北约20公里处汇入抚河。竹桥村因此将自己的村口朝向西偏南方向，但村中建筑几乎全都朝向东南，为此在村北的小丘上种植了大面积风水林，实际高差不过3~5米而已。

竹桥村为余氏家族世居，至今村民仍几乎全为余氏家族成员。余氏于五代时期在金溪县开基，以后成为望族，县内多地均有分布。余文隆约在元至正元年（1341年）前后迁至此处，当时还叫作月塘，以一组略呈新月形的池塘命名，至今仍存。又因村边有竹林，溪上有小桥，故称竹桥。余文隆从此在这里开枝散叶，至清代成为金溪雕版印刷产业基地之一，从而开始了一系列建设，形成今日面貌。1948年编纂的《竹桥余氏家谱》这样描绘其村庄：

群山万壑，川原如画。脉接云林，门当崇岭。余氏之居，隐然在焉。村地位县城之北二十里，为金东之通道。自外而观之，宅栉邻比，层级而上，或曰形似扇，又曰塔也。村前长川如带，自东西流，良田万顷，极目无际。近傍锡福庙，远挹紫澜阁，昔传飞来有佛。村之背，后山树林阴翳，鸟鸣上下，行坐其中，如入山阴道上。村门楼边有三井品立，内有水塘七方，中月塘一圆，以形七星伴月之象。媲之三潭，胜迹又何多让焉。若夫四时之景，昕息百变，气象万千。村民耕读渔猎，出而作，入而息，自谓无怀葛天。以上三百家烟火，俨然一小都市也。其谓巨族也不亦宜乎。[①]

按"金东之通道"指竹桥西面有古道可通东乡县，1936年建成公路[②]。无怀、葛天为两位传说中的上古帝王，后用以指上古淳朴之世之民。柴桑人陶潜《五柳先生传》："酣觞赋诗，以乐其志，无怀氏之民欤？葛天氏之民欤？"[③]正是崇奉耕读传统的乡村聚落品格。

"三百家烟火"在家谱中以村图进行了详细描绘（图4-3-38）。与今天的竹桥村相对照，可见竹桥村至今仍保存较完整的传统村落格局，包括村北风水林在内的古村面积约42公顷（图4-3-39、图4-3-40），目前人口约1700人。

竹桥村共设有4座门楼。其功能未必重在防卫，更重要的可能是空间限定和组织。最外侧的是总门楼，位于村庄西面中部，朝向西偏南，为村庄主入口，也是重要的公共活动聚会场所。家谱中收有清光绪十三年（1887年）村人余炯所作《重修总门楼记》：

总门楼束村居之气，为一族之观瞻，而盛衰系焉。坐癸丑兼丁未向，远案崇麓峰，近案黄婆岗，前稻田平坦，三井品立，上沙东冈嘴、楮山冈、下沙策元山、背头山，障蔽缜密，布列井然。所有溪渠沟浍，回环潆抱，不见水出，一望而知为巨族焉。或曰建于明初，或曰其向为廖禹先生鉴定，固莫可考也……咸丰初年被粤匪焚烬……迨咸丰七年贼烬，族人归，敛赀重建，概遵原式，奈一时未察，向差半字。十余年间，户口未增，殷实多倾……适大祠收租，见有负绳索斧斤

---

① 余济武. 竹桥余氏村居记. 转自余济武. 竹桥余氏家谱. 金溪. 1948.
② 金溪县志编纂领导小组. 金溪县志[M]. 北京：新华出版社，1992.
③ 陶潜《五柳先生传》，引自逯钦立校注. 陶渊明集[M]. 北京：中华书局，1979：175.

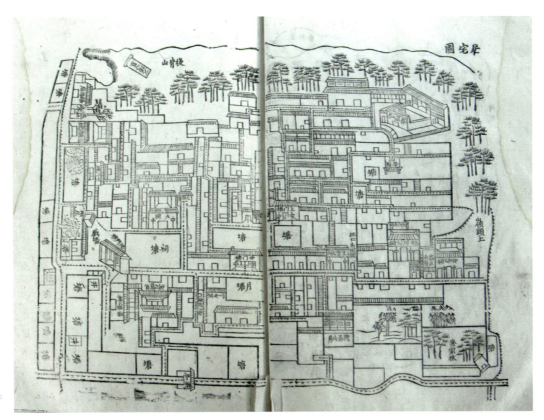

图4-3-38 竹桥村图（来源：引自《竹桥余氏家谱》）

图4-3-39 竹桥村总平面图
（来源：蔡晴据Google Earth图像绘制）

① 总门楼　② 品字三井　③ 中门楼　④ 上门楼　⑤ 下门楼　⑥ 文隆公祠　⑦ 仲和公祠
⑧ 养正山房　⑨ 惕区公祠　⑩ 步云公祠　⑪ 镇川公祠　⑫ 锡福庙　⑬ 八家宅　⑭ 十家宅

图4-3-40 竹桥村鸟瞰(来源:黄继东 摄)

图4-3-41 竹桥村总门楼（来源：姚赯 摄）

图4-3-42 竹桥村品字三井，右下角最近者为康熙剑井，中央总门楼前为道光新井，最左侧为乾隆新井（来源：姚赯 摄）

伈伈然而来者，问何事，曰撑墙。问门楼能撑否，曰能。问其价，则一串余而已。遂诹曰撑之，定其向仍旧……①

按竹桥余氏家谱首次编纂于清道光二十四年（1844年），但清乾隆四十五年（1780年）金溪余氏族谱进行过大规模修编，则此总门楼始建年代可能早在乾隆年间已不可考，其年代当不晚于清代前期，亦可能始于明代，最后一次重修则在清咸丰七年（1857年）。建筑为三开间木结构大门，但朝村外一侧减去明间二柱，以大额枋承梁，形成一整间（图4-3-41）。其朝向与村中建筑朝向均不相同，传说系由江西著名风水先生廖禹勘定。按廖禹又写作廖瑀，传为杨筠松弟子或再传弟子，又称为南宋时人，总之在江西多地留有传说。而竹桥村开基于元代后期，显然与其人不可能有关。但这篇记文清楚地表明此门楼式样、朝向均得到竹桥余氏家族的高度重视。

总门楼外有三口井，为竹桥村民取水之处，就是今天著名的竹桥"品字三井"（图4-3-42）。三井开凿年代相隔160年，第一口名剑井，开凿于清康熙二十一年（1682年），第二口名新井，开凿于清乾隆二十一年（1746年），最后一井亦名新井，开凿于清道光二十三年（1843年）。家谱中亦有村人余翔所作《增抒新井记》：

族旧有二井，一名剑井，一名新井。……道光廿三年，旱魃为灾，天不雨者四月，族以汲水兴争，集议鸠工，增抒一井，亦名新井。自是三井品立焉。……井在大道之旁，围石栏，护石板，悉与旧井同……②

总门楼内建筑四面围合，形成村庄前广场，面积约1700平方米，其中大部分被一口大池塘占据。由总门楼出发向东，为竹桥村最主要的一条东西向道路，贯穿全村，将村庄分为南北两部分。路北集中了绝大部分公共场所和高质量住宅，路南则相对凌乱，建筑质量也稍差。北侧隔水塘建有中门楼，为村庄北部入口。前有小广场，面对水塘，塘边设栏杆坐凳。建筑式样简单，仅在两座相邻建筑间建单开间硬山顶砖砌门屋，几乎无装饰（图4-3-43）。

---

① 余炯. 重修总门楼记. 转自余济武. 竹桥余氏家谱. 金溪. 1948.
② 余翔. 增抒新井记. 转自余济武. 竹桥余氏家谱. 金溪. 1948.

图4-3-43 竹桥村中门楼（来源：姚赯 摄）

图4-3-44 竹桥村上门楼（来源：姚赯 摄）

中门楼内有池塘两口，东北方向隔池塘又有门楼一座，称上门楼，为村庄真正主体部分的入口，大部分高质量住宅都在上门楼内区域。门楼建筑亦最为讲究，为一座单开间木结构门屋，外侧建砖石砌筑的三间四柱三楼牌坊式大门，两侧伸出八字照墙。大门柱均为不落地的红石柱，从墙上挑出柱础支承。门前亦有小广场，塘边设有码头踏步供村民取水（图4-3-44）。

上门楼明间有门额，题"谏草传芳"，传为纪念南宋先贤余昌言，相传他在任时曾多次上书为民请命，并被皇帝采纳。据《道光金溪县志》，余昌言为南宋孝宗朝（1162~1189年）人，太学生出身，官至经筵检讨①，但未著乡里，亦无传。按经筵检讨系馆职，品级不过六七品之间，但极为清贵。此人当为竹桥余氏族祖辈人物。

上门楼内侧门为券洞门，内外两门不对齐，而是有意错开。门内有南北向巷道和东西向巷道各一条，均为重要巷道。

下门楼位置最为特别，乃在村西北侧，在一道高墙上以砖挑檐做出两柱三楼牌坊式门，亦有题额"光禄世第"，据称系追溯余氏远祖唐朝吏部尚书、银青光禄大夫余褐（图4-3-45）。门前亦有池塘。内部为密集建筑，未与重要巷道连接。

竹桥余氏在村中建有一系列家族祠堂。最古老者为祭祀竹桥开基祖余文隆的文隆公祠，被竹桥人称为大宗祠，位于总门楼内广场东北角。家谱中有村人余恒擂作于清道光二十三年（1843年）的《竹桥大宗祠记》：

其经始也莫详时代，然必在明之嘉隆以后。国朝乾隆癸卯改葺祠之东墙并及门闑，甲寅又改葺其西墙，嘉庆丙子捐钱加瓦一次。祠无丹艧，亦无庑房，朴陋甚矣，而且户众人杂，不可键闭，何以肃体统而壮观瞻乎。②

可见此祠和总门楼一样至清代中叶已不能追溯始建年代，最早不超过明嘉靖，最晚不超过清代前期。祠五间三进，通面宽约14.5米，通进深约28米，占地面积仅400平方米出头。建筑正面原极为简单，全为实墙面，仅明间设凹入门廊，无露明木结构或其他任何装饰，称之朴陋也未尝不可（图4-3-46）。最近改造为五开间

---

① 李云. （清道光）金溪县志·卷十二·仕宦表. 金溪. 1823.
② 余恒擂. 竹桥大宗祠记. 转自余济武. 竹桥余氏家谱. 金溪. 1948.

图4-3-45 竹桥村下门楼（来源：姚糖 摄）　　　图4-3-46 竹桥村文隆公祠（来源：姚糖 摄）

木结构门廊，未知有何依据。祠前场地亦不开阔，仅大池塘而已。内部各进木结构做法不一，均有多次维修痕迹，仅享堂尺度较大，进深接近10米，脊高超过6米，木结构相对完整，柱梁均较粗壮。

其余祠堂主要沿总门楼内东西向大道布置。村东端有小宗祠仲和公祠，建于清道光四年（1824年），祭祀余文隆之孙余仲和，虽非长房，但子孙众多，至清乾隆以后均经商致富。通面宽约15米，通进深约33米，享堂、寝堂明间开间均接近6米，虽仅三间三进，体量尺度超过大宗祠。外部封闭，仅在正面两翼各开一券门，中设简易砖砌花窗。内部有前院，门厅前有大门廊。祠西建"养正山房"，立面与祠连为一体，本为家塾，但建筑形制与村内一般住宅接近。后用于雕版印刷（图4-3-47）。

村中其余祠堂均为小房祠或家祠，包括村中建造时间最晚、体量最大的祠堂镇川公祠。该祠建于清咸丰八年（1858年），祀余汇青，字汉阳，号镇川，生于清雍正十三年（1735年），卒于清道光十年（1830年），寿至95岁，先后在贵州遵义、湖南安乡经商，极为富裕。晚年退休回乡，大量资助家族公益事业。祠堂位于仲和公祠西北，建筑复杂，主体为一座三间三进的祠堂，坐西北朝东南，面宽约13米，通进深约26米，尺度尚称节制，但三面均有规模可观的附房，仅东南正面以高墙围合大前院，使得建筑总占地面积超过1000平方米。祠堂朝向大前院的正门做石雕门罩，工艺甚精（图4-3-48）。内部木结构则较简朴，用料亦寻常。抗战期间金溪县立中学曾迁至此，之后改为竹桥小学，直到1993年才迁出。

竹桥村西北角为村庄水口，建有锡福庙。家谱中有村人余恒摺所作《锡福庙记》：

溪之俗，必有水口庙，亦曰血神庙。盖乡人奔走祈祷，杀牲禋祀，以示不敢自享，烹养之意云尔。……我族锡福庙，始创岁年不可考矣，而积尘黝黑，俗呼曰老庙。两栋三间，中奉伏魔帝君，左室观音大士，右则庖房也。门面平畴，桥之外，梅树湾也，其远崎曰崇峰。……族人值岁之除日、元旦，无贫富老稚，必具衣冠往祝焉，乡俗之礼则然也。①

可见此庙历史亦类似于总门楼，至少始建于清代早

---

① 余恒摺. 锡福庙记. 转自余济武. 竹桥余氏家谱. 金溪. 1948.

图4-3-47　竹桥村仲和公祠（来源：姚赯 摄）

图4-3-48　竹桥村镇川公祠（来源：姚赯 摄）

期，是竹桥余氏家族十分重视的祭祀。伏魔帝君或即关羽，明万历四十二年（1614年）封"三界伏魔大帝"，在金溪被广泛祭祀。庙前有池塘，清末一度因淤积改为稻田，据称引起了村庄重要变化：

> 锡福庙，我村之水口庙也。虽在村外，实与村连。其前为大道，大道而下则平畴曲涧，烟霞豁目矣。傍道有旱田顷许，闻族父老相指而言曰：此系庙产，向本塘也，以尘泥填积，就势而改为田。改田后今已卅年，族之殷实，较昔减其半，族之生畜，较昔亦减其半。……抚今思昔，光景悬殊，则族之盛衰，虽不尽关系于改田一事，而究未尝不可归咎于改田也。今年夏，族人欲复旧迹，将田仍扦为塘，众议已定，而鸠工尚俟农隙，秋冬必欲成功。①

此说或系迷信附会，但庙前池塘因此保留至今。建筑仅两进，体量很小，面貌朴素，木结构也简单，但的确是古代竹桥村民的精神寄托（图4-3-49）。

竹桥村最精华的居住区域在村庄北面地势最高处的八家宅和十家宅。从上门楼内沿巷道继续向北，进入这两条相互平行的东西向巷道，一共有三排共14座住宅，建造于清末同治至光绪年间，是竹桥古村最后的辉煌年代，均为小型天井式住宅，外观和内部空间配置既高度类似又各有特征，体现了竹桥住宅建设的最高水平（图4-3-50、图4-3-51）。

抚河中下游地区夏季炎热少风，天井中直射入室内的阳光是室内过热的主要因素，因此发展出一种可收放的天井遮阳帘，夏季拉出，冬季收起（图4-3-52）。

江西各地均有砖石混合砌体的使用，抚河中下游地区尤为多见，以金溪最为杰出，竹桥又堪为金溪的代表。砖为精工烧制的青灰色黏土砖，石材则为一种青灰色石灰岩加工而成的石板，厚度在70~100毫米，宽度在550~700毫米，长度则十分随机，在310~2000毫米之间②。表面都经过细致加工，有光面、打毛、四边磨光中间凿毛等数种处理方式。青砖是墙体主要材料，石板则用于砌筑墙裙。砖、石均采用空斗砌法并相互拉结，又与眠砌墙体交错，其色彩肌理既近似又有区别，形成浑厚的墙体质感（图4-3-53）。

---

① 余翔. 重扦锡福庙前塘记. 转自余济武. 竹桥余氏家谱. 金溪. 1948.
② 兰昌剑，姚赯. 一种传统砖石混合砌体形式与结构研究——以江西省金溪县传统建筑为例[J]. 华中建筑，2017（9）：26-31.

图4-3-49 竹桥村锡福庙（来源：姚糖 摄）

图4-3-50 竹桥村十家宅巷道（来源：姚糖 摄）

图4-3-51 竹桥村余老兴宅内景（来源：姚糖 摄）

图4-3-52 竹桥村余振汉宅天井遮阳帘（来源：姚糖 摄）

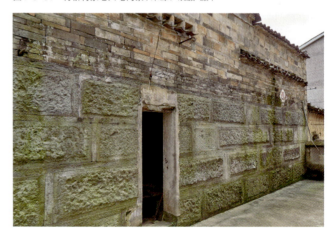

图4-3-53 竹桥村余茂庆宅墙体（来源：姚糖 摄）

五、金溪东源曾家村

东源曾家村属于金溪县琉璃乡，位于县域西北边缘，紧邻东乡县黎圩镇，东南距县城约30公里。地处抚河下游平原边缘，云山河从村庄北面自东向西流过，距村庄约700米。村庄坐北朝南略偏东，地势略有高差，但高差不超过5米，南低北高。村庄前有大面积池塘，面积约8500平方米，长边展开长度约225米，几乎和村庄主体相当。北面则有大面积风水林作为与河道之间的屏障（图4-3-54）。村庄主体部分相当紧凑，占地面积仅约5.3公顷，村西外围尚有祠堂庙宇等重要设施。包括池塘和风水林在内的总占地面积约16公顷（图4-3-55），人口约860人。

东源曾家村全村村民几乎都属于曾氏家族。2003年重修的《东源曾氏族谱》保留了大量古代文献，虽有错讹，亦无绘图，但仍提供了大量历史信息。其家族源出抚河上游的南丰县，与北宋著名政治家、文学家曾巩同宗。南宋景炎元年（1276年）曾子实之妻刘氏携子人英从南丰迁至东源，就此定居。至明初分为五房，分别称一房、二房、三房、中房、六房。

明代后期东源进入第一个高峰年代，明万历年间（1573~1620年）建造了总祠，即曾氏宗祠。明崇祯元年（1628年）在村东端建造了豢灵护应庙。崇祯三年（1630年）东源人曾淳化中举，标志着东源曾氏正式加

图4-3-54　东源曾家村鸟瞰（来源：苏东宾 摄）

① 阳德含晖门　② 长庚耀彩门　③ 旋星拱极门　④ 龙光发祥门　⑤ 东源街　⑥ 南丰世第门　⑦ 隆平世第门　⑧ 下井弄
⑨ 中井弄　⑩ 二房弄　⑪ 六房弄　⑫ 三房弄　⑬ 蚕门弄　⑭ 曾氏宗祠　⑮ 萧公庙　⑯ 仙师殿

图4-3-55　东源曾家村总平面图（来源：蔡晴据Google Earth图像绘制）

入金溪缙绅阶层。崇祯十四年（1641年）在村西端建造了萧公庙。虽然这一高峰年代为时短暂，曾淳化此后连续5次会试失利，在明朝亡国之际选授南京六合知县，第二年即被占领南京的清军杀害①，东源村也在改朝换代的战火中遭到严重破坏，但可以认为，保存至今的村庄格局在此时已基本形成。

东源曾家村主体部分是一个紧凑的团块，以村墙围合。据家谱记载，村墙建造主事主要为德字辈人，生卒年均在明万历至崇祯间，则村墙的建设肯定不晚于明末。设有东南西北4座村门，和实际朝向并不完全符合。东门位于村庄东端，题额"龙光发祥"。南门实际位于村庄西南角，是最重要的村庄出入口，但形制简单，仅依托两侧建筑砌墙，开单券洞门，题额"阳德含晖"（图4-3-56）。西门、北门都位于村庄北侧，距离不足百米，西门在北门之西而已。西门题额"长庚耀彩"，北门题额"旋星拱极"。

由南门进入，为一条东西向道路，直通东门，称大街，又称东源街（图4-3-57），为村庄主干道路。虽然称为街，但未见店铺，南侧大部分均为次要建筑，村庄主体在街北。路面主要以石板铺砌，仅边缘以卵石填补，道路南侧设通长排水沟。据家谱记载，东源街修建的主事者主要为功、祖字辈，生卒年均在明嘉靖至天启年间，则东源街的建造当更早于村墙，可能早至万历年间，与宗祠同时。

图4-3-56　东源曾家村阳德含晖门（来源：姚赯 摄）

① 李云.（清道光）金溪县志·卷三十四·列传. 金溪. 1823.

图4-3-57 东源街(来源：姚赯 摄)

图4-3-58 东源曾家村南丰世第门(来源：姚赯 摄)

东源街中部建有里门，为三开间门楼，宽8.5米，高约5米，明间设门，两次间设休息坐凳，系本村重要公共空间，村民常在此坐息，农闲迎神演戏皆于此处。明间题额书"南丰世第乾隆己未年季冬月吉立"，故又称"南丰世第门"，村民俗呼门楼（图4-3-58）。但家谱记载为乾隆辛酉年建。按乾隆己未年即清乾隆四年，公元1739年；辛酉年则为清乾隆六年，1741年。木结构做法年代较晚，可能与题额年代并不相同。保存完整，内侧两次间建有附房，与主体木结构无妥善连接，疑为后世所加。

由东源街向北伸展出一系列巷道，组成村庄真正的主体。其中主要巷道有6条，自西向东分别为：下井弄、蚕门弄、中井弄、二房弄、六房弄和三房弄。据村民介绍，下井弄属于一房；中井弄属于中房；蚕门弄为一房、中房共用；其他三条巷道如其名称，分别属于二房、六房和三房，均为各房家族成员居住区域，至今大致清楚，

插花很少，基本实现了社区结构与空间结构之间的对应。虽然江西中部大量存在以家族社区进行空间组织的村庄，但至今还能保持如此严谨的对应关系，实属难得。

主要巷道均设巷门。蚕门弄的巷门最为气派也最为古老，家谱称蚕门，曾谦祚建。此人谱行珊二，生明景泰甲戌（明景泰五年，1454年），卒嘉靖癸巳（明嘉靖十二年，1533年），则此门的始建年代不可能晚于1533年。但蚕门之意至清代家谱已经未详，或以为欲居此门者当勤于蚕桑，又以为此门常有家族子弟聚集聊天，当称为攒门[1]。五开间门楼，中央三开间设柱廊，两稍间设八字照壁。侧面、背面墙体均为土坯砖砌筑。明间开门，门额题"隆平旧家道光十六年吉旦珊二公裔孙重修"。按隆平指南丰曾氏自河北隆平（今河北省隆尧县）迁来，清道光十六年即1836年。目前保存完整，木结构状态尚好（图4-3-59）。

在另一方面，东源曾家的家族祭祀体系则遭到严重

---

[1] 曾纪会. 东源曾氏宗谱. 刻本. 金溪. 2003.

图4-3-59　东源曾家村隆平旧家门（来源：姚赯 摄）

图4-3-60　东源曾家村曾氏宗祠（来源：姚赯 摄）

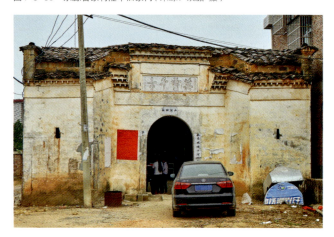

图4-3-61　东源曾家村萧公庙（来源：姚赯 摄）

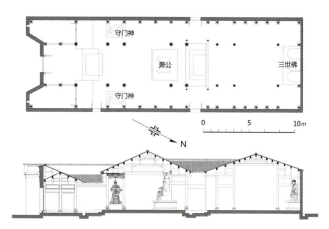

图4-3-62　东源曾家村萧公庙平面图、剖面图（来源：南昌大学2013级建筑学专业学生测绘成果）

破坏。按家谱记载，该村原有总祠即大宗祠一座、小宗祠7座，分别祭祀五房小宗，以及两个更小的支派祖先。但仅大宗祠部分保存至今，7座小宗祠均已不存。

曾氏宗祠建于村西，距南门约160米，不在村墙围合范围内。据家谱记载，始建于明万历年间，明万历三十二年（1604年），江西按察司副使李开芳、布政司参政龚道立、都司张澍共同题额曰"宗圣清源"，惜今已不存。原为三进祠堂，气象阔大，宽12.5米，进深54.5米，占地面积接近700平方米。道光乙未（清道光十五年，1835年）修总祠前堂，丁未（清道光二十七年，1847年）建总祠中亭。现门厅、前庭廊庑均已不存，仅保留享堂、中亭和寝堂，保留部分形制完整，木结构粗壮有力，享堂和寝堂之间的中亭为一座三开间歇山顶亭，做法独特，结构复杂，十分罕见。前庭中植有两株巨大桂花树，树龄在300年以上，极为繁茂，荫庇整个庭院，号称"夫妻桂"，花开时节，清香满村（图4-3-60）。

费解的是，虽然东源村家族祭祀体系破坏严重，地方崇拜祭祀体系却保存相当完整。村西端建有萧公庙，在曾氏宗祠再往西约百米。入口有简易砖砌八字门楼，门额题"英灵千古崇祯辛巳年菊月吉旦立"（图4-3-61）。按崇祯辛巳年即明崇祯十四年，1641年。家谱记载道光癸卯年（清道光二十三年，1843年）进行过维修。建筑形制完整，木结构做法随意，保存尚好，三间三进，门厅、前堂、上堂（图4-3-62），前堂

图4-3-63　东源曾家村豢灵护应庙（来源：姚赯 摄）

六、南城磁圭村

磁圭村原名磁龟，属于南城县株良镇，位于南城县西南部，西邻宜黄县，南近南丰县，距南城县县城约40公里。地处抚河中游西岸雩山的连绵山谷中，海拔约340米，一条山溪自西向东从谷中穿过，逶迤至约12公里外的云口桥村流入盱江干流。其历史既极为古老又十分复杂。

唐末光启二年（公元886年），江西军阀钟传部属、豫章罗氏后裔、侍御史罗袍辞官携妻子自南昌来此隐居。罗袍共有14子，其家族迅速壮大，南城罗氏几乎全为其后裔，分居各地。因流经村里的溪水中有一石形状如龟，石头又像是磁石，村、溪均以此命名磁龟村、磁龟溪[①]。

直到明代中期，磁龟村一直不见记载。大约在成化、弘治间，宜黄著名隐士涂几曾游磁龟，《同治南城县志》录有其游记，对一路山水景色描述甚详，但只字未提村庄[②]。但此后一鸣惊人。磁龟人罗玘，字景鸣，居乡一直不得中举，年近40岁时捐了个国子监生去了北京，随即于明成化二十二年（1486年）登顺天府乡试第一，次年中进士，选入翰林院任庶吉士，此后历任翰林院编修、侍读、南京太常寺卿等，任南京吏部侍郎时致仕回乡，死后追赠吏部尚书[③]。在他任翰林院侍读期间，请他的上司、时任礼部侍郎、翰林院侍讲学士李东阳写了一篇《复古亭记》：

脊檩下有墨书题款"合族善信各处募捐重修民国十三年岁次甲子孟冬月下浣谷旦"。前堂祀萧公，上堂原祀真武大帝，现已改为三世佛。按萧公崇拜为江西地方传统祭祀之一，系水神崇拜，明代以后逐渐扩展至湖广、四川、云贵甚至福建，有大量萧公庙建设，但现存者数量甚少。据家谱记载，每年冬日均有四方信徒云集，要在庙中彻夜敬神，称为"守岁"，冬至以后才停止，可见其意义已大大超出家族本身，而成为区域性的地方崇拜场所。

村东端有豢灵护应庙，家谱中称为仙师殿，在村东门内侧，祀宋东官禅师。据家谱记载，每逢村中发生火灾，常见此禅师前来救护，迅即消灾。建筑面阔17米，进深26米，外有前院，设砖砌八字门楼，红石拱门（图4-3-63），门额题"豢灵护应崇祯元年孟春吉立"。按崇祯元年即1628年。建筑顺应地形布置，由前院登石阶入主体前进，高差约1.2米，后进又较前进高出约0.8米。至今仍香火不绝，但神位布置可能已有变化。

翰林侍读南城罗君景鸣，既兴复磁龟旧业，乃自叙其事，以贻于予。其略曰：磁龟者，有石蹲于溪心，若龟然……实四达之会也。其产多谷……故其民有以自食，且能食四方之来主者。唐宋以来，户至千四百，屠

---

① 南城县地名委员会. 南城县地名志 [M]. 南城. 1984.
② 涂几. 游磁龟记. 转自李人镜. （清同治）南城县志·卷九之三·记. 南城. 1873.
③ 李人镜. （清同治）南城县志·卷八之二·名臣. 南城. 1873.

肆至七十，楼观相望，弦歌之声不绝。吏部赍县令牒者尝一日至二十余，其盛如此。元季毁于兵，继以时疫，家靡孑遗，齿骼枕籍，灌莽蒙翳，鬼啸于木，虎兕豺豕交于野，过者恻然恐之。国朝永乐间，吾祖耕隐府君始披荆棘，立门户，招集逋徒……而旧基遗迹，犹漫然莫之省也。玘既有名籍，大夫士道吾地者去郡邑远甚，案牍胥吏，不可不为之所。以是为馆于衢之北，曰驻骖，其南曰寅宾，堂室庖湢寝食之具、供给之役，若驿舍然。寅宾之北四十武折而西，为御书楼，楼之南为坊，于门曰翰林者，吾先世之所居也……又跨峡为逍遥楼，楼下为门，西出为里之委巷。驻骖之西，筑土为堂隍，上为迎晖楼，当里之会。其东为解元坊，坊左右为鼎新复古二亭。又前为市区，区之外为桥。南折并山而东三百武，登坡之上，为义仓，为圭峰书院，又东二百步，跨溪为龙门桥，桥之上为屋十七楹，中为济川楼。又折而北二百步，两山复合，于是为迎恩亭。亭之西迄于逍遥之东为门六，皆跨于溪，为楼五，跨衢及桥者各二。凡衢皆甃以砖石，凡坊与楼皆涂以丹臒。虽稍复其旧，而实有旧所未备者焉。①

此后有关磁龟早期状况的资料大体均来自此文。李东阳前半生以文名著称，尤喜替人写各种传记；后半生则权倾天下，入内阁17年，为首辅7年，位极人臣，死后追赠太师，谥文正。他一生大部分时间都在北京，不曾到过南城，此文实际上完全依靠罗玘转述。据此，则磁龟村在宋代曾经极为繁盛，户数约有1400户，人口当在5000以上。仅卖肉的屠肆就有70家，已是大型市镇的规模。然而元末先毁于兵火，又遭遇瘟疫，使村庄完全消亡。直至明永乐年间，才由罗玘祖父罗大矩号耕隐重新开拓。罗玘中进士之后进行了大规模建设，仅主要建筑就有驻骖馆、寅宾馆、御书楼、逍遥楼、济川楼、翰林坊、解元坊、鼎新亭、复古亭、迎恩亭、义仓、圭峰书院等，跨溪的门有6座，跨街的楼有2座，还有2座楼跨桥。所有街道均以砖石铺装，所有楼、坊均刷红漆。如此重建而成的聚落，其规模和豪华程度显然都大大超过一般村庄，因此文章才称"稍复其旧，而实有旧所未备焉"。罗玘又以"龟"字不雅，改"龟"为"圭"，并自号圭峰。不过直至清末编纂的《同治南城县志》，磁龟、磁圭仍同时混用。

罗玘之后，其子孙仍为当地缙绅。明隆庆四年（1570年），罗玘曾孙罗继宗中举人，之后做了福建惠安知县，官至山东青州同知。罗继宗之弟罗继先又于明万历七年（1579年）中举人，做过广东潮阳知县。但村庄面貌似乎已开始衰退。

明崇祯九年（1636年）十月，50岁的江阴人徐弘祖从浙江进入江西，作江右之游。同年十一月十二日，他登上南丰的军峰山顶看日落，第二天一早从山北下山，经东源（今宜黄县神冈乡东源村）、章岭（今宜黄县神冈乡漳岭村）到枫林（即棠阴八景之枫林夜月，今宜黄县圳口乡枫林村）投宿，十四日继续沿山谷北行：

平明，饭，行，即从小桥循小溪北上……五里，入南湾坳，上分水岭，南为宜黄，北为南城，西南境逾岭为南源。五里至八角庄……北上黄沙岭，二里逾岭，下巾儿漈……三里，上栏寨门，平行岭上，为李家岭。又一里，始下，下一里，则磁龟在焉。磁龟者，罗圭峰玘之所居也，在南城西南九十里，据李文正东阳记，北阻芙蓉，西陇连珠峰，南望军峰，东则灵峰迤逦，有石在溪桥之下，而不甚肖；其溪亦不甚大；自西而东，夹溪而宅，甚富，皆罗氏也。问有花园坑，景亦没，无可

---

① 李东阳. 复古亭记. 转自李人镜. （清同治）南城县志·卷九之三·记. 南城. 1873.

观。遂东北逾岭而下……[1]

徐弘祖向来记山水甚详而记街市极吝，游贵溪上清镇（见本书第五章第三节）不过一句"其街甚长"，游乐安流坑村（见上节）记曰"其处阛阓纵横，是为万家之市，而董氏为巨姓，有五桂坊焉"，已属罕见长文。能让他耗费笔墨写下"夹溪而宅，甚富，皆罗氏也"，说明村庄规模和建筑质量令他印象深刻。但既未提及街市，也未提及任何值得一提的具体景色，如翰林坊、解元坊、亭、桥、楼等，反而说"无可观"，转身就走，或可推测此村庄这时已难以和一般富裕村庄有所区别，罗玘的大规模建设成果即使还没有完全湮灭，至少也已经很不显著。

明清之际江西东部曾长期陷入战乱，清顺治元年（1644年）在磁圭发生过大战，三藩之乱南城又是重要战场，但似乎对村庄影响有限，罗氏仍保持缙绅地位。顺治十一年（1654年），罗继宗之孙罗冠中举人，清康熙九年（1670年）中进士，做过内阁中书舍人，但此后即"恬于仕进"，回乡闲居读书。康熙五十二年（1713年），磁圭罗铨又中举人，清雍正五年（1727年）中进士。直至清乾隆年间（1736～1795年），磁圭还有罗从绳、罗什等隐逸人物，或以读书课徒为业，或以诗画琴棋消遣，虽无科举功名，仍然生活优裕，不仅闻达一县，而且载入志书[2]。但此后再无磁圭人物载入县志，到清咸丰三年至咸丰十年间（1853～1860年），太平军多次在南城作战，磁圭村再次遭到破坏，村庄的衰退从此不可挽回。

磁圭村现在是一个深山中的小自然村，面积约6公顷，常住人口不过百人。"夹溪而宅"的格局仍大致保存（图4-3-64～图4-3-66），溪宽不过3~4米，仍有跨溪小桥6座，除一座石拱桥外，其余均为石板或圆木单跨简支（图4-3-67）。两侧建筑质量则一般。仍保存若干座

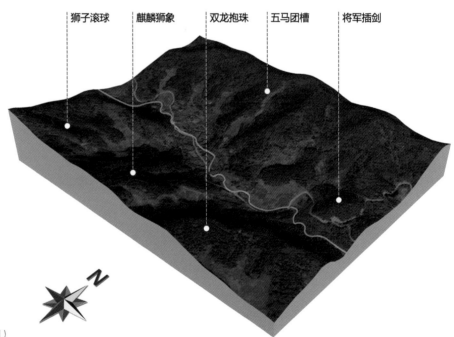

图4-3-64 磁圭村地形模型（来源：蔡晴 绘制）

---

[1] 徐弘祖，朱惠荣. 徐霞客游记校注［M］. 昆明：云南人民出版社，1985.
[2] 李人镜.（清同治）南城县志·卷八之四·隐逸. 南城. 1873.

图4-3-66 磁圭村鸟瞰（来源：黄继东 摄）

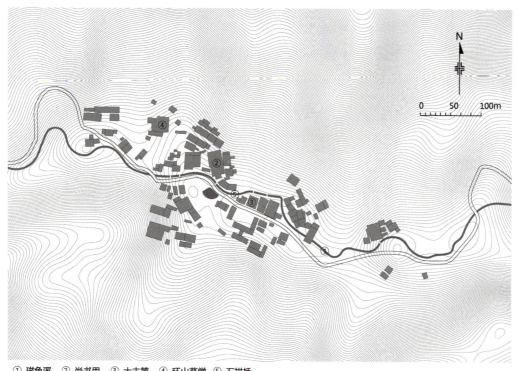

① 磁龟溪　② 尚书里　③ 大夫第　④ 环山草堂　⑤ 石拱桥

图4-3-65　磁圭村总平面图（来源：陶文茹 绘制）

店铺，但一望而知衰败已久（图4-3-68）。家族祭祀建筑完全不存，水口处原有万寿宫，祭祀许逊，现亦仅存遗址。唯有数座住宅，虽然年代较晚，建筑质量尚可。

尚书第是磁圭保存最好的建筑之一，其名称显然系纪念罗珵，现存建筑约建于清末。占地规模很大，临溪设有门楼（图4-3-69），是一座不够规范的牌坊式木结构大门，三开间，次间前后均做成"八"字形，明间出柱为重檐，以如意斗栱承上檐。内有广阔庭院，可能原有更多建筑，但现在仅一座三进主宅保存完好（图4-3-70）。

图4-3-67　磁圭村外景（来源：姚赯 摄）

图4-3-68 磁圭村沿溪店铺
（来源：姚赯 摄）

图4-3-69 磁圭村尚书第门楼
（来源：姚赯 摄）

图4-3-70 磁圭村尚书第内景
（来源：姚赯 摄）

第一节 概述

江西东北部通常指鄱阳湖东岸，今天景德镇和上饶两市市域。这里地形变化复杂，西部属于鄱阳湖平原，东部则多为丘陵山地，叠嶂丛峦，自北向南分别为黄山、怀玉山和武夷山占据。北面有发源于安徽祁门黄山余脉、流经景德镇的昌江和发源于婺源黄山余脉、流经德兴、乐平的乐安河在鄱阳附近汇合形成饶河。战国楚国即在饶河入湖口附近设有番县，西汉改名番阳县，东汉再改名鄱阳县，东汉末年设鄱阳郡，隋代改为饶州，明代改为饶州府，是江西开发最早的地区之一。南面有发源于怀玉山的信江一路汇集发源于浙江江山武夷山北麓的丰溪、发源于铅山赣闽边界桐木关的铅山河、发源于横峰的岑港、发源于福建光泽的白塔河等大小支流，蜿蜒向东进入鄱阳湖平原。虽然秦代就在信江入湖口设立馀汗县，隋代改名余干县，但信江中上游地区到三国时期才开始设县，唐代中期才建立信州，明代改为广信府，开发相对较晚。

复杂多变的自然环境赋予这里丰富的自然资源，山区中发育的河流构筑起四通八达的交通网络。江西东北部北与唐代歙州、宋代徽州、明清徽州府（主体为今黄山市）相邻，东北与唐宋衢州、明清衢州府（主体为今衢州市）相邻，东南与唐宋建州、明清建宁府（今南平市大部）相邻，虽然仍有山峦阻隔，交通尚称便利。唐代起徽、饶、衢、信、建五州之间交流就十分密切，宋元时期饶、信二州划归江南东路，彼时正是中国古代工商业最为发达的时代。明代将饶州府、广信府正式划归江西，民国时期，婺源又从安徽划入。优越的交通区位使这一地区具有特别发达的工商业传统，景德镇的瓷业、铅山的纸业、浮梁和铅山的茶业，均为江西历史上的重要产业，在全国乃至全世界均有重要影响，并深刻影响到聚落的分布、尺度和形态。

依靠产业资本和贸易利润提供的支持，江西东北部地区的传统建筑具有较显著的自身特征。皖南的徽州民居和浙中南的东阳帮建筑技艺在这里均有明显影响，是江西传统建筑最为华丽的部分。虽然整体面貌仍以内敛为主，但江西东北部传统建筑大量使用白粉墙而非清水砖墙，又大量建造楼房，普通住宅中二层建筑极为普遍，三层建筑亦不乏其例。使得这一带聚落的面貌与江西其他地区具有显著差异[①]（图5-1-1）。

图5-1-1　婺源庆源村（来源：姚赟　摄）

---

① 姚赟. 百川并流：江西传统建筑的地域特征[J]. 建筑遗产, 2018（4）: 62-68.

第二节　饶河流域村镇

一、景德镇

景德镇地处鄱阳湖盆地东缘的昌江中游，西临昌江，东倚黄山余脉。昌江为饶河之北支，在景德镇上游约20公里处有东河汇入，镇区北部有西河从对岸汇入，镇区南部又有南河汇入，至鄱阳县城入鄱阳湖，水路仅约90公里。境内以中低山丘陵为主，东河上游就是赫赫有名的高岭土出产地高岭村。因此，这里具有发展陶瓷业的天然优势：既有丰富的瓷土资源提供原料，又有丰富的森林资源提供燃料（图5-2-1、图5-2-2）。

秦汉属鄱阳县，相传自汉代开始这里就发展起陶瓷业。唐武德四年（公元621年）分鄱阳县东境设新平县，武德八年（公元625年）即废弃，是唐初一系列无厘头地方行政区划调整之一。同在公元621年，设置了专门机构"博易务"管理瓷业生产，实际上主要是收税。这时景德镇已出现小规模的街市。唐开元四年（公元716年）又分鄱阳东境设新昌县，约当原新平县域。唐天宝元年（公元742年）改名浮梁县。这一系列行政

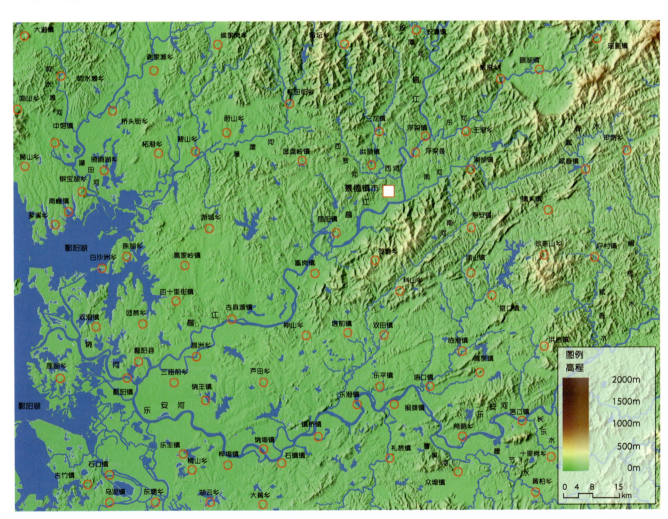

图5-2-1　景德镇区位图（来源：赵梓铭 绘制）

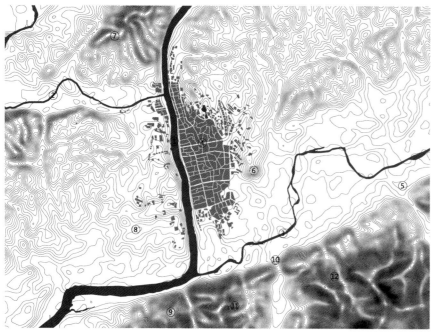

① 昌江 ② 西河 ③ 南河 ④ 景德镇 ⑤ 湖田窑 ⑥ 马鞍山 ⑦ 石岭 ⑧ 金鱼山 ⑨ 禅师山 ⑩ 银坑坞
⑪ 南山 ⑫ 沙土山

图5-2-2 景德镇周边环境图（来源：蔡晴 绘制）

区划调整，始终没有考虑以景德镇为县城，可见当时发展仍极为有限。

北宋景德元年（1004年）置景德镇，以年号为名，属浮梁县，并设监镇厅，派驻监镇官一员，是个末流小官，往往以浮梁县丞兼任。

元至元十五年（1278年）在景德镇设立浮梁磁局，秩正九品，掌烧造磁器并漆造、马尾、棕藤、笠帽等事，设大使、副使各一员①。元泰定初（1324～1326年）撤销，改由饶州路总管兼理窑务。

直至此时，在景德镇设立的这些机构主要职能均为收税，和陶瓷业本身的关系还比较有限。

明代初期派九江道驻景德镇，又在景德镇设御器厂，派官员驻厂为皇室督造瓷器，称督陶官，官窑的历史从此真正开始。御器厂建立时间诸说不一，自明洪武二年（1369年）至明正德初年（1506～1510年）不等②，但明洪武二年（1369年）以后官办陶瓷业务应该已经开始③。初期或派工部五品、六品文官如员外郎之类，或以浮梁县丞监造。明宣德二年（1427年）派宦官张善监造，为首次以宦官出任督陶。之后宦官和文官交替充任，嘉靖年间一度专以饶州府通判专管御器厂烧造，建通判厅④。

清顺治十一年（1654年）改御器厂为御窑厂，尚未派任专员，以驻饶州的分守饶南九道等官员兼任督造。不过从清顺治十六年（1659年）起即派出工部郎中、主事等官员专任驻厂。清康熙四十四年到五十一年间（1705～1712年）的江西巡抚郎廷极甚至亲自督造，以精美颜色釉著称，史称"郎窑"。雍正朝至乾隆后期以监督淮安关或九江关税务的内务府官员兼任督陶

---

① 宋濂. 元史·卷八十八·志第三十八·百官四. https://zh.wikisource.org.
② 刘毅. 明清陶瓷官窑制度比异［J］. 南方文物，1992（4）：81-86.
③ 王光尧. 明代御器厂的建立［J］. 故宫博物院院刊，2001（2）：78-86.
④ 彭涛. 明代宦官政治与景德镇的陶政［J］. 南方文物，2006（2）：114-120+111.

官，乾隆后期至清末改为地方官员，即以广饶九南道管九江关税务兼任督陶官[1]，监造官员则从清乾隆五十一年（1786年）起已由派驻景德镇的饶州府同知担任[2]。

清初撤销九江道，将原设于浮梁县桃墅镇的巡检司移驻景德镇，但继续使用桃墅镇巡检司的头衔和印信。因景德镇产业和人口都不断增加，清康熙三十二年（1693年）又将原驻饶州府城（今鄱阳县）的同知移驻景德镇，加强治安管理。清乾隆三十二年（1767年）经过层层上报，终于由皇帝亲自批准，将驻景德镇已超过百年的桃墅镇巡检司改名为景德镇巡检司，此后又负责协办督运御窑厂瓷器上京[3]。

直到元代以前，景德镇主要是一个陶瓷产业的集散地而非主要生产地，虽也散布着一些制瓷作坊和窑房，但还没有形成成规模的生产区。据调查，北至婺源、祁门，南至乐平、鄱阳，在众多相邻县域中，都有明代以前的古瓷窑遗址，十分分散。到元代，随着制瓷业的进一步发展，陶瓷业终于从当地农业中分离出来。对制瓷技艺和烧制工艺上的分工协作要求越来越高，制瓷原料、燃料供应的范围越来越大，都要求有一个交通便利的地点进行物资、产品和信息交换，从而开始逐渐形成集中的工商业市镇。

明初在景德镇设御器厂之后，促进了新品种的制作和产品质量的提升。明嘉靖元年（1522年）以后，官窑采用"钦限"方式，部分御器在民窑中烧造，促进了民窑技术的提高，使民窑产品与官窑日益接近。原本分散在镇区周边的民间瓷器作坊、窑炉逐渐向镇区集中，逐渐形成以制瓷业为主业、御器厂为中心的镇区，使得景德镇真正成为大瓷都，产量极为巨大，人口和资本高度集中。

清代将明"御器厂"改名为"御窑厂"，用工制度上改明代的匠役制为雇佣制，"官搭民烧"的产品也改明代强行摊派为平等自愿的关系。生产原料和烧窑燃料来自周边各县乃至徽州祁门等地，均依靠昌江水运进入。制成的瓷器也通过昌江入鄱阳湖运往全国乃至世界各地。镇区发展继续沿昌江向南延伸，形成南北走向的带状建成区。

景德镇古代镇区面积、人口均没有确切数据。《道光浮梁县志》称"延袤十数里，烟火近十万家"[4]，均为含混虚数。浮梁县人口在南宋末年的咸淳五年（1269年）即已超过13万人，元初至元二十七年（1290年）增长至19万人，明初洪武二十四年（1391年）暴跌至10万人，清道光三年（1823年）增长至接近30万人[5]。这些人口中必然有很大一部分是景德镇镇区人口，虽然比例不详，大致可看出规模变化。民国以后，景德镇人口有较为可靠的统计，1916年为14.53万人，1928年增长至15.37万人，为近代峰值，但此后即开始下降，1936年仅有10.4万人，1942年进一步减至7.63万人，1948年回升至8.84万人。1949年镇区建成区面积为4.5平方公里[6]。

御器厂自明代开始逐渐成为景德镇镇区的中心。御器厂位于珠山南麓，坐北朝南，中部有前堂后寝的主体建筑，东、西有库房和作坊、窑场。厂内还有玄帝、仙陶、五显三座神祠，厂外有师主神祠。御器厂周围设有各种官署，包括布政分司、九江道署等高级衙门，规格超过一般府城。

御窑厂是一个管理机构，同时也是大工厂。《道光

---

① 刘淼. 清代官窑瓷业的技术成就与陶官制度[J]. 中国社会经济史研究, 2008（1）: 56-62.
② 陈宁, 徐波. 明清时期景德镇御窑厂督陶官的文献考察[J]. 中国陶瓷工业, 2011（4）: 23-30.
③ 乔溎.（清道光）浮梁县志·卷五·公署. 浮梁. 1832.
④ 乔溎.（清道光）浮梁县志·卷二·风俗. 浮梁. 1832.
⑤ 乔溎.（清道光）浮梁县志·卷七·户口. 浮梁. 1832.
⑥ 林景梧. 景德镇市志·第一卷[M]. 北京: 中国文史出版社, 1991.

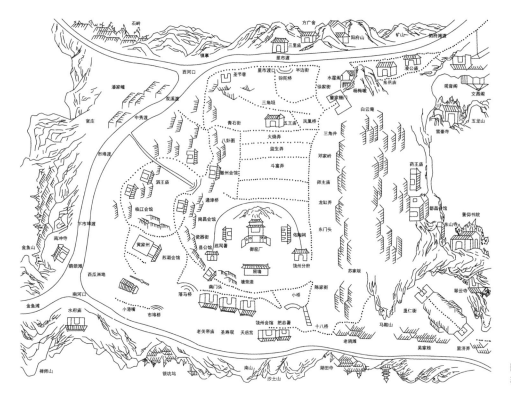

图5-2-3 清嘉庆景德镇全图（来源：蔡晴据《景德镇市志》重绘）

浮梁县志》记载：

> 御器厂中为堂，后为轩为寝，寝后高阜为亭堂，之旁为东西序，东南各有门，左为官署，前为仪门、为鼓楼、为东西大库房，为作二十三，日大碗作、酒钟作、碟作、盘作、钟作、印作、锥龙作、画作、写字作、色作、厘作、泥水作、大木作、小木作、船水作、铁作、竹作、漆作、索作、桶作、染作、东碓作、西碓作，为督工亭，为狱房。厂之西为公馆，东为九江道。为窑六，日风火窑、色窑、大小爁熿窑、大龙缸窑、匣窑、青窑，厂内神祠三，厂外神祠一，凳井二，为厂二，日船柴厂、水柴厂，房二，日放柴房、烧窑人役歇房。明嘉靖四十三年毁，复建。万历二十五年巡检方河以内监委督厂事……①

清代镇区空间格局仍以御窑厂为中心，周围仍以官府衙门围绕。至清嘉庆年间，有同知衙门、巡检司、浮梁知县公馆等，规格较明代大幅度降低，不过仍高于寻常县城（图5-2-3、图5-2-4）。

除御窑厂外，城市其余部分没有明确的功能分区，只有相对的集中。御窑厂南门头至里市渡一带窑场密集，瓷器街、青石街等街道中分布着各种店铺和民居，与瓷器作坊混杂。东门头到徐家街一带，民居、作坊与各种祠庙混杂于弄巷之中。瓷器街是高端瓷器市场，黄家洲是专门出售"下脚货"即劣质瓷器的低端市场，渡口周围是牙侩和搬运工居住的地方。窑场、作坊、庙宇、住宅、会馆、商铺在城市中穿插布局，呈现自组织的特征，结构模糊而功能完善，空间混杂却充满活力，反映出传统手工业市镇的特色。

虽然功能混杂，景德镇逐步形成了完善的街道体

---

① 乔溎.（清道光）浮梁县志·卷八·陶政. 浮梁. 1832.

系。唐代在北部形成小街，明代成为热闹街市，改称正街，即今中华北路。北端窑场、坯房较集中。明末清初，街市向南发展，号称十二里长街，又称后街，即今中华南路，其中段陈家街、十八桥一带为最繁华。元代在小街西面更靠近昌江一带形成河街，至清代取代原正街成为主要街道，北自观音阁，南至小港嘴，将南北民窑和沿江码头联成一线，人口集中，商业繁荣，总长度达到约6.2公里，号称"陶阳十三里"，改称正街，或称前街。即今中山北路与中山南路（图5-2-5）。

两条主要南北向道路之间通过大量东西向巷弄连接，大致垂直于河道，以便通往昌江沿岸码头，至民国末年，约有巷弄百余条（图5-2-6、图5-2-7）。其中以御窑厂大门前的东西向道路最为重要，称厂前街，即今珠山大道。

景德镇依托昌江发展，渡口码头都成为重要设施。明代沿昌江形成了早期的码头体系，由北向南分别为里市渡（又称李施渡）、南门渡、市埠渡。清中后期由南而北为阳府滩渡、里市渡、双溪渡、中秀渡、市埠渡、下市埠渡。除此之外，各家族、行会也兴建码头渡口，甚至形成专业分工，如曹家码头和湖南码头主要装卸窑柴，南洲码头主要装卸瓷器，袁州码头主要装卸槎柴等。在繁忙的里市渡对岸三闾庙，还形成了粮食等大宗物资的交易集市（图5-2-8）。

景德镇瓷业发展的鼎盛时期，四方商贩云集，号称"十八省码头"，人口构成中外来移民的比例远高于一般市镇。尽管有多条街巷保持某种家族名称，如彭家巷、刘家巷之类，但均早已完全为来自全省甚至全国各地的工商业者、工人、服务人员及其家属填充，几乎没有家族社区痕迹，也没有保留完整的家族祠祀，体现了历史长期累积的移民市镇的特征。

另一方面，外地人在景德镇纷纷建立会馆，使会馆成为该镇重要的公共建筑类型。《景德镇陶录》记载，清嘉庆二十年（1815年）镇区有徽州、南昌、苏湖、饶

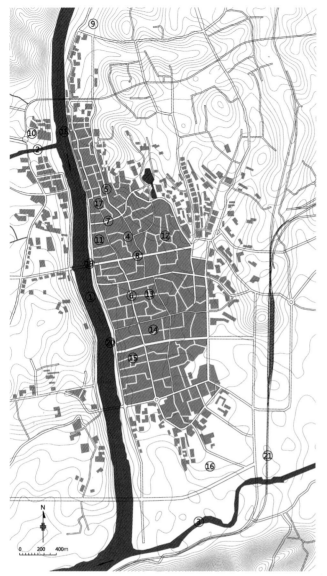

① 昌江　② 西河　③ 南河　④ 御窑厂　⑤ 正街　⑥ 前街
⑦ 斗富弄　⑧ 厂前　⑨ 观音阁　⑩ 三闾庙　⑪ 彭家弄　⑫ 葡萄架
⑬ 富强上弄　⑭ 陈家弄　⑮ 刘家弄　⑯ 小港嘴　⑰ 湖北会馆　⑱ 李施渡
⑲ 南门渡　⑳ 市埠渡　㉑ 宁赣铁路（今皖赣铁路）

图5-2-4　景德镇总平面图（来源：蔡晴 绘制）

图5-2-5　景德镇中山北路（原正街，来源：姚糖 摄）

图5-2-6　景德镇富强上弄（来源：姚糖 摄）

图5-2-7　景德镇刘家弄作坊群（来源：姚糖 摄）

图5-2-8　景德镇三闾庙正街（来源：兰昌剑 摄）

208

图5-2-9 景德镇湖北会馆右厢房（来源：姚赪 摄）

州、都昌、临江六所会馆[1]，民国年间发展至27所[2]。位于彭家下弄的湖北会馆建于清道光年间（1820～1850年），以规模盛大、装饰华丽而著称，原状应不少于三进，现残存中堂、后堂、天井和两厢（图5-2-9）。丰城会馆可能始建于晚清，1947年重建，规模稍小，基本保存完整。

清朝灭亡之后，景德镇于1927年首次获得城市地位，不过1929年即撤销。1935年，江西省成立第五行政区，景德镇虽然仍只是一个镇，却成为其治所，辖区相当于原饶州府全境、南康府鄱阳湖东岸部分再加上此前划入江西省的婺源县，共辖浮梁、湖口、彭泽、都昌、婺源、乐平、鄱阳、万年、余干、德兴合计10县，完全取代了原饶州府城的地位。

1936年开工建设南京至景德镇的宁赣铁路，1937年基本建成，即将通车时抗日战争爆发，功败垂成。直至近50年后，这条铁路才于1985年正式营运。

1953年正式成为景德镇市，但辖区大幅度缩小，仅辖原镇区及周边范围。1960年将浮梁县划入景德镇市，1983年又将乐平县划入，直至今天[3]。

二、浮梁瑶里镇

瑶里镇位于浮梁县东北部，古代属浮梁县锦绣乡新正都，距今县城约50公里，与安徽祁门、休宁、江西婺源三县交界。境内地处黄山余脉边缘，地势陡峭，周围山峦多在海拔500米以上，镇区处在狭长河谷中（图5-2-10），海拔约115米。古镇北部有山，形似卧狮，称狮山，南有山形似伏象，称象山。昌江支流东河穿过镇区，当地称为瑶河，又称梅溪。流经古镇部分河面宽约20～30米，长约1000米。下游方向河流较平静，旧时约2吨的小船可由此直达景德镇，是瑶里与景德镇联系的重要交通渠道。西南约8公里外就是著名的高岭土产地高岭村，其水运码头东埠村在瑶河下游方向，尽管水路弯曲迂回，仍不足15公里。上游河段则水流湍急，水力资源丰富，沿河设有以水为动力粉碎瓷矿石的工具——水碓（图5-2-11）。镇区有古道经过，向东北经绕南、汪湖至休宁右龙，由此可通徽州腹地，称徽饶古道（图5-2-12）。

瑶里是江西极为古老的传统聚落。相传西汉末年刘氏在此建村，因村四周多梅，称梅村。之后又有其他姓氏相继迁入，在瑶河河谷两岸分别定居。唐代已出现生产陶瓷的作坊，称"梅村窑"。至北宋初年，陶瓷业进

---

[1] 蓝浦, 郑廷桂, 连冕. 景德镇陶录图说[M]. 济南：山东画报出版社, 2004.
[2] 景德镇市志编纂委员会. 景德镇市志略[M]. 上海：汉语大词典出版社, 1989.
[3] 林景梧. 景德镇市志·第一卷[M]. 北京：中国文史出版社, 1991.

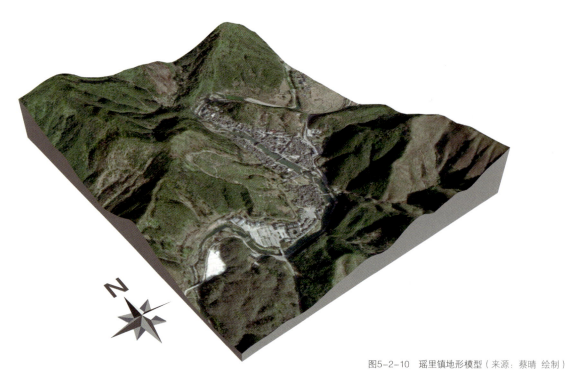

图5-2-10 瑶里镇地形模型（来源：蔡晴 绘制）

图5-2-11 瑶河水碓（来源：蔡晴 摄）

图5-2-12 徽饶古道（来源：姚赪 摄）

一步发展，因瓷窑日渐增多，称"窑里"。清末瓷窑全部迁往景德镇，遂改名瑶里[1]。

明代瑶里陶瓷业日益兴旺，吸引了大量移民，先后有吴氏家族从无锡迁入，程氏家族从浮梁新平迁入。此后原来的一系列小村庄逐渐连成一片，逐步形成今日瑶里古镇区，但古老的地名仍然保留至今：河西有姚家旮、曹家坦、老屋上等数处，河东有刘家杪、程家、李家弄、街上等地。明代中期之后，瑶里的产业逐渐由瓷土开采与制瓷业一条龙转变为专门的瓷土开采地，瓷器烧造日益向景德镇转移。

清代瑶里周边的瓷土开采到达顶峰，镇区成为集散地和服务中心，又因位居徽饶古道的重要节点，成为浮梁、

---

[1] 景德镇市地名委员会办公室. 江西省景德镇市地名志[M]. 景德镇, 1988.

休宁、祁门等县往来的陆路交通枢纽。大量商人和矿工涌入镇区，开始出现繁华的街道，当时民谚云："上街头、下街头、街面宽又长，糖盐醋，布绸缎，店面八百八"。瑶里上街现在还保存有清乾隆三十八年（1773年）"徽州大路转弯"碑，就是当时瑶里经济、交通发展的见证。民国时瑶里的瓷土开采已衰落，但釉石开采仍十分兴旺，称为釉果，用于制瓷釉。民间流传有"高岭土、瑶里釉"的说法。

瑶里镇的聚落格局既受到两侧山体的压缩，又受到瑶河的吸引，形成南北向带形分布，南北长约1公里，东西最宽处约300米，最窄处仅有50余米（图5-2-13、图5-2-14）。包括瑶河水面在内的总面积约12公顷，2006年居住人口约1700人。东北倚狮山，西南靠象山，建筑沿河分布于东西两岸，大多背山面河，呈东西向布局（图5-2-15）。东西两面均为山体，河谷北高南低，道路体系主要为沿河道路及与之垂直相连的街巷，形态均不规则。

瑶里古镇区东岸由北而南大致可分为程家地段和街上地段，西岸由北而南大致可分为老屋上地段、吴家地段、曹家坦地段（图5-2-16）。家族社区和商业街区均具有显著影响。

商业街区集中在东岸南部，当地历来称为街上，是整个镇区地形最为开阔的部分，依托徽饶古道形成。主要街道与瑶河平行，全长约250米，分为上街头、下街头两部分。街宽约1.2~2米，地面铺装以卵石和石板为主，两侧均有明沟水渠。整条街曾有上百幢店铺，鳞次栉比地分布在街道两旁，今天大部分仍保存完好，但商业功能已经丧失（图5-2-17）。

程家地段位于东岸北部，是明代形成的程氏家族社

图5-2-13　瑶里镇西南鸟瞰（来源：黄继东 摄）

图5-2-14 瑶里镇东北鸟瞰（来源：黄继东 摄）

图5-2-15 瑶里镇沿河景观（来源：姚糖 摄）

图5-2-16 瑶里镇总平面图（来源：蔡晴据Google Earth 图像绘制）

① 瑶河 ② 狮山 ③ 象山 ④ 上街 ⑤ 下街 ⑥ 程氏宗祠 ⑦ 吴氏宗祠 ⑧ 弘毅祠 ⑨ 高际禅林 ⑩ 进士第 ⑪ 狮冈胜览

图5-2-17 瑶里镇上街（来源：姚赣 摄）

图5-2-18 瑶里镇程氏宗祠（来源：姚赣 摄）

图5-2-19 瑶里镇高际禅林（来源：黄继东 摄）

图5-2-20 瑶里镇吴家巷道（来源：黄继东 摄）

区，以程氏宗祠为核心。祠堂位于本地段中央，始建于明代，现存建筑重建于清道光年间（1821～1850年），三间三进，大门外的前院直抵河岸，以两个门洞连通沿河道路。大门倚墙饰四柱三间五楼牌坊式门楼，有精美雕刻。内部依地势而建，不断升高，寝堂地面比前院地面高2.5米。总占地面积约750平方米，是古镇现存规模最大、最华丽的传统建筑（图5-2-18）。

河西岸大部分为吴氏家族占据。北部称老屋上，是吴氏较早开发的地段，沿河分布着传统民居及弘毅祠、高际禅林寺等保护建筑。弘毅祠为吴氏分祠，高际禅林寺始建于宋，1850年代毁于兵火，现存建筑为清末至民国间重建（图5-2-19）。

西岸中部称吴家，以吴氏宗祠为核心，原规模超过程氏宗祠，惜毁于1960年代后期，近年重建。周边亦有若干垂直于河道的巷道（图5-2-20）。曹家坦地段位于东岸南部，是一个杂姓混居的地段，建筑以普通民居为主。

三、浮梁严台村

严台村位于浮梁县北部的江村乡北端,紧邻安徽省祁门县,距浮梁县城约74公里。清代属浮梁县新定乡长宁都。地处黄山余脉的一个小山谷中,海拔约105米,周围群山拱峙(图5-2-21~图5-2-23)。村前小溪名为严溪,蜿蜒南流汇入发源于安徽祁门县的北河,又称江村水,继续南流至约8公里外汇入发源于浮梁县和安徽东至县交界处的小北港,又称杨春水、杨村河,再继续南流至峙滩镇北面的杨村汇入昌江。

严氏约于宋末迁入居住,自称东汉著名隐士严光之后,称村南之山为富春山。严台村外建有一座小型石拱桥跨严溪,称富春桥(图5-2-24),建于明弘治十五年(1502年)。按严光字子陵,浙江余姚人,隐居于浙江富阳,死后归葬故里。近人附会严台为严光垂钓处,称村庄历史长达两千年,均属无稽。明代中期,江氏由村南约4公里的诰峰村迁来[①],此后成为村中主要家族。

严台村处于山谷之中,耕地十分有限,但该村的茶叶、茶油生产和销售从明代到民国年间都十分兴旺。1915年,严台人江资甫"天祥"茶号经营的"浮红"茶,在美国旧金山举办的"巴拿马万国博览会"上曾获金奖。

严台村的总平面犹如一片树叶,聚落自西南向东北展开。村北山体向村庄伸出五道山脊,形若五指,称五云山,又写作武云山,为本村龙脉,村落建筑均背靠此山,坐东北而朝西南。村东南方向山丘即富春山,形成三面环山的格局。村外西南面山丘因形似笔架,称笔架山,为村庄对景。这样由周围山丘围合而成的村庄总占地面积约9公顷,人口1260人(图5-2-25、图5-2-26)。

武云山和富春山向西南方向延伸,在村西南村落入口处形成交汇之势,留下约50米宽的开口,便是严台村的水口。水口西南方有一块较开阔的盆地,一条大路在盆地中延伸,古代是通往安徽祁门的大路。但这条大路并不直通村庄入口,而是先隔严溪而行约50米,经富春桥过溪,再重新沿溪行约50米才到村口,以富

图5-2-21 严台村地形模型(来源:蔡晴 绘制)

---
① 景德镇市地名委员会办公室. 江西省景德镇市地名志[M]. 景德镇. 1988.

图5-2-22 严台村东北侧鸟瞰（来源：黄继东 摄）

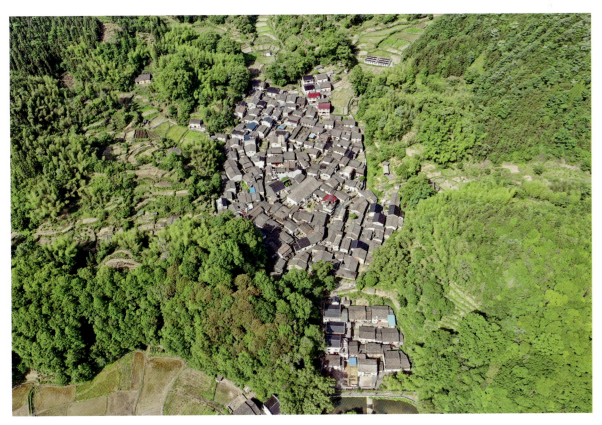

图5-2-23 严台村西南侧鸟瞰（来源：黄继东 摄）

图5-2-24 严台村富春桥（来源：黄继东 摄）

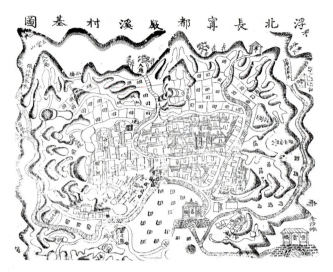

图5-2-25 浮北长宁都严溪村基图（来源：引自《济阳江氏宗谱》）

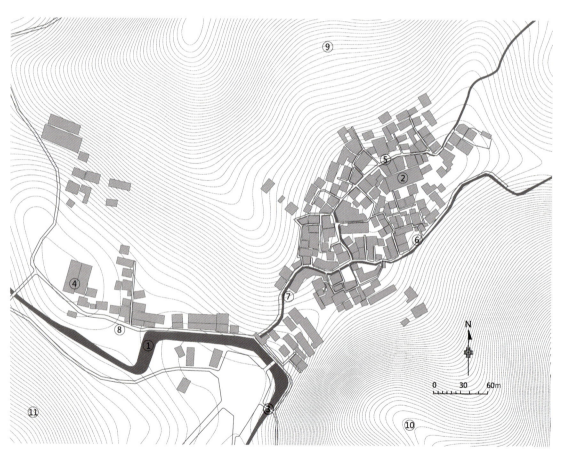

① 严溪 ② 宗祠遗址 ③ 富春桥 ④ 大新油坊 ⑤ 一股街 ⑥ 二股街 ⑦ 前山街 ⑧ 三股街 ⑨ 武云山
⑩ 富春山 ⑪ 笔架山

图5-2-26 严台村总平面图（来源：蔡晴 绘制）

春桥为水口锁钥。村口依托山体和溪流建有村门，上书"严溪锁钥"四字，具有真正的防卫性而非纯粹空间界定（图5-2-27）。

武云山和富春山的山水流入村内，直行一段后分成两支，靠西北方向的称一股水，靠东南方向的称二股水，最后在村前重新汇合成严溪。沿两支溪水形成的道路分别称为"一股街""二股街"，水流入村直行部分沿水形成的道路称"前山街"，它们形成了古村的道路骨架。其他支路称"里"或"弄"，如村头上弄、方井里、花屋里弄、老虎弄等，它们与一股街、二股街相连，构成古村的道路体系。道路大多以青石板和卵石铺砌，溪水则构成排水体系（图5-2-28、图5-2-29）。

图5-2-27　严台村村门（来源：黄继东 摄）

图5-2-28　严台村前山街（来源：黄继东 摄）

图5-2-29　严台村一股街（来源：黄继东 摄）

图5-2-30 严台村大新油坊（来源：张义锋 摄）

村中原建有总祠和7座分祠，均早已严重破败。住宅均为江西东北部常见的小型天井式住宅，普遍有楼。因茶油为严台村传统产业，油坊成为特有的建筑遗存，清代先后建有5座。现仅存大新油坊，位于村外大路北侧，距村口约250米，由两座四坡顶建筑组成，具有显著的传统工业建筑特征，现在仍使用传统手工榨油机械和工艺（图5-2-30）。

四、婺源理坑村

理坑村原名理源，属于婺源县最北部的沱川乡，南距县城约56公里，与安徽休宁县隔山相邻。理坑村地处黄山余脉之中，四周层峦叠嶂，东、西、北三面都有海拔千米以上的山峰，但村庄本身却占据了一个向阳的小山谷，海拔约275米，四季云雾缭绕，雨水充沛。理源溪自东北流向西南，宛如腰带顺势绕村东南而过，是乐安河支流清华水的一条小支流，至清华镇汇入清华水（图5-2-31、图5-2-32），之后继续南流，经思口镇至婺源县城以北汇入乐安河上游干流。

南宋末年余氏家族从附近的鄣村（今沱川乡政府驻地）扩展至此开基[1]，明代中叶开始以经商致富。明正统年间（1436～1449年），余移、余相、余楷三兄弟集资在村落入口处理源溪上建理源桥[2]，是一座石拱封闭廊桥（图5-2-33），由此跨过理源溪，直至20世纪理坑至沱川公路开通之前，一直是理坑村通往县内的唯一通道。此后在桥旁陆续建起文昌阁、文笔塔，从而形成了理坑村落水口景观。阁和塔均于1968年被毁。塔于2014年按照保存的历史图像重建，是一座六边形单层砖塔，高约16米，形状细长，形制不类于一般明代风水塔（图5-2-34）。

村庄起初并未临水建设，而是选择了理源溪北岸台地，谨慎地与水体保持一定距离。明代中后期在村庄西部的台地上建造了总祠衍庆堂（亦于1968年被毁，现址为理坑小学），坐西朝东，其门前广场从此成为村庄公共生活的中心。从衍庆堂向东形成一条贯通村庄的主路，称箬皮街，成为整个村庄道路体系的骨架。箬皮即用来包粽子的竹叶，富有弹性，以示其直（图5-2-35）。

余氏家族致富后，有能力支持家族子弟读书。明弘治十七年（1504年）余鳌中举人，明正德十二年（1517年）出任广昌知县[3]，任内恰逢宁王朱宸濠造反，还曾经聚集义兵勤王。因得罪太监，罢职回乡，从此以教导子孙、服务家族为事[4]。明嘉靖十三年（1534年）余鳌之孙余世儒中举人，选授浙江瑞安知县，官至台州知府，未到任即称病回乡[5]。明隆庆二年（1568

---

[1] 婺源县地名委员会办公室. 婺源县地名志［M］. 婺源. 1985.
[2] 葛韵芬.（民国）婺源县志·卷八·建置七·津梁. 刻本. 婺源. 1925.
[3] 曾毓璋.（清同治）广昌县志·卷四·宦绩. 广昌. 1867.
[4] 葛韵芬.（民国）婺源县志·卷二十二·人物三·名宦. 刻本. 婺源. 1925.
[5] 葛韵芬.（民国）婺源县志·卷二十一·人物二·儒林. 刻本. 婺源. 1925.

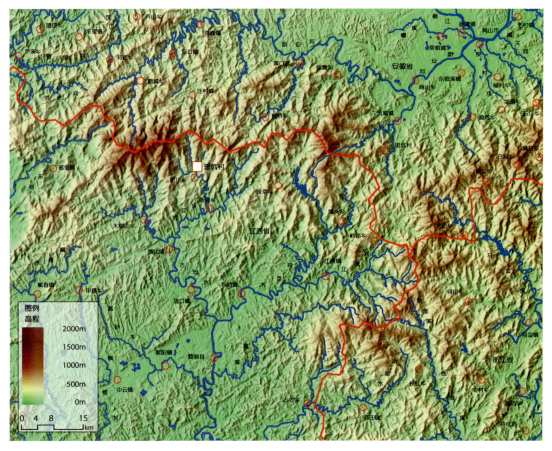

图5-2-31 理坑村区位图（来源：赵梓铭 绘制）

图5-2-32 理坑村地形模型（来源：蔡晴 绘制）

图5-2-33 理坑村理源桥（来源：姚糖 摄）

图5-2-34 理坑村水口（来源：姚糖 摄）

图5-2-35 理坑村箬皮街（来源：姚糖 摄）

图5-2-36 理坑村水街（来源：姚糖 摄）

年）余世儒长子余懋学中进士，官至南京户部右侍郎。明万历三十二年（1604年）余懋学胞弟余懋孳中进士，官至给事中[①]。此后科第世代不绝。在富商财力和官员能力的共同支持下，对村庄进行了持续的大规模建设。村庄逐步从台地向理源溪边发展，形成水街（图5-2-36），和衍庆堂前广场一起成为村落公共生活的中心，从而形成了保存至今的村庄格局（图5-2-37、图5-2-38）。

清代理坑余氏继续以经商和科举维持家族兴旺，至清代中期，理坑村的人口规模和村落规模都达到顶峰，清嘉庆年间（1796～1820年）号称"千烟"，即有上千户人家。村庄规模进一步扩大，北至后山湾（现村道北面山脚下），南至理源溪，总占地面积约10公顷。但远离理源溪、处于村落边缘的住宅密度明显降低，远不如明代后期形成的中心区域（图5-2-39）。

以东西向的箬皮街为枢，发展出一系列南北向的巷道，当向南接近理源溪时，巷道又逐渐转向垂直于溪岸，显示出村庄自台地向水边发展的过程。巷道宽度不等，少数通往重要建筑如祠堂或官宦人家的巷道相对宽阔，但多数巷道宽度在2米以下（图5-2-40）。

除衍庆堂为理坑余氏总祠外，理坑原本还建有9座

---

① 葛韵芬.（民国）婺源县志·卷十五·选举一·科第. 刻本. 婺源. 1925.

图5-2-37 理坑村西南鸟瞰（来源：黄继东 摄）

图5-2-38 理坑村东北鸟瞰（来源：黄继东 摄）

大小房祠，分别构成其房派社区的中心。清代后期，由于人口继续增长，用地日益紧张，各房派之间不可避免地开始插花，基于家族房派组成的村庄空间结构逐渐瓦解。近代以后，家族祠祀体系也彻底瓦解，衍庆堂被拆除，其余房祠也大部分被毁。现在仅余1座小宗祠和3座房祠，其中还有1座系由住宅改建而成。

敦复堂为小宗祠，祭祀明代前期人物、理坑上九房之祖余良一。位于村庄西部，衍庆堂以北，离箬皮街不远。建筑朝东，三间二进，规模有限。祠旁有水井，称金家井，传为余氏迁入之前由金氏家族开凿，可能是整个村庄中最古老的部分，长期为村庄北部地势较高区域的主要水源，周围形成小广场，全为石板铺砌，至今仍为重要的历史场地（图5-2-41）。

明末进士余自怡为自己建造的住宅，称"官厅"，身后改为祠堂，祭祀明正德年间余氏三兄弟之余楷，号友松，因此称为友松祠，可视为大房祠。建筑位于村庄南部，已较靠近理源溪。效陈祠为小房祠，祭祀余楷幼子余燧。其两位兄长均早逝，余燧抚养遗孤，振兴家业，时人比之西周时期名臣君陈，有孝友之德，故此祠名为效陈祠[①]。位于箬皮街西部，离衍庆堂不远。德寿堂亦为小房祠，祭祀余楷另一子余烨，位于理源溪畔。

司马第是村中具有代表性的住宅之一。造主余维

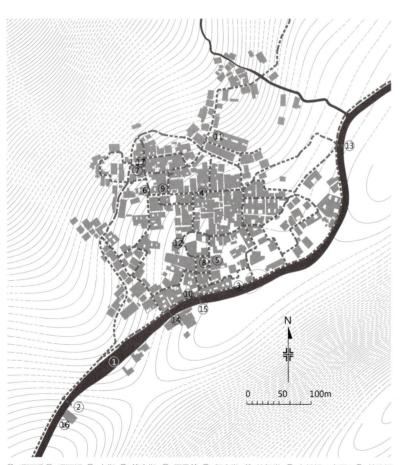

① 理源溪　② 理源桥　③ 水街　④ 箬皮街　⑤ 司马第　⑥ 衍庆堂　⑦ 敦复堂　⑧ 友松祠（官厅）　⑨ 效陈祠
⑩ 德寿堂　⑪ 云溪别墅　⑫ 天官上卿第　⑬ 观音桥　⑭ 百子桥　⑮ 天心桥　⑯ 文笔塔　⑰ 金家井

图5-2-39　理坑村总平面图（来源：蔡晴　绘制）

图5-2-40　理坑村中巷道（来源：姚赯　摄）

---

① 葛韵芬.（民国）婺源县志·卷二十八·人物七·孝友一. 刻本. 婺源. 1925.

图5-2-41　理坑村金家井（来源：姚糖 摄）

图5-2-42　理坑村司马第前天井（来源：邹虚怀 摄）

枢于清顺治九年（1652年）以贡生出仕，授河北永年知县，官至兵部主事[①]。因任职兵部，故自比司马。顺治十七年（1660年）起造此宅，位于村庄南部，和友松祠隔巷相对。主入口朝北，主体建筑坐西朝东，由二层主宅及其南面的书房、花园和余屋组成，以三个半天井组织空间，在有限的尺度中营造了丰富的空间变化，同时又充分满足了礼仪、规制和使用需求（图5-2-42）。

五、婺源思溪村

思溪村属于婺源县思口镇，位于清华镇下游约10公里，清华水支流思溪河南岸，延村（见本书第三章第一节）上游约1.3公里。思溪河从北面绕村而过，往东北流约3.3公里到达思口镇汇入清华水。东南距婺源县城约19公里。

南宋庆元五年（1199年），县内俞氏家族成员俞若圣在思溪河南岸建村。俞氏自称系出商周俞国，在山东南部泗水流域一带，遂将此溪命名泗水，又称泗溪。至元代初期，俞若圣曾孙俞伯恒以鱼（俞）水相依之兆，改名为思溪[②]。明代以后和其他徽州村庄一样主要依靠在外地经商致富，生意做到江浙、湖广乃至上海，主要经营盐、茶、木材等。

思溪村因位于思溪河南岸，选择以南面的山岭为靠山，面朝思溪河，因此村庄主朝向几乎朝向正北，村中建筑也大多朝北（图5-2-43、图5-2-44）。整个村庄形态紧凑，呈近椭圆形，南北约长265米，东西约长369米，占地面积约7公顷（图5-2-45～图5-2-47），人口1270人。

据《泗水俞氏干同公支谱》所载村图显示，思溪村原有复杂的祠祀和水口系统（图5-2-48）。思溪河北岸原建有彭王庙，系纯粹的婺源地方崇拜，祭祀婺源赋春镇霍口村人彭畲，《民国婺源县志》有传：

彭畲，霍口人，黄巢乱，畲率兄弟起义兵，捍蔽乡邑。乡人怀其德，为立庙。宋开庆己未，重庆受围，兵

---
① 葛韵芬.（民国）婺源县志. 卷二十四·人物五·宦绩. 刻本. 婺源. 1925.
② 俞隆圭. 泗水俞氏干同公支谱. 木活字本. 婺源. 1922.

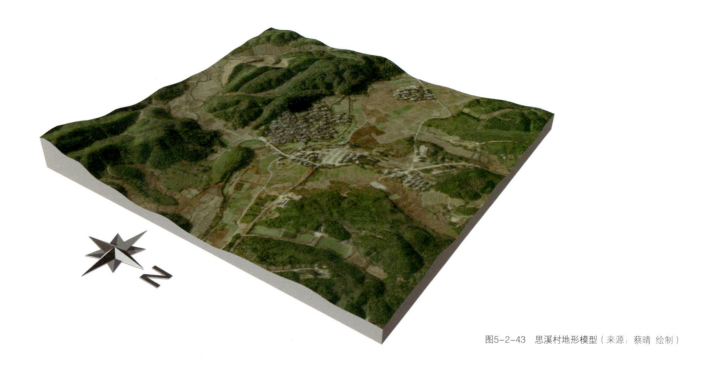

图5-2-43　思溪村地形模型（来源：蔡晴 绘制）

图5-2-44　思溪村沿河景观（来源：姚赯 摄）

图5-2-45 思溪村西南鸟瞰（来源：黄继东 摄）

图5-2-46 思溪村东北鸟瞰（来源：黄继东 摄）

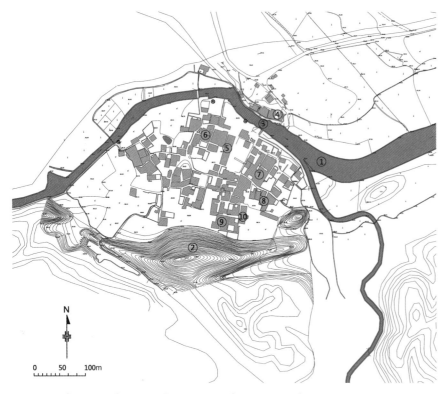

① 思溪河 ② 来龙山 ③ 通济桥 ④ 彭王庙遗址 ⑤ 光裕堂遗址 ⑥ 敬序堂 ⑦ 承裕堂 ⑧ 意承堂
⑨ 承德堂 ⑩ 俞氏宗祠

图5-2-47 思溪村总平面图（来源：蔡晴 绘制）

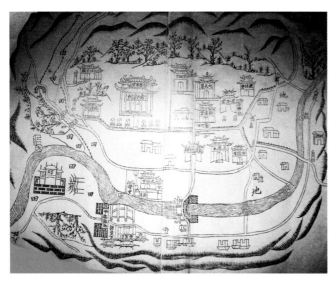

图5-2-48 思溪村图（来源：引自《泗水俞氏同公支谱》）

交，空中见大旗曰婺源彭王，围遂解。帅李遇龙上其事于朝，加封王爵①。

按开庆己未即南宋开庆元年，1259年。这一年蒙古军对南宋发动大规模进攻，在川东重庆一带以钓鱼城为中心大战，宋军坚守，蒙古大汗蒙哥死于军中，遂撤围而去。李遇龙为浮梁鹅湖镇界田村人，在瑶里下游方向约10公里，南宋绍定五年（1232年）进士，当时以枢密院都承旨身份负责转运粮草并督战②。彭翕显灵之事或系子虚乌有，但从此成为婺源各地村庄崇拜对象。

---

① 葛韵芬.（民国）婺源县志. 卷三十六·人物十·武略. 刻本. 婺源. 1925.
② 乔溎.（清道光）浮梁县志. 卷十三·人物·贤良. 浮梁. 1832.

图5-2-49 思溪村通济桥（来源：姚赟 摄）

图5-2-50 思溪村通济桥内景（来源：姚赟 摄）

图5-2-51 思溪村中巷道（来源：姚赟 摄）

图5-2-52 思溪村俞氏宗祠（来源：姚赟 摄）

彭王庙东有文昌阁，西有相公庙，前有村门，向东，即思口镇方向，额题"秀挹檀峰"。门外还有牌坊二座。门内不远处即为跨思溪河的通济桥。这一组水口建筑形制和祭祀均十分复杂，惜今已完全不存。

通济桥是村庄现在的村口，村人俞宗亨建于明景泰年间（1450~1457年），当时称思溪桥[①]。两跨石墩木梁式桥，长22米，宽3.8米，桥上建廊，是这一组水口建筑仅有的遗存，现为村民休闲处（图5-2-49、图5-2-50）。

通济桥南岸桥头成为村庄的交通枢纽，三条巷道从这里分别向东、西、南三方出发。东西巷道环抱村庄，最后在村中心汇合；向南的巷道则贯通村庄，一直通到山脚下的住宅承德堂。村中还有一条东西向巷道，弯弯曲曲贯通全村（图5-2-51）。这些巷道将村中建筑大致分成三行，与思溪河基本平行。这样形成了一个简明扼要的村庄格局。巷道均以青石板铺装，至今保存良好。

村中部偏东原有俞氏宗祠，称思本堂，始建于元。村北临思溪河有光裕堂，始建于明代中后期，附建有学堂，为房祠。村东宗祠附近建有汪王庙，祭祀歙县人、隋唐之际割据皖南的地方军阀汪华，为皖南及婺源常见地方祭祀。汪王庙前还有福德祠。今天仅俞氏宗祠正面牌坊式大门梁枋砖雕基本完整（图5-2-52），其余均已面目全非。

[①] 葛韵芬.（民国）婺源县志·卷八·建置七·津梁. 刻本. 婺源. 1925.

第三节　信江流域村镇

一、铅山河口镇

河口镇位于铅山县境北部，怀玉山和武夷山南北夹峙而成的信江中游河谷南缘。发源于铅山县南部武夷山区的铅山河在镇南约9公里处与另一支发源于武夷山深处的杨村水汇合，在镇东汇入信江，河口镇因此得名。《同治铅山县志》载："河口镇，县北三十里，即古沙湾市也。当信河铅河二水交会之冲，在汭口九阳石之上。"[1]在信江北岸，还有发源于怀玉山的大地水在镇区对面汇入信江。大地水入信江之处有九座丹霞地貌红石山丘沿信江排列，如九头雄狮踞江拱卫，号称九狮山，因此大地水又名九狮河。河口百姓因此自称"门傍信江水，窗含九狮山"（图5-3-1）。

因地处赣浙闽三省通道，河口镇具有极其便利的交通优势。信江上游至玉山县城，经玉山至浙江常山县的常玉驿道进入浙江衢江流域，可直下杭州，并经江南运河至苏州、镇江入长江。铅山河上游进入武夷山深处，翻越海拔约800米的分水关进入福建崇安县境内的闽江上游崇阳溪流域，可直下福州。亦可向东翻越海拔约1000米的温林关、海拔约1200米的观音关进入崇阳溪上游，或者向南翻越海拔约1100米的桐木关，进入崇安县境内的崇阳溪支流九曲溪，但路程均既远且险，主要为私盐贩子之途。

秦汉时这一带尚无郡县，名义上属闽中郡，实际为闽越国之地。汉武帝元鼎五年（公元前112年），闽越国被灭，其地属会稽南部都尉管辖。孙吴在浙南闽北一带设建安郡，之后又分建安郡北部设东阳郡，分豫章郡东北部设鄱阳郡，在信江中上游之际设上饶县，铅山可能分属上饶、建安。隋撤上饶县之后，铅山一带归属不明，可能分属弋阳、邵武。唐乾元元年（公元758年）安史之乱期间设立信州，恢复上饶县为州治，此时铅山县分属上饶、弋阳二县，河口属弋阳县招善乡。南唐保大十年（公元953年）以弋阳招善、鹅湖、仁义三乡，上饶清流、布政、崇义三乡及建州旌孝乡设铅山县，治所在今永平镇，铅山河中下游之际[2]。因当时在附近发现铅矿，故名铅山。现在是全国第二大露天铜矿。

铅山设县之时，河口还是荒无人烟的沼泽地带，铅山河在此汇入信江。此后由于铅山河的冲积作用，在两河之间出现一片沙洲，至宋代渐成附近农民的集墟之地，称沙湾市。明代中期成为铅山连四纸和茶叶贸易中心。明万历年间（1573~1620年），鉴于河口日益繁荣，朝廷将原驻铅山县福建边境石佛寨的巡检司移驻河口，在铅山河汇入信江的河口东岸建立衙门，以强化管理。河口自此成为镇。

入清以后，河口进入鼎盛时期，与樟树、吴城、景德镇并称为江西四大名镇。清乾隆四十年（1775年），因河口愈发繁荣，派广信府同知驻河口镇，以原巡检司衙门为同知衙门，又称分防府，当地俗称二府堂，位置在今九狮大桥桥头。巡检司则移往湖坊镇[3]。《同治铅山县志》记载，河口"货聚八闽川广，语杂两浙淮扬。舟楫夜泊，绕岸灯辉；市井晨饮，沿江雾布。斯镇胜事，实铅巨观。"（图5-3-2）[4]

---

[1] 张廷珩.（清同治）铅山县志·卷二·地理·疆域. 铅山. 1873.
[2] 张廷珩.（清同治）铅山县志·卷二·地理·沿革. 铅山. 1873.
[3] 蒋继洙.（清同治）广信府志·卷二之一·建置·公廨. 上饶. 1873.
[4] 张廷珩.（清同治）铅山县志·卷二·地理·疆域. 铅山. 1873.

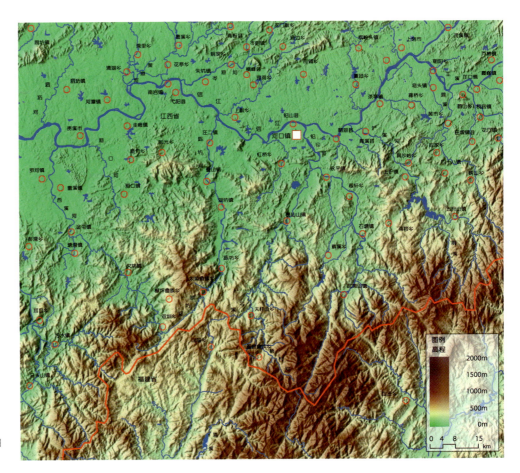

图5-3-1 河口镇区位图
（来源：赵梓铭 绘制）

图5-3-2 清代河口镇图（来源：蔡晴据《同治铅山县志》河口镇图重绘）

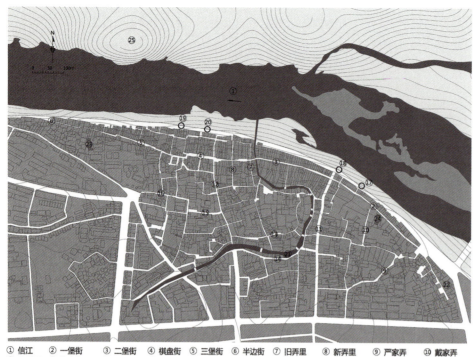

① 信江　② 一堡街　③ 二堡街　④ 棋盘街　⑤ 三堡街　⑥ 半边街　⑦ 旧弄里　⑧ 新弄里　⑨ 严家弄　⑩ 戴家弄
⑪ 金家弄　⑫ 郑家街　⑬ 小河沿　⑭ 新街　⑮ 兴隆街　⑯ 永庆街　⑰ 官埠头码头　⑱ 金家弄码头　⑲ 小桥弄码头　⑳ 萧公庙码头
㉑ 惠济渠　㉒ 同知分防府　㉓ 建昌会馆　㉔ 吉安会馆　㉕ 九狮山

图5-3-3　河口古镇总平面图（来源：蔡晴　绘制）

　　铅山是连四纸产业的核心地区。连四纸是以纯竹丝为原材料，经过蒸煮、漂白等工艺制成纸浆，用手工抄造而成的一种漂白熟料竹纸，过去也称连史、连泗、连七等名。其技术发祥于武夷山区，元代已颇具名声，明代中期成为江南著名产业，与景德镇的制瓷业齐名。清代中期达到顶峰，全县有30%以上人口从事造纸业①。鸦片战争以后逐渐衰落。2006年被列入国家级非物质文化遗产名录。

　　铅山也是重要的茶叶产地，产业形成不晚于北宋景祐年间（1034～1038年），制各种团茶。明代发展出更多品种。清乾隆年间达到鼎盛，鸦片战争后急剧衰落。此外，铅山古代的铅、铜开采与冶炼业也有相当规模。

　　河口镇古镇区面积约46公顷，2007年统计人口约1.7万人。街道号称"九弄十三街"，均非实数（图

图5-3-4　河口镇二堡街（来源：姚赯　摄）

5-3-3）。临江老街为沿江镇区街道之轴，长约1280米，东西走向，与信江平行，由东端的一堡街、二堡街、棋盘街、三堡街和最西端的半边街组成。街面平均宽约6米，街道路面均以长条石板铺装，二堡街和三堡街之间的棋盘街最为宽广（图5-3-4）。垂直于临江老

---

① 铅山县县志编纂委员会. 铅山县志[M]. 海口：南海出版公司，1990.

图5-3-5 河口镇惠济渠
（来源：姚赯 摄）

街有大量南北向巷道，其中许多直通江边码头。最早的南北向巷道均在二堡街，称旧弄里、新弄里，此后发展出更多的南北向巷道，其中主要有严家弄、戴家弄、金家弄、郑家街等，均从江边向内地延伸。

沿河有十余座码头，自东向西从一堡头到三堡尾依次排开。二府堂门前设有官埠头码头，始建于明代，专供官船停靠。其余则分属各商帮，通过巷道与老街连接，大多以与码头相通或相近的街巷命名。如小桥弄码头，又称贵溪码头，停泊来自贵溪的石灰、瓦罐、粮食及杂货运输船只；萧公庙码头则主要运输毛竹，因为在河口经营此业的几乎全是抚州人，又称抚州码头。

镇中有惠济渠，建成于明嘉靖八年（1529年），相传为明朝正德至嘉靖间铅山人、大学士费宏个人出资开凿的人工河，又名惠济河、福慧河，既为镇中上下水道，又兼具交通功能，可通小船。惠济渠自西南进入镇区后形成"U"形转弯，至二堡街南转向北进入信江。镇区内长度约2公里，宽窄各段不同，最宽处接近20米，最窄处不足4米（图5-3-5）。沿河建有护栏、码头，又有大量石桥跨河而过，现仍存16座，做法自完整的石梁式桥至最简单的石板桥不等。

临江老街以南的镇区依托若干条主要的南北向街道和惠济渠发展，呈现出更多的自组织形态，街巷纵横交错，宽度均在3~6米之间。其中主要有小河沿、新街、兴隆街、永庆街等。功能分区不明确，大多街区都集商业、作坊、居住及其他相关功能等于一体，甚至许多建筑就集门市铺面、居室、库房、作坊于一身，具有明显的传统商业、手工业聚落的特征。

河口和景德镇一样，作为真正的工商业市镇，家族社区的影响极其微弱，各地商帮的影响反而更加明显。聚集在河口的商人以福建、安徽、南昌、抚州和建昌商帮为多，各地商帮各自建立会馆，极盛时多达19所，山陕会馆、徽州会馆、全福会馆、浙江会馆、旌德会馆、建昌会馆等均规模庞大，并开办学校等公益事业，成为河口镇街市中最为显著的建筑。现仅有建昌会馆和

图5-3-6 河口镇吉安会馆（来源：姚赟 摄）

图5-3-7 河口镇金利合药房（来源：姚赟 摄）

吉安会馆保存相对较好，近年还有所修复（图5-3-6）。

典型的商业建筑有前街后河式与近代骑楼式，均为商住混合。前街后河式一般沿街开店，中进为作坊，后面是仓库，直接通河。货物从河边运到后，直接在作坊进行分类、加工，再送至店面销售。店面多为传统木结构和砖木混合结构，铺面有活动门板可拆卸，檐很高，面宽小，进深大，进数多。近代骑楼式则多为下店上宅，或下店上库。

一堡到三堡两侧店屋尚存500多家。这些店屋南北相向，均为两层砖木结构，连续多进，有的进深达数十米；临街头进为门市铺面，里进依次为客厅、居室、库房、作坊等，二楼为居室、账房等。建筑两侧均设封火山墙，铺面宽一至三间不等，大多装有板门，营业时卸下。店堂多采用木、砖、石三雕或彩画等装饰，并悬挂牌匾，或挂有幌子，以招徕顾客。其中，以银楼、钱庄、茶庄、纸号、药店、绸缎店最为豪华富丽（图5-3-7）。居住建筑多为穿斗式传统民居，二到三进，常见二层甚至三层建筑。

二、铅山石塘镇

石塘镇地处铅山县东南35公里的武夷山北麓。信江支流铅山河源出武夷山北坡的桐木关下，一路北流，千洄百折，流经石塘的河段称石塘河，西北流至河口镇东侧汇入信江。地势东南高，西北低，变化复杂。上游河道较为曲折，河谷狭窄，地形陡峭。在接近石塘时，河道逐渐舒缓，形成了相对开阔的河谷。镇区东北紧靠山体，海拔迅速从150米左右升高至400米以上；西南临石塘河一带则较为平坦（图5-3-8）。

相传南唐之前，镇区北有方塘十口，称为"十塘"，后谐音为石塘。宋代为屯田镇，祝氏家族于北宋庆历二年（1042年）迁至石塘开基，是石塘最古老和最大的家族，现在铅山县域内各地祝氏基本上都从石塘繁衍而出。明代称石塘市，清属旌孝乡十三都，仍称石塘镇，但未设巡检司。

石塘镇的兴起主要基于连四纸的生产和销售。铅山县南部武夷山北麓地区为其主要制造地，而石塘镇则为其主要的上游集运中心。《乾隆铅山县志》载：

图5-3-8 石塘镇地形模型（来源：蔡晴 绘制）

石塘镇，县东南三十里。宋为屯田镇，后改市，今仍名镇。其地多宜于竹，水极清冽，纸货所出。商贾往来贩卖，俗尚颇涉华丽。按石塘一镇，贾客贸迁，纸货为盛，曰毛六，曰黄表，色样不一，命名各殊。第界近闽越，地居险僻，流民繁多，土著稀少。故槽厂为藏奸之薮，蓬户多生事之徒。[1]

到明清时期，石塘成为铅山重要的水陆转运节点，向北经河口镇通达全国，向南可经分水关通往福建武夷山区。除连四纸外，武夷山区的茶叶、茶油等货产多需经过石塘转运。民国中后期设石塘镇，是铅山县政府第二区署所在地。

明嘉靖三十六年（1557年），铅山知县陈坦命人于石塘筑堤，垒石宽二丈二尺，高一丈五尺，长一百六十丈，大大改善了石塘镇区防洪能力，至今被称为"陈公堤"。明崇祯七年（1634年）上任的知县蔡鹏霄则主持开凿官圳，是一条水渠，从陈公堤南端引水入渠，沿着坑背街蜿蜒向上，宽1~3米，全长近2公里，不仅方便了石塘居民生活用水和取水，还灌溉了下游万亩良田，大大改善了农业耕种条件[2]（图5-3-9）。

石塘镇目前仍保存面积约31公顷的古镇区，人口约2500人。主要街道和巷弄保存基本完整，并保存大量商铺、作坊和住宅（图5-3-10）。

石塘镇下水口情况现已不明，仅上水口仍保存有葛仙殿，在镇区最南端，祭祀道教神仙葛玄。传说此人为江苏句容人，东汉年间在铅山山中修道，此山正在石塘镇对面，因此得名葛仙山。山顶最高海拔超过1000米，距镇区约14公里，天气晴好时在石塘河边清晰可见。

石塘街是古镇区最宽、最长、最繁华的街巷，构成聚落结构的核心，集合了商业贸易、交通运输、居住、服务等诸多功能，长度约800米，自南向北分上街、中街（又称棋盘街）、下街三段，平均宽度在4.5米左右。走向大体与石塘河平行，由东南向西北，但充满曲折，使得行人无法一眼看到街巷的尽头（图5-3-11）。

---
[1] 郑之侨.（清乾隆）铅山县志.卷之一·疆域. 铅山. 1743.
[2] 张廷珩.（清同治）铅山县志.卷四·地理·水利. 铅山. 1873.

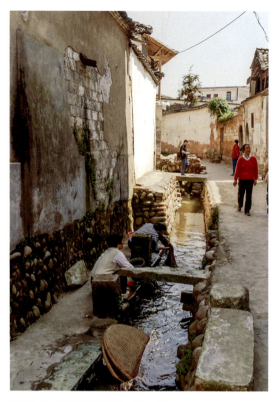

图5-3-9 石塘镇官圳（来源：姚赯 摄）

① 石塘河　② 上街　③ 中街　④ 下街　⑤ 港沿街　⑥ 坑背街　⑦ 官圳　⑧ 杨家弄
⑨ 潘家弄　⑩ 范家弄　⑪ 亭子弄　⑫ 花园弄　⑬ 祝家弄　⑭ 陈家弄　⑮ 犁头尖　⑯ 松泰行
⑰ 潘丰和纸栈　⑱ 王家号　⑲ 裕康纸号　⑳ 查家号　㉑ 天和号　㉒ 抚州会馆　㉓ 老祝氏宗祠　㉔ 周氏宗祠
㉕ 东祝宗祠

图5-3-10 石塘镇总平面图（来源：蔡晴 绘制）

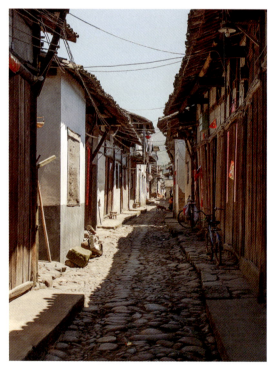

图5-3-11 石塘镇上街（来源：姚赯 摄）

　　沿石塘河的港沿街是聚落另一条重要的商业街巷，平均宽度稍逊于石塘街，在3.5米左右，线形更直，在街巷中行走时视线几乎可以贯通整条街巷。

　　坑背街是纵向街道中唯一一条很少有店面的街道，两侧店面极少，多为大型住宅和商行，立面较为封闭。因官圳在此街中，虽然街两侧建筑间相距约4米，但路面宽度只有2~2.5米（图5-3-12）。

　　除了东南—西北走向的纵街外，还有西南—东北走向的弄，作为聚落次一级的道路，连接各主要街巷。这些弄主要以交通运输与生活居住功能为主，宽度远较街狭窄。

　　石塘上街、港沿街两侧建筑以商铺为主，包括大量纸业商行，可分为纸号、纸行、纸栈三类。凡称纸号者均规模较大、资本雄厚，通常自有竹山，又在全国各地开设有分号、货栈，控制从原料、生产直至销售的完整产业链。纸行和纸栈的规模较小，纸品货源只能靠周边纸槽每日供应，产量不足时还要向

图5-3-12 石塘镇坑背街(来源:姚赟 摄)

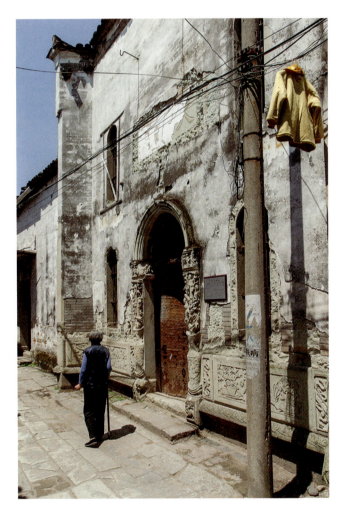

图5-3-13 石塘镇天和号(来源:姚赟 摄)

纸号进货。天和号是石塘著名纸号之一,位于石塘上街南端的犁头尖,原为饶姓家族开设的综合贸易商行,清康熙四十九年(1719年),安徽商人程氏与石塘本地商人王氏出资入股,改为纸号。现存建筑为晚清重建,高二层,立面十分封闭,仅中央开券门,两侧每层各开一券窗,具有中西合璧的装饰风格。内部仍为穿斗式木构架。天和号约于1930年前后倒闭,现沿街外观仍保存完好,但内部已极破败(图5-3-13)。

除大小纸业商行外,石塘镇还有大量服务业店铺,包括饭馆、客栈、铁匠铺、银匠铺、木工房、伞铺、船行、茶行、南货铺、药铺等。小型商铺面宽仅一间,不超过4米,而进深则可达15~20米,穿斗式木结构,两坡顶,大部分不设天井,仅靠明瓦和斗形天窗采光。布局均为前店后宅,港沿街上的店铺前店面向街巷,后部直通河岸,便于日常生活和货物进出。

到民国初年,各商帮共在石塘建立7所会馆,包括福建会馆(即天后宫)、抚州会馆(又称昭武会馆,以唐末曾于抚州置昭武军而名)、饶州会馆(又称芝阳会馆,以饶州府城北有芝山,城在芝山之阳而名)、洪都会馆、贵溪会馆、山陕会馆和山东会馆。这些会馆的空间构成大同小异,一般由照壁、大门、戏台、院内场地、两廊走马楼、享堂、后寝和两侧生活居屋组成,面积约1000~3000平方米。现仅始建于清乾隆十五年(1740年)的抚州会馆还保存最后一进寝堂,其余均已不存。

石塘虽然亦是发达的工商业市镇,但仍有明显的家族社区影响。明清以后,镇区最古老的祝氏家族已分化为多个房派,南北均有分布。镇区中部坑背街北段有东祝宗祠,镇区北部下街中段有老祝氏宗祠,实际上均为房祠,互不统属。此外,王氏、潘氏、周氏等家族在石塘也有一定规模,中街北端至今仍保留周氏宗祠。家族社区继续发挥作用,显示了石塘镇作为一个工商业市镇,发展程度仍低于景德镇、河口镇等顶级市镇。

三、贵溪上清镇

上清镇原属于广信府贵溪县，即今贵溪市，1993年划归龙虎山风景名胜区管理，地处龙虎山风景名胜区东南部。

龙虎山位于贵溪南部。传说东汉永元二年（公元90年）苏北丰县人张道陵来此地修道炼丹，经三十六年"丹成而龙虎见"，此地遂得名龙虎山。汉晋之间，张道陵曾孙张盛移居此地，在上清镇一带逐步建立道观，此后逐渐得到帝王扶植。宋代之后日益发达，先后建立了正一观、上清宫、天师府等宏大的宫观府邸，最盛时号称十大道宫、八十一道观、三十六道院，从而使龙虎山成为我国道教活动中心之一。

泸溪河自东向西横贯镇域。泸溪河发源于武夷山脉福建光泽县的白云山西北麓，西流入江西，经资溪县城北流入贵溪，流经上清镇。上游古称沂溪，又称泸溪，上清附近又称上清溪，下游称白塔河，在余江县锦江镇附近汇入信江，为其最大支流，是信江流域与抚河流域之间的重要通道。泸溪河通过古镇区段河床宽约200米。

上清镇原为唐代沂阳市，以其位于沂溪之阳，即今泸溪河之北岸而得名。一说为唐末人倪亚在此任官，政绩卓著，获封郡王，其后人定居于此，因名倪洋市。北宋崇宁四年（1105年）在镇东建上清宫，因改称上清市。明清时曾称沂洋镇。清雍正初年（1723~1726年）在此设立巡检司，当时还称为管界司，清乾隆三十年（1748年）正式改名为上清镇巡检司。明清属仙源乡三十六都①。贵溪往金溪的驿道经过上清，明清均设驿铺，驻有铺兵②。由于水陆交通方便，使上清镇在古代成为一个地方性交通要冲，不仅是龙虎山道教活动的中心，也是重要的商业集镇（图5-3-14）。

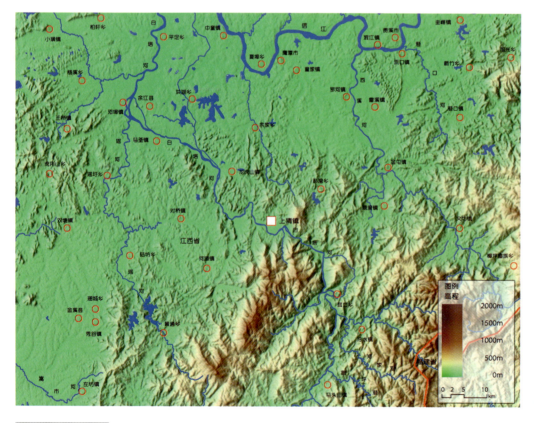

图5-3-14 上清镇区位图
（来源：赵梓铭 绘制）

---

① 杨长杰.（清同治）贵溪县志·卷二之二·市镇. 贵溪. 1872.
② 杨长杰.（清同治）贵溪县志·卷三之五·驿盐. 贵溪. 1872.

图5-3-15 上清镇地形模型（来源：蔡晴 绘制）

上清古镇区位于镇域中北部，泸溪河北岸，沿河展开，呈一长条形，面积约36公顷，人口约4100人。地势基本平坦，北部和东部略高，但高差不大（图5-3-15）。上清宫位于古镇区东面，距古镇区仅500米；天师府位于古镇区中央，将古镇区一分为二；古镇区本身的核心是一条长约1公里的古街，称上清街，沿泸溪河贯通东西。镇区最晚至明初已形成规模，自东向西分为三坊，分别称五通坊、中坊、长庆坊。晚清咸丰年间（1851~1861年），太平军和清军曾在上清激战，镇内建筑损毁严重。此后陆续修葺，至民国年间大体恢复，其面貌一直保持到1980年代（图5-3-16）。

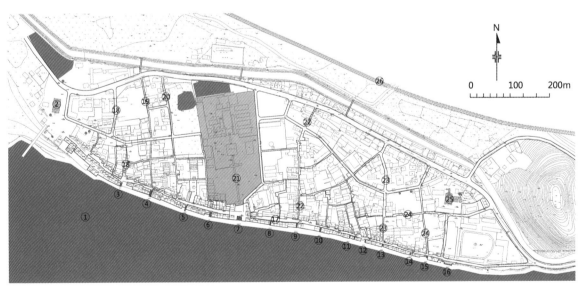

图5-3-16 上清镇总平面图（来源：蔡晴 绘制）
① 泸溪河 ② 长庆坊 ③ 龙码埠 ④ 姜家码埠 ⑤ 观前码埠 ⑥ 大码埠 ⑦ 天师府大码埠 ⑧ 石街口码埠 ⑨ 关门口码埠 ⑩ 方家码埠 ⑪ 蔡家码埠 ⑫ 张家码埠 ⑬ 柴家码埠 ⑭ 天主堂码埠 ⑮ 李家码埠 ⑯ 新渡口码埠 ⑰ 上清街 ⑱ 龙马弄 ⑲ 新姜家弄 ⑳ 老姜家弄 ㉑ 天师府 ㉒ 关门口弄 ㉓ 柴家弄 ㉔ 李家弄 ㉕ 天主堂 ㉖ 鹰厦铁路

上清街至今仍是一条繁荣的街道，不仅为风景区游客提供服务，而且继续担负着本地商贸中心的功能（图5-3-17）。从上清街向北伸出一系列巷道，当地称弄，构成鱼骨状街巷体系。其中重要的巷道包括镇东部的关门口弄、柴家弄、李家弄，以及镇西部的老姜家弄、新姜家弄、龙马弄。沿泸溪河设有14处码头，当地称码埠，供水路交通之用，并成为镇内的重要公共空间。

图5-3-17　上清街（来源：蔡晴 摄）

天师府位于上清镇中心，宋代之前情况不详。北宋崇宁四年（1105年）宋徽宗赵佶赐上清道士张继先道号"虚靖先生"，又赐建府第于沂阳市关门口，元至元十三年（1276年）元世祖忽必烈封张继先六代孙张宗演为真人，命其主领江南道教。至元二十八年（1291年），忽必烈又下诏赠张宗演之父张可大为"通元应化观妙真君"，并称其为"嗣汉天师"，此后张宗演及其后人便自称"天师"，其府第一直被称为天师府。明、清两代曾数次重修，1927年再次重修，1980年代以来又持续进行了大规模的修缮（图5-3-18）。府内分前后两部分，前部是公署和宫观的混合物，后部为私邸。私邸西侧另有一组院落称"万法宗坛"，后有宽阔花园，林木茂密。

图5-3-18　上清镇天师府（来源：姚糖 摄）

古镇区西端有长庆坊，又称朱丹溪先生祠。南宋有长庆寺，坊因寺名，元代废。明代初年，著名医学家朱震亨（浙江义乌人，号丹溪先生）在上清行医，颇有善举，镇民遂捐资重建长庆坊，内祀朱震亨像，以为纪念。故此建筑名为长庆坊，实为朱震亨祠（图5-3-19）。现存建筑基本保持晚清面貌，五间二进，前有庭院，中开一门。前进为清代原物，保存基本完好。后进为正厅，1990年代重建，结构为钢筋混凝土，但式样、空间均高度尊重传统。前后进之间以穿廊连接，类似工字殿身做法。大门内外两面均有门额，外额文为"长庆坊　雍正十年冬月吉旦　本坊会众秉心重建"；内额文为"灵钟星岳　康熙丙午十有二月　本坊会众谨立"。清雍

图5-3-19　上清镇长庆坊（来源：姚糖 摄）

与福建交界的山中汇流而来，通称湖坊河，陈坊段又称陈坊河、鸢溪，向北流至河口镇下游约30公里处汇入信江（图5-3-22）。

陈坊地处铅山通往福建光泽的交通要道上，但开发较晚。直至清初，这里还是一片芦苇洲，荒无人烟。清康熙年间（1662～1722年），陈氏家族首先在河东岸的台地上开基，村庄因此得名陈坊。此后，李氏、金氏、黄氏、余氏等家族陆续迁入，一面开垦农田，一面兴起连四纸产业，又发展贸易，村庄遂迅速兴旺[1]。清乾隆八年（1743年）刊印的铅山县志还没有该村的任何记载，但在乾隆年间（1736～1795年），陈坊成为铅山县连四纸重要生产基地，因此清同治十二年（1873年）刊印的县志不但纪录有陈坊市，而且绘入舆图[2]。水路直通信江，虽然陈坊上游方向河段山高水急无法通航，但陈坊下游河段即开阔平静，可通小船。陆路直通闽北，既是连四纸外运通道，也是闽北一带南北杂货、药材及其他土产的进出通道。货物从陈坊肩挑至光泽，再下河转运至邵武、建瓯、南平等地。因此，尽管只是一个村庄，但它实际上已具备工商业市镇的特征。

陈氏尽管开基最早，在陈坊村产业发展中也占得先机，陈家行至今位于村中央位置，但人丁不旺，李、金、黄、余此后成为陈坊村四大家族。李氏家族居于村庄北部，以经营工商业为主。金氏家族居于村庄东部，离河较远，形成一个相对独立的社区，以农业为主，也广泛参与工商业。黄氏家族居于村庄中部，拥有大量宅基地和周边村庄土地，以收租为主业。余氏家族最为特别，其核心社区不在陈坊村，而是在陈坊河西岸，但深度参与陈坊村的工商业活动。作为一个快速兴起的工商业市镇，还有大量其他小家族移入。

陈坊村几乎完全围绕陈坊街发展，是典型的带形聚落，总面积约18公顷，人口约2000人（图5-3-23）。陈坊街全长约1.5公里，宽4～5米，走向与陈坊河基本平行，与河岸保持50～100米距离，自南向北分别称上街头、中街、下街头（图5-3-24）。以这条街为枢，向东西两侧伸展出多条巷道，并无规则，完全自然生长。其中较重要的东西向巷道包括上街头的担水弄、罗家弄、周家弄、太源山弄、许家弄，中街的华家弄、张家弄，以及下街头的黄家弄、大河弄等。

陈坊亦有官圳，但修筑时间文献失载。位于村庄东部，与陈坊街大致平行，保持150～200米距离。其最初目的可能是用以灌溉陈坊街与东面山体之间的农田，但随着村庄发展，逐渐沿官圳形成街巷，主要段落在村庄北部，因与下街头大致平行，故称下街背弄（图5-3-25）。

陈坊村虽然和江西东北部其他工商业市镇一样功能混杂，没有明确的功能分区，但是相对集中。商业街区集中在村庄南部，以上街头至担水弄一带店铺和商行最为集中，从担水弄头的米店和小客栈开始，直到张家弄口，约400米长的街道上挤满了店铺，数量多达60余家，行业则包罗万象，从纸号到杂货店、布店、药房、餐馆客栈等，应有尽有。村庄其余部分则主要为居住街区，包括北部的中街、下街头和下街背弄，以及东部的金氏家族社区，虽然也有10余家商行店铺混杂其中，但大部分用地都为住宅占据。

陈坊村最盛时各业商行店铺近300家，其中80余家保存至今，但保存状态均不佳。陈家行位于上街头北段，坐西朝东，三间两进一天井，是陈坊村最早开业的商行，但发展乏力，陆续将沿街店面转让，仅留一开间作为入口，现存格局已与一般住宅无异。正和号位于村庄北部下街背弄，传说最初系由山西商人开设，是陈坊第一家专业纸号，现状亦不佳。晏文盛纸号是清末陈坊

---

[1] 铅山县人民政府地名志办公室. 铅山县地名志. 铅山. 1985.
[2] 张廷珩.（清同治）铅山县志·卷二·地理·疆域. 铅山. 1873.

①陈坊河 ②陈坊街 ③上街头 ④中街 ⑤下街头 ⑥担水弄 ⑦罗家弄
⑧周家弄 ⑨许家弄 ⑩太源山弄 ⑪华家弄 ⑫张家弄 ⑬黄家弄 ⑭大河弄
⑮下街背弄 ⑯陈家行 ⑰正和号 ⑱晏文盛纸号 ⑲汪家纸号 ⑳李元泰京果布匹杂货店
㉑土地庙 ㉒社神庙 ㉓水口庙遗址 ㉔万寿宫 ㉕李氏宗祠 ㉖天后宫遗址 ㉗金氏宗祠遗址

图5-3-23 陈坊村总平面图（来源：蔡晴 绘制）

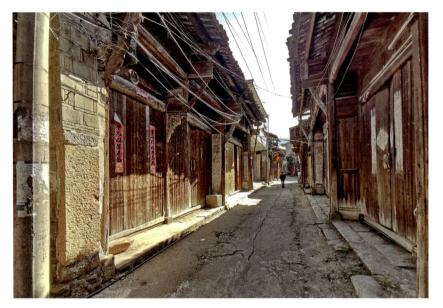

图5-3-24 陈坊村上街头（来源：南昌大学设计研究院规划设计所 提供，唐生财 摄）

图5-3-25 陈坊村下街背弄（来源：南昌大学设计研究院规划设计所 提供，唐生财 摄）

图5-3-26 陈坊村晏文盛纸号（来源：南昌大学设计研究院规划设计所 提供，唐生财 摄）

图5-3-27 陈坊村汪家纸号（来源：南昌大学设计研究院规划设计所 提供，唐生财 摄）

村最大的商行，占地面积达到1480平方米，位于下街头以东的官圳东岸，金氏社区南侧（图5-3-26）。主入口朝西，设有简单门楼，主体建筑坐北朝南，分三路，西路临官圳为店房，中路为三进主宅，用料硕大，雕刻精美。东路为库房和作坊。汪家纸号位于村庄北部下街头南端黄家弄口，建筑坐东朝西，三进，前进为店铺，后两进为住宅，保存尚好（图5-3-27）。

李元泰京果布匹杂货店位于村庄南部上街头南段，是清代后期陈坊最大的杂货店，临街而建，坐南朝北，三间两进，前店后宅（图5-3-28）。

尽管工商业发达，陈坊村的家族社区影响仍较明显。村庄东部的金氏家族社区虽然规模有限，结构松散，但已类似于江西中部地区商业街区和居住区域相互分离的空间关系。金氏原建有宗祠，位于该社区中

图5-3-28 陈坊村李元泰京果布匹杂货店（来源：南昌大学设计研究院规划设计所 提供，唐生财 摄）

图5-3-29 陈坊村万寿宫（来源：铅山县博物馆 提供）

央，规模宏大，现已大部不存。占据村庄北部的李氏家族亦建有宗祠，位于下街头北端，保存至今，形制简朴。

各地商帮在陈坊村亦有相当规模的建设。中街中段西侧原有天后宫，建造年代不晚于清雍正十一年（1733年）[①]，为福建商人出资建造，祭祀妈祖，并作为福建会馆。建筑背河面街，规模宏大，惜于1980年代拆除改造为粮站，现已废弃。南昌商人在中街东侧建有洪都会馆，坐东朝西，规模远逊，不过三间两进而已。

抚州商人在上街头北端建有万寿宫，祭祀许逊，亦背河面街，离天后宫约百米，保存完好。建造年代不详，或说在清代中期乾隆至嘉庆期间（1736~1820年），但未见志书记载。前有牌楼式大门，内分前后三进。前进设戏台，中有大庭院，二进为三开间大厅，中央明间做五楼牌楼式顶，装饰华丽繁复。两侧设议事房及各种辅助用房。二进、三进之间以大穿堂连接，三进为五开间大厅，供奉神位。建筑占地面积约870平方米，是整个陈坊村保存最好的古建筑（图5-3-29）。

[①] 张廷珩.（清同治）铅山县志卷六·建置·坛庙. 铅山. 1873.

第一节　概述

江西南部今天通常指赣州市域，约当三国孙吴庐陵南部都尉、晋代南康郡、唐宋虔州、明清赣州府及清代宁都州辖地。这里地处福建、广东、湖南和江西4省交界处，江西东部的武夷山和西部的罗霄山在此与南岭交会，地形以丘陵山地为主，变化剧烈。章水自与广东交界的大庾岭脚下蜿蜒而来，在赣州不远处汇集发源于崇义的上犹江；贡水更加遥远，从位于赣闽边界的石城武夷山西麓出发，一路汇集发源于寻乌的湘水、发源于安远的濂江、发源于宁都的梅江、发源于兴国的平固江、发源于全南的桃江等大小支流，至赣州城下与章水汇合形成赣江。发源于寻乌武夷山南端余脉的寻乌水和定南水在广东龙川境内汇合成为东江，是珠江水系干流之一。

虽然水系发达，河谷盆地数量众多，但尺度有限，最大的赣州盆地面积不过略大于1200平方公里，缺乏开阔的平地用于生产和建设。交通亦不能完全依靠水路，跨越省界与福建、广东的贸易虽然繁荣，仍必须翻山越岭；与湖南之间则由于地形过于崎岖，来往受到很大限制。尽管如此，由于地理位置的重要性，秦代即在章水中游设南壄县，西汉又在章水下游增设赣县，至西晋初年设立南康郡，目的均在于扼守赣江—珠江交通线的关键节点。

不利于经济发展的复杂地形和特别重要的战略地位，使这一地区的发展呈现出矛盾的局面：交通要道上的城市开发极早，甚至可追溯到秦汉；交通要道以外的区域则开发迟缓，部分远离要道的地方时常盗匪丛生。直至明清，这一地区一直在大量接受外来移民，明代前期，有大批闽南、粤东北破产农民进入；清代前期，又有大批闽南、粤东移民进入。这些移民数量巨大，大大改变了江西南部原有的人口构成，形成所谓客家民系，与闽南、粤北等地建立起持续的贸易往来和文化交流，并造成当地族群关系紧张[1][2]。

明代中期江西南部山区发生持续动荡，尤以明正德年间（1506~1520年）为甚，至明嘉靖四十四年（1565年）才基本平息。清代江西南部山区又前后经历过两次大动荡，第一次约在1645~1680年间，起始于明清鼎革之际，至三藩之乱平息后逐渐安定；第二次则由太平天国运动引发，约在1853~1866年间。每一次动荡都迫使各地村民设法团结自保，建造各种防御设施。家族的力量在建立秩序、发展经济和抵御动乱中发挥着重要作用，使得族居传统在江西南部地区具有特殊的影响力。

江西南部因此发展出多种聚族而居的大型建筑，其中既包括居住功能也包括祖先祭祀功能，两种功能既整合又分立。这种大型建筑本身类型丰富，江西各地多以堂横式建筑为主，在邻近广东的少数地区大量建造围垅屋，在龙南、定南、安远等地则建造更为封闭、防御性更突出的围屋[3]。尽管实际上只是部分地区的特例，围屋凭借其特别巨大的体量和粗犷苍凉的形象，今天已和福建土楼、广东围垅屋一起成为客家民居的代表。以这些大型建筑为主体组成的松散聚落是江西南部山区聚落的特点之一。

从建造设防的大型建筑进一步发展，就成为建造设防的聚落。明代中后期起，江西南部出现各种村城、村围、围寨、山寨、炮楼、土围等具有显著防御能力的乡土聚落形态[4]，为江西南部所特有，在江西其他地方没有可以与之相比的实例。

---

① 曹树基. 中国移民史·第五卷·明时期[M]. 福州：福建人民出版社，1997.
② 曹树基. 中国移民史·第六卷·清 民国时期[M]. 福州：福建人民出版社，1997.
③ 姚赯. 百川并流：江西传统建筑的地域特征[J]. 建筑遗产，2018（4）：62-68.
④ 饶伟新. 明清时期华南地区乡村聚落的宗族化与军事化——以赣南乡村围寨为中心[J]. 史学月刊，2003（12）：95-103.

第二节　章水流域村镇

一、南康唐江镇

唐江镇位于今赣州市南康区中部，赣州盆地西北部，地势平坦。上犹江从古镇南面流过，又名犹川江，是章水最大支流，发源于湖南省汝城县土桥乡，自西南向东北进入江西省境内，流经崇义县、上犹县，过唐江至三江口入章水，至赣州与贡水汇合成赣江。上犹江河道宽度100~200米，是章水上游重要的东西向水上通道，19世纪末10吨货船终年可至崇义古亭，汛期可通行30吨货船。唐江境内的上犹江长度约17.5公里，这里地势平坦，土地肥沃，溯上犹江而上可联系西部山区的崇义、上犹诸县，并通过上犹江支流龙华江连通北面的遂川县；顺江而下约60公里可达赣州城，由此通往南昌乃至中原；溯章水而上又可通往广东，区位优势明显。直至20世纪后半叶，唐江机动货船仍每年直航南京、上海等地[1]。

发源于唐江北面山区的沙溪河自北向南从镇区东北流过，在镇区东南汇入上犹江，河道宽约15米。《同治南康县志》记录了沙溪河上的两座桥[2]：

> 唐江桥，县北四十里，跨沙溪水。宋乾道间，上犹县贡生刘权仕赣，道经于此，遂建石桥。

按乾道为南宋孝宗年号，时值1165~1173年，可知当时当地还没有人有能力建桥，只好由一个过路的上犹县人操办此事。另一座建于水湾处：

> 九拨桥，县北四十余里，跨沙溪口水。村人众建，有租田。

建造年代不详，桥名现在都写作九驳桥，以桥名村，为该村水口。按九驳桥村形成不早于清代中期[3]，此桥始建年代亦当如是。

卢氏家族于北宋哲宗年间（1085~1100年）自遂川县龙泉乡迁至今唐江镇南部上犹江边定居，初以打渔、耕作为生，后见上犹江中有船来往，在江边摆摊卖茶水。大约在元明之际向西北移动，发展成"七间店"，到明代中期以后发展成集市，因临上犹江，周遭易受水患，唯墟市太平，得名太平墟，又写作大平墟，为明代全县二十个墟之一[4]。墟侧有塘濒江，洪水溢江，江、塘难分，后来又称塘江墟。此后商业与手工业不断发展，街市和居住社区沿上犹江岸向北蔓延，至清代中后期形成繁荣市镇。《同治南康县志》记载：

> 塘江墟，在县北四十里，临犹川为市，商舶尾衔，市廛鳞接，为虔南大镇，旧名大平墟[5]。

同时，唐江一带纺织业和制糖业也较发达。《同治南康县志》记载：

---

[1] 南康县志编纂委员会. 南康县志[M]. 北京：新华出版社，1993.
[2] 沈恩华.（清同治）南康县志·卷一·津梁. 南康. 1872.
[3] 南康县地名办公室. 江西省南康县地名志[M]. 南康. 1984.
[4] 南康县志编纂委员会. 南康县志[M]. 北京：新华出版社，1993.
[5] 沈恩华.（清同治）南康县志·卷二·城池. 南康. 1872.

（县内）妇无蚕桑之职，惟事纺绩……惟塘江竹下专工织带，横石井以内则又专事绩苎，所产夏布，精致倍于他方……①

按横石井即今横市镇，在唐江以北。唐江农民又有加工蔗糖的传统，清嘉庆、道光年间土糖加工厂已达70余家，1927年唐江墟日糖销量达500担②。

唐江成为南康最大的墟镇，也是整个江西南部最大墟镇之一，墟期为农历一、四、七。集市贸易十分繁荣，号称"小赣州"。据记载，民国25年（1936年），全县有商店2300~2400家，其中，343家在县城，却有700家在唐江镇③。

唐江卢氏家族作为当地最早的定居者，控制了墟市中大部分店房的产权，获得巨额收入，成为南康顶级望族之一。据《同治南康县志》载，清雍正至同治年间（1723~1875年）唐江卢氏共产生了4位进士、14位举人，最著名者当数清乾隆五十五年（1790年）进士卢元伟，官至山东布政使。《同治南康县志》有传的唐江卢氏人物多达十余人。唐江镇因此和江西其他地方尤其是江西东北部的商业市镇非常不同，尽管工商业都相当发达，却笼罩在强大的单一家族影响之下。

唐江镇传统聚落由位于镇中西部的唐江墟、镇东南部的卢屋村、镇东北部的九驳桥村三部分组成，整个传统聚落范围约1.3平方公里，2010年人口约2.1万人（图6-2-1）。

墟市从上犹江边逐渐向高地发展，作为镇商业中心的地位持续至今，面积约27公顷。沿江伸展的石板头街是最古老的街道（图6-2-2），其沿街店铺现今多为骑楼，具有明显的近代特征，是唐江商业近代持续繁荣的例证。南北向的上、下大街，以及东西向的油行塅上、新街上与石板头街一起构成主要的道路体系。新唐江路、盐街上、打铁街、瓷器街、马路边等五条南北向道路依地形建在山坡上，为主干道路的重要支路。

自古以来，江西赣江平原的粮食产区与大庾岭以南的食盐产区，一直以"盐米互市"贸易模式进行商品交换，因此唐江镇的盐粮行业也长盛不衰，"盐街上"以其为盐行所在地而得名，因商业繁荣多次扩建，历来为唐江墟市中心（图6-2-3）。巷道如网状与上述主要道路交织在一起，巷名多来自墟市历史上的商行，如老牛岗行、荸荠行、扁担行等。

沿江边带状区域自早期的居住区发展而来，其巷名大多与居住、生产或位置特征相关，如土围里、打砻巷、龙泉巷等（图6-2-4）。《同治南康县志》中述及的街巷有窑湾里、老带行、糯米行、牛冈行、粪码头、鞋行里、猪条行、花生行、石角庵和增福街共10条④，至少有一半今天仍然存在，据其所在位置可推断，唐江的墟镇商业及街巷格局至迟到清道光年间（1821~1850年）已发展成熟。

唐江镇尽管已经繁荣了很久，上犹江边以前只有简易码头，直至清同治十年（1871年）才由知县沈恩华捐修"塘江大码头"，分上码头、灰院里、窑湾里3个码头装卸点⑤。后又增设石角庵码头、脚头坝码头、浮桥码头、唐江船港码头和唐江装卸货码头等码头。

上犹江水面宽阔，古代一直依靠渡船过江。唐江卢氏设有义渡，称万缘渡，置有产业，维持渡船及渡工开

---

① 沈恩华.（清同治）南康县志·卷一·风俗. 南康. 1872.
② 南康县志编纂委员会. 南康县志[M]. 北京：新华出版社，1993.
③ 南康县志编纂委员会. 南康县志[M]. 北京：新华出版社，1993.
④ 沈恩华.（清同治）南康县志·卷一·津梁. 南康. 1872.
⑤ 南康县志编纂委员会. 南康县志[M]. 北京：新华出版社，1993.

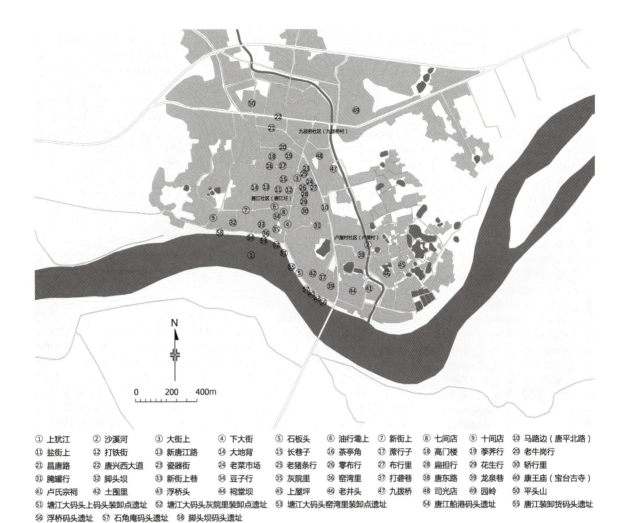

① 上犹江　② 沙溪河　③ 大街上　④ 下大街　⑤ 石板头　⑥ 油行塅上　⑦ 新街上　⑧ 七间店　⑨ 十间店　⑩ 马路边（唐平北路）
⑪ 盐街上　⑫ 打铁街　⑬ 新唐江路　⑭ 大地背　⑮ 长巷子　⑯ 茶亭角　⑰ 蓆行子　⑱ 高门楼　⑲ 荸荠行　⑳ 老牛岗行
㉑ 昌唐路　㉒ 唐兴西大道　㉓ 瓷器街　㉔ 老菜市场　㉕ 老猪条行　㉖ 零布行　㉗ 布行里　㉘ 扁担行　㉙ 花生行　㉚ 轿行里
㉛ 腌罐行　㉜ 脚头坝　㉝ 新街上巷　㉞ 豆子行　㉟ 灰院里　㊱ 窑湾里　㊲ 打甏巷　㊳ 唐东路　㊴ 龙泉巷　㊵ 康王庙（宝台古寺）
㊶ 卢氏宗祠　㊷ 土围里　㊸ 浮桥头　㊹ 祠堂坝　㊺ 上屋坪　㊻ 老井头　㊼ 九拨桥　㊽ 司光店　㊾ 园岭　㊿ 平头山
㈤¹ 塘江大码头上码头装卸点遗址　㈤² 塘江大码头灰院里装卸点遗址　㈤³ 塘江大码头窑湾里装卸点遗址　㈤⁴ 唐江船港码头遗址　㈤⁵ 唐江装卸货码头遗址
㈤⁶ 浮桥码头遗址　㈤⁷ 石角庵码头遗址　㈤⁸ 脚头坝码头遗址

图6-2-1　唐江镇总平面图（来源：蔡晴　绘制）

图6-2-2　唐江镇石板头街（来源：姚赣　摄）

图6-2-3 唐江镇盐街上鸟瞰（来源：唐江镇 提供）

图6-2-4 唐江镇龙泉巷（来源：姚糖 摄）

销。《同治南康县志》记载：

> 塘江渡，县北四十里，义渡五只。卢姓捐建渡船二只，号万缘渡，置有田租，收给渡夫工食，及水涨加雇夫力修葺等费。又众善局公置渡船三只，典买塘江店房二间，共收租钱一百四十余千文……①

1931年仍在义渡会支持下于打砻巷位置建成浮桥，此处原有一座古庙，称石角庵。卢氏家族将其改为康王庙，实际祭祀唐末五代初期赣州军阀卢光稠，称为唐江卢氏之祖。此庙近年经过大规模重建，又改名为"宝台古寺"。1957年在此位置建成跨江的唐江大桥，当时还是木桥，1982年才建成钢筋混凝土永久性桥梁。

1932年，卢氏以宗祠祠产在沿江最西端兴建了"十间店"，有意继续扩展商业区范围。但1934年南康

---

① 沈恩华. (清同治) 南康县志·卷一·津梁. 南康. 1872.

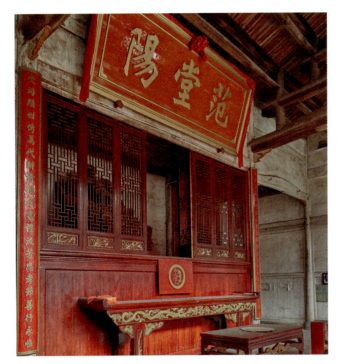

图6-2-5 唐江镇卢氏宗祠（来源：姚糖 摄）

县城至唐江的康唐公路修通，终点在上犹江南岸镇区对面，从此改变了唐江镇的交通区位，唐江沿江的拓展就此止步。

在唐江发展为市镇之后，卢氏家族的居住区域逐渐与市镇脱离，在商业街区以东江边沙坝上发展起卢屋村。以卢氏宗祠为中心，分为祠堂坝、新井头、老井头、上屋坪、社前、高土里等组团，直至2010年左右还保持着自然形态，建筑集中布置，组团之间多以天然水体分隔。村中没有流行于江西南部的各种防御功能突出的建筑。卢氏宗祠五间三进，是江西最主流的宗祠形式，做工用料在江西南部均算出色，唯匾额系新制（图6-2-5）。住宅亦均为江西最常见的天井式民居，多为二进或三进。仅在卢屋村东南角石板头街以北、打砻巷以西有一处居民点称"土围里"，相传曾筑有防御性的围墙（图6-2-6）。

图6-2-6 唐江镇土围里（来源：唐江镇 提供）

位于卢屋村以北的九驳桥村则是一个杂姓的客家村落，由来自广东、福建或邻县上犹、信丰等地的吴、陈、肖、廖、张、李、董、刘等十余个家族在清代中期之后陆续建成，建筑较分散，近年经过大规模改造。原有司光店、肖屋、花边塘等十余个居民点，但现在能从地名中寻觅踪迹的仅有九驳桥和沙溪河，村落历史风貌基本已不复存在。仅有数座江西南部山区常见的居祠合一而又分立的堂横式建筑，说明了其客家聚居的历史。

二、大余云山村

云山村属于赣州市大余县左拔镇，清代属大庾县云山隘。大庾县初设于隋开皇十年（公元590年），此后有所兴废，但治所和名称均不曾改变，直至1957年改名为大余县。该县因地处边陲山区，设有15隘，每隘管若干村，不在坊乡之内，是其特有的地方行政建置。

清末云山隘辖左拔里、曹屋围、上村、行路坑4村，今天的云山村因此得名，实际以曹屋围为其主体，今称曹家围，是江西南部著名的村围，和大多数村围始建于明代中后期不同，它的始建年代记载不一，可能直到清代才开始建造。

曹家围地处大庾盆地东北部山区的狭长山谷中，海拔约300米。一条小溪从山谷中穿过，至谷口外汇入章水支流池江河（又名杨梅河）。大约在明末清初时期，谷外沿池江河左岸形成墟市，是各种木排、竹筏的停泊地，因此得名"左泊"，后讹为左拔，即今左拔墟，为镇区所在，与曹家围仅隔一座小山丘，距离不足400米（图6-2-7）。

明宣德年间（1426~1435年），本县青龙镇人曹允信迁此立基定居。明嘉靖四十三年（1564年）建起祠堂，之后数代又设若干分祠，随着人口增长，村中建筑不断增加。至清初发生匪乱，据曹氏族谱记载：

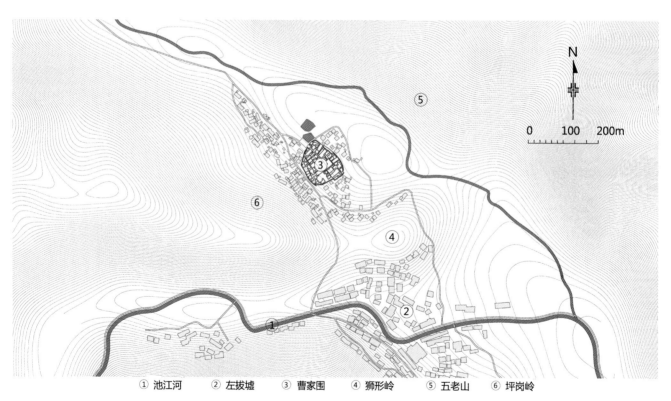

① 池江河　② 左拔墟　③ 曹家围　④ 狮形岭　⑤ 五老山　⑥ 坪岗岭

图6-2-7　云山村区位图（来源：蔡晴 绘制）

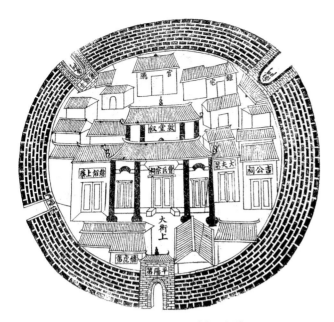

图6-2-8 云山村曹家围基址图（来源：引自《曹氏族谱》）

康熙丙辰丁巳岁，草寇大作，万民涂炭。我正大之祖，生于斯时，父子离散，各自逃生。至庚申岁，贼寇尽灭，清治复盛。乃祖父方旋归故里，复聚族而居焉。于是辟土地，造房屋，丙寅年建祠宇于房居之中，甲戌秋筑墙城于边塞之外，名曰曹家围。①

按康熙丙辰即清康熙十五年（1676年），庚申为清康熙十九年（1680年），正是三藩之乱引发的动荡期间。丙寅为清康熙二十五年（1686年），甲戌为清康熙三十三年（1694年）。可知此围始建于1694年。《曹氏族谱》中绘有居址图（图6-2-8）及记，又称土围始建于明，记载甚详：

特举云山区，又名左拔，分立上下中三甲，方广数十里，四面皆崇山峻岭……中甲有土围，明朝创造，以防御寇。数百年于今为烈，后因名曰"曹家围"。内建祠宇者，二大宗祠居中，系允信祠、敦叙堂。坐乾巽向己亥。有通衢数丈，直到围门口。左建一支祠，西街筠吉堂吉公祠也。宗祠侧有巷路通出入，右比联来泰公栋宇，四面列屋数百楹。前向八仙脑有溪水绕来，自左而右回抱五山麓出水，狮形与塔领环绕万山而注之。江左有坪岗岭与五老山对峙，连有天竹山拥护拱照，后枕鸭子脑，层峦耸翠、巍峨挺拔。围门内稍右有古井甘泉涌出，以供缏汲。围外上下堂，鱼跃鸢飞。而南门亦有古井，连钟姓祠宇。东门有官厅，连五家学堂，兼有奉天保障门，栋宇罗立，皆筑室百堵。贵族之辟居于此，人才迭出。久为庾邑望族而地灵人杰，诚非谬矣。②

今天曹家围占地面积约1.2公顷，围内居住人口约110人。整个村围坐东南朝西北（图6-2-9~图6-2-11），现状与记载仍大致相符。

曹家围规模虽小，却拥有清晰的空间结构和家族祭祀体系。围设四门，北门为正门，称"平阳第"（图6-2-12），实际朝向西北。另有东门、南门，及北门与东门之间的"保障门"。现北门与南门仍保存完好，其他门已毁。北、南门内均有水井，供围内用水。北门内为纵向主巷道，称"大街上"（图6-2-13），直通围内中心。西侧另有一条纵向次巷，称西街，基本贯通。另有8条横向巷道，通往各座建筑，形成鱼骨状结构。

围内中心是曹氏宗祠，堂号"敦叙堂"，始建于明嘉靖四十三年（1564年），重建于清康熙二十五年（1686年），再重建于1914年，1985年大修。三间两进，前有通长门廊，正对大街上（图6-2-14）。其东为曹允信祠，当地又称"上厅"，亦三间两进，体量稍逊，前门仅一间凹廊。西街有大房祠，称吉公祠，为曹允信三子曹吉后人所建，约建于清道光

---

① 佚名. 敦叙堂曹氏族谱[M]. 南康：曾秀文堂，1923.
② 佚名. 敦叙堂曹氏族谱[M]. 南康：曾秀文堂，1923.

图6-2-9 云山村西北鸟瞰（来源：黄继东 摄）

图6-2-10 云山村东南鸟瞰（来源：黄继东 摄）

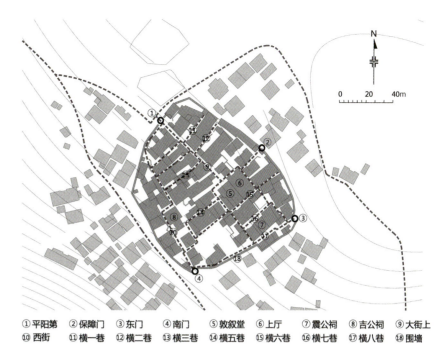

①平阳第 ②保障门 ③东门 ④南门 ⑤敦叙堂 ⑥上厅 ⑦震公祠 ⑧吉公祠 ⑨大街上
⑩西街 ⑪横一巷 ⑫横二巷 ⑬横三巷 ⑭横五巷 ⑮横六巷 ⑯横七巷 ⑰横八巷 ⑱围墙

图6-2-11 云山村总平面图（来源：蔡晴 绘制）

图6-2-12 云山村北门
（来源：黄继东 摄）

图6-2-13 云山村大街上（来源：黄继东 摄）

图6-2-14 云山村敦叙堂（来源：黄继东 摄）

年间（1821~1850年），两进，后进仅一间，为客家独立祠堂常见格局。围南部有震公祠，亦为大房祠，系曹允信长子曹震后人所建，可能建于清咸丰年间（1851~1861年）。

祠堂周围为曹氏各户住宅，钟氏居住于围内西南角。住宅类型以四扇三间、六扇五间为主，即三间或五间的"一"字形平面，中部为厅，外部有的有院落、柴房。也有"上三下三、上五下五"，即面阔三开间或五开间的天井式住宅。

三、大余明代村城群

明代中后期在南安府大庾县境内建起了一系列村城，均位于开阔的大庾盆地中部，海拔低于200米，沿章水分布（图6-2-15、图6-2-16）。大庾盆地宽度约5~9公里，章水自西南向东北流过，是大运河—长江—鄱阳湖—赣江—珠江国土南北大通道上的重要段落。这一带地理位置易攻难守，建造具有较强防御能力的村城出于实际的军事和治安需要。

历代府县志书均对这一系列村城及其建造由来有确切记载，并绘有图籍（图6-2-17）。《民国大庾县志》记载：

新田城在治东四十里，明嘉靖四十四年官给公银及里民捐资筑建。周围一百一十七丈，东西二门，内有官铺及园塘。后园塘里民承文认税。

凤凰城在新田东五里，近凤凰山，故名。明嘉靖四十四年乡民建。

杨梅城在凤凰城西十里杨梅村，嘉靖四十四年乡民建。

图6-2-15 大庾盆地鸟瞰（来源：黄继东 摄）

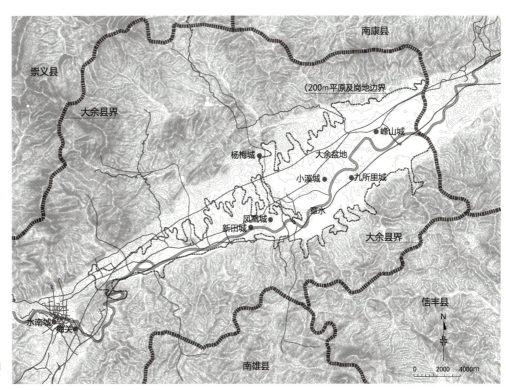

图6-2-16 大余明代村城群区位图
（来源：蔡晴 绘制）

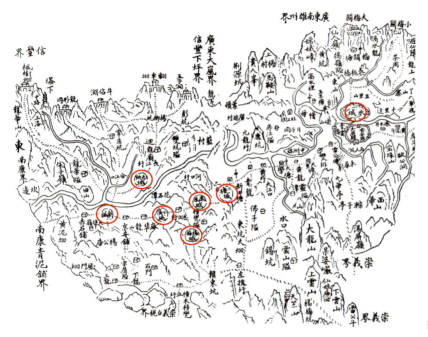

图6-2-17 大庾县境全图（来源：引自《同治大庾县志》）

小溪城在杨梅城北十里，小溪驿在焉。明嘉靖三十五年乡民建。

九所里城在小溪东五里，原有屯军耕种其中，嘉靖四十四年屯军自筑，今废。

峰山城在小溪城北十五里峰山里，民素善弩。明正德丙子，巡抚王守仁选为弩手，从征猺寇。事平，民恐报复，愬恩筑城自卫，许之。清雍正元年，里民周礼捐修关路并埠头。乾隆五年捐建通衢风雨亭。今名新城。

按城郭沟池之限，岂遂足恃以无恐哉。然而恃陋之莒，弃险之郑，非所以为训也。当有明寇盗抢攘，则需城尤亟。郡邑而外，若新田、凤凰、杨梅、小溪、峰山诸村落，类皆有城，而民乃获守望，以自相捍卫。官斯土者，时际承平，诚能常务缮葺，泥丸片坏，世号金汤焉可也[①]。

据此可知，上述七座城的建造过程，始于正德丙子年即明正德十一年（1516年），大兴于明嘉靖四十四年（1565年），前后持续约半个世纪，但此后即告停止。1516年正是王守仁受命出任南赣巡抚、开始平定当地动乱的第一年，而1565年则是东南沿海的倭寇被最终消灭的年头。新田城为官民合建；凤凰、杨梅、小溪和峰山四城为民建；九所里城为军屯城。

峰山城在今大余县新城镇镇区。明正德十一年（1516年）筑城，为这一系列村城中最古老的一个，此后因可据守，逐渐发展成墟市，墟期农历三、六、九。城狭长，南濒章水，面积约5公顷。为扩建墟镇需要，城墙被陆续拆除，现已了无痕迹。

小溪城在今大余县池江镇新江村，原本为赤石镇巡检署及小溪驿所在地，明正德十二年（1517年）峰山筑城后全部迁往峰山。现村中最早迁入姓氏为于氏，明中叶由河南开封迁此，其后还有吴、张、刘氏陆续迁入。明嘉靖三十五年（1546年）筑城。据《大余县志》

---

① 吴宝炬，薛雪. 大庾县志·卷之三·建置·城池. 大余. 1923.

图6-2-18 新田城遗址鸟瞰（来源：黄继东 摄，蔡晴 绘制）

记载，小溪城面积约7公顷，城有东南西北4门，城门高5米，宽2米，城墙厚0.7米，墙两面砖砌，中间堆压夯土。城内有街4条，宽4～5米，皆鹅卵石砌，古驿道由东门至北门穿城而过。1933年粤军拆除，仅留数尺城墙残迹[1]。

新田城在今大余县青龙镇二塘村，面临章水，明嘉靖四十四年（1565年）筑城，亦废于1933年被粤军拆去城砖之后。据现场调查时村民介绍，由于河流改道，部分历史城址已淹没（图6-2-18）。一位72岁的畲族蓝老先生介绍说，小时候还能见到残墙，村民陆续拆墙砖建屋，慢慢就没有了。村落周边还散布着古代城砖，但少有整砖，其他现已无痕迹。另一位蓝老先生介绍说，他家的房子就建在城墙基础上，墙基宽1米有余，全是整青砖砌筑，无夯土。

凤凰城在今大余县青龙镇元龙村，亦为明嘉靖

图6-2-19 凤凰城大致范围（来源：蔡晴据Google Earth图像绘制）

四十四年（1565年）筑城，亦毁于1933年粤军之手。面积约3.5公顷，今存从东门到西门的官道及部分墙基（图6-2-19、图6-2-20）。现村中居民黄氏于明末清初

---

[1] 江西省大余县志编纂委员会. 大余县志[M]. 海口：三环出版社，1990.

图6-2-20 凤凰城遗址鸟瞰（来源：黄继东 摄）

由广东南雄迁来，之后叶、吴两族陆续迁入，建造村城的乡民究竟为何人已不可考。

杨梅城在今大余县池江镇杨梅村，明嘉靖四十四年（1565年）筑城，面积约4.5公顷。现村中主要为王姓居民，其族谱中仍绘有带城墙的村图（图6-2-21）。城建于黄土岭上，城有东、南、西、北4门，以南门为正门，杨梅河绕南门蜿蜒而过。1960年代中后期，大部分城墙被拆除，现仅北部及东南角尚保存部分[①]

---

① 江西省大余县志编纂委员会. 大余县志[M]. 海口：三环出版社，1990.

（图6-2-22~图6-2-24）。

九所里城在今大余县池江镇九水村。为明代军屯制度的产物。城长约50米，宽约40米，面积仅约0.3公顷，在所有大余县村城中规模最小。城墙高约2米，系青砖混合石灰砂浆砌筑，1980年尚保存完好，但城门已毁，仅余8级长条红石砌筑的台阶。城东南有古榕树一株扎根城基。因始建者为屯军，今九水村各姓氏村民迁入时间均晚于建城时间。

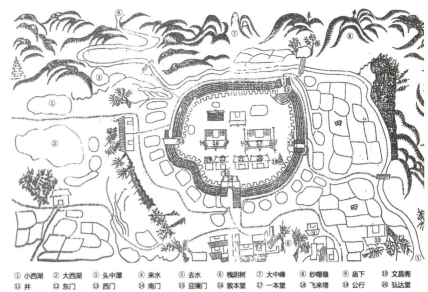

① 小西湖　② 大西湖　③ 头中潭　④ 来水　⑤ 去水　⑥ 槐阴树　⑦ 大中峰　⑧ 纱帽岭　⑨ 庙下　⑩ 文昌阁
⑪ 井　⑫ 东门　⑬ 西门　⑭ 南门　⑮ 迎澜门　⑯ 敦本堂　⑰ 一本堂　⑱ 飞来塔　⑲ 公行　⑳ 弘达堂
㉑ 恭公祠　㉒ 振贤堂

图6-2-21　杨梅村城池图（来源：池江镇杨梅村 提供）

图6-2-22　杨梅村总平面示意图（来源：黄继东 摄，蔡晴 绘制）

中国传统聚落保护研究丛书　江西聚落／第六章　江西南部村镇

图6-2-23 杨梅城西侧鸟瞰（来源：黄继东 摄）

图6-2-24 杨梅城北城墙（来源：黄继东 摄）

第三节 贡水流域村镇

一、赣县白鹭村

白鹭村地处赣州市赣县区白鹭乡,位于赣县最北端雩山山脉南麓,东邻兴国县,西靠万安县。白鹭水从村前流过(图6-3-1),又名鹭溪,系赣江二级支流,发源于白鹭村北面兴国县雩山之中,一路南流,至白鹭村东南方忽然急转向西经过白鹭村前,再转向西南进入万安县,在优田村附近注入同样发源于白鹭村北面兴国县雩山中的良口水,然后汇入赣江。自古为赣县、兴国、万安三县通道上的重要节点。

白鹭村清代属长兴乡。当地《钟氏族谱》记载,南宋绍兴六年(1136年),钟舆由兴国竹坝迁此建村,因夜梦白鹭,飞此栖息,遂以白鹭为名。因地处三县交界之地,相传明弘治年间(1487~1505年)即建有店铺,以后逐渐形成街市。因白鹭水弯多落差大,不适合通航,连放竹筏都只能在丰水期,故发展规模有限,未见于《同治赣县志》墟市,直至1946年《赣县新志稿》才将其列为全县34个墟镇之一。白鹭墟期为农历二、五、八日,交易稻谷、茶油和禽蛋、生姜等农副产品,交易量和辐射范围均十分有限,只能称之为"村市",即传统市场体系中最基层的市场[1]。今白鹭村西部仍主要为居住区,东部主要为街市,建成区面积约20公顷。据记载,1980年代有8条街,店铺41家,居民422户,2075人[2]。

清乾隆至嘉庆年间(1736~1820年),钟愈昌一家成为白鹭村最显赫的人物。钟愈昌育有三子,长子钟崇

图6-3-1 白鹭水(来源:姚赟 摄)

---

[1] 黄志繁,廖声丰. 清代赣南商品经济研究[M]. 北京:学苑出版社,2005.
[2] 江西省赣县志编纂委员会. 赣县志[M]. 北京:新华出版社,1991.

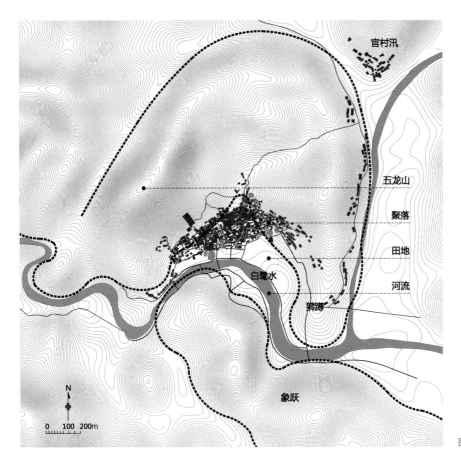

图6-3-2 白鹭村区位图（来源：蔡晴 绘制）

俉，清乾隆五十一年（1786年）优贡，曾任清江县（今江西省樟树市）训导[①]。幼子钟崇俨由附贡生出身，清嘉庆十九年至二十四年（1804~1809年）任嘉兴府（今浙江省嘉兴市）知府五年，之后回乡长期隐居[②]。今天村中的许多遗存都和这家人有关。

白鹭村的选址颇与江西南部风水术相合。村庄以树木葱茏的五龙山为后龙山，主朝向坐西北朝东南。五龙山东面有一条山谷，是村落通往山北的道路，早期的村庄建设都竭力避开这个山谷，后期才越过山谷向东部延伸，形成月牙形轮廓。东南方白鹭水两岸各有一座小山包，一座形如狮蹲，一座形如象跃，拱卫村前的小盆地，因此号称"狮象把门"（图6-3-2）。

整个聚落依山建在南低北高的坡地上，高差约11米，以保留盆地中部宝贵的良田，从而形成河流、田地、聚落、山体的典型山区聚落营建层次（图6-3-3~图6-3-5）。村中主要街道为通往山凹的南北向道路，以及此路西部的十字街。其他道路或为其延伸部分，或依其形成支路（图6-3-6）。

白鹭村的家族祠祀体系努力追随江西主流，同时又有自身特点。钟氏宗祠世昌堂位于村落中部，祀白鹭村开基祖钟舆，字世昌。传说始建于南宋宝祐四年（1256年），清乾隆年间（1736~1795年）重建，之后又历经数十次重修扩建，三间两进，建筑面积400余平方米（图6-3-7）。村中每年农历正月都会在此进

[①] 黄德溥，崔国榜.（清同治）赣县志·卷三十·贡士. 铅印本. 赣州. 1931.
[②] 黄德溥，崔国榜.（清同治）赣县志·卷三十三·宦业. 铅印本. 赣州. 1931.

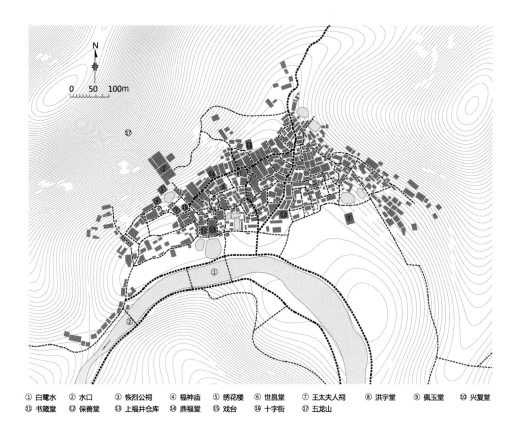

图6-3-3 白鹭村总平面图（来源：蔡晴 绘制）

① 白鹭水　② 水口　③ 恢烈公祠　④ 福神庙　⑤ 绣花楼　⑥ 世昌堂　⑦ 王太夫人祠　⑧ 洪宇堂　⑨ 佩玉堂　⑩ 兴复堂
⑪ 书箴堂　⑫ 保善堂　⑬ 上福井仓库　⑭ 鼎福堂　⑮ 戏台　⑯ 十字街　⑰ 五龙山

行"唱大戏""迎彩灯""扮神会"等活动，时间长达六天至半个月。

除宗祠外，另有房祠若干座，还有一座传统社会罕见的女祠——王太夫人祠，位于村落西北部，祀钟愈昌侧室、钟崇俨生母王氏，苏州人，主持家政20多年，乐善好施，多有义举（图6-3-8）。

王太夫人祠后不远的山坡上有一座别致的建筑，相传为王氏别墅，称"绣花楼"，依山而建，前有花窗围墙，墙顶立柱，支撑三间挑楼，与地形结合紧密，设计十分杰出（图6-3-9）。

绣花楼旁隔巷道为"恢烈公祠"，实际为一所多组大型住宅，由三组天井式住宅串联组成，是村中地势最高、规模最大、最具代表性的住宅（图6-3-10）。造主即钟愈昌，第一组称葆中堂（图6-3-11），由其幼子钟崇俨继承；第二组称友益堂，由次子钟崇偀继承；最后一组由长子钟崇佾继承，于清咸丰年间（1861~1871年）被太平军石达开残部炸毁。葆中堂、友益堂两组至今保存良好。

福神庙位于恢烈公祠西南部，是村落中唯一保存至今的民间祭祀建筑。建筑坐西北朝东南，由引道、院落、庙坛三部分组成，依地形由低到高布置（图6-3-12）。庙坛主体建筑砖木结构，三间硬山顶，东西面加偏房一间。正门门楣上嵌清康熙庚寅年（1710年）"鹭阳保障"四字横匾。院门为四柱三间八字门楼，门楣上嵌清道光十一年（1831年）"福神庙"三字横匾。院墙内侧中央有道光十一年（1831年）彩绘壁画一幅。福神庙内供奉黄飞虎天君、观音神像（图6-3-13）。每年农历十二月除夕前一日香火最盛，农历正月庙里要唱三天大戏。其东南方向建有一座戏台，近年重建。"东河戏"是白鹭村重要的非物质文化遗产，发源于明嘉靖年

图6-3-4 白鹭村鸟瞰(来源:黄继东 摄)

图6-3-5　白鹭村村口（来源：姚赣 摄）

图6-3-6　白鹭村中巷道（来源：姚赣 摄）

图6-3-7　白鹭村世昌堂（来源：姚赣 摄）

图6-3-8 白鹭村王太夫人祠（来源：姚赯 摄）

图6-3-9 白鹭村绣花楼（来源：姚赯 摄）

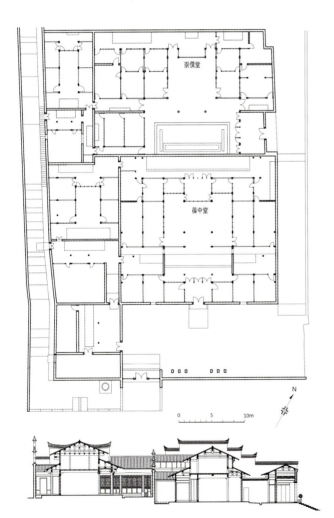
图6-3-10 白鹭村恢烈公祠平面图、剖面图（来源：江西省文物保护中心 提供）

图6-3-11 白鹭村恢烈公祠葆中堂（来源：姚赯 摄）

图6-3-12 白鹭村福神庙外景（来源：姚赯 摄）

图6-3-13 白鹭村福神庙内景（来源：姚赯 摄）

间（1522~1566年），因最初流行于赣州东面的贡水流域而得名，为江西古老剧种之一，并影响到广东、福建等地。白鹭村是其发源地和演出中心之一。

二、于都上宝村

上宝村地处赣州市于都县马安乡，位于于都县西北部，清代属雩都县黄金乡长乐里。雩都是西汉初年建立的县，治所有所变更，名称始终未改，直至1957年改为于都县。上宝村处在一个狭长盆地的北部，盆地南北长约17公里，东西宽约2~4公里，称为马安盆地，是县内重要的产粮区之一。马安乡政府在盆地南部。一条小溪从村东经过，一路向东南流，穿过一条狭长山谷至银坑镇汇入银坑河，至铜锣坝汇入贡水大支流梅江。

明代初期，钟氏家族迁至此处开基，初取名上保，后改上宝。村落四面环山，现存古村建成区面积约3公顷，户籍人口435人。建设过程中进行了大量环境营造（图6-3-14）。村庄坐西朝东，正对天华山，钟氏家族于清同治十一年（1872年）在山顶建有六秀塔[①]。南有鹅婆崟，北有判官岭，东北有青龙山，西北有草窝崟山，为钟氏宗祠门楼的朝山，山顶建有钟峰塔，又称"草窝崟塔"，志书不载，当地传说为清代建造。两座塔均为夯土和砖砌体的混合结构，体量很小，主要起风水作用。村东小溪被认定为其龙脉，称宝溪，上宝钟氏一直自称宝溪钟氏。现在又称上宝河。

上宝村主要有两大特点，一是上宝祠堂群，二是上宝土围。二者显示出一个山区中的移民家族聚落一面努力追随主流传统文化、一面努力保障族群生存空间的追求（图6-3-15）。

钟氏宗祠位于上宝村中央，祠前有面积约860平方米的开阔广场，立有八根旗杆石。祠三间四进，通进深约41米，建筑总占地面积约305平方米（图6-3-16、图6-3-17）。1943年修编的宝溪钟氏族谱录有居址图（图6-3-18）及1913年《重修宝溪钟氏宗祠记》：

……如我上宝钟氏总祠，自康熙壬戌始建寝室以妥先灵，至雍正乙巳前后陆续共建五栋，名曰世德堂，规模壮丽，厥可观焉。但世远年湮，不无倾颓。乾隆初倡修前后二栋者，崇士也。乾隆季复修中栋，独肩巨任者，麟长也。嘉庆庚午建三排门，费用不敷，幸有引亭捐钱十余串竣其事。道光甲辰又重修上栋，幸有问晋捐

[①] 颜寿芝.（清光绪）雩都县志·卷十二·塔. 于都. 1903.

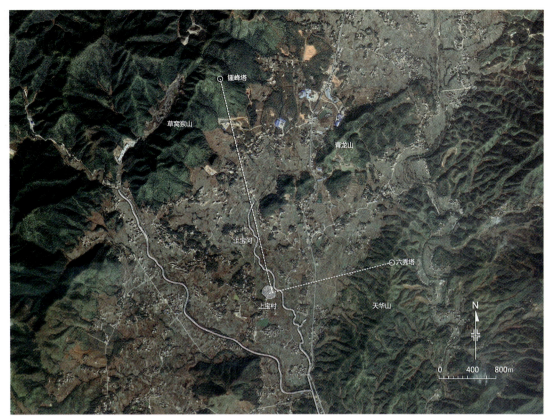

图6-3-14 上宝村区位图（来源：蔡晴据Google Earth图像绘制）

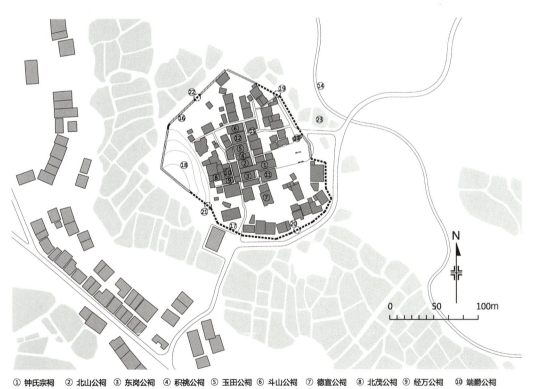

① 钟氏宗祠　② 北山公祠　③ 东岗公祠　④ 积桃公祠　⑤ 玉田公祠　⑥ 斗山公祠　⑦ 德宣公祠　⑧ 北茂公祠　⑨ 经万公祠　⑩ 端爵公祠　⑪ 备万公祠　⑫ 景成公祠　⑬ 宗祠门楼　⑭ 上宝河　⑮ 上宝井　⑯ 土围残墙　⑰ 土围范围　⑱ 屋背岭　⑲ 东门遗址　⑳ 南门遗址　㉑ 西门遗址　㉒ 北门遗址　㉓ 水塘

图6-3-15 上宝村总平面图（来源：蔡晴 绘制）

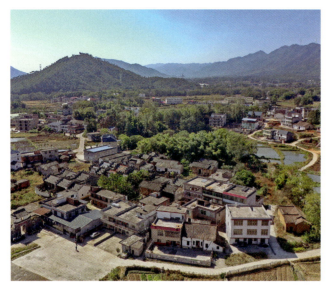

图6-3-16 上宝村鸟瞰（来源：黄继东 摄）

图6-3-17 上宝村钟氏宗祠（来源：姚赯 摄）

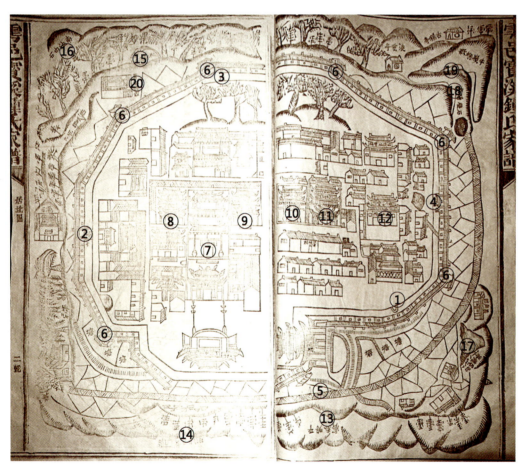

① 东门 ② 南门 ③ 西门 ④ 北门 ⑤ 护围河 ⑥ 碉楼 ⑦ 钟氏宗祠-世德堂 ⑧ 东岗公祠-贻谋堂 ⑨ 北山公祠-燕翼堂
⑩ 积桃公祠-继述堂 ⑪ 玉田公祠-缵绪堂 ⑫ 斗山公祠-仰高堂 ⑬ 宝溪八景-平畴春弄 ⑭ 宝溪八景-天华晓日 ⑮ 宝溪八景-松林夜月
⑯ 宝溪八景-南池巾石 ⑰ 宝溪八景-西庵钟峰 ⑱ 宝溪八景-石坝涌泉 ⑲ 宝溪八景-牛岭樵歌 ⑳ 宝溪八景-筠阁书声

图6-3-18 上宝村居址图（来源：引自《宝溪钟氏八修族谱》）

金百余成其功。……迄宣统己酉，三栋概已崩毁，又幸继述有人，若琦颢、赖明等，并多数殷实，慷慨捐款。振聪督理其事，经之营之，将上中下墙壁门面完全重修，我祠焕然一新……中华民国2年癸丑冬月 吉立①

据此可知，上宝钟氏宗祠始建于清康熙二十一年（1682年），当时只建了一座寝堂以安放祖宗神位。到清雍正三年（1725年）完成大规模建设，"共建五栋"。与族谱中所载居址图及现状对照，实际上建筑仅四进，第五栋可能是祠前牌楼。清乾隆年间（1736~1795年）逐次修葺，清嘉庆十五年（1810年）兴建"三排门"，即祠前广场东北角面对钟峰塔的门楼，钟峰塔或建于同时。清道光二十四年（1844年）、清宣统元年（1909年）又进行过维修，从而形成保存至今的格局。现祠堂本体保存良好，祠前牌楼和三排门均已不存。

以宗祠为核心，钟氏家族又在其周围陆续兴建各种大小房祠，一共建了16座，现仍存11座，从而形成上宝祠堂群。其中可确认始建年代的有3座，最早者为始建于清康熙三十四年（1695年）的积桃公祠，较宗祠不过晚13年而已，在宗祠后两进以北，当为小宗祠或大房祠。另两座均建于清末，包括建于清光绪二年（1876年）的北山公祠（图6-3-19），位于宗祠和积桃公祠之间；以及建于清光绪十二年（1886年）的东岗公祠，位于宗祠后两进南侧。其他房祠均依次排列，宗祠前两进南侧建有备万公祠，积桃公祠以北建有玉田公祠、景成公祠、斗山公祠，宗祠后还建有端爵公祠、经万公祠，此二祠后又建有北茂公祠。这些祠堂朝向均与宗祠相同，均为三间两进，虽然体量大小不一，均符合房祠规制。排列整齐，可能按昭穆之序，但文献不足，暂时难以判断，姑录此备考。

除上述祠堂外，还有一座德宣公祠没有进入行列，而是单独在备万公祠以南建造，坐北朝南，与其他祠堂朝向均不相同。虽然也是三间两进，但前有门楼。是现存上宝祠堂群唯一一座不合群的祠堂。

上宝村完整保留着清明祭祖的春祭礼仪，又称"三献大礼"，即献帛、献酒、献牲各三次。上宝村民如此记述：

行此大礼，需礼生7人，其中通赞一人（相当于会议主持人，负责指挥引领行礼全过程），正引2人（负责引导正献孙行礼），分引4人（左右各2人，负责引导分献孙行礼），侑食孙3人（太祖考妣神位前一人，左右陪享陪祭神位前各一人）。礼生一般由知书识礼，容貌端装之人担任。正献孙选用族中丁、财、贵齐全且辈分较高的人担任。所谓"丁"，即其人家中必须人丁兴旺；"财"，即需家财殷实；"贵"，即需有身份，一般指有官职。分献孙选用不苛求。侑食孙选用年轻的人，因需长跪几十分钟侑食，年长的吃不消。

行礼前，祠堂正中上方须安置太祖神位，左右安置陪享陪祭祖宗牌位。祠堂天井边放三个瓷碗，碗上盛满牲血，待正献孙分献孙及侑食孙盥洗完复位后，即将此三血碗倾倒（所谓瘗毛血，其含义为将牲血掩埋、埋藏），尔后停止奏乐，由礼生读戒词，读完戒词后三献礼正式开始。正献孙行完初献礼后，由正引礼生读祝文。"三献"礼结束后，饮福受胙前由一礼生读嘏词。谢胙礼结束后，由一礼生读训词②。

此一传统在上宝村保存至今，实为不可多得的文化遗产（图6-3-20）。

清代后期，上宝村为抵御动乱，建造了土围。所谓

---

① 佚名. 重修宝溪钟氏宗祠记. 转自钟学琚. 宝溪钟氏八修族谱. 活字本. 于都. 1943.
② 于都县建设局. 江西省赣州市于都县马安乡上宝村中国传统村落档案［R］. 于都. 2015.

图6-3-19　上宝村北山公祠（来源：姚糖 摄）　　图6-3-20　上宝春祭（来源：上宝村 提供）

土围指地方居民自筑的临时防御工事，以石砌或夯土围墙包围若干建筑，墙上开射击孔，供土匪来袭时临时躲避。其形式类似于村围，但规模远逊；其形象类似于围屋，但全无秩序。实际上就是建造一道防御工事围合了一些建筑而已。

上宝土围是当时规模最大的土围之一，将上宝祠堂群和主要家族成员的住宅全部围合在内，设防面积约2.4公顷，几乎和整个建成区相当。土围墙体以泥土夹有石片夯筑而成，围墙厚达2～3米，墙上布满炮眼，曾建有六个碉堡和东南西北四门，外部则引水形成宽约3米的壕沟。1943年宝溪钟氏族谱录有《宝溪围序》，对土围建设缘由和过程有详细记载：

尝思：金城汤池，都邑赖以御寇盗之侵；深沟高垒，阀阅籍以防草窃之乱。故《书》言既勤、《传》言缮完，皆当未雨而绸缪，毋待临渴而掘井也。况兹年来贼盗蜂起，举境仓皇，或匿跡于深山穷谷，或寄食于别邑他乡，受尽风霜……于是学琚始思固族之谋，讲求御侮之法。……爰此，邀集合族，共谋经始……开墙下之基，爰求大木；伐南山之石，代彼陶砖。千夫万杵，动若雷鸣，槃土运石，奔如雨集。厚计一寻，有苞桑槃石之固；高逾数丈，无狼奔蚁附之忧。中广一村，有空隙可以进退；墙皆护屋，有栋宇可以止棲。洵为保宗之善策、固族之远谋也。前者风鹤惊心，斯围已奏奇功；今已版筑告竣，斯处真为乐土。从此日上三竿，无惊白发高眠；长乐一坊，永保青山无恙矣。盖此围经始咸丰八年，告成于同治三年……不可以不记，于是乎书①。

按"既勤"出自《尚书·周书·梓材》："若作室家，既勤垣墉，惟其涂塈茨。若作梓材，既勤朴斲，惟其涂丹雘。"本意以建造坚固房屋来比喻治国，但此处用其字面意义。"缮完"出自《左传·襄公三十一

---

① 钟学琚. 重修宝溪钟氏宗祠记. 转自钟学琚. 宝溪钟氏八修族谱. 活字本. 于都. 1943.

年》:"以敝邑之为盟主,缮完葺墙,以待宾客。"意为接待宾客先修缮建筑。据此可知,上宝土围开工于清咸丰八年(1858年),建成于清同治三年(1864年),其间江西南部和于都县内多次发生激烈战事,正是动荡的高峰时期。

19世纪后半叶江西南部恢复平静,上宝钟氏外出经商,逐渐由烟叶生意进入鸦片生意,获得暴利,于清末民初之际大修宗祠,形成保存至今的面貌。1915年又大修土围,使其成为于都县著名坚固土围。1931年底至1932年初,红军与国民党军在此发生激战,上宝土围毁于战火,今天仅余若干段残墙。

三、会昌羊角水堡

羊角水堡位于会昌县筠门岭镇,今称羊角村,清代属会昌县湘乡。地处会昌县南部紧靠福建的山谷小盆地中,山谷中一条小河蜿蜒北流(图6-3-21),称羊角水,古称朗溪,为贡水重要支流湘江上游河段,至会昌县城汇入贡水干流。西面的一组山岭称汉仙岩,海拔约400米,当地相传八仙之一的汉钟离在此修炼成仙。

羊角水在山谷中不断转弯,形成了一块三面环水一面靠山形如羊角的场地,因而得名(图6-3-22)。其地控扼通往闽粤的水陆通道,明代在此建立兵堡,成为一种特殊的聚落。《康熙新修会昌县志》记载:

> 羊角水一名朗溪,壤接瓯闽百粤之区,介谿谷万山之处,贼犯江西必从此入,西则掠赣南,北则扰吉安,实为咽喉要地。明成化十九年设会昌守备所,又设长沙营、羊角水提备所,成化二十三年流贼攻破信丰,江西巡抚都御史李公昂请罢原设会昌守备,改设参将,统领汀州及武平上杭各卫所官军,并赣州、雩都、兴国、宁都共七千名,驻扎会昌防御。弘治四年以地方宁息,遂裁参将,照旧设守备官。而提备所惟百户一员,领官军五十人。嘉靖四十年,都御史陆公稳因广贼张琏称乱,议于长沙营、羊角水各添设把总一员,领兵五百人。万历四年,都御史江公一麟剿平黄乡贼,奏设长宁县,议将长沙营把总调守长宁,止于会昌设羊角水堡把总一员,标下客土目兵四百一十名,专一防御山寇。国朝改设守备一员,领兵三百名,驻羊角营及拨汛羊石、官丰、洛口、冷饭州、盘古隘各塘,又委把总一员,领兵四十名,驻县城守[①]。

按明成化十九年即1483年,成化二十三年即1487年,明弘治四年即1491年,明嘉靖四十年即1561年,万历四年即1576年。李昂杭州人,明景泰五年(1454年)进士,明成化二十三年(1487年)以都察院右副都御史巡抚江西[②]。陆稳湖州人,明嘉靖二十三年(1544年)进士,嘉靖四十年以都察院右都御史提督南赣军务。江一麟婺源人,明嘉靖三十二年(1553年)进士,明万历二年(1574年)以都察院副都御史提督南赣军务[③]。长宁县即今寻乌县,在会昌南面。羊石、官丰等均为会昌重要隘口。据此可知,羊角水堡最初称为羊角水提备所,为会昌守备下属,军官为百户,平时驻军不过50人。至明嘉靖四十年(1561年)才设立把总,带兵500。明万历四年(1576年)之后兵员减为410。至清代成为会昌全县驻军主要兵力所在,军官也升级为守备,比县城驻军多6倍半,可见其军事堡垒的重要性。

羊角水堡建立之初,可能还是依照明代卫所制度实行军屯,但既设百户领军,作为百户所应有兵112人,实有兵却仅有50人,连一半都不到。实际上这时卫所制度

---

① 王凝命. (清康熙) 新修会昌县志·卷之四·兵防志. 会昌. 1675.
② 于成龙. (清康熙) 江西通志·卷之第十三·职官上. 南昌. 1683.
③ 李本仁, 陈观西. (清道光) 赣州府志·卷三十四·统辖表. 赣州. 1846.

图6-3-21 羊角水(来源:姚糖 摄)

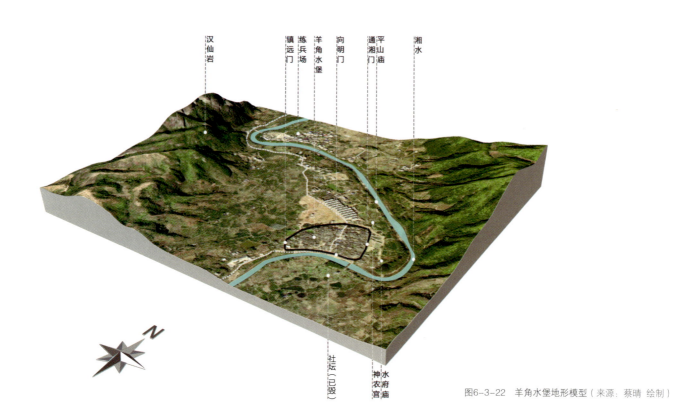

图6-3-22 羊角水堡地形模型(来源:蔡晴 绘制)

已经崩坏，王守仁巡抚南赣即大量募兵，至嘉靖时期卫所制已形同废止，此后的"客土目兵"应当均为募兵①。

明嘉靖二十三年（1544年）羊角水堡筑城，明代泰和蜀江村（见本书第四章第二节）著名大人物、王守仁弟子、礼部尚书、翰林学士欧阳德有记，载于赣州、会昌历代府县志书，称"周三千丈"②，接近10公里，则其面积无论如何也在2平方公里以上，超出河谷总面积，或系"三百丈"之误。这时河湾一带已有相当数量平民居住，据当地传说多达18个姓氏，均参与筑城，其中蓝氏家族出力尤多，传说承担了七皮城墙砖的工料费用。

明清之际的战乱中，羊角水堡被攻破，城墙破坏严重。清康熙四年（1665年）至康熙十年（1671年）间连续进行大修。清康熙四十年（1701年）至清雍正五年（1727年）间重建了城内的守备衙门。此后历代仍持续有毁有修。世居羊角水堡的周氏家族编纂有《觲③水周氏续绍吉州新修族谱》④，其中绘有舆图，虽然所反映的主要为其家族产业，不过仍大致反映了城内的空间结构（图6-3-23）。

现存的羊角水堡城墙位置仍大致基于明代城墙，仅北部被拆毁，其余大部分尚存，形状略呈不规则四边形，四角均抹成弧线，周长约1.1公里，正是"三千丈"之1/10。围合面积约7.2公顷，人口1890人（图6-3-24、图6-3-25）。城辟四门，东门称通湘门，南门称向明门，西门称镇远门，均建有城楼，唯北门不存。东门及城楼保存最为完整，门额刻"通湘门"三字，署款"嘉靖甲辰岁仲冬吉旦立"。城楼通面宽约12米，进深约7米，开四个箭窗，歇山顶（图6-3-26）。券洞门内设门二道，闸门石槽、安放横闩的石槽清晰可见。

城内仍大致保存原有道路体系，连接东西城门和南北城门的十字道路形成主干道，与沿城墙的环形道路相连，构成道路体系的基本骨架，其他小巷纵横连接其上。连接南北城门的道路称为大街，目前改造较大。连接东西门的主干道曲折贯穿城堡内，东段称东街（图6-3-27），西段因中部建有"添丁亭"，称添丁街。

东城门外有古驿道，现存较完整驿道长约1公里。湘水绕城东南流过，有桥跨河，名"鹅胸桥"。周边沿湘水建有4座码头。

羊角营衙门设置在城中偏西，原占地可能甚广，但败坏已久。现在衙门位置仍保留大面积空地，但建筑仅存最后一进残余（图6-3-28）。衙门西侧原有报功祠，现为添丁亭，此亭为一长1米、宽1.12米、高1米的砖砌基座上置神橱，橱内正中一神像，左边一盏油灯，像前三只酒杯，酒杯前一香炉，神橱中间偏右立一木柱，凡添了男丁的家庭，必须到添丁亭敬神，要点亮灯笼挂在添丁亭柱上，挂到满月为止，称为"点添灯（丁）"。

羊角水堡建有相当完善的祭祀系统。向阳门内建有城隍庙，正对城门，仅一间，两坡悬山顶，土坯砖砌筑，山墙承檩，面积约32平方米，虽显简陋，但清楚地显示了这是一座城而非普通村镇（图6-3-29）。东南城墙转角处有土地庙，城外东北部有神农宫，东南部有水府庙，祀水神萧公，与金溪东源村的萧公庙相同（见本书第四章第三节）。东北部还有平山庙，祀五位菩萨神主，不知来历。

尽管一直是一座军事堡垒，但羊角水堡一开始就有多个家族的居民，以后更是人丁繁衍。至清代中后期，周氏家族逐渐成为城内主要家族。该家族大约在

---

① 方志远. 明朝军队的编制与领导体制 [J]. 明史研究，1993（0）：35-44.
② 欧阳德. 新建羊角堡城记. 转自魏瀛，钟音鸿. 同治赣州府志·卷之三·城池. 赣州. 1873.
③ "觲"字为"解"字的异体字，《康熙字典·酉集上·角部·六画》解字条引《俗书正误》：解，从刀牛。俗从羊作觲，非。周氏可能因此字正由羊角二字组成，又符合自右至左的传统书写习惯，用以代替羊角二字，以显高雅。
④ 佚名. 觲水周氏续绍吉州新修族谱. 会昌. 1898.

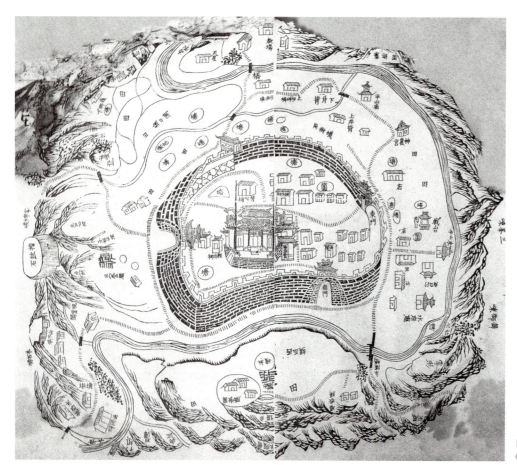

图6-3-23 鲜水舆图（来源：引自《鲜水周氏续绍吉州新修族谱》）

图6-3-24 羊角水堡鸟瞰（来源：黄继东 摄）

280

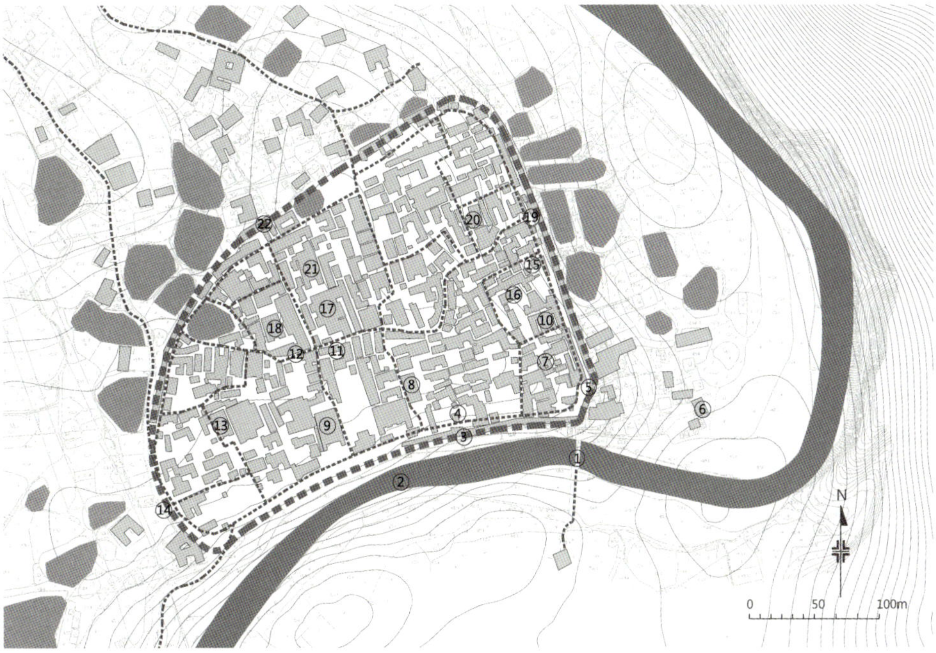

图6-3-25 羊角水堡总平面图（来源：蔡晴 绘制）

① 鹅胸桥　② 湘水　③ 向明门　④ 城隍庙　⑤ 土地庙　⑥ 水府庙　⑦ 永敬祠　⑧ 绍福祠　⑨ 周氏宗祠　⑩ 寿眉公祠
⑪ 羊角营衙门　⑫ 添丁亭　⑬ 湖南祠　⑭ 镇远门　⑮ 蓝氏节孝坊　⑯ 还江公祠　⑰ 世能祠　⑱ 芳公祠　⑲ 通湘门　⑳ 节文厅祠
㉑ 蓝氏祠堂　㉒ 炮楼

图6-3-26 羊角水堡通湘门（来源：姚赯 摄）

图6-3-27 羊角水堡东街（来源：姚赯 摄）

羊角水堡筑城前后即已迁入，以后从事水运、商贸等行业，不断发展壮大，其他家族逐渐迁出。现城内大部分人口均为周姓，在城西南建有周氏宗祠。建筑外有大院，祠堂主体五间两进，前进设三开间门廊，明间设牌楼式顶，为江西南部少见的气派大祠（图6-3-30）。另有房祠数座，如"世能祠""绍福祠""芳公祠"等（图6-3-31）。其他姓氏的祠堂也有保存，如蓝氏祠堂等。

城内小型民居建筑多为"四扇四间""六扇八间"，或"前后三"或"前后五"形式。大型建筑多为堂横屋，居住和祭祀既合一又分立，但建筑质量均不高，又经过多次改造，形制亦不够完整（图6-3-32）。

图6-3-28 羊角营衙门遗址（来源：黄继东 摄）

图6-3-29 羊角水堡城隍庙（来源：姚赯 摄）

图6-3-30 羊角水堡周氏宗祠（来源：姚赯 摄）

图6-3-31 羊角水堡周氏世能祠，其后为蓝氏祠堂（来源：黄继东 摄）

图6-3-32 羊角水堡某大型堂横屋侧面（来源：姚赯 摄）

四、龙南关西村

关西村曾名新围村，位于龙南县关西镇，距龙南县城约22公里，清代属龙南县里仁堡。地处南岭深处的一条南北走向的山谷之中，南北长约3公里，东西宽800～1500米不等，海拔250米左右，古称关西洞。关西河从盆地中央自南向北流过，至北面约3公里处汇入濂江，向西北流至龙南县城东面汇入贡水大支流桃江，再向北穿过整个信丰县，至赣州市东北汇入贡水干流。

传说明代王守仁巡抚南赣，曾在关西东南方与定南交界处设置关隘，关西因此得名，此后在村南约700米处形成墟场，称关西墟。

据关西徐氏族谱记载，南宋嘉熙元年（1237年）徐有翁举家自万安皂口经泰和再辗转迁至关西定居，至明末才开始发迹。明崇祯三年（1630年）徐先登入选贡生，虽未能更进一步，已有文名[①]。其幼子徐士孛于清顺治十四年（1657年）中举人，关西徐氏从此正式进入缙绅行列。此后，徐氏子弟中有多人中进士、举人，又大举行商，积累了大量财富，成为龙南顶级望族之一。

关西徐氏最初的居址位于现关西村西面小山丘的南麓，称下燕屋场，现形态已不清晰，很可能是一座堂横屋。之后在屋场东面更靠近关西河的小山丘北麓建起徐氏宗祠，称莲塘宗祠，遥对北面约3公里外的田螺坑尾山。这些建设当在明末之前已经完成。传说徐氏家族于清雍正二年（1724年）在田螺坑尾山顶建风水塔，称关西塔，高约10米，正对莲塘宗祠大门，作为徐氏家族发迹的标志。此后徐氏家族继续进行了一系列大规模建设，最终形成一个主要由大型围屋组成的聚落，由山体、水系围合而成，总面积约34公顷，现状居住人口1110人（图6-3-33）。

关西村民一般认为西昌围是关西村现存最古老的围屋，通称老围。确切建造年代不详，当地口传建于明末清初，但又说为当地地主徐立孝与其兄弟共建。据关西徐氏族谱，徐立孝，字恺贤，号裕庵，太学生，候选州同，生康熙丁酉，殁乾隆辛丑[②]。太学生和州同都是捐纳得来，本人真实功名应该就是秀才。康熙丁酉即清康熙五十六年，1717年，乾隆辛丑即清乾隆四十六年，1781年，与明末清初相差甚远。则此围真实建造年代当为清乾隆年间。

西昌围位于村北部小山丘南麓，林木葱茏，与下燕屋场遥遥相对，距离约300米。围屋占地面积约6000平方米，内部建筑配置松散，基本上坐北朝南偏东，但围屋正门朝西南，称坤门；其东侧另开一门朝东南，称乾门。中心为关西徐氏祖祠，周围另有4座建筑，包括祀徐立孝的立孝公祠、六大伙厅、观音厅等，外围由一圈围墙和护房围合（图6-3-34、图6-3-35）。其形态非常自由，外围形态不规则，内部各建筑彼此间亦无轴线对位关系，具有浓郁的自然生长的形态特征。名称之来历，可能系纪念其泰和祖籍。按泰和县初设于东汉兴平元年（公元194年），时名西昌县，隋开皇十一年（公元591年）才改名泰和县，至今仍有人以西昌称泰和。徐立孝与其子开设的商行也称为"西昌号"。

另一座古老围屋是建于村南部的田心围，造主现已无法查考，关西村民认为和西昌围几乎一样古老，都建于明末清初，似可由此推断亦建于乾隆年间。此围建于下燕屋场北侧，距屋场很近，占地面积约2600平方米。建筑以一座坐西南朝东北的堂横屋为核心，两堂四横布局，西前角有炮楼一座。堂屋前有倒座，外有梯形前院，形成向东开的院门（图6-3-36）。建造"田心

[①] 孙瑞征，胡鸿泽. （清光绪）龙南县志. 卷七·人物志·文苑. 龙南. 1936.
[②] 龙南关西徐氏七修族谱理事会. 龙南关西徐氏七修族谱. 龙南. 1999.

图6-3-33 关西村总平面图（来源：蔡晴据Google Earth图像绘制）

图6-3-34 关西村西昌围建筑组成示意图（来源：黄继东 摄，蔡晴 绘制）

图6-3-35　关西村西昌围东南鸟瞰（来源：黄继东 摄）

图6-3-36　关西村田心围鸟瞰（来源：黄继东 摄）

围",即位于田地中央的围屋,是江西南部山区大型建筑的普遍特点。各地有许多座大型围屋都叫田心围。

到清代后期,关西村中建起了更多也更大的围屋,和此前建造的围屋相比具有更为规整的形态。

徐立孝次子徐名培在西昌围东南建起一座围屋,此人系监生出身,做过广东南雄府通判,号鹏皋,故称鹏皋围。因其建在西昌围的下方,又称"围坎下"。鹏皋围坐西北朝东南,其空间组织方式为三堂三横,以祠堂为中心,东侧最外一道横屋两端各建一座炮楼(图6-3-37)。通面宽约52米,通进深约46米,占地约2400平方米。堂屋为单层,横屋部分二层,炮楼三层。外墙为青砖砌成,顶层设有炮眼。

徐立孝三子徐名增在西昌围东北山麓建圳下围,占地面积约4000平方米,围合不严密,更像一座大型堂横屋,现已不完整。

徐立孝四子徐名均在西昌围南面建造了一座特别巨大的围屋,当地通称新围,也就是著名的关西新围。此人系龙南著名豪绅,和徐立孝一样捐了个州同头衔,实际上主要经商。据当地口传,新围始建于清嘉庆三年(1798年),完成于清道光七年(1827年),历时近30年。

由于地形原因,并考虑到风水朝向,关西新围坐西南面东北,中轴线为北偏东约60°。围屋建筑主体面宽92.2米,进深83.5米,现占地面积约7500平方米,建筑面积达到11477平方米(图6-3-38)。西侧原有花园,占地约6000平方米,位于围屋西门外,由小花洲、后花园、梅花书屋、老书房、新书房以及马厩、牛栏和猪圈等组成。其中小花洲为面积约1500平方米的水面,水中设岛,以木桥相通。相传是徐名均专为其苏州籍爱妾张氏所建,岛上有假山、砖塔等小品。惜于20世纪早期即已衰败,20世纪后期被大量拆除,已全非旧观。

由于建设时代正处于当地历史上相对平静的年代,

图6-3-37 关西村鹏皋围俯视(来源:黄继东 摄)

图6-3-38 关西村关西新围鸟瞰（来源：黄继东 摄）

徐氏家族当时又是龙南顶级望族，族人中官绅众多，既有权势，又有财富，此围屋除注重防卫外，更强调空间秩序，着力营造符合礼仪传统的仪式化空间体系。围内有260多间房间，大致分为四个等级，首先是中心部分的上中下三厅；其次是主宅两侧四路主人的居住部分，以及前端"走马楼"中的客房、戏台等各种设施（图6-3-39）；再次的是两侧的"龙衣屋"，采光、通风均较差，是仆役、长工的住处；最次则为后端的土库，是围内的仓库。宅内各种活动俱有规制，以婚俗为例，自下轿、进堂、拜堂至入洞房，有清晰的路线，各个环节均需在相应的空间进行。据关西徐氏族谱，徐名均娶有一妻二妾，育有十子三女，除长女夭折外俱成人，显然的确需要这样一座空间秩序分明、长幼有序、内外有别的大型住宅（图6-3-40）。

约在清咸丰至同治年间（1851~1874年），徐氏族人徐绍禧在关西河东岸山麓又建起一座围屋，称福和围，坐北朝南，占地面积约1200平方米，是关西村最小的围屋，保存亦十分完整（图6-3-41）。西侧有二层高的建筑，端部设炮楼，东、南、北三侧均为厚达1米、高9米的墙体，西侧围屋建筑设内走马，其余三侧沿墙设外走马。墙面射击孔上部为梅花形，下部为葫芦形，取"福禄"之意。围内二栋建筑，一栋为祠堂，一栋居住。后门右侧的炮楼还设有一个隐蔽的逃生口，一旦大门被堵死，也可由此逃出，躲进山中。

这六座围屋构成关西村的主体，与山谷两侧各种小型住宅形成巨大反差，是徐氏家族权势的具体体现。1924年徐氏家族与当地张氏家族为关西墟发生纠纷，徐氏在原墟南另建新墟，即现关西镇所在地，原有墟场立即衰败。不过这时关西村徐氏后裔多已迁出关西村，在附近其他村新建围屋或住宅。

图6-3-39 关西新围走马楼（来源：姚赯 摄）

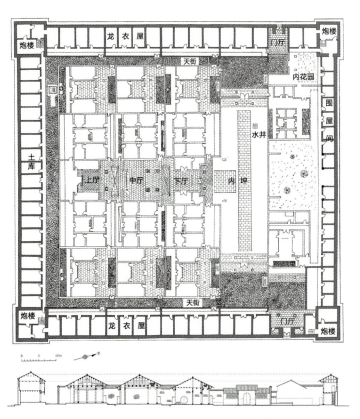

图6-3-40 关西村关西新围平面图、剖面图（来源：江西省文物保护中心 提供）

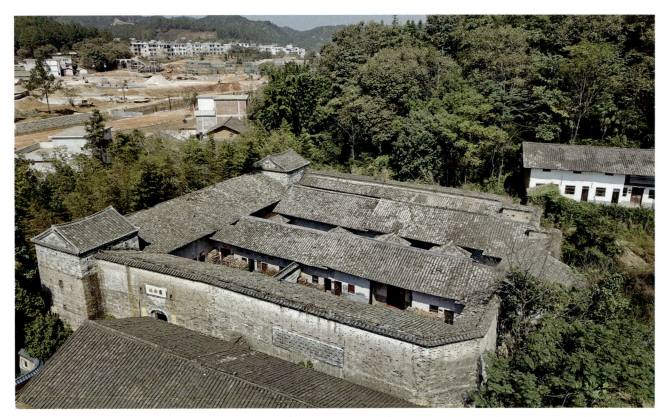

图6-3-41 关西村福和围鸟瞰（来源：黄继东 摄）

五、宁都东龙村

东龙村位于宁都县田埠乡境内，清代属宁都直隶州仁义乡上团四十都，与广昌、石城两县相邻。地处武夷山脉南端西麓，地势东高西低，四面群山环抱，中间形成一个小盆地，平均海拔约490米（图6-3-42）。

相传唐代这里便已形成聚落，主要有曾、刘二姓聚居于今东龙村西南部。当时可能还叫东屯。据《宁都陇西李氏十修族谱》记载，北宋乾德五年（公元967年），李翊俊自南面直线距离约9公里的石城县半径村迁到这里，得某风水先生之助，寻得"十八尊天子地"，此后逐渐兴旺发达。整个村庄目前占地面积约50公顷，人口约2000人。

李氏家族对村庄做了系统的风水解释，以南北两条山岭作为村庄龙脉，因均自东面的武夷山而来，故将村庄改名为东龙。村中部形成所谓"五马归槽"的盆地，又有一支低矮小山丘称为"凤形"，为村落之案山。

村中有两条小溪分别从南北两侧自东向西绕村而过，在村西汇合继续西流，至约2公里外汇入发源于广昌驿前镇（见本书第四章第三节）东面约9公里、海拔约900米的固厚河，再继续流向西南，经田埠至宁都县城南面约10公里处汇入贡水最大支流之一梅江。根据风水先生的建议，村中挖了大小上百口池塘，以起排水、防火作用，并调节小气候。在村西水流出处有狮象二山夹水而立，但水一流出村，便跌入一条十多丈高的峡谷，大有泄泻之虞，不利聚财（图6-3-43）。明嘉靖年间（1522～1566年），村民们在水口建起一座石桥，为单孔石拱桥，长12米、宽7米，取名接龙桥，以示连接起东龙、南桥两支龙脉，锁住外泄水流。又在水口外建起一座七层砖塔，取名文峰塔。

因村庄四面环山，为改善对外交通，村中曾开辟出4条小路与外界相通。东北角有通往石城县小松镇的石

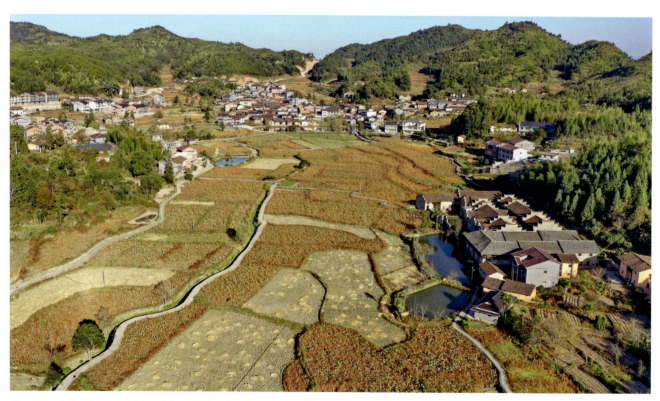

图6-3-42　东龙村全景，远处为村庄本体，近处为"东里一望"大宅（来源：黄继东 摄）

图6-3-43 东龙村水口（来源：姚赯 摄）

阶小道；西北角有通往本乡马头村的石阶小道；西面有通往杉涧村的泥泞小道，西南有通往石城县小松镇埂田的石阶小道。每条路的出入口都非常狭小，具有"一夫当关，万户莫开"之势（图6-3-44）。

明清之际，东龙李氏已经一家独大，曾、刘两家则日渐衰落，不但逐渐将东龙变成一姓村，而且有成为望族的趋势。当时的东龙名人李腾蛟著有《里居志》，对村庄区位和空间结构描述甚详，后来收录于地方志：

距邑治东七十里为仁义乡之东龙，广二里，袤三里。地界石城，东距石城小松十里，北距石城桐冈十五里，东南距石城曾坊径五里，东北距石城南桥岭三里，西北距石城罗畲五里。而南距田埠十五里，西距马头十里，则皆仁义乡也。其形势：高峰四面攒簇，中成村落，面临塘池数十区。村分东西二排，有小涧二，一从东南溯流而西，一从北溯流而南，而汇归于西。东有古

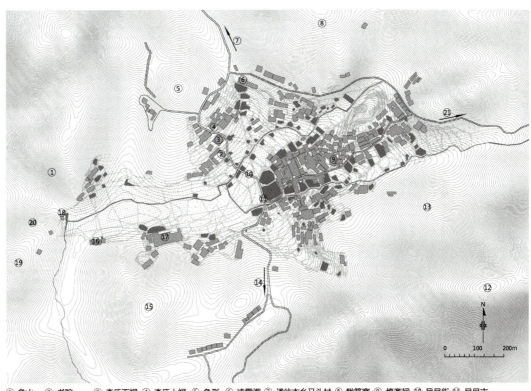

图6-3-44 东龙村总平面图
（来源：蔡晴 绘制）

① 象山 ② 书院 ③ 李氏下祠 ④ 李氏上祠 ⑤ 兔形 ⑥ 凌霄阁 ⑦ 通往本乡马头村 ⑧ 鳅婆寨 ⑨ 慎斋祠 ⑩ 早早街 ⑪ 早早市 ⑫ 尖峰寨 ⑬ 五马归槽 ⑭ 通往石城县小松镇埂田 ⑮ 凤形 ⑯ 玉皇宫 ⑰ 东里一望 ⑱ 宝塔寺 ⑲ 狮山 ⑳ 文峰塔 ㉑ 通往石城县小松镇

图6-3-45 东龙村李氏上祠（来源：姚赯 摄）

图6-3-46 东龙村李氏下祠（来源：姚赯 摄）

隘，有将军庙，有博济庙。西北有凌霄阁，西有兴龙桥，有妙觉庵。南有永东寺，西南有二大土围，村之中则有大小宗祠，有书院，有乡约所，有龙城会馆……①

李腾蛟在明朝只是个秀才，入清之后以遗民自居，没有参加过清朝科举，自然也没有做过官，一直隐居乡间讲学②。虽有名望，毕竟未获实利。村民可能因此认为文峰塔效应不彰，又请风水师指导，于清雍正五年（1727年）将塔迁建至山顶，并将接龙桥改名为玉虹桥，其实仍没有什么用。

东龙李氏现分为两大房，称上祠李氏和下祠李氏，虽然均自称系出李翊俊，但各有宗祠，分修家谱，唯一合作的事项是每年合伙举办胡太公庙庙会。上祠李氏因祠堂地势稍高而得名，大部分后裔均已外迁，只有约50人还留在村中，其余全为下祠李氏。实际上两座祠堂均位于村庄西北部，几乎是并肩而立，均坐西北朝东南，五间两进，尺度亦相差无几（图6-3-45、图6-3-46）。

在聚落的中部，有三口大塘及一条西北—东南走向的道路，称"早早街"，是东龙的集市"早早市"所在，大约形成于清乾隆年间，供本村人及外来客商进行商业交易活动的集市，每天清早开市，早餐后便收市，故称"早早市"。

东龙村中有两座重要的民间宗教建筑，其间祭祀活动绵延近百年而不绝。

玉皇宫是村内最大的庙宇，位于村西南，坐西南朝东北，是一座少见的二层民间祭祀建筑。前厅不设神位，专供建醮时挂"功德"；廊厅供奉王灵官；上厅底层为观音殿，二层为玉皇殿。每年正月或七月之吉日玉皇宫要分儒、佛、道三坛同时进行醮会（图6-3-47、图6-3-48）。

李腾蛟文中之"博济庙"俗名太公庙，又称胡公庙或胡太公庙，是宁都最重要的地方崇拜，祭祀宁都人胡雄，相传为后梁时人，北宋末年已成神建庙，颇有灵应。元末陈友谅部进攻宁都，见胡雄显灵，大败而去，明初进封博济昭应王。此庙原在村东约1公里外，现其祭祀已移至村西北的凌霄阁，每年农历四月初一至十一举行胡太公庙庙会，为东龙最盛大的民俗

---

① 李腾蛟. 里居志. 转自黄永纶, 杨锡龄. 道光宁都直隶州志·卷之三十一之二·艺文志. 宁都. 1824.
② 黄永纶, 杨锡龄.（清道光）宁都直隶州志·卷之二十二·人物志. 宁都. 1824.

图6-3-47 东龙村玉皇宫外景（来源：姚赯 摄）

图6-3-48 东龙村玉皇宫内景（来源：姚赯 摄）

图6-3-49 东龙村东里一望大宅临水外景（来源：姚赯 摄）

活动。

东龙李氏的风水可能不利于科举而利于商场。清雍正五年（1727年）移文峰塔至山顶后不久，村中就出了著名豪商李光恕。据李氏家谱记载，李光恕，生康熙己丑（1709年），殁乾隆戊戌（1778年），字仁方，贡生，当地人称仁方公。因其孙李崇清曾任布政司经历，貤赠儒林郎[①]。李光恕经商致富，除积极支持族内公益，又为自己在村西南建造了一座孤零零的大宅，号称"东里一望"，在李光恕去世后又称"仁方公祠"。是村中唯一的堂横式建筑，二堂六横，占地面积约4300平方米，远远超过村中其他建筑（图6-3-49）。

明清之际江西东南部局势动荡，匪盗猖獗，为加强村落防卫，东龙村民在对外通道的出入口用大石块各建了一个隘亭。清咸丰年间（1851~1861年），为防备太平军进攻，东龙李氏又采取"照丁派工"的办法，在四周山头上建起四座石寨，寨中储备粮食、木柴及各种防守器械，预备隘口失守时将村人转入躲避。尖峰寨是目前仅存的一座石寨，墙厚2米许，内有简易住宅，挖有水井。

六、瑞金密溪村

密溪村位于瑞金市九堡镇北端，清代属瑞金县承一乡池口隘，称密村。北与宁都县交界，地处南岭东北与武夷山脉交会处的一个山间小盆地中。盆地几乎完全为群山包围，形状接近圆形，直径约1公里，平均海拔约285米。发源于密溪东北山区的澄江从密溪村东流过，当地称密溪河，至下游约12公里的九堡镇改称九堡河，向南过九堡镇后逶迤转向西，至于都县城东面约18公里处的水口江村汇入贡水干流，古代小船可自赣州直航至九堡镇。

---

① 黄永纶，杨锡龄.（清道光）宁都直隶州志·卷十八·封爵. 宁都. 1824.

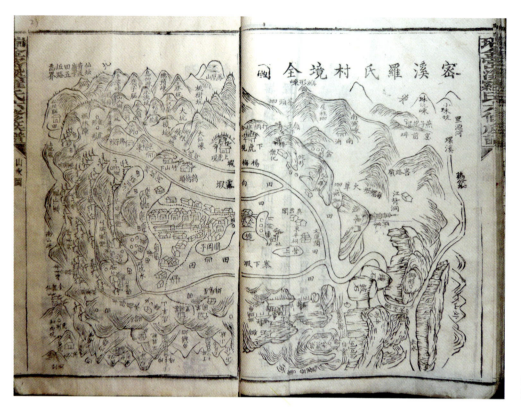

图6-3-50 密溪罗氏村境全图（来源：引自《密溪罗氏六修族谱》）

据1908年《密溪罗氏六修族谱》，罗氏家族于南宋咸淳年间（1265～1274年）从宁都迁至此处。谱中绘有村境图（图6-3-50），并录有《山水纪》，详细阐述了罗氏家族对其聚居环境的解读：

自北境宁都龙华山蜿蜒迤逦至本境仙坛脑，南向而入，及抵吾境，突起一山名曰枫林障，实密溪之祖龙正干也。自枫林障后数里，牛婆岭缠护环绕，至村境东向突起数峰，名曰凤凰崠、大仙崠，宗祠之后峦[①]也。由凤凰崠迤逦至旗形崠、珠坑崠，岐分两埂，趋后曰燕子抱梁崠，曰合江潭崠；趋向前曰门崠岭，密溪之左翼也。自村北大山崠右，一枝西向，突起一峰名曰金龙仙。正西曰东坑崠，迂回绵连，突起数峰为麻饶坑崠、均岭崠、乌仙崠，密溪之右翼也。正南有珊瑚庵，石障如屏，今名南屏山。屏石右角折而南行，绵亘巉岩，蹲踞若兽，又名狮子石。石屏之后蜈蚣形对面九仙岩背，石案横过趋东，湾环若抱，直至龙窟潭口，毗连二石，横溪矗立，曰钟鼓石，为下流之罗星，亦密溪之门户也。环村十数里，皆层山叠嶂，深谷奥区，山多崇峻，田鲜平畴。独至吾村，平原宽衍，四山磅礴，气象峥嵘。周衰十里许，田可数千亩，户可千余家。吾始祖因其周匝无缺，名之曰密溪也。其水自仙坛脑、枫林嶂山麓发源，随龙曲折，由左而下抵村，名曰班坑河。又枫林嶂背牛婆岭下发源，由大坑河入村，抵虎观潭，至东平庙后与斑坑水汇其右边，后龙自上屏风辛峰山麓下发源，由羊肠岭下至寨下河，历南屏山下乌龟潭，与大坑诸水汇抵钟鼓二石，东折而南为密峡，至合江潭，汇野湖里源大溪，此一村左右血脉。水内有深

[①] 原文为"樂"，疑为"欒"之误。

潭、清渠、陂圳,利灌荫,不通舟楫,前人因名村曰密村,溪曰密溪,盖本山川之形胜而命之也①。

所谓上下屏障,均位于村庄西北,称为"宗祠之后峦",但实际上村中主要祠堂均坐东北朝西南。斑坑河今写作班坑河,实际上只是一条小溪,从村东北山中发源,在村庄东面与另一条小溪汇合,至村东南汇入密溪河,此处被定为村庄水口。寨下河是一条略大的溪水,从村西北山中发源,绕过村庄西面至水口下游汇入密溪河,再下游即为钟鼓二石,峙于河湾之中(图6-3-51)。

罗氏初迁入时,这里已有两个家族开基。王氏家族居于东北山脚,宋氏居于南部山口,历史均可追溯到唐代以前,已相当富裕。罗氏迁入之后,据说得到风水先生帮助,获得吉地,之后便迅速兴旺发达:

吾始祖侨寓至此,因宋宅前案百步外田之中有两阜,一直一横,皆荆棘所丛,蛇虺所穴,吾祖于直阜构室,横阜安坟,两阜皆中高四下,形家表为风吹罗带形。二姓日微……本境田亩前后陆续归与吾祖。至元初,吾族已成户入籍,十甲里长属于罗。二姓田既卖尽,复将前后十余里之荒山,王姓一契卖东边,宋姓一契卖西边……今山田产业上下五百余年,吾族世守无异,计本境数千亩之田,前后左右十余里之山,厝千余冢之坟,悉为罗氏一姓之业,并无异姓基业杂处其内②。

图6-3-51 密溪村区位图(来源:蔡晴据Google Earth图像绘制)

---

① 佚名. 密溪罗氏六修族谱·山水纪. 瑞金. 1908.
② 佚名. 密溪罗氏六修族谱·沿革记. 瑞金. 1908.

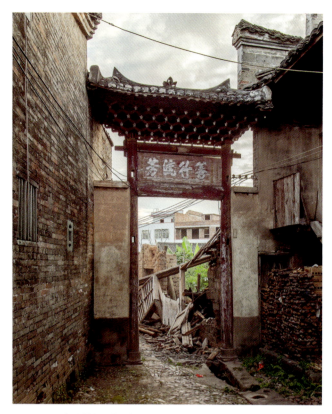

图6-3-52 密溪村尚义坊（来源：姚赪 摄）

"直阜"即今密溪村东北部村庄主体，"横阜"为村庄北部山坡。可知至元代中后期，密溪村已成为罗氏一姓村庄，可能已相当富裕，已经有所建设。明代密溪罗氏继续发展，明天顺三年（1459年）江西发生饥荒，密溪人罗孟稳捐出大批粮食赈灾，获得朝廷表彰，事载瑞金县志：

> 罗孟稳，富而好善。天顺中豫章属郡皆大饥，朝廷命郡县吏赈济之，孟稳载谷五百石至赣助赈，巡抚以闻，敕建坊旌之[①]。

五百石稻谷约合30吨，可出米21吨以上，即使在

---
① 张国英.（清光绪）瑞金县志·卷八·义行. 瑞金. 1875.

今天也是大笔捐赠，可想而知密溪罗氏之富。东街中部至今尚存明朝表彰罗孟稳的牌坊，清代前期重建，称"尚义坊"，为两柱一间一楼木牌坊，如意斗栱承托歇山顶。额题"善行流芳"，上款识"皇明天顺三年奉旨建坊旌表义民罗孟稳"；下款落"康熙四十七年八月吉旦重修"（图6-3-52）。清康熙四十七年即1708年。

明代在密溪进行了更多的建设，村中现存多种建筑均可追溯到明代。此后，虽然经历过明代嘉靖年间（1522~1566年）的匪乱、明清之际的持续兵灾和清代咸丰年间（1851~1861年）的动荡，每次均持续多年、造成巨大破坏，密溪罗氏仍持续建设自己的家园。现存传统村落建成区面积约10公顷，居住人口约1000人（图6-3-53、图6-3-54）。盆地周边山脚、山坳间还分散着许多住户，整个盆地中有人口约2200人。

罗氏家族对密溪周边环境进行了大量营造，以提高风水质量。在村周围的山头上建有坤峰塔、辛峰塔、巽峰塔、丁峰塔共4座风水塔，均以后天八卦方位命名。辛峰塔位于村西北，巽峰塔位于村东南，丁峰塔位于村南，均已倒塌，仅位于村西南的坤峰塔保存较完整（图6-3-55）。

村东南的水口也是建设的重点，先后建有东平王庙、文运阁、真君阁、社坛等坛庙，其中最重要的是东平王庙和文运阁，罗氏族人对它们几乎像祠堂一样重视，屡毁屡建。

东平王庙是密溪村水口唯一保存下来的民间祭祀建筑，祀张巡，是中国南方常见的地方崇拜，名称各不相同，有时称张王庙，有时称忠靖庙，江西东南部的广昌、石城、瑞金等县多称为东平王。密溪村的东平王祭祀活动称为"禳福主"，每年农历正月初十接神，唱戏至十六日送神，连续7天，持续至今。

图6-3-53 密溪村鸟瞰（来源：黄继东 摄）

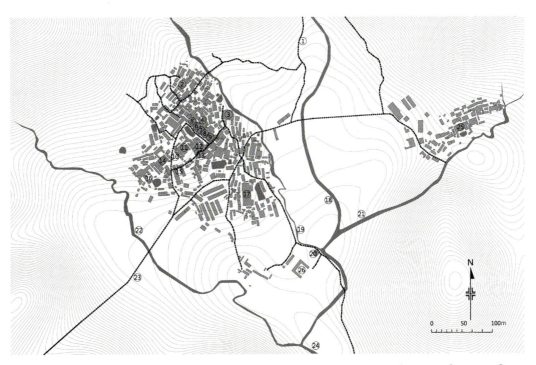

图6-3-54 密溪村总平面图（来源：蔡晴 绘制）

① 通往宁都县的山路 ② 文炽翁祠 ③ 宏轰公祠 ④ 尚仁公祠 ⑤ 应宗公祠 ⑥ 峰铎二公祠 ⑦ 石泉公祠 ⑧ 应文公祠 ⑨ 淳夫翁祠 ⑩ 西头街 ⑪ 东塘公祠 ⑫ 尚义坊 ⑬ 予惜公祠 ⑭ 楣松堂（敬上公祠）⑮ 东头街 ⑯ 节孝坊 ⑰ 鸿咏翁祠 ⑱ 大坑河 ⑲ 班坑河 ⑳ 东平王庙 ㉑ 小板河 ㉒ 寨下河(今称"赤下河") ㉓ 通往本县九堡镇 ㉔ 密溪河 ㉕ 驿山公祠 ㉖ 文运阁遗址

图6-3-55 密溪村坤峰塔（来源：黄继东 摄）

文运阁亦极为古老，始建于明成化年间（1465~1487年），族谱中有记：

> 文运阁，密溪设之为水口，以巩一村之基者也。初形家谓是值溪水交汇，地低旷，必以阁为关键，斯水口蟠郁，而获祉益隆。肇造于明成化年间，亨利聿徵……既而倾圮。明末土寇蜂起，建其内阁为守御。圣清康熙年初乃建外阁，环之以濠，文儒财赋，视昔丕振。是兹阁之设，正密溪之兴替所系者……[①]

可见其规制相当复杂，规模不小，有内外二阁，外有壕沟，具防御功能，类似于堡垒。惜现已不存，其基址现为密溪小学。

盆地西南端有通往本县九堡镇的山路，自西南向东北进入村庄，在村庄西南部分成两支向东北伸展，分别称东头街、西头街，最终在祠堂前汇合，是村庄中最主要的两条道路。其他道路均从这两条路上分出，通往村中各组建筑。盆地东北角有通往宁都县的山路。

村庄以位于中部的一组祠堂群为核心，均坐东北朝西南，祠前形成狭长小广场，连通东西两条街。广场上有大水塘，称为"合族众塘"（图6-3-56、图6-3-57）。其中一座祠堂较其他祠堂突前约3米，称为峰铎二公祠，始建于清康熙三十七年（1696年），实际为密溪罗氏宗祠，峰即密溪罗氏开基祖罗密峰。族谱中有记：

> 瑞金密溪，地腴而俗淳朴，山川环秀，人烟鳞

---

① 阙维枚. 文运阁记. 转自佚名. 密溪罗氏六修族谱. 瑞金. 1908.

图6-3-56 密溪村祠堂群鸟瞰（来源：黄继东 摄）

集。罗氏世居之……先始祖旧有寝庙，兵燹之后，只余荒丘，触目怆心者久之。今子姓蕃衍，欲兴复祖庙，而旧址稍隘，不足壮梁栋之观。其右为支房铎公之祠，佥欲合建为一。而铎公之裔万珖……，亦以大宗为重，遂捐私基益之。爰自内寝至堂庑，咸新厥规，檐牙翼然，出入岭云岩雾之间。以始祖专东向，而铎公配焉。公私无缺，子姓欢悦。愿有记以诏来兹……[①]

图6-3-57 密溪村祠堂群（来源：姚赯 摄）

可知密溪罗氏原建有宗祠，祀开基祖以下历代祖先，规模可能有限。明清之际遭遇兵火毁去，至康熙年间计议重建，为扩大规模，将祠西北的小房祠铎公祠予以拆除，与开基祖合祀，故称峰铎二公祠。此举不合常规，可能是因为村中已无适当用地。祠堂五间两进，通

---

① 杨龙泉. 密峰金铎二公合祠记. 转自佚名. 密溪罗氏六修族谱. 瑞金. 1908.

面宽约14米，通进深约28米，占地面积约400平方米，前进设三开间门廊（图6-3-58）。众塘中正对此祠原建有戏台，早毁仅余基础，近年重建，规制不类。

峰铎二公祠西北侧为大房祠，称应宗公祠，祀密溪罗氏三世祖罗应宗，为罗密峰之长孙。此祠的历史据称可追溯到元泰定年间（1324~1328年），规模有限，并未与宗祠紧邻。明清之际毁于兵火。清康熙十三年（1674年）三藩之乱结束，此祠在原址重建。此后房下子孙日益发达，认为规模过小，于清雍正八年（1730年）进行扩建，清乾隆二十年（1755年）再次扩建，族谱中有记：

> 三世祖应宗公，自元泰定间前之耆硕建祠祀之，规制卑朴。时因荒僻之余，未遑整饬，其势然也。阅十余世，至明末毁于寇兵，惟存故址颓垣。圣清定鼎，族人仅复保聚于奔窜，之后亦于祠未遑为。康熙甲寅年，万、肇、大三世前辈始复建之，然其规制亦于旧无增焉。厥后代衍族蕃，每春秋享祀，子姓繁会，坐立位次多所局促，即升降兴拜之仪，难于展布成礼。诸长辈心恻之，爰改建而扩其规制。先是祠偏于右而窄左，与始祖祠相隔，居中者系支下子姓。至是谋拓其左，以密邻始祖之祠……经始于雍正庚戌春月，落成于是年季冬。若寝室，若堂廊，若楹簷壁槛，悉加轩敞。乾隆乙亥年又买是祠之左，系支下有陲房屋一间，及有辕店房，更一直改建，俾上下左右相称，无少偏侧……①

尽管经历了复杂的扩建过程，此祠仍规模有限，不过三间两进，占地面积约280平方米，前进设通长门廊。密溪从这一代起分为东西二房，应宗房因祠居于宗祠之西，故称西房。

峰铎二公祠东南侧为石泉公祠，始建于清雍正十二

图6-3-58 密溪村峰铎二公祠（来源：姚赯 摄）

年（1734年），为小房祠，三间两进。其东南侧为另一座大房祠应文公祠，祀密溪罗氏三世祖罗应文，为罗密峰之次孙，始建于清雍正三年（1725年），清光绪三十四年（1908年）进行大修扩建。祠堂五间两进，通面宽接近18米，通进深约24米，占地面积约430平方米，是这个祠堂群中最大的一座，甚至比宗祠还大。因祠居于宗祠之东，其系下房派称东房。应文公祠东南侧是淳夫公祠，始建于清乾隆四十七年（1782年），亦为三间两进的小房祠。

除了这五座祠堂组成的祠堂群之外，村落各处还有许多建筑均称某某公祠，均为居祀合一而又分立的堂横式建筑，正是江西南部山区常见形制。其典型做法为一房的祠堂位于该房拥有的田地、山林、房产之中，该房的族人围绕祠堂而居，形成一个屋场，死后亦葬于本房所属的山林、田地中。

七、全南雅溪村

雅溪村属于全南县龙源坝镇，直至清末还是信丰县的一部分，属镇南堡。清光绪二十九年（1903年），

---

① 佚名. 密溪罗氏六修族谱·重建应宗公祠堂记. 瑞金. 1908.

划龙南县的大龙堡、新兴堡和信丰县的镇南堡、杨溪堡、步口堡、回戈堡置虔南厅，隶赣州府，因地处赣州府境之南端，赣州又古称虔州，因而得名。1913年改厅为县，辖区未变，是江西最晚设立的县之一。1957年改名为全南县。

雅溪村位于县域西端的一个山间盆地，与广东省始兴县一山之隔。桃江支流雅溪河流经村西，水流湍急，溪水清澈。村落北面的枕山海拔约300米，形如凤凰，得名"雅凤"，此地名保留至今。村庄本身的海拔高度为270~286米。

据《雅溪陈氏族谱》记载，陈氏家族于清嘉庆八年（1830年）从北面直线距离约4.5公里的上呈村迁至此地建村，是本书中历史最短的村庄。

村落依山而建，建筑呈行列式排列在靠山的缓坡上，建成区面积约3.4公顷，现状居住人口211人。村庄实际上由三部分组成，当地村民习称村东部为雅凤宗祠屋场，村中部为石围屋场，村西部为河边围屋场（图6-3-59、图6-3-60）。

无论是行列式排列的屋场建筑群还是碉堡般的围屋，其建筑方式在全南县均具有典型性。当地习称由一组居住建筑组成的建筑群为"屋场"，中心为二至三进的"厅厦"，即祠堂。"厅厦"左右两边修建一栋栋族人的住宅，住宅与祠堂同一朝向，依祠堂两侧排列。住宅之间形成一条条街巷。这样一组建筑在其外部以建筑或围墙围合，也可形成围屋。这种建筑群组织方式较之为拱卫祠堂而不顾居室朝向的堂横式建筑更适合居住，也更适合在山区的台地中建设。位于村落东北端的雅凤宗祠屋场建筑群就是这种布局方式的代表。

图6-3-59　雅溪村鸟瞰（来源：黄继东 摄）

① 雅溪河　② 雅溪石围　③ 雅溪土围　④ 雅凤陈氏宗祠　⑤ 承庆堂　⑥ 河边围屋场　⑦ 石围屋场　⑧ 雅凤宗祠屋场

图6-3-60　雅溪村总平面图（来源：蔡晴 绘制）

　　雅凤宗祠屋场是雅溪陈氏最初定居之处，坐东北朝西南，整个建筑群通面宽约110米，开有三个出入口进入内部，通进深约42米（图6-3-61）。东侧边缘有围墙封闭，有院门一座，西侧边缘以建筑封闭。雅凤陈氏宗祠位于屋场西部，实为龙源坝镇陈氏家族的一所分祠，约建于清道光年间（1821～1850年），1912年曾经维修。建筑面宽约12米，有门屋及前院（图6-3-62）。族人住宅排列在宗祠左右，住宅类型从四扇三间到上五下五，依各人家庭规模及经济状况自定，但都与祖堂各进呈同一朝向排列，墙相连，屋顶相交。从宗祠各进天井处的侧门能直接进入建筑间的横向通道，宗祠甚至可以视作一个纵向的联系通道。屋场内部的室外通道均卵石铺地。宗祠前有池塘。建筑间的组织方式既彼此独立又密切关联，既像一座建筑，又像一个建筑群。

　　宗祠西侧的一组建筑"承庆堂"，为本村财主陈先学建于清光绪年间（1875～1908年）。陈先学育有四子，所以他建房"五横"（即五道排屋），计划给每个儿子一"横"，最后一"横"做家祠，由于前四道排屋中部开有一通道（图6-3-63），通往尽端的家祠，实际上每个儿子得到前后排列的二个半道排屋，围合形成天井院居住。如此建成的一组住宅看似一座多进天井式民居，实则来自与天井式住宅完全不同的营建逻辑。家祠原有门匾"凤追花萼"。花萼为兄弟和睦之意，表达了陈先学对其四子的期望。

　　村庄另两部分均以一座围屋为主体并因此得名，一座基于土筑，通称雅溪土围，另一座基于石砌，通称雅溪石围，代表了全南县域内另一种主要建筑类型。据《全南县志》记载，"唯少数大户则建砖石木结构的大庭院式楼房，二层设走道、栏杆，有的四角修

图6-3-61 雅溪村雅凤宗祠屋场鸟瞰（来源：黄继东 摄）

图6-3-62 雅溪村雅凤陈氏宗祠（来源：黄继东 摄）

图6-3-63 雅溪村承庆堂中部通道（来源：黄继东 摄）

图6-3-64 雅溪村土围屋场（来源：黄继东 摄）

起三层以上的炮棱，这种庭院俗称'水围'，客家称'四点金'围寨。""围内掘有水井，围外边缘挖有深水沟，故又称'水围'"[1]。雅溪土围和石围都是典型的"四点金"围寨。

雅溪土围位于村西部，又名"福星围"。因位于雅溪河边，又称河边围（图6-3-64）。由陈受硕、陈受颖等叔侄4人于清咸丰六年（1856年）开始建造，这一时期是江西南部防御性村寨和大型建筑兴建的第三个高峰期，即太平军引发的动荡时期。据《陈氏族谱》记载，"自咸丰乙卯年八月被贼扰害，无心主张，身无躲避，邀兄弟叔侄人等合议造围屋一所，方能保守身家财物。"清咸丰乙卯年即1855年，至清咸丰八年（1858年）建成。土围坐东北朝西南，平面是一个标准的矩形，南北长东西短，面阔约20米，进深约30米，高三层约12米，占地面积约600平方米。南侧中部设唯一围门，围前有深约7米的晒坪。入口门厅有楼梯通往楼上各层。围内为一长方形庭院，祖厅设在底层北侧中部。二、三层均设宽约1米的走马楼，仅祖厅上方未设。庭院中原有水井一口，现已被填埋。

由于家族人口繁衍，陈受颖之子陈先学于清光绪十一年（1885年）在村庄中部北侧又建造了一座围屋，因大部分外墙由大卵石浆砌而成，和土围有显著材质区别，故称雅溪石围。建筑亦坐东北朝西南，背靠青山，位置在村中最高处。平面为方形，进深和面阔均约为20米，高四层约14米，占地面积约400平方米（图6-3-65）。南侧中部设唯一围门，为石砌券门，上有门

---

[1] 胡春旺，温运汉. 全南县志 [M]. 南昌：江西人民出版社，1995.

图6-3-65 雅溪村石围屋场（来源：黄继东 摄）

额"鸟革翚飞"，出自《诗经·小雅·斯干》中的"如鸟斯革，如翚斯飞"，指建筑华丽舒展。上款题"例授进士陈学士造"，下款题"光绪乙酉年冬月立"。清光绪乙酉年即1885年。门有三道，最外层为包铁皮板门，中间是闸门，里面是实木便门，门顶有漏水孔。前有深约9米的晒坪。庭院中有水井一口（图6-3-66）。祖厅亦在北侧中部底层，二至四层除祖厅上方外亦有宽约1米的走马楼。

依托这两座围屋分别形成了建筑聚集，因此称屋场。屋场中的房屋均大体呈行列式排列，有的还在前后两座房屋间加连廊围合形成庭院。土围周围屋场排列方向不一，既有南北向也有东西向，因此处临雅溪河，部分户主可能觉得朝河更有利风水。

图6-3-66 雅溪村石围内景（来源：黄继东 摄）

第四节 东江流域村镇

一、安远老围村

老围村地处安远县镇岗乡，清代属龙安堡辖境。将县城以外的乡村地区划分为若干个"堡"加以治理，是江西南部山区诸县常见做法，清代安远共分14堡[①]。老围村地处安远县南部武夷山脉南端与南岭交会处的河谷之中（图6-4-1）。山谷呈东北—西南走向，长约3.3公里，宽0.7~1.2公里，平均海拔约290米。镇江河由南而北穿过山谷，为东江支流九曲河上游（图6-4-2）。这一带人口来源多为明清时期从闽、粤返迁江西的客家人。

山谷南端即镇岗墟，为当地刘氏家族所建，现为镇岗乡驻地。相传当地习俗无"墟胆"不准建墟，于是刘氏家族派人于夜间从南面约5公里的上魏墟盗来"墟胆"，埋入岗中，"镇"守此"岗"，镇岗墟由此得名[②]，由此可见当地民风。

陈氏家族于清代早期迁至此地，起初与刘氏、孙氏、魏氏等其他多个家族杂处，但以后逐渐壮大，成为主要家族，并在清道光年间至清咸丰十一年（约1830~1861年）在镇江河两岸先后建起5座规模不等的围屋，分布在南北长约1公里、东西宽约0.7公里的区域中，互为犄角，共同构成了一个既松散又有高度防御性的村落，由山脚、镇江河和周边分散聚落共同围合，总面积约54公顷，2011年总人口1175人（图6-4-3）。

陈氏家族于清康熙三十九年（1700年）首先在村东北端建起陈氏宗祠，三间两进，面积约300平方米。其家族成员早期的住宅均集中于宗祠周围，为常见的四扇三间、上三下三之类小型客家居住建筑，这时的聚落格局和一般村庄相比并无显著区别。

过了一百多年，陈氏子弟陈启延于清道光初年（1821~1830年）在村庄北部陈氏宗祠以南约260米的田地中央建成第一座围屋，称尉廷围，从而拉开了聚落格局变革的序幕。建筑坐东朝西略偏南，面向镇江河，通面宽65米，通进深37米，占地面积约2409平方米。中部为二堂二横的堂横屋，外部有二层楼的长方形围屋将其环绕。一层外墙基以鹅卵石砌筑至约1米高，以上为土石版筑墙。二层墙体为土坯砖砌筑，仅开小窗（图6-4-4）。

陈启延之子陈朗廷继承父业，将聚落格局的变革推向高潮。清道光二十二年（1842年），他在尉廷围以南约80米处的田地里开始建造第二座也是最大的一座围屋，称东生围（图6-4-5），共分三次、总共历时25年建成。陈朗廷撰有记，写道：

尝思营造房舍，必需宏伟宽敞，以备后代安居。如此审度多年，适逢堪舆先生有言，马屋段中心黄屋丘，可立宏基。故此父子商议，收买其中高屋禾田、汪宅、卢宅等二十余亩……并请堪舆先生崇秀详踩规划，再三查定……时在道光二十二年壬寅岁在冬月，施工破土。请得木匠钟润长、泥水刘庆贤及石匠、窑匠等，刻日兴工营造，并于道光三十年完工。至壬子年即咸丰年，肆布谣言，时势大乱。父子重议，要有坚实墙体，方可保护人口财产，旋请工师再议，重围外围如城，墙需四尺五寸，外门、窗、均用条石段嵌，并限二年加快完成。乃于咸丰三年癸丑岁开

[①] 黄瑞图.（清同治）安远县志·卷一之二·疆域. 安远. 1872.
[②] 安远县地名办公室. 安远县地名志[M]. 安远. 1985.

图6-4-1 老围村地形模型（来源：蔡晴 绘制）

图6-4-2 镇江河谷（来源：姚赯 摄）

图6-4-3 老围村总平面图（来源：蔡晴据Google Earth图像绘制）

图6-4-4 老围村尉廷围（来源：姚赯 摄）

图6-4-5 老围村东生围（来源：姚赯 摄）

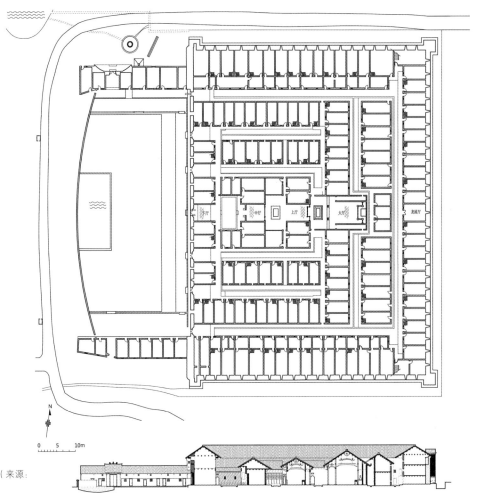

图6-4-6 老围村东生围平面图、剖面图（来源：江西省文物保护中心 提供）

工，成为二十五丈见方三层楼房，全用青砖土砖混合，外圈二楼可循环走马，正面一排七门六街，屋内有井，固如铁城，也在咸丰六年竣工。竣工后……前后三次之乱，皆由我围躲难，计三千余人得保平安……又在同治五年丙寅岁，开始营造正厅。因正厅处仍有卢姓众田不肯迁就，去年换来，乃于丙寅五月起脚，十月上梁，二年完工。至此，全围完成新貌……①

据此可知，这个漫长的过程分为三阶段，第一阶段为围屋传统核心的五路三进部分以及前排围屋，自清道光二十二年至道光三十年（1842~1850年）建成。第二期为左右两侧和后排围屋，自清咸丰三年至咸丰六年（1853~1856年）建成。第三期为围屋内后区"正厅"及其两侧正房，自清同治五年至同治七年（1866~1868年）完成，并建造了屋前大场院及附房。

东生围坐东北朝西南，中部为三堂四横一后横屋的堂横屋，外部有三层楼的方形围屋将其环绕，围屋四角有炮楼，围前有巨大晒坪。主体建筑通面宽约90米，通进深约68米，占地面积超过6000平方米，加上屋前晒坪和附房，总占地面积超过1公顷（图6-4-6）。围屋主

---

① 陈朗廷. 建造东生围详记. 转自安远等合修. 颍川堂陈氏族谱. 安远. 1995.

图6-4-7　老围村东生围大门（来源：姚赯 摄）

图6-4-8　老围村东生围前院（来源：姚赯 摄）

图6-4-9　老围村东生围天街巷道（来源：姚赯 摄）

入口设在东北角，大门开向北，正对尉廷围，为砖砌四柱三间三楼牌坊式门楼，石门框，阑额题"光景常新"四字（图6-4-7）。入内为前院，面积约2000平方米，内设晒坪、池塘，做卵石驳岸。巨大围屋朝场院共开七门，即所谓"七门六街"（图6-4-8）。中门最大，上有匾额，书"东生围"三字。入内即进入围屋核心部分，为中轴线上的下厅。其后为中厅、上厅，各以天井相隔。上厅之后又设一天井，即为最后建成的"正厅"，是整个围屋中最高大的单体建筑。其余六门内均为"天街"，即堂横式建筑特有的纵长天井（图6-4-9）。

外墙厚约1.4米，即所谓"四尺五寸"，为"金包银"做法，内为土坯墙，外侧基础部分采用块石包砌，基础以上采用青砖包砌到顶，不开窗。顶层墙内设走马廊及射击孔。内墙则除四处厅堂及其天井周围和所有门厅为砖墙外，其余均为土坯墙。四处厅堂和所有门厅采用青砖铺地，相关的所有天井为条石铺地，周围纵长天井为卵石铺地，其余均为三合土地面。

清咸丰十年（1860年），陈朗廷开始助其二子陈茂芳在东生围西南约550米的镇江河东岸湿地中建造第三座围屋，称磐安围，至同治六年（1867年）建成。因紧邻河边，又称"河坝围"。建筑坐西南朝东北，遥望东生围和尉廷围。建筑规模比东生围还大，通面阔86米，通进深达到76米，占地面积超过6500平方米，西南面围屋背后有一片风水林（图6-4-10）。布局颇为独特，中部为三堂二横的堂横屋，外部有三层楼的方形围屋将其环绕，在堂横屋两侧与后部均有大面积空地，可能是为将来扩建留下空间（图6-4-11）。墙厚约1.2米，一层墙体用河石、三合土砌筑，以桐油、糯米捶石灰灌缝，坚硬如铁。二、三层墙体亦为"金包银"做法。围屋四角各建有一座四层高的炮楼，炮楼外墙有射击孔。围屋外墙第一层和第二层用青条石凿成长50厘米、宽15厘米的射击孔，三层镶砖雕菱花窗。围屋的东北面有三扇大门，中部正门门额上镶嵌砖雕阳刻"磐安围"三字。

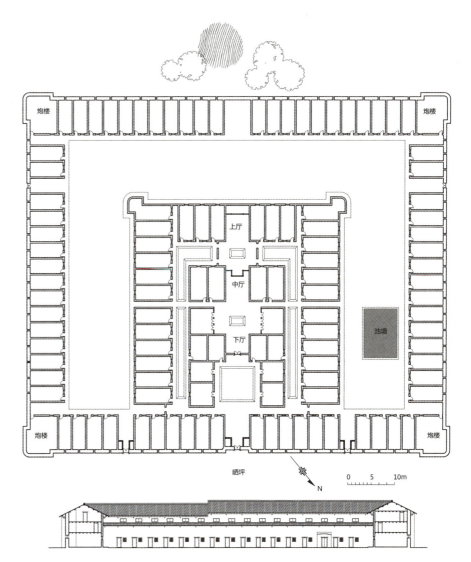

图6-4-10 老围村磐安围平面图、剖面图（来源：蔡晴 绘制）

图6-4-11 磐安围内院（来源：姚赯 摄）

清咸丰十一年（1861年），陈朗廷助其五子陈步升建成第四座围屋，称尊三围。位于镇江河西岸，坐西北朝东南，正面朝向东生围和尉廷围。通面宽约66米，通进深约50米，占地面积约3300平方米。中部为二堂二横的堂横屋，外部有方形围屋将其环绕。1933年毁于战火，现仅存遗址。

清咸丰十年（1860年）前后，陈氏族人陈先宣在东生围东面约150米处建成德星围，坐西朝东，通面宽约32米，通进深约29米，占地面积约928平方米，从而完成了这个既十分松散又具有显著防御能力的聚落的建设。德星围是总共5座围屋中体量最小的一座，质量亦不佳，现仅存局部残墙。

除了这五座围屋，村中还有若干组由小尺度客家建筑组成的社区。陈氏宗祠周边的社区一直延续至今，称"江头"，居民仍以陈氏族人为主，20世纪80年代时还有500余人。磐安围东面小山脚下的"井头"，为卢氏家族居住，20世纪80年代时有约200人。和大围屋建筑不同的是，这些由小型建筑构成的社区都坐落在靠山的缓坡上，而不像那些巨大围屋位于田地中央。

二、寻乌周田村

寻乌县紧临广东、福建两省，明万历四年（1576年）才建县，称长宁县，是江西较晚设立的县之一。1914年改为寻乌县。

周田村位于寻乌县东北部，明清属长宁县大墩堡，与福建武平县东留乡龙溪村仅一山之隔。村庄坐落在一条狭长的南北向山谷中，宽度仅100～200米（图6-4-12）。周田河自北向南流过山谷，至东南约5公里外的剑溪村汇入寻乌水支流剑溪，又称吉潭河，再转向西南，至约4.5公里外的滋溪村汇入寻乌水，为珠江流域的东江水系正源，向南穿过寻乌县进入广东龙川县。当地气候温暖湿润，雨量充沛，夏热冬暖，接近岭南。风俗习惯乃至日常饮食与江西主流有明显差异。如江西各地普遍吃辣，而寻乌县人则不然。1996年编纂的《寻乌县志》称"因水土关系，县人不吃辣椒，小孩则更怕辣。辣椒伤目、伤胃，易造成便秘等，因此，县人忌吃。"[①]

寻乌县地处武夷山与南岭的交会处，境内山多田少，耕地不足，农业发展受到限制。《乾隆长宁县志》这样描述：

长邑田俱以把计。询之土人，地可栽谷盈把者，即定为一把，其广狭不可得而知也。然大抵山土硗瘠，收获甚薄，故征额虽轻而民无蓄积[②]。

田地碎片化到以一把谷计，可想而知珍贵到何种程度。此外，寻乌虽然山高林密，但河流均弯多水急，放排不易，木材生意也很难做。《乾隆长宁县志》也有描述：

图6-4-12　周田村地形模型（来源：蔡晴 绘制）

---

① 王达观. 寻乌县志 [M]. 北京：新华出版社，1996.
② 沈涛.（清乾隆）长宁县志·卷之三·田赋. 寻乌. 1749.

图6-4-13 周田村区位示意图（来源：蔡晴 绘制）

山宜竹木，除松杉外皆名杂木，种类莫辨。且树围四五寸即斧之，因舟楫不通，巉岩峭壁，木大则动移不便也①。

因此寻乌居民利用其三省交会位置，做贸易转运尤其是"盐米"生意。因水路难通，陆路变得很重要。贡水流域南部的货物，通过水路运输至会昌县筠门岭（在羊角水堡以北），之后或继续以小船经羊角水堡运至寻乌罗塘（今罗珊乡罗塘村）再走陆路肩挑至城冈，或一开始就走陆路肩挑，经盘古隘至城冈。在城冈会合后，再经吉潭走寻乌水下广东，或走陆路，向东经吴佲进入福建武平，或向东南经剑溪进入广东平远（图6-4-13）。此种山区陆路运输没有可通行车辆的道路，途中翻越崇山峻岭、溪流沟壑，大多依靠人肩挑，少数马驮，甚至产生了一个以挑担为生的脚夫群体。周田村正位于这些陆路商道的必经之途。虽然不是码头，也没有形成墟市，但每天过往的客商、脚夫、马夫在此吃饭、歇息，仍然给村落带来了一定的商业机会，使乡村经济多样化。

王氏家族大约于明万历年间（1573～1620年）从西面约4.5公里处的大墟镇城冈（即今澄江镇）迁至周田。村中先后有过张、何、邱、谢、李、马等姓氏居民

---

① 沈涛.（清乾隆）长宁县志·卷之二·物产. 寻乌. 1749.

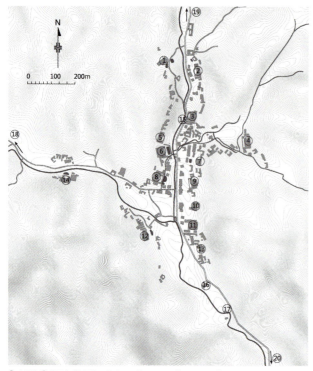

① 老屋家 ② 新屋家 ③ 松树下 ④ 长坑子 ⑤ 上田塘湾 ⑥ 下田塘湾 ⑦ 松山排
⑧ 社光下 ⑨ 上社母 ⑩ 下社母 ⑪ 东山下 ⑫ 炙下 ⑬ 新屋上 ⑭ 上村
⑮ 周田河 ⑯ 仙师神庙 ⑰ 水口 ⑱ 至澄江 ⑲ 至族亨、长仚村 ⑳ 至吉潭剑溪村

图6-4-14 周田村总平面图（来源：蔡晴 绘制）

居住过，但此后都陆续迁出，最终成为王氏家族独占的村庄。

周田村的建筑都建造在紧靠山脚的缓坡地上，大致沿等高线排列在狭长山谷盆地中，形成南北纵深约1公里的带状聚落，由山体围合形成的总占地面积约28公顷，地面海拔高度在330.0～360.5米之间，人口约1500人。村中道路沿周田河伸展，呈支状连接各处建筑。村中最古老的建筑被当地村民称为老屋家，位于村落最北部，相传为王氏开基祖建造于明万历年间。此后，村落沿山谷由北而南发展（图6-4-14）。

老屋家是一座较为简陋的堂横屋，占地面积约800平方米，前有倒座庭院，祖堂仅有一厅，两侧为不对称的横屋（图6-4-15）。规模虽小，却为周田村奠定了建造大屋的传统。

至清代中期，周田王氏子弟王周崧成为当地成功商人，相传在会昌筠门岭、寻乌罗塘、城冈，以及福建武平、广东蕉岭等地码头都设有商铺，从事"盐米"生意。他发家之后，大约于乾隆嘉庆之际（约1795年前后）率先在周田村连续建起了三座大屋，分布在周田河东岸的山坡上，坐东朝西。最南面的称下社母，意义不明，占地面积约750平方米。其北面约150米处为第二幢，称松山排，占地面积约600平方米。再北面约140米处为第三座，称松树下，规模最大，占地面积约1800平方米。这三座建筑成为村中显著豪宅，村民至今传说其中只有一座是真正的住宅，另两座均为藏宝宅。其子及村中其他富户纷纷效仿，从此开始了周田村建造大屋的热潮。

王周崧育有三子。长子王巨楫有秀才功名，又最为豪富，先在松山排对面周田河西岸的山坡上建造了

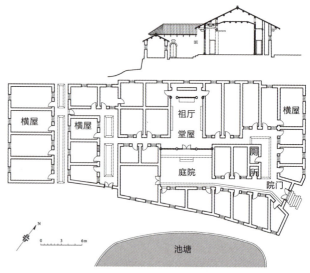

图6-4-15 周田村老屋家（来源：蔡晴 测绘，姚赯 摄）

大屋，称上田塘湾，占地面积约1000平方米（图6-4-16），之后又在其南侧建造了另一座大屋，称下田塘湾，规模更大，面积达3000平方米。两座大屋均坐西朝东。次子王俊豪亦先后建造了上村、墩下两座大屋，距离村庄主体很远，在村西一条东西向小山谷中，上村大屋位于山谷阴坡，坐南朝北，墩下大屋位于其西北面的山谷阳坡，坐北朝南。三子王琼圃在下田塘湾南面不远处也建了一座大屋，称社光下。

王周崧父子建造的这8座大屋，在建筑质量与装饰用材等方面均高于当地一般建筑，在全县赫赫有名，相传匠师来自闽西北和浙江东南部。其他族人也建造了10座大屋，使村中大屋总数达到18座。这些大屋都是典型的客家堂横式建筑，使得周田村成为一个典型的主要由堂横屋组成的分散式聚落。

下田塘湾是寻乌县堂横式建筑的代表。据王氏家谱记载，始建于清嘉庆十九年（1814年），嘉庆二十二年（1817年）完工。大屋坐西朝东略偏北，背靠山丘，建筑通面宽约51米，通进深约56米。北侧仅一道横屋，向前伸出约6米，与院门连接。南侧有两道横屋，内侧一道与堂屋齐平，外侧一道向前伸出约8米，与北侧横屋一起围合晒坪，使晒坪尺度达到宽约37米、深约13米。坪前有照墙，高度不足2米。照墙外有长边约33米、短边约8米的长方形水池（图6-4-17）。

院门为砖砌牌坊式大门，两侧各设八字照墙。堂屋入口为四柱三间牌坊式大门，大量使用砖雕装饰，中部有嘉庆年间梅州进士王利亨的题字"世德钦承"，

图6-4-16　周田村上田塘湾大屋（来源：黄继东　摄）

7米，砖砌勒脚高约1.3米，以上为土坯砖砌筑。堂屋各进、横屋的不同段落均平缓抬起，整个建筑形成逐渐上升的趋势。

周田村大屋的建造从乾隆嘉庆之际开始，一直延续到道光咸丰之际（约1850年前后），持续时间超过半个世纪。最晚建造的一座大屋位于村庄南端，为王氏族人王官福建造，称新屋上。

周田村最南端建有仙师神庙，实际上为水口庙（图6-4-19）。祭祀传统延续至今，但祭祀对象现已不明。潮汕及客家有奉敬仙师神灵的传统，但仙师为何人则各地不相同。闽西上杭、永定、武平一带有黄悖三仙师崇拜，《民国上杭县志》有记载：

> 黄七翁，本邑人。宋时钟寮场未立县，石峡间两山如束，中通一径，有山精虎狼为害。翁偕其子婿有异术，以符法治之，群妖屏息。因隐身入石，显像于石壁间，每风雨，石中隐隐闻钟鼓声。民敬畏之，立祠于香炉石岩下，遇岁灾旱，祷之辄应。县既迁，改建行祠于今县治之西南。旧志称黄悖三仙师，悖其婿姓也。自宋以来，叠著灵迹……光绪五年敕封灵感[1]。

清光绪五年即1879年。据此可知，此三仙师崇拜在这一带流行于清末。周田村仙师神庙中神台两侧有对联上书"敬三仙有求必应，拜大神百拜百灵"。由此似可推测此庙祭祀对象即黄悖三仙师。仙师法主为木雕，庙中至今保存有法主出巡时的轿子及铃刀、锡角、令旗、签支等用具。仙师神庙往南约130米处河道弯曲处即为村落水口，有水车油坊。

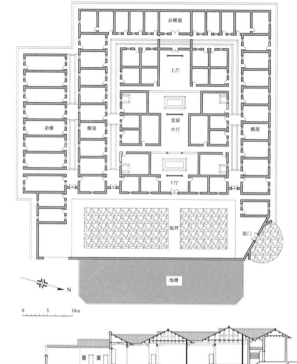

图6-4-17 周田村下田塘湾大屋（来源：蔡晴 测绘，黄继东 摄）

整个大门装饰精致，是江西客家地区罕见的砖雕作品（图6-4-18）。堂屋五间三进，全为砖砌，上中下三堂均仅一开间，其余均以墙体封闭成为房间。横屋进深约

---

[1] 张汉.（民国）上杭县志·卷三十五·方外传[M].上杭：启文书局，1939.

图6-4-18 周田村下田塘湾大门（来源：姚赯 摄）

图6-4-19 周田村仙师神庙（来源：姚赯 摄）

第一节　概述

江西西北部地区大体包括今天新余市、萍乡市、宜春市大部和九江市西部，约当汉代豫章郡西部及晋代安成郡，唐宋袁州、筠州，明清袁州府、瑞州府辖地，以及唐宋洪州、明清南昌府的北部。战国时吴国即在修河下游靠近鄱阳湖西岸一带设有艾县，西汉初在袁河上游设宜春县，锦江下游设建成县，修河下游设海昏县。西晋以宜春为中心设立安成郡，唐初改安成郡为袁州，改建成县为高安县，以其为中心设立筠州。

江西西北部地区地形构成复杂。这个西北部的西北部是其主体，是一大片山地丘陵，东北一西南走向的幕阜山、九岭山和武功山将这些山地丘陵分割成三个主要区域：幕阜山和九岭山之间的修河流域、九岭山东南的锦江流域，以及九岭山与武功山之间的袁河流域。发源于铜鼓九岭山中的修河，其支流渣津水上游离湖北的陆水河上游最近距离不到6公里，在武宁与同样发源于铜鼓九岭山中的武宁水汇合，至永修吴村镇入鄱阳湖。发源于上栗九岭山末端的锦江，其上游与发源于万载的渌水支流南川河最近距离不到9公里，流经万载、上高、高安，汇入赣江。发源于芦溪武功山中的袁河，其上游与发源于宜春的渌水上游最近距离仅约15公里，流经宜春、分宜、新余，在樟树市区汇入赣江。

这三条河流及其构成的水系，都是沟通江西与湖南、湖北的通道，使得这一地区在明清两代也经历了大规模的移民运动。元末明初，朱元璋发动"江西填湖广"，组织人多地少的江西人迁往人口稀少的湖南、湖北，直至明朝后期仍未停止。在此期间，还有大批闽南移民进入赣西北山区。清代前期，又有大批湖北和赣南客家移民进入赣西北。从湖南醴陵至江西萍乡的湘赣驿道是最重要的移民通道之一。

江西西北部的东南部分则是另一番景象。九岭山东南与南昌西面的西山之间有大面积的低丘平原，与赣江下游平原完全融为一体。其南部边缘就是袁河下游河段，锦江下游河段横穿其中部，北部还有修河最大支流潦河。潦河有多个源头，正源发自九岭山南面铜鼓、宜丰、奉新三县交界处，自西向东穿过奉新县，称南潦河；另一支发源于修水县东南与靖安县交界处，自西向东穿过靖安、安义两县，称北潦河。这两条河在西山西北部的山脚下汇合之后又称海昏江，向北至永修县城汇入修河干流。锦江与袁河之间还有赣江的一条小支流消江，古称萧江，又称肖江，发源于高安南部的丘陵，称为福建山，之后一路东流，至丰城市泉港镇汇入赣江。

这一地区的重要特点在于保存了较丰富的宗教和民间祭祀传统。佛教禅宗与赣西地区关系极为密切。盛唐禅宗高僧马祖道一墓塔至今仍在靖安宝峰寺，其塔亭始建于唐大中四年（公元850年），重建于北宋元丰八年（1085年），再次重建于元至治元年（1321年），保存至今，是江西目前所知唯一的宋代非塔地面建筑。禅宗五家七宗中，临济宗、沩仰宗、曹洞宗、杨岐宗和黄龙宗五宗源流祖庭均分散在赣西各地。杨岐宗两代祖师乘广、甄叔之墓塔亦在上栗普通寺保存至今。此外，赣西又保留许多民间的祭祀活动，至今不衰。其中，最有影响的是傩舞和傩神崇拜传统，以萍乡为中心，各地均大量建造傩庙，民间俗称"五里一将军、十里一傩神"，至今仍保留多处遗存。

受到这些自然和文化特性的影响，江西西北部地区的聚落特征具有更丰富的多样性。西部与湖南、湖北两省毗邻的区域有大量的文化交流，又因为长期接纳大量移民尤其是明清时期的客家移民，使得它在文化上和江西南部山区存在明显的共性。东南部则因为已经和赣江下游平原连成一体，更接近江西中部主流特征。在这两者之间的九岭山东南麓边缘低丘则成为一个过渡地带，既保有山区移民聚落的许多特征，又力图向江西中部主流聚落的建设管理模式靠拢[1]。

20世纪在江西西北部建造了两项大型水利工程。1958年在袁河中下游之间兴建江口水库，1961年基本建成，水域面积约50平方公里，淹没北宋建立的分宜县城和袁河岸边大量古代村镇，为减轻袁河下游洪涝灾害作出了积极贡献，1995年改名为仙女湖。同一年在修河中游兴建更大的柘林水库，1975年基本建成，水域面积308平方公里，淹没盛唐建立的武宁县城和修河两岸大量古代村镇，为下游承担了防洪任务，特别是在抗御1998年长江流域特大洪水中发挥了重要作用。2011年改名为庐山西海。江西西北部高价值传统聚落数量和密度因此低于全省其他地区。

第二节　修河流域村镇

一、铜鼓排埠镇

排埠镇位于铜鼓县西南部，两省三县交会的湘赣边界，西与湖南浏阳市张坊镇毗邻，南与万载县高村镇交界。地处九岭山脉南部，镇区海拔约350米。

铜鼓是江西最晚设立的县之一，直至清末均为修水县（唐宋分宁县、元明宁州、清代义宁州）辖地。明万历四年（1576年），当地发生骚乱，著名爱国将领、丰城人邓子龙奉命率军进驻，设立铜鼓营并筑城守之，名字来源于城东的"铜鼓石"，是一座高十余米的巨石，形如铜鼓，上有历代石刻。铜鼓营城此后一直为军城，先后有守备、游击、都司等军官率军驻扎[2]。清雍正元年（1723年）在铜鼓营设立分府，派有同知，开始由军城变成地方政府治城。清宣统二年（1910年）废铜鼓营设立铜鼓抚民厅，从义宁州分离，属南昌府辖。1913年废厅建县。

排埠镇在清代一直属于义宁州上武乡二十二都。这一带地形变化剧烈，地表溪流丰沛，是多条河流的发源地和分水岭（图7-2-1）。镇区北面直线距离约6公里的横山界，海拔超过1000米，是湘江重要支流浏阳河北支大溪河的发源地；再往东北直线距离约4.5公里的山羊尖，则是江西五大河流之一修河正源东津水的发源地；镇区南面直线距离约4公里的纸湖尖，海拔约900米，是浏阳河南支小溪河的发源地；再往南直线距离约2.5公里的三界尖，则是江西西北部重要河流锦江的发源地。九岭山中其他一些溪流在排埠一带汇合形成定江河，是修河重要支流，从排埠蜿蜒流向东北贯穿铜鼓县域，进入修水县境后称武宁乡水或武宁水，至修水县城附近汇入修河干流。排埠沿定江河上游的弯曲河段形成，是一个在省界通道上依托贸易形成的带形聚落。因其位置重要，清雍正六年（1728年）设立巡检司[3]。

处在这样一条狭长的山谷中，排埠古镇区成为一个典型的带形聚落，由上排埠、中排埠、下排埠三部分组成，各部分之间不连续，总长度超过1公里（图7-2-2）。所谓上中下是相对定江河的上下游而言，上排埠在定江河最上游右岸，中排埠在其下游左岸，下

---

[1] 姚赯. 百川并流：江西传统建筑的地域特征[J]. 建筑遗产，2018（4）：62-68.
[2] 王维新.（清同治）义宁州志·卷十四上·武备志·兵制. 修水. 1873.
[3] 王维新.（清同治）义宁州志·卷之九·建置志·城垣. 修水. 1873.

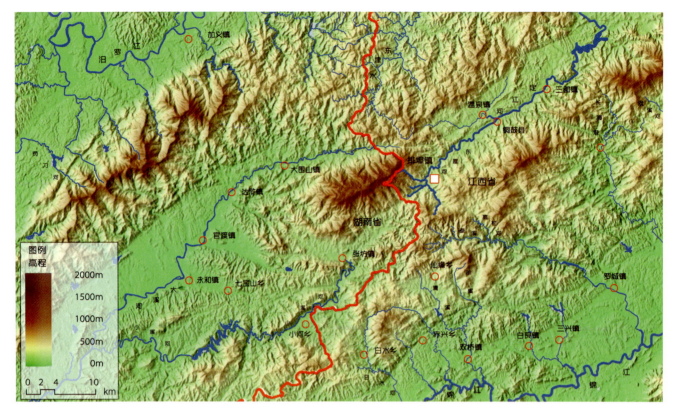

图7-2-1 排埠镇区位图（来源：赵梓铭 绘制）

图7-2-2 排埠镇总平面图（来源：蔡晴据Google Earth图像绘制）

322

图7-2-3 排埠镇鸟瞰（来源：黄继东 摄）

排埠在中排埠下游定江河右岸，间距均约400米。

约在明代中期，帅氏家族从修水黄沙桥（今修水县黄沙镇）迁至排埠，当时尚为无人烟的荒滩，因沿定江河可放木排或竹排直抵修水，称之为排川。至清初，叶氏、江氏、刘氏、洪氏等家族陆续迁入，遂逐渐发展成市镇，并改名排埠（图7-2-3）。

清代中前期，帅氏家族在中排埠建起傩神庙。叶氏家族之后在上排埠建赐福庙，并开设了杂货店、饭馆、裁缝店等数家店铺，均较简陋。清乾隆年间（1736~1795年），帅氏家族在中排埠发展起更兴旺的街市，取代了上排埠的地位。因中排埠街市商铺主要由帅氏家族掌握，其他家族遂在下排埠建起新的街市，但并未取代中排埠，而是并行发展。中排埠此后被称为上街，下排埠则称下街，又称永庆街、永庆新街或简称新街（图7-2-4）。

图7-2-4 下排埠（来源：姚赪 摄）

清代中后期，在下街北端建起天后宫，为福建商人会馆。清道光二十三年（1843年），在下街中段建起万

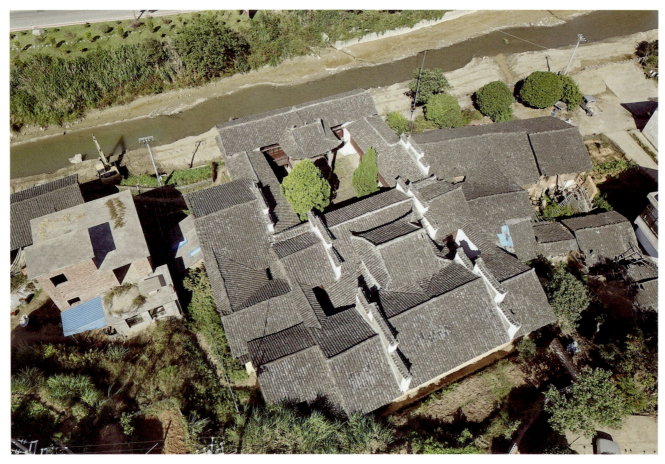

图7-2-5　排埠镇万寿宫鸟瞰（来源：黄继东 摄）

寿宫[①]，面对定江河，占地面积约1500平方米，祭祀许逊并作为江西商人会馆，以后又成为当地居民的公共活动场所（图7-2-5、图7-2-6）。至民国初年，中排埠商业街道长近300米，有50余家店铺，傩神庙每年农历十月二十四日前后举行持续十天以上的盛大庙会。下排埠街道长近200米，有38家店铺。所经营的行业既包括杂货店、布店、烟酒店、酒肉店等，也包括地方特产如药材和土纸。上排埠则逐渐衰落。

1927年至1934年间，红军在排埠镇一带长期活动。红军撤离之后，国民党军队对排埠镇进行了严重破坏，上排埠因此几乎完全消失。

图7-2-6　排埠镇万寿宫入口（来源：姚赯 摄）

---

① 王维新.（清同治）义宁州志·卷之九·建置志·祠祀. 修水. 1873.

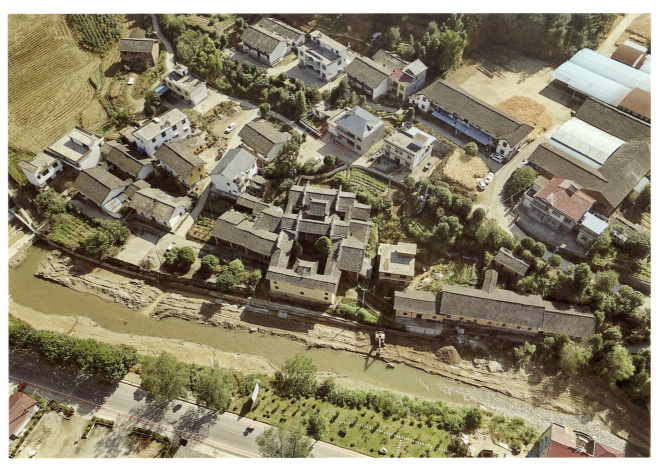

图7-2-7 排埠镇下街鸟瞰（来源：黄继东 摄）

图7-2-8 排埠镇下街（来源：姚赯 摄）

今天上排埠仅存锡福庙，中排埠于民国年间开通公路，逐渐发展成新镇区，老街基本消失，傩神庙已不存。仅下排埠的历史街市（图7-2-7、图7-2-8）基本保留，但天后宫亦已不存。2008年古镇区总面积约10.53公顷，居住人口2613人。

二、修水朱砂村

朱砂村现属修水县黄坳乡，清代属义宁州安乡十都。地处九岭山脉中部，距修水县城53公里，与武宁、靖安、奉新三县邻近。村庄所在是一条东北—西南走向的狭长山谷，西面的山岭称龙龟山，东面的山岭称垄坳，虽不十分陡峭，但高差显著。朱砂河从山谷中自

图7-2-9 朱砂村鸟瞰（来源：黄继东 摄）

西南流向东北，实际上只是一条大点的山溪，至东北约2公里外汇入修河支流洋湖港，至修水县城下游的三都镇附近汇入修河干流。朱砂村位于山谷中的相对开阔地带，沿两侧山脚发展，形成带形聚落，长约500米，平均海拔约375米（图7-2-9）。

明代中后期瞿氏家族由修水以北的武宁县迁来此地开基建村，至今全村人口几乎全属瞿氏家族。传说在清朝乾隆年间，有一夜突降暴雨、河水暴涨，第二天早上村民起来发现在新屋里门首的河洲之处卧有一巨型朱砂，白天跟普通石头一样，但到了晚上就显灵发光，光芒四射，从而闻名乡里，遂命名为"硃砂"。又传说瞿氏家族在此开基建房，挖出过赤色小石子，因此命名[1]。20世纪80年代改为"朱砂村"。

清代中期以后，瞿氏家族一面开垦，一面经商，逐渐致富，陆续建造了若干座祭祀和居住既合一又分立的堂横式建筑，成为村庄的主体，至清代后期形成保存至今的村落格局。由山体、风水林等围合形成的村庄总占地面积约7.76公顷，居住人口350人（图7-2-10）。其

---

[1] 修水县地名办公室. 修水县地名志[M]. 修水. 1988.

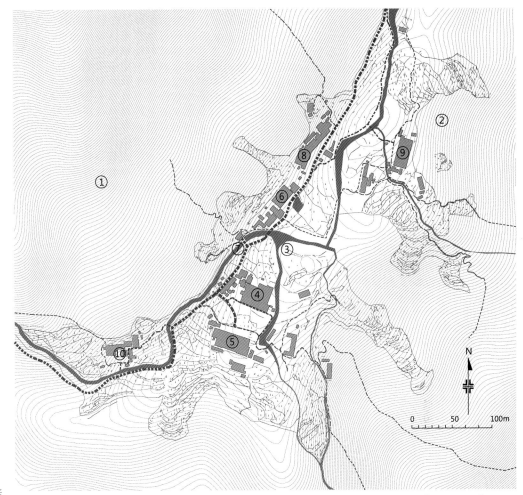

图7-2-10 朱砂村总平面图（来源：蔡晴 绘制）

① 龙龟山 ② 垄坳 ③ 朱砂河 ④ 三幢堂 ⑤ 上位贤 ⑥ 下位贤 ⑦ 步衢桥 ⑧ 洋屋里 ⑨ 新屋里 ⑩ 城下

沿山谷分散布置的格局体现了江西南部和西北部山区移民村庄的特征。

现存最早的横堂式建筑位于村庄南部，称三幢堂，当地又称君文祖堂，传说由瞿国奇始建，其子瞿学清兄弟续建，于清乾隆五十年（1785年）建成，是一座三堂两横的堂横式建筑，在朱砂河西岸的缓坡地上，坐南朝北，建筑占地面积约1600平方米。堂屋在西侧，两道横屋都在东侧，是完全不对称的配置，或许原计划在西侧也建造横屋，但未实现。祖堂为单层建筑，横屋为二层，但屋脊同高，使祖堂格外高大（图7-2-11）。

清嘉庆至道光年间，朱砂村进入建设的高峰期。清嘉庆十三年（1808年）在三幢堂以南建成第二座堂横式建筑，称上位贤，亦坐南朝北，占地面积与三幢堂几乎相同，除两进祖堂为单层外其余均为二层，但平面配置完全不同，二堂五横，堂屋在中部，东侧三道横屋，外侧两道退后；西侧两道横屋，外侧横屋前收（图7-2-12）。整个建筑也是不对称的配置，但是似乎在寻求平衡，可能出自风水师授意。现为朱砂村村史馆。

清嘉庆十七年（1812年）在村庄中部建成第三座堂横式建筑，称下位贤，以基地较上位贤约低7米。建

图7-2-11 朱砂村三幢堂鸟瞰（来源：黄继东 摄）

图7-2-12 朱砂村上位贤鸟瞰（来源：黄继东 摄）

筑坐西朝东，背靠龙龟山，面对朱砂河，是一座二堂一横的小型堂横式建筑。

清嘉庆年间还在三幢堂前建桥跨越朱砂河，称步衢桥，为单跨石拱桥，长约6.4米，宽约3.2米（图7-2-13）。"衢"字由"行"字与"瞿"字组合而成，当地传说意为使过桥者牢记此为瞿氏之桥。

清道光十年（1830年）在下位贤以北建成第四座堂横式建筑，称洋屋里，和下位贤几乎并列，但形制独特。建筑分南北两部分，南部为二进堂屋，单层且局部带阁楼，为祠堂。北部与南部约成21°角，两者间以连廊连接，分为三段，以三个横长天井组织，全为二层，外有几乎通长的挑楼，是居住部分，每段底层各开一门，中段门上有额，题"亦爱吾庐"（图7-2-14）。形制不完整，可能未完成建设或已经过改造，名称来源已不可考。

图7-2-13　朱砂村步衢桥（来源：黄继东 摄）

图7-2-14　朱砂村洋屋里鸟瞰（来源：黄继东 摄）

图7-2-15 朱砂村新屋里鸟瞰（来源：黄继东 摄）

清道光十四年（1834年）朱砂瞿树芬中举人，使瞿氏家族进入地方缙绅之列[1]。第二年在洋屋里对面建成第五座堂横式建筑，称新屋里，位于朱砂河东岸，背靠垄坳，坐东朝西。建筑配置较特别，中部为二进堂屋，南部设两道横屋，外侧横屋前收，但北部却没有设横屋，而是将两进堂屋各自继续延长，并向北形成开敞天井（图7-2-15）。

这五座堂横式建筑构成村庄的主体，建设时间跨越半个世纪，代表了朱砂村的光辉时代。但此后朱砂村的发展并不如人意。清末在上位贤以西的山坡地上又建造了一座堂横式建筑，称城下，占地面积约1000平方米，配置亦较特别，似乎只有一堂，西侧一道横屋，东侧为多道横屋的纵横组合，平面形状复杂，可能未完成。主要使用土坯砖建造，质量较差，现已部分倒塌。此后朱砂村再也没有建设过大型建筑。

三、安义罗田村

罗田村在清代属安义县控鹤乡，20世纪经过多次区划调整，1956年后属安义县长埠乡，2005年划入石鼻镇。安义县与新建县隔西山相望，明正德十三年（1518年）设县，属南康府，府城在庐山脚下的星子县（今庐山市），是南康府最南端的县。1959年起隶属宜春地区，1983年划归南昌市管辖[2]。

---

[1] 王维新.（清同治）义宁州志·卷之十九·选举志举人. 修水. 1873.
[2] 江西省安义县志编纂领导小组. 安义县志 [M]. 海口：南海出版公司, 1990.

罗田村位于南昌市西北郊的梅岭西侧平原边缘，海拔约50米。东面紧靠西山，海拔高度迅速上升至500米以上。西面约3.5公里为潦河南支干流，至东北约10公里处与北潦河汇合，继续向东北流至永修县城附近汇入修河，是修河最大支流。西山中流出的一条小溪自东向西从村前流过，至村西汇入潦河。整个流域几乎全为平原，水流平缓，方便通航。罗田村同时又位于梅岭西南部的古代陆地商道上，是江西西北部通往南昌和鄱阳湖西岸等地的必经之路。

唐末广明元年（公元880年）黄克昌因避战乱，从湖北蕲州罗田县迁徙至此，故名罗田。至北宋后期已经非常繁荣。村庄人口至今仍以黄姓为主。至明初因人口增长，分出一支至村南约400米处建立新村，因与罗田隔小溪相望，称水南村。水南村西面约500米处是另一个始建于唐末的村庄，由刘李两姓共建而成，称京台村，与黄氏互通婚姻。水南、京台二村虽规模较小，亦基本保存传统风貌，现与罗田村一起号称"安义古村群"（图7-2-16）。

罗田村原建有东、南、西、北四门，现仅存西门。东门在村东，题额"紫气东来"；南门在村南道路上，题额"瑞衍南波"；西门在村西北部后街西端，题额"沃野来祥"；北门在村东北部，题额"文聚北斗"。四门均仅起空间标识作用，并无村墙或其他边界限定。村西部的发展早已超出西门范围，而村南部建成区则距南门尚远。村东北部地形略有起伏，有大片风水林。包括风水林在内的传统村落建成区总面积约14.6公顷，2006年村庄居住人口1730人（图7-2-17、图7-2-18）。

罗田村是一个商业服务业非常发达的村庄，商业街区和居住地段紧密结合在一起，没有明显的分区。村中主要为东西向的前街、后街加南北向的横街构成的两纵一横街道体系。前街位于村庄东南部，长约220米，实际是依托一条过境道路逐渐形成，东往南昌，西可通至安义县城、瑞州府城（今高安市）和南昌府奉新县等地。后街位于村庄西北部，长约290米，横街位于村庄东部，长约105米。三条街道均以麻石铺砌路面。通过

图7-2-16 罗田村区位图（来源：蔡晴据Google Earth图像绘制）

图7-2-17 罗田村鸟瞰（来源：黄继东 摄）

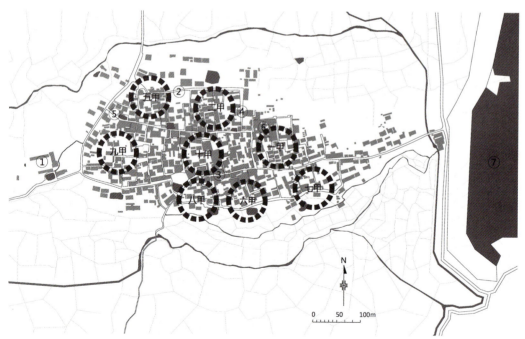

① 黄氏宗祠遗址 ② 后街 ③ 前街 ④ 横街 ⑤ 沃野来祥门 ⑥ 世大夫第 ⑦ 观边水库

图7-2-18 罗田村总平面图
（来源：陶文茹 绘制）

332

街道向东、南、北各向伸展出多条宽窄不等的巷道，组织起整个聚落。三条街侧面均有集给排水为一体的沟渠，从西山引水注入，至今仍是活水，为村民继续使用（图7-2-19）。

作为古代商道交通站，罗田的商业至清代中期达到鼎盛，号称"前街绸缎布匹，后街仓库栈房；上街油盐百货，下街烟酒磨坊；上街粮油猪行，横街茶酒饭庄"。实际上以前街商业最为兴旺，后街的仓库栈房均混迹于住宅之中。现前街仍保存有相当数量的传统商铺，以各类服务业为主（图7-2-20），正是交通站点的特征。

罗田村的独特之处在于保留了明代初年的里甲制度，并具体体现在村庄的空间结构中。明初洪武年间改革户籍管理，十户为一甲，十甲为一里。此制度在江西其他县均已不存，唯独在安义保留下来，《同治安义县志》仍为里甲记载。古罗田有居民一百余户，因此被划为十甲，合为一里，号称"十甲全图"，又称"小小安义县，大大罗田黄"。现仅存八甲，三、四甲已不知去向。每一甲实际上基于一个房派，构成一个相对独立的空间体系，有本甲的门头、香火堂、水塘、碾槽、坪场、水井等公共设施。各甲之间通过街巷和沟渠系统连接成为一个整体，建筑布局与社区体系鲜明对应（图7-2-21、图7-2-22）。

村西端原建有黄氏大宗祠，独立于村庄主体之外，规模极大，惜毁于20世纪60年代后期，现仅剩下一口祠前大水塘，用地已改为村小学。各甲的香火堂起房祠作用。

尽管家族祠祀不够发达，罗田村却有着复杂的地方崇拜系统。黄氏大宗祠侧原建有"康佑神庙"，是罗田黄氏特有的祭祀，《同治安义县志》记载：

康佑神庙在县东南二十里控鹤乡罗田大祠左侧，又一所在下罗田支祠背，又一所在南昌乡雅溪祠左。相传唐广明间，黄氏祖克昌自湖广罗田县避乱出，得神兆，卜今大富冈居之，子孙立庙以祀，九月朔日为神

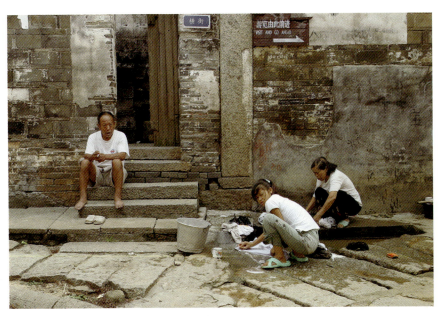

图7-2-19 罗田村街边沟渠（来源：姚赯 摄）

图7-2-20 罗田村前街（来源：姚赯 摄）

图7-2-21　罗田村六甲门头（来源：姚赯　摄）

图7-2-22　罗田村六甲香火堂（来源：姚赯　摄）

诞，香火甚盛，谓之朝拜，至今以为常[1]。

这座极有特色的神庙已和黄氏大宗祠一起消失，连朝拜传统今天也仅存于志书之中，甚为可惜。

村庄东西门外原均有寺观。东门外西山脚下原有道观，称逍遥观，据《同治安义县志》，传为许逊游息之地，由道士徐自澄创建于北宋元祐元年（1086年）[2]。罗田黄氏则传为北宋村人黄元杞在西山脚下结庐读书处，因云气蒸腾，道士称为仙人彰灵，设坛镇之，黄元杞果然于元祐六年（1091年）中了进士，村人大喜，遂升级为道观，视如洞天福地，后来甚至还依托道观形成聚落，称观边村。20世纪70年代在西山脚下建造观边水库，将逍遥观和观边村一起淹没。

西门外则为佛寺，称夏莲院，据《同治安义县志》，由僧少昌始建于北宋元丰六年（1083年），元代废，明代恢复，清乾隆二十二年（1757年）还曾重修。清末又毁，1999年罗田村民集资重建。

罗田村还保存有多座高质量住宅，其中黄秀文世大夫第以规模最大、建筑最精而著称。黄秀文为乾隆年间富商，号称"富甲南康"，为整个南康府星子、

图7-2-23　罗田村世大夫第北二路第一天井（来源：姚赯　摄）

都昌、建昌（今永修）、安义四县首富之一，即使如此，仍耗费近40年，才由其子完成建设，可见其投资之钜。建筑位于村东北后街和横街交叉口，坐东朝西，共分四路五进，南二路为主路，第一进为门厅，第二、三进为上下大厅，后两进为家祠。其他三路均以前两进为客厅（图7-2-23），后三进为起居卧室。整个建筑占地面积超过2500平方米。现仅中央两路保存完整，南北两路均严重残破。北一路近年有所修复，南一路亦有修复计划。

---

[1] 杜林.（清同治）安义县志·卷二·建置. 活字本. 安义. 1871.
[2] 同上.

第三节　袁河流域：新余黄坑村

黄坑村位于新余市渝水区水北镇东南部，距水北镇约6公里，距新余市市区约36公里。渝水区即原三国孙吴时期设置的新渝县，唐开元年间改为新喻县，1957年改名新余县，1960年改为新余市，1963年撤市复为新余县，1983年再度撤县，升为地级新余市，并设立渝水区，管辖原新余县辖地①。袁河经过新余的河段古称渝水。水北镇以地处袁河之北而得名。这一带地处赣江下游平原的西南边缘，是江西聚落历史最长的地区，樟树市的吴城商代遗址至黄坑村直线距离仅约14公里。濛河（古称颖江，又名蒙河）从村西南经过，距村庄约500米，是袁河的一条支流，自西北向东南流入樟树市域，至樟树市黄土岗镇江口村汇入袁河。

元代之前，黄坑属蒙山乡，元代与升平乡合并称升蒙乡。清康熙八年（1669年）又分为升平、升恒二乡，黄坑属升恒乡。康熙三十年（1691年）新喻县改乡为区，此后属升恒区九都二图②。

新余大姓傅氏家族于元泰定二年（1325年）迁至黄坑开基，明末时已逐渐致富，有能力培养子弟读书。清初顺治五年（1648年）傅芬中选拔贡，官至贵州普安州（约当今贵州普安县、盘县之地）知州。顺治十一年（1654年），傅世烈又入选恩贡，授官建昌府学（在江西南城县）教授，之后做过四川渠县、河南延津县的知县，最后做到云南和曲州（清乾隆三十五年即1770年并入武定直隶州，现为云南武定县）知州③。但黄坑傅氏此后即无意仕途，而是将精力投入经商。

袁河在历史上一直是江西西北部最重要的运输线，直至1958年江口水库建设之前还是新余市大宗物资进出的主要通道④。濛河作为新余东北部的重要河流，大部分河道地处平原，水流平缓，易于通航。黄坑傅氏在濛河岸边建起码头，位于村南约660米处，很快成为濛河水运交通站点之一，来往船只甚多。至清道光年间（1821~1850年）依托码头建立墟市，称颖江墟，每逢农历三、六、九为墟日⑤。墟市上有土油榨、戏院、茶馆、酒楼等，成为新余东北部的重要商品集散地。墟市上甚至还建有万寿宫，祭祀许逊，既以镇水，又是商业会馆。

黄坑傅氏家族因此获得大量财富，但无意科举，子弟考个秀才功名后便通过捐纳获得官身。清道光咸丰之际即1850年前后，黄坑傅氏有1名六品州同、2名八品县丞、1名贡生和19名监生，合计3名品官、20名贡监，其中大部分是兄弟叔侄⑥。虽然全是通过捐纳买来的虚衔，人数之多仍足以鱼肉乡里，可见当时黄坑傅氏之富。傅氏家族成员亦大量参与公益，包括捐款支持清道光二十七年（1847年）新喻县重大工程中洲堤的建设，后来又在濛河码头建造七星桥跨越濛河，是一座以卵石夯土筑成的拱桥，现在仍作为人行桥使用⑦。自江口水库建成后，袁河水运断绝，濛河岸边的码头、集市和万寿宫现已完全消失，地面仅保留少量基址。

---

① 新余市地方志编纂委员会. 新余市志［M］. 上海：汉语大词典出版社，1993.
② 文聚奎，祥安.（清同治）新喻县志·卷之一·疆域. 新余. 1873.
③ 文聚奎，祥安.（清同治）新喻县志·卷之九·宦业. 新余. 1873.
④ 新余市地方志编纂委员会. 新余市志［M］. 上海：汉语大词典出版社，1993.
⑤ 文聚奎，祥安.（清同治）新喻县志·卷之一·墟市附. 新余. 1873.
⑥ 文聚奎，祥安.（清同治）新喻县志·卷之八·杂途. 新余. 1873.
⑦ 马志武，马薇. 江西古桥建筑［M］. 南昌：江西人民出版社，2019.

图7-3-1 黄坑村自东向西鸟瞰，远处绿带为濛河（来源：黄继东 摄）

黄坑村在清代开始大规模建设，至1850年前后大致形成保存至今的格局，村庄建成区面积约5公顷，现居住人口966人。尽管村庄北面有山丘，南面有濛河，黄坑村的村庄布置不是简单的坐北朝南，而是选择坐东朝西略偏北，以东面小丘为靠山，北面山丘为右屏，面朝自西北而来的濛河（图7-3-1）。村庄西侧形成开阔广场，并有大水塘，村中所有重要建筑均面向水塘（图7-3-2）。

黄坑村平面形态紧凑，主要由一系列大型建筑组成（图7-3-3）。村中央有黄坑傅氏宗祠余庆堂，传说始建于清康熙年间，由傅芬主持建造。祠堂前方正对水塘，后方正对一棵大樟树，是一座极狭长的建筑，三间五进，占地面积约400平方米，最后一进为观音堂，是江西西北部平原地区特有的配置方式（图7-3-4）。

余庆堂南北两面均为大型住宅。南面紧邻者称大夫第，传为傅芬本人的住宅。其后人傅学周于清道光年间捐纳六品营千总武职，虽然不曾实任，仍自称"帅官第"。占地面积约1300平方米，四进三路，前为轿厅、马房；后面南面两路前二进为主宅，中设两个花厅，后一进为附房；北面一路为次宅，朝向宗祠的北侧设有两个半天井。

其他大型建筑年代相近，约建于清道光至咸丰年间。祠堂前广场南面是另一组大型住宅，称"势奋北溟"，形制复杂，大致由东西共三组建筑组成，占地面积约1600平方米。东路分前后两组，前一组四进加跨院，实际上主要为两进大厅加前后门厅、过厅；后一组为住房，由穿廊隔成前后并列的六个天井，后有附房。西路为次宅，仅四进，前为大厅，第二进被封火墙隔开，实际为过厅，第三进为住房，最后为附房，侧面设跨院。建筑依地形逐步收缩后退，形态自由而又保持强

图7-3-2 黄坑村自西向东鸟瞰,村庄正面(来源:黄继东 摄)

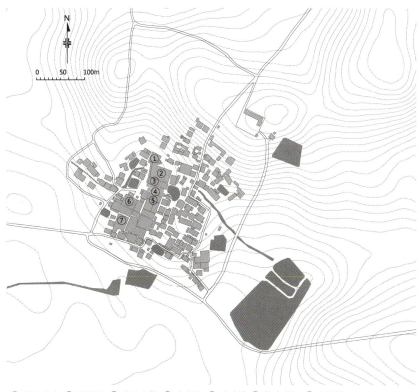

图7-3-3 黄坑村总平面图(来源:陶文茹 绘制)　① 果育山房　② 聚星里　③ 世大夫第　④ 余庆堂　⑤ 大夫第　⑥ 势奋北滨　⑦ 司马第

图7-3-4 黄坑村余庆堂（来源：黄继东 摄）

图7-3-5 "势奋北溟"宅鸟瞰，左为大夫第，右为司马第（来源：黄继东 摄）

烈的秩序感（图7-3-5）。

最南面的一组大型住宅称司马第，是村庄中为数不多的坐北朝南的建筑。两路三进加跨院，占地面积约700平方米。东路为主宅，前进为门厅，有三开间大门廊。主宅东侧设跨院，有半天井，西路为次宅。

祠堂北面的大型住宅称世大夫第，占地面积约850平方米，亦为两路四进的大宅，北路为主宅，后进已被破坏建有现代住宅。南路为次宅，主入口朝西，面对广场和祠堂。此宅北面的大型住宅称"聚星里"，占地面积约1100平方米，三路三进加前院附房，主体部分形态接近九宫格，是具有高度几何秩序感的建筑。

"聚星里"北面的一组中型住宅称"果育山房"，占地面积约420平方米，平面形态几乎是正方形，两路两进带跨院，最后还有极特殊的横长庭院附房，更接近于九宫格。

"聚星里"和"果育山房"的主入口均朝向广场，"聚星里"主入口朝西，"果育山房"主入口朝南。两宅朝向广场一侧做通长披檐外廊连接，亦为极罕见的做法

图7-3-6 "聚星里"至"果育山房"门前连廊（来源：黄继东 摄）

（图7-3-6）。

清咸丰九年（1859年）傅陶镕中举人[1]，黄坑傅氏进入最后的辉煌，村中所有主要建筑在此之后均经过一轮修缮。傅陶镕中举时已43岁，几年后即去世，未曾出仕。黄坑村此后也逐渐失去繁荣，村庄面貌保存至今。

---

[1] 文聚奎，祥安.（清同治）新喻县志·卷之八·举人. 新余. 1873.

第四节　消江流域：高安贾家村

高安贾家村属于高安市南部的新街镇，现为新街镇景贤行政村村委会所在地。清末属第四区新丰第一乡十一都，称山畲，又写作畲山，贾家村人则一律写作畲山。明代高安县将全县划为14区17乡，部分区且跨乡，新丰乡又分为第一乡、第二乡，意义不明，历代志书亦无解释。高安市大部分市域均属锦江流域，唯独南部新街镇、八景镇等地属于消江流域。这里实际上已是赣江下游平原边缘，村庄四周几乎全是平原，只有一些小丘陵（图7-4-1）。

明洪武年间（1368~1397年），贾季良迁至此处开基。据《畲山贾氏十修族谱》，贾季良生元至正丙午（元至正二十六年，1366年），殁明正统五年（1440年）。当时这里还是畲族聚落，有蓝、雷两姓族人定居，故称"畲山"。贾氏在此定居后仍称畲山贾氏。

贾季良生四子，长子字舜夫，次子周夫，三子鲁夫，四子汉夫。实际上对贾家此后的发展起到关键作用

图7-4-1　贾家村鸟瞰（来源：黄继东 摄）

的人物是其长子，名贾信，字舜夫或顺夫，明代早期先做吏员，之后受大官赏识，提拔为官员，最后做到广西廉州府（辖境相当于今北海、钦州、防城港三市）知府。《同治高安县志》有传：

> 贾信，字顺夫，山畲人，博学负名。初枲司辟为掾，正统间办事南京，为南京刑部尚书赵翊幕属……翊器重之，荐授本部主事，历工部员外郎中，升廉州知府……郡人世赖其利，咸有贾父之称，立祠祀之①。

按此传或有误，据《畲山贾氏十修族谱》，"南京刑部尚书赵翊"实为赵羾，明史有传：

> 赵羾，字云翰，夏人，徙祥符。洪武中，由乡举入太学，授兵部职方司主事。图天下要害厄塞，并屯戍所宜以进。帝以为才，迁员外。建文初，迁浙江参政，建策捕海寇，有功。永乐二年，使交阯，还奏称旨。擢刑部侍郎，改工部，再改礼部。五年进尚书……仁宗嗣位，改南京刑部。宣德五年，御史张楷劾羾及侍郎俞士吉息纵。召至，命致仕。羾性精敏，历事五朝，位列卿，自奉如寒素。正统元年卒，年七十三②。

据此，则贾信充其部属当在明洪熙元年至宣德五年（1425~1430年）之间。又据《畲山贾氏十修族谱》载，明宣德六年（1431年）赐封"刑部广东清吏司主事贾信"之妻蓝氏为安人，可证宣德六年时贾信还在南京刑部任职，去廉州做知府大概是宣德后期至正统年间的事，多半是因为举主赵羾去职才不得不赴外任，而且远至广西，对京官而言近似流放。贾信在廉州府颇有政绩，不过任满之后便以五品官身致仕回乡，率领兄弟子侄们开创基业，从而使贾家村的建设几乎从一开始就达到非常高的水准。

贾家村地处平原，周边地形简单，难以符合理想的传统风水布局模式。但村庄的开创者们仍煞费心机附会传统的风水理论，对其所处的自然环境进行了独特的解释，并进行了相关营造。《畲山十修贾氏族谱·基址图赋》有长篇阐述：

> 粤稽胜代，我祖季良，选幽卜筑，相其阴阳。畲山胜地，县治南乡，是曰仁里，爱宅此疆。既安居而，植业乃笃，庆而锡光。致椒聊之蕃衍，启瓜瓞以荣昌。览山木之环绕，用图绘于篇章。尔其团圆成象，平地为基，论家则八百莫罄，计口则数千有奇，稳水溁洄，平畴资灌溉之利；名山环绕，景行生仰止之思。远而望之，恍金盆之落地；近而察之，淘玉宇之高垂。乃有蠢然后峙，厥名钧山，峻不可极，高不可攀，崔嵬嶬屼，拱卫屏藩。忆西涧之高风，名传汗简；望东岭之初日，秀挹烟峦。其南则阆皂仙峰，峥嵘巩固。望岸岑之青苍，疑空濛之烟雾，实邻邑之名山，亦畲山之屏护。至若玉塔高尖，恍文笔之右峙；平洲方正，似古砚之当前。爱有一水，绕塔而流；红波混混，来往砚洲。上有高峰平列，与月同钩，倒映波影，共月齐浮。……且也星堆成行，联珠累累；台山拥秀，列壁重重……③

贾家村位于盆地的中心偏北，村落最北端距最近山脉山脚的直线距离约为3.3公里，村落最南端距最近山脉山脚的直线距离约为37公里，四周实际上没有自然边界可作屏障依靠。贾家村将距村北3公里之外的钧

---

① 孙家铎.（清同治）高安县志·卷十四·宦绩. 高安. 1871.
② 张廷玉. 明史·卷一百五十·列传三十七.
③ 贾世绍. 畲山基址图赋. 转自贾克玖，贾水纲. 畲山贾氏十修族谱. 活字本. 高安. 1996.

山、三台山视作本村龙脉所依之山。钧山层峦叠嶂，长14公里，即《基址图赋》中所谓"乃有矗然后峙，厥名钧山，峻不可极，高不可攀，崔嵬峣屼，拱卫屏藩"。三台山则被列为贾村八景之一"台山拱秀"。聚落主要建筑均坐北朝南约偏东20°，与钧山—三台山一线垂直布置，成为贾家村基本的坐标系统。

因钧山、三台山距村落有3~5公里之远，因此在村北又人工堆土丘一座，称"畲堆"。村民将其视为村庄龙脉的龙头所在地，又是"畲山"的象征。

距村落南端约37公里处有阁皂山，实际在樟树市境内，为传统的道教名山，道教七十二福地之一。虽然已超出贾家村视线范围，但既因为其名声够大，又因为实在没有什么山可供借用，仍被作为村庄屏山加以解释。

贾家村东北有庐泉湖，西有珠山湖，稳泉、庐泉交会形成的小河自北而南绕村西而过，再向东流入消江；村南有赤溪河由东向西南注入消江。稳泉、庐泉交汇形成的小河位于村北约400米，是古村用水的主要来源；赤溪河位于村南约500米，是古村排水的主要去处。村中有12口水塘以调蓄雨水，与4口古井和巷道中的沟渠一同构成村内给排水系统，沿用至今。

贾家村的水口位于村东南约700米处赤溪河河湾处，即"巽位"吉方，营建颇费功夫。水口有形似古砚的沙洲一块，为增强锁钥的气势，还建有七级玉塔、文昌宫、翠竹庵，文昌宫前的千年古柏根深叶茂，苍劲挺拔，古樟等古树比比皆是。砚洲以东沿赤溪河有一座略大的山丘，称月光山，即《基址图赋》中的"上有高峰平列，与月同钩，倒映波影，共月齐浮"（图7-4-2）。

村北有大王庙，来历不明，贾家村奉为保护神，与畲山崇拜合流，每年大年初四祭祀。村东北有万寿宫，祭祀许逊。村东南有龙王庙。村西北有紫府观、土地庙，更远的钧山南麓还有普贤寺，俱受贾家村供养。这些庙宇和村南水口一起组成了一个复杂的地方祭祀系统，将村庄团团包围，佛教、道教、江西主流地方崇拜

图7-4-2 贾家村周边环境关系图（来源：蔡晴据Google Earth图像绘制）

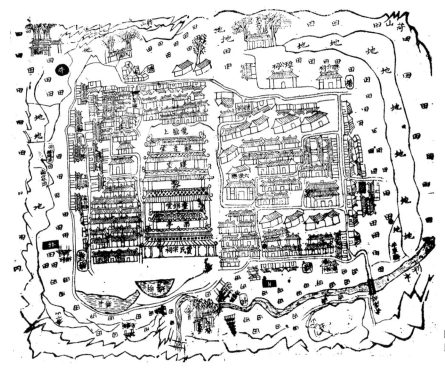

图7-4-3 贾家古村基址图（来源：引自《畲山贾氏十修族谱》）

和当地特有地方崇拜全部组合到一起。水口翠竹庵、玉塔和普贤寺也经近年重建，已非旧观，其余祭祀建筑都已仅剩遗址。

经过这样一系列环境解读和经营，贾家村既成为风水吉地，又拥有多种神佛保佑，获得了充足的心理暗示，成为家族聚居的风水宝地[①]（图7-4-3）。

贾家村形态紧凑，建筑密度很高。因周围平整开阔，无任何天然屏障，又远离县城，对防御性具有需求，从而形成了非常有特征的村庄布局。村庄的传统村落建成区面积约16.5公顷，现状居住人口约1200人（图7-4-4、图7-4-5）。

贾家村分"关内""关外"两部分，号称共有八关六十四巷。八关即8座村门，东门称"紫气东来"，东南门称"玉塔凌汉"，南门称"月障衔环"，东北门称"八仙门"，西北门称"尚武门"。这5座村门均已不存。现

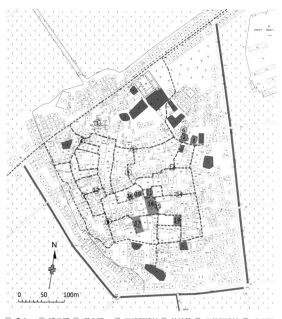

① 畲山 ② 瑺公祠 ③ 璘公祠 ④ 尚武门遗址 ⑤ 外翰第 ⑥ 八仙门遗址 ⑦ 鸡公门
⑧ 金星门 ⑨ 囿园巷 ⑩ 怡爱堂 ⑪ 陆家厅 ⑫ 鸡公巷 ⑬ 上龙腾巷 ⑭ 羊背巷
⑮ 官道 ⑯ 观音堂 ⑰ 贾氏宗祠 ⑱ 厚德堂 ⑲ 崇顺堂

图7-4-4 贾家古村总平面图（来源：蔡晴 绘制）

---

① 蔡晴，姚赯. 传统乡土聚落环境意义的解读——以高安贾家村为例[J]. 农业考古，2012（4）：240-244.

图7-4-5 贾家村中心部分鸟瞰（来源：黄继东 摄）

存3座，北门"外翰第"，西南门"金星门"，额题"金星辉映"（图7-4-6），以及西门"鸡公门"（图7-4-7）。西门名称最不雅驯，与其余7门不类，亦不知何故。一圈环路将这8座门连接起来，称"关外"。入门即为关内。六十四巷为约数，实际远未达此数。

关内主要依靠1条南北向巷道和1条东西向巷道形成交通骨架。南北向巷道北起北门外翰第，称圃园巷，至陆家厅前改名官道（图7-4-8），直通南门月障衔环。东西向巷道东起东门紫气东来，称羊背巷，名称亦不知来历。至陆家厅前与官道交会，向北略转折改名上龙腾巷，向西再略转折改名鸡公巷，直通鸡公门。除这两条主巷道之外，还有若干小巷连通关内各处。

陆家厅因此成为全村中心。相传在贾季良来此定居时，此地已有若干人家，包括李氏、王氏、傅氏、罗氏、蓝氏等。贾氏定居后，集诸姓合建一祠，称陆家厅，其实就是六家厅，合祀诸姓祖先，始建当在明代早期（图7-4-9、图7-4-10）。建筑五间两进，尺度很大，后进享堂脊檩底高约6.6米。此后贾氏日益兴旺，而其余诸姓人家则逐渐消失。贾氏后人将其改为贾信祠，称舜夫公祠，但村人至今仍习惯称为六家厅，堪称慎终追远。

贾氏家族祠祀并不十分发达，但很有特点。贾氏宗祠位于村南中部，称昼锦堂，最初由贾信主持建造，时间约在明宣德、正统年间（1426~1449年），之后屡有

图7-4-6 贾家村金星门（来源：姚赯 摄）

图7-4-7 贾家村鸡公门（来源：黄继东 摄）

图7-4-8 贾家村官道（来源：姚赯 摄）

图7-4-9 贾家村陆家厅（来源：姚赯 摄）

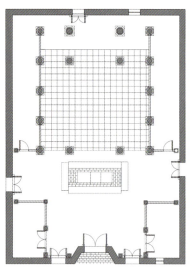
图7-4-10 贾家村陆家厅平面图、模型透视图（来源：蔡晴 绘制）

修缮，至清嘉庆五年（1800年）完成大扩建，形成今日格局。《畲山贾氏十修族谱》有《重修昼锦堂记》，言之甚详：

吾贾氏宗祠之建，自二世祖太守公解组归里，第取法于韩魏公自额于堂曰昼锦，用以崇祀先人，昭示子孙，盖数百年于兹矣。其间阅十四传，代有修葺，要皆因仍旧规，补缀穿漏，使之完缮而已，未尝扩而大之，更而新之也。嘉庆戊午，族叔瑞徵请于叔父笔溪公曰：君子将营宫室，宗庙为先。吾族荷祖宗余庇，子姓繁衍，拓基立址，筑室结庐，历世以来，创构增居者不知凡几，独宗祠日就倾圮，其何以妥先灵、肃瞻仰？笔溪公曰：是宜改作，勿仍旧贯，规模斯扩，费贵无惜。咨于同族绅士暨诸父老，皆应曰

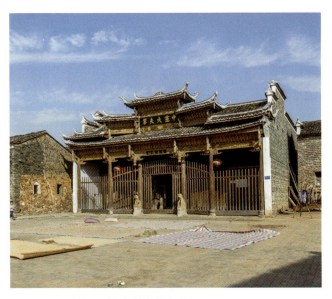

图7-4-11 贾家村贾氏宗祠(来源：姚赯 摄)

图7-4-12 贾家村贾氏宗祠寝堂(来源：姚赯 摄)

诺……是役也，起工于嘉庆四年八月廿二日，至五年秋九月始告功……[1]

贾氏宗祠外部有村中最开阔的公共空间。祠前有明塘，为一半月形池塘。塘与祠之间还有开阔广场，原竖有18对旗杆石，现仅存两块上马石、下马墩。祠堂主体为五间两进，前进为门厅，后进为享堂，天井中建有一座重檐雨亭，将天井几乎完全覆盖，建筑面积约500平方米（图7-4-11）。清嘉庆年间的扩建在主体后面增加了拜亭、寝堂，最后还设有观音堂，使整个建筑的通进深达85米左右（图7-4-12）。

村东北关外建有两座小房祠，名璋公祠、瓒公祠，传说始建于明末，之后毁于兵火，清代重建。两祠并列而立，璋公祠五间两进，但开间很小。瓒公祠三间两进，开间较大。两座建筑大小相近，占地面积均在230平方米左右，规模有限，做法亦较简朴（图7-4-13）。

贾家村内还保存大量精良住宅，均为江西主流的天井式住宅，木结构、空间组织和装饰均有特色。如贾

图7-4-13 贾家村璋公祠(来源：姚赯 摄)

氏宗祠东侧、东临官道的厚德堂，又名赐福堂，当地俗称官厅，五间三进，中进明间展宽，加两列柱成为三间大厅。建筑仅一路三进，但面阔接近20米，进深约34.4米，总占地面积约686平方米，是少见的大型天井式住宅。官道西侧则有崇顺堂，是一门四兄弟合建住宅，共四路，左一路规模最大，又称泰顺堂，俗称小官厅，做工亦十分精良。

---

[1] 贾辛. 重修昼锦堂记. 转自贾克玖，贾水纲. 畲山贾氏十修族谱. 活字本. 高安. 1996.

第五节 锦江流域：宜丰天宝村

宜丰天宝村为天宝乡政府驻地，位于宜丰县北部，与奉新县交界。宜丰县始设于三国孙吴黄武四年（公元225年），隋开皇九年（公元589年）撤销，北宋太平兴国七年（公元982年）设立新昌县，大致为孙吴宜丰县旧地，1913年复名宜丰县[①]。地处九岭山南麓一条西北—东南走向的山谷中，几乎四面环山。村庄本身平均海拔约102米，但周边山丘均迅速上升至海拔400米以上。发源于九岭山中的宜丰河从村前流过，又称若耶溪、耶溪、盐溪，天宝段称藤江，是锦江重要支流，南流过宜丰县城进入锦江下游平原后汇入锦江。但村庄并没有临河建造，而是谨慎地与河岸保持一定距离，最近处也有约460米。从村庄后山里流出的一条小溪环村而过，在村西南汇入藤江。后山上全是大樟树，郁郁葱葱，是村庄的风水林（图7-5-1、图7-5-2）。

天宝村传说原为孙吴宜丰县故城，隋代撤销后迅速衰落，这一地区的中心聚落转移至宜丰河进入锦江下游平原之处的盐埠镇，即今日宜丰县城。北宋元祐年间（1086～1094年），罗氏家族在村庄西北部开基。南宋绍熙年间（1190～1194年）刘氏家族迁入，此后逐渐成为宜丰北部最大村庄之一。

明初洪武二十一年（1388年），村人刘彦铭应征贤良至南京，得到"学通古今、才堪枭司"的评价，授官刑部主事[②]，成为天宝村的第一位官员，是该村在明清两代蓬勃发展的起点。虽然刘彦铭出仕不久即因病去世，未能一展长才，但已为天宝村此后的发展指明了道路。明清两代，天宝村一共出了8名进士，30多名举人，还有1名武进士和8名武举人，诸贡不计其数[③]，从而使村庄不断兴旺发达。

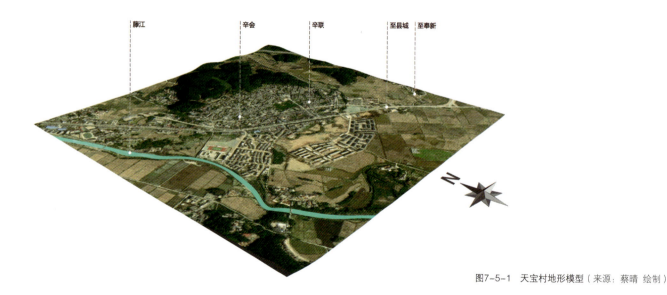

图7-5-1 天宝村地形模型（来源：蔡晴 绘制）

---

① 江西省宜丰县地方史志编纂委员会. 宜丰县志[M]. 上海：中国大百科全书出版社上海分社，1989.
② 朱庆蕃.（清同治）新昌县志·卷十七·宦业. 活字本. 宜丰. 1872.
③ 据《同治新昌县志》《盐乘》等统计.

图7-5-2　天宝村鸟瞰（来源：黄继东 摄）

元代天宝村即已形成市场，称辛会市，明代改称宜阳桥市，以村人刘阳可建桥而得名。清代又重新称为辛会市，或写作新会市[①]。清代属天宝乡三十三都。现仍保存面积约23公顷的传统村落建成区，居住人口约5000人。

天宝村漫长的历史赋予其复杂的空间结构。最早可能由三部分组成，自西向东分别称为上会、中会、下会。这个三元结构至清代后期演化成二元结构，称辛会、辛联，以士会巷一带为界。辛会北部为罗氏家族所居，南部为刘氏家族所居；辛联则全为刘氏（图7-5-3、图7-5-4）。

天宝村至近代号称有三街十八巷[②]，将这个二元或三元结构整合成一个整体。三街和东面约85公里开外的安义罗田村（见本章第一节）一样，就是前街、后街和横街。前街在村庄南面，早已改造成公路，现称天宝中路。后街是一条弯弯曲曲的街道，大致随村庄北面山势而伸展，贯通全村，现在是村庄传统部分的交通主轴。村中最重要的建筑大多沿后街建造，包括祠堂和显赫人物的住宅，但没有什么店铺（图7-5-5）。从后街分别向南北伸展出一系列巷道，长短走向各不相同，不过大致都垂直于后街。这些巷道之间也发展出少量平行于后街的巷道。重要巷道包括西部的进士第巷、五芳公巷，中部的街下巷、恭公巷、士会巷（图7-5-6）、文林巷。后街东端折向西之后又随山体呈环形盘旋出村的街道称横街。

天宝刘氏、罗氏家族均历史十分悠久，家族房派纷纭，关系复杂。家族祭祀体系不如江西中部村镇完备，往往以大家庭为单位建造祭祀与居住组合在一起的大型建筑，更接近于江西南部做法，显示出江西西北部移民族居传统的影响。

---

① 朱庆蓉.（清同治）新昌县志·卷一·疆域. 活字本. 宜丰. 1872.
② 江西省宜丰县地方史志编纂委员会. 宜丰县志［M］. 上海：中国大百科全书出版社上海分社，1989.

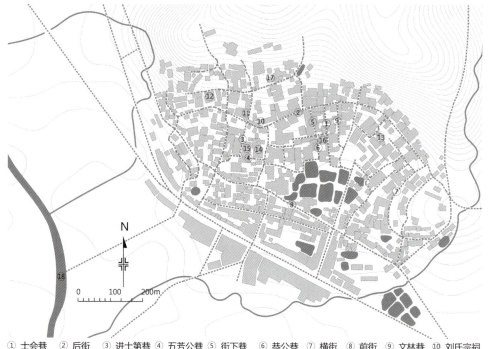

① 士会巷　② 后街　③ 进士第巷　④ 五芳公巷　⑤ 街下巷　⑥ 恭公巷　⑦ 横街　⑧ 前街　⑨ 文林巷　⑩ 刘氏宗祠
⑪ 昭翁祠　⑫ 二阳翁祠　⑬ 彦铭翁祠　⑭ 五芳翁祠　⑮ 莅堂翁祠　⑯ 节翁祠　⑰ 培根职业学校　⑱ 藤江

图7-5-3　天宝村总平面图（来源：蔡晴 绘制）

图7-5-4　天宝村中部鸟瞰（来源：黄继东 摄）

图7-5-5 天宝村后街（来源：姚赯 摄）

图7-5-6 天宝村士会巷（来源：姚赯 摄）

村北部中央原有刘氏宗祠，坐北朝南临后街，始建于明弘治七年（1494年），由刘士元、刘士会兄弟牵头组织建造。这两兄弟均无功名，但已经积累了非常可观的财富，明成化年间即已捐资建造宜丰县学明伦堂和讲堂，又修建墨庄书院，供家族子弟读书[1]。今天天宝村中的士会巷，即为纪念刘士会而命名，是村中最重要的南北向巷道，具有地标意义。宗祠建筑规模巨大，传说共有八进96间，占地面积接近4000平方米，惜主体建筑已毁，仅余门楼，亦已经严重改造，仍十分壮观。面宽7间30米，中央三间设大门廊，明间内外檐柱为石柱，中柱为巨木柱，平板枋上设栌斗承挑梁斗栱，是江西西北部罕见的大型结构（图7-5-7）。

刘氏宗祠西侧建有昭翁祠，亦临后街，为天宝刘氏三房合建小宗祠，始建于明万历十二年（1585年），可能由刘体道主持建造，是天宝村现存规模最大的祠堂。刘体道于明隆庆二年（1568年）成为天宝村第一位进士，因与权臣张居正不合，称病回乡[2]。现存建筑年代不详，约为清代中后期修建，五间四进，占地面积约1200平方米，规模亦甚可观（图7-5-8）。前进为门厅，较浅，二、三进均为享堂，称上堂和下堂，第四进称"高寝"，是有永定柱无楼板的二层楼阁，使寝中神位得到高侧窗采光，为宜丰特有做法，见于该县各地。

除这两座大小宗祠外，村中还有大量以"某某翁

---

[1] 朱庆蕚.（清同治）新昌县志·卷十九·义士. 活字本. 宜丰. 1872.
[2] 朱庆蕚.（清同治）新昌县志·卷十六·名臣. 活字本. 宜丰. 1872.

图7-5-7 天宝村刘氏宗祠门楼（来源：姚赯 摄）

图7-5-8 天宝村昭翁祠（来源：姚赯 摄）

祠"命名的建筑，多半具有一定规模，大部分占地面积超过500平方米，少数超过1000平方米。这些翁祠均以祖堂居中，实际上可以理解为小房祠、设厅和高寝，或设上下二厅加高寝，用于祭祀。祖堂两侧加天井，围绕天井组织各户居室，通过天井采光通风。祖堂和居室组成一座完整的具有多个天井的大型建筑，称"正栋"，两侧再加披屋，称"排屋"，作为居住辅助空间，以各户厨房、餐厅为主，人口增加时也会用作居室。建筑形制类似于堂横式建筑，体现了江西西北部山区与平原地区交界边缘区域的文化特征。建于后街西段的二阳翁祠，由刘阳祖、刘阳可两兄弟的后人合伙建造，建筑坐北朝南，占地面积约1000平方米，三路两进，中路为祖堂，两侧为居室，最外侧为排屋。建筑正面以封火墙围合，十分壮观（图7-5-9）。

这些翁祠的规模质量全由子孙财力而定，与所祭祀对象身份无关。刘彦铭为天宝第一位官宦，县志有传，但其后人能力有限，村中现虽保存有彦铭翁祠，位于后街东部，位置偏僻，规模甚小，建设简陋。

清朝于光绪三十一年（1905年）废科举，天宝刘氏子弟又开始学习新学，出国留洋。在这些人物带动下，天宝村在20世纪仍保持相当的活力。刘氏家族于1919年以族产创办培根农业专门学校，第二年改名为培根职业学校，先后有多名受过现代教育的刘氏子弟参与教学和管理。在刘氏宗祠以北按西洋建筑式样建造了全新校舍，是一座二层楼房，四周设券廊，为典型的殖民地风格建筑（图7-5-10）。学生来自锦江流域和周边各县，最多时超过200人，开设基本文化课和园艺、土壤等专业课程。虽然1930年学校即改为小学，结束职业教育，仍是这个地处偏僻山谷中的村庄的一段光辉历史。

图7-5-9　天宝村二阳翁祠（来源：姚赯　摄）

图7-5-10　天宝村培根职业学校（来源：姚赯　摄）

第一节　21世纪以来的江西传统聚落保护工作回顾

古代江西光辉灿烂的文明史留下了丰厚的传统聚落积累，无论是城市还是乡村，均有杰出的人居环境营建经验和范例。江西又是内陆农业大省，进入现代化过程相对较晚，城市化进程和农村现代化建设都相对缓慢，传统聚落保存的完整程度相对较高。但是，聚落作为一种大尺度建成环境，其复杂程度非个别建筑物、构筑物所能比拟，其保护工程牵涉到的人力物力亦远超一般工程建设项目。江西传统聚落的保护因此经历了一个艰难的过程。

一、艰难起步：2002年之前的江西传统聚落保护

至20世纪后期，传统聚落的保护已经在国家层面提上议事日程。1982年初，国务院公布了首批24座国家历史文化名城，江西省景德镇市在列。这24座首批国家级名城仅覆盖了18个省市区，江苏以南京、苏州、扬州3座城市入选为最多，浙江、河南、云南和陕西均有2座城市入选，贵州等12个省、自治区各有1座城市入选，加上北京市，合计24座城市。景德镇市能够入选，既基于其具有世界影响的传统工商业历史（详见本书第五章第二节），也基于1979年后景德镇市对文物遗址和古建筑的全面普查和保护①，可以将其视为江西传统聚落保护工作的源头。第二年，景德镇市将昌江西岸的三闾庙古街区地段公布为市级重点文物保护单位并划定了保护范围，成为江西省第一个聚落尺度的保护架构。1984年，景德镇市编制了《景德镇市历史文化名城保护规划》，建立了包括老市区、浮梁旧城、高岭古矿区、湖田窑等窑址和明清瓷器街等在内的保护架构，是江西省第一部名城保护规划。

1982年底，全国人大常委会通过了《中华人民共和国文物保护法》，其中第八条明文规定"保存文物特别丰富、具有重大历史价值和革命意义的城市，由国家文化行政管理部门会同城乡建设环境保护部门报国务院核定公布为历史文化名城。"从而为名城评选和公布奠定了法律基础。1986年，南昌市被公布为第二批国家历史文化名城。

1991年，江西省人民政府公布井冈山、瑞金、九江、赣州、吉安五城市为江西省第一批省级历史文化名城。1994年，赣州市被公布为第三批国家历史文化名城。到这时，江西已经共有8座城市得到了国家层面或省级层面的保护。尽管如此，限于当时的思想认识、技术能力和政府财力，保护工作主要集中于孤立的文物点的保护，真正聚落层面、意义上的保护尚未开始。

江西乡土传统聚落保护工作的起步更晚。1988年国务院公布第三批全国重点文物保护单位，山西省襄汾县"丁村民宅"入选，是第一次将具备历史聚落特征的村庄列为全国重点文物保护单位，在国家层面进行保护。此一举措在江西引起震动。

江西对乡土聚落的研究始于历史学家。1988年，抚州市乐安县流坑村发现大量古代家族谱牒、契约等珍贵文物，随即得到江西历史学者的重视。在江西省著名历史学家、江西师范大学历史系教授、时任江西省委宣传部副部长周銮书先生组织下，历史、文化、艺术、建筑等多学科的专家从1990年起对流坑村进行了长期深入调查研究，不但发现了更多的历史资料，而且发现了

---

① 罗哲文. 我国历史文化名城保护与建设的重大措施[J]. 城市规划，1982(3)：1-5.

大量保存完好的古建筑，并且初步认识到古代流坑村的营建思想和聚落结构特征（详见本书第四章第二节）。研究成果于1997年汇集成《千古一村——流坑历史文化的考察》一书出版，基本厘清了流坑村的历史文化传统，成为中国最早的系统全面研究单个乡土历史聚落的著作之一。在此期间，1996年国务院公布第四批全国重点文物保护单位，又有浙江省兰溪市诸葛村、长乐村民居被列入。

意识到乡土聚落遗产保护的紧迫性，1997年，为彻底厘清流坑村的物质遗存状况，准确评估其价值，江西省文化厅组织多位历史、文物、考古和古建筑专家赴流坑村进行了为期一周的全面考察，对当时村中全部建筑编号入户，基本确定了流坑村的聚落发展历史、空间结构特征和古建筑年代。本书作者亦躬逢其盛，第一次深刻认识到聚落遗产构成的多样性和复杂性。

1999年，清华大学陈志华教授主持编制了《流坑古村落保护规划（1999-2013）》，是江西省第一个乡土历史聚落保护规划。这部规划尽管并不十分完善，仍然是首次以专项规划形式全面审视和部署聚落保护工作，可以将其视为江西传统聚落保护工作的真正起点。2001年，在此前10多年各界多学科专业人士的共同努力下，流坑村古建筑群被公布为第五批全国重点文物保护单位。

同是1999年，建设部首次对部分历史文化名城中的重要历史街区拨发专项维修补助资金，景德镇市三闾庙古街区获得了200万元的专项补助资金。

2000年，南昌市启动《南昌市城市总体规划（2001-2020年）》的编制工作，将历史文化保护列为专篇，首次提出要在适应城市快速发展的同时，加强历史文化名城保护，保护具有重要历史意义、革命纪念意义、科学和文化艺术价值的文物古迹，风景名胜和传统街区，体现名城特色。这部规划提出，要对旧城的绳金塔传统街区、万寿宫（翠花街）历史街区、佑民寺周边及四湖风貌区等三个传统民俗街区进行保护，划定了滕王阁风景名胜区、梅湖（八大山人）名胜区两处历史名胜风貌区，并对多处革命纪念地提出了紫线管理措施。

2002年初，南昌大学设计研究院编制了《上清古镇保护规划》。上清镇属于龙虎山风景名胜区，自宋代以来为道教历代天师府所在，是中国南方道教活动中心和当地重要商业市镇（详见本书第五章第三节）。该规划由本书作者主持编制，是江西省依靠自身技术力量编制的第一个乡土历史聚落保护规划。

同在2002年初，中国城市规划设计研究院名城所受委托编制《景德镇市老城区保护整治和更新详细规划》，是江西省第一部基于整个历史城区尺度上的保护规划。项目负责人为时任名城所主任工程师张广汉，时任中国城市规划设计研究院总规划师、中国城市规划学会古城保护学术委员会主任委员王景慧先生给予了大量指导，并数次亲自参与现场调查和交流汇报。这部规划对景德镇历史城区进行了大量调查，划定了面积为76.99公顷的重点保护区和面积为130.68公顷的建设控制区，对古建筑和历史环境要素分别提出了保护要求，并针对历史城区内的用地和人口现状，提出了用地功能调整和人口疏解措施，以及相应的道路交通和其他基础设施的调整改善措施。这部规划代表了当时国内历史文化名城保护规划编制的最高水平，得到了景德镇市政府的高度重视。2002年12月31日，位于城市中心、御窑厂遗址保护区域内的景德镇市人民政府机关及18家政府工作部门整体搬迁，使此后景德镇陶瓷产业遗址的研究和保护工作得以迅速进入新阶段。非常遗憾的是，这部规划对于整个历史城区提出的保护要求和措施没有得到坚决的贯彻。

二、渐入佳境：2002~2008年的江西传统聚落保护

2002年，江西乡土历史聚落的保护得到了国家层

面的强力推动。建设部在这一年8月发布《全国历史文化名镇（村）评选和评价办法（讨论稿）》[1]，启动了国家级名镇名村的申报评选工作，并规定了申报及评选程序。2002年底，《中华人民共和国文物保护法》进行重大修订，规定保存文物特别丰富并且具有重大历史价值或者革命纪念意义的城镇、村庄，由省、自治区、直辖市人民政府核定公布为历史文化村镇，并报国务院备案。由此为名镇名村的评选公布工作准备了法律基础。

2003年1月，江西省建设厅、文化厅联合组织专家，赴各市县进行摸底调查，实地踏勘了近百个具备一定条件也有意愿申报名镇名村的历史村镇。申报审批工作随即展开。2003年8月15日，江西省人民政府公布了首批32处江西省历史文化名镇名村，包括景德镇市的浮梁瑶里镇（详见本书第五章第二节）、南昌市的安义罗田村（详见本书第七章第二节）等，覆盖11个设区市中的8个，分布相当广泛。

2003年10月8日，建设部和国家文物局联合下发《关于公布中国历史文化名镇（村）（第一批）的通知》[2]，即后来被证明具有历史意义的建村〔2003〕199号文，公布首批中国历史文化名镇名村共22处，覆盖11个省市区，其中浙江省有2镇2村入选为最多，江苏和重庆各有3镇入选并列次席，山西、安徽、福建、广东4省各有2处村镇入选，余下4村分布于北京、陕西、江西、湖南4省市。江西省乐安县流坑村入选首批中国历史文化名村，体现了对江西各级政府和学界多年工作积累的肯定，是对江西乡土历史聚落保护的巨大鼓舞。

建村〔2003〕199号文之所以具有历史意义，还在于这份文件的附件三《中国历史文化名镇（村）评选办法》明文规定，申报中国历史文化名镇名村，必须编制保护规划。直到彼时，江西省还只有乐安县流坑村、龙虎山风景名胜区上清镇、婺源县江湾村、晓起村、汪口村等极少数乡土历史聚落编制了保护规划。此后迅速掀起了编制保护规划的热潮。

聚落保护规划当时还是一种非常新的规划体例，国家没有制定统一标准，江西省已编制的少数几部保护规划体例各异，连保护区划的设置都相差甚远。江西省建设厅作为主管行政部门，敏锐地注意到这个问题。为规范保护规划的编制工作，以便提出切实有效的保护措施，方便后续管理工作的开展，江西省建设厅于2004年初委托南昌大学开展保护规划编制体例和内容的研究，本书作者有幸负责此项工作，研究成果得到行政部门的采纳。2004年8月，江西省建设厅以赣建字〔2004〕6号文公布《江西省历史文化名村名镇保护规划编制与实施暂行办法》，共5章40条。这份文件规定了保护规划编制的基本内容，保护区划的划定原则，对相关的道路交通、环境控制、灾害防治和其他基础设施工程规划均有明确要求，并对规划文件内容和基础资料调查项目作了具体规定。此文件的各项规定虽然不尽完善，但是在实际执行的4年中，对江西省乡土历史聚落的保护起到了有效地指导和促进作用，在各地管理部门、专业人员和普通居民中普及了聚落保护的基本概念和方法。在实际操作过程中，其影响不仅限于已经获得名镇名村身份的聚落，甚至也影响到许多有较高价值但尚未申报名镇名村的聚落，村民开始自发性地收集相关基础资料，保护乡土历史聚落的意识在全省范围内得到提高。

2005年，第二批共58处中国历史文化名镇名村公布，江西有浮梁县瑶里镇、婺源县理坑村（均详见本书第五章第二节）和吉安市渼陂村（详见本书第四章第二

---

[1] 全国历史文化名镇（名村）评选和评价办法（讨论稿）. http://www.mohurd.gov.cn.
[2] 中华人民共和国建设部，国家文物局. 关于公布中国历史文化名镇（村）（第一批）的通知（建村〔2003〕199号）. http://www.mohurd.gov.cn.

节）3处村镇入选，使江西的中国历史文化名镇名村总数增加到4处。2007年，第三批共77处中国历史文化名镇名村公布，江西又有龙虎山上清镇、婺源汪口村、高安贾家村（详见本书第七章第四节）、吉水燕坊村（详见本书第四章第二节）4处村镇入选。同年稍晚，江西省公布了第二批19处省级历史文化名镇名村，使江西的各级历史文化名镇名村总数增加到52处。

在乡土历史聚落的保护工作渐入佳境的同时，历史城市的保护在这一时期也没有停止。南昌市西湖区有意启动绳金塔历史文化街区的保护，于2004年邀请同济大学城市规划设计研究院主持编制保护规划。虽然由于多种原因，编制工作未能最终完成，但在编制过程中进行的广泛调研和深入论证工作，仍然产生了有价值的成果和深远的社会影响。九江市于2005年委托江西省城乡规划设计研究院编制了历史文化名城保护规划，第二年批准实施，是江西所有省级名城中第一部专门的名城保护规划。该规划明确了面积约5.2平方公里的历史城区，划定了大中路西段、滨江路原租界区地段、庾亮南路地段共三处历史地段，并对城市滨江、滨湖风貌带、古寻阳城遗址、庐山山麓等特定地段环境风貌提出了控制要求。2006年，赣州市也委托清华大学城市规划设计院编制了历史文化名城保护规划，划定了灶儿巷、南市街、姚衙前共三处历史文化街区，并对郁孤台、八境台、七里镇等历史地段的风貌控制和建筑整治提出了要求。

三、走向深入：2008年至今的江西乡土历史聚落保护

2008年4月，国务院公布《历史文化名城名镇名村保护条例》，共6章48条，包括申报与批准、保护规划、保护措施、法律责任等关键内容，明确界定了保护区划的设置、不同区划内基本的保护措施和相关法律责任，为乡土历史聚落保护提供了法律依据。江西省相关行政部门迅速开展了对这部条例的宣传贯彻工作，并根据条例规定，对历史城市和乡土历史聚落保护规划的编制和落实进行部署。同年10月，第四批94处中国历史文化名镇名村公布，江西有横峰葛源镇、安义罗田村等7处村镇入选，使江西的中国历史文化名镇名村总数增加到15处。

同样于2008年10月，联合国教科文组织世界遗产中心、国家文物局、北京大学、同济大学、贵州省文物局在贵阳召开了"村落文化景观保护与可持续利用"国际学术研讨会。会议通过了《关于村落文化景观保护与发展的贵阳建议》，将村落文化景观定义为自然与人类长期相互作用的共同作品，呼吁以保护村落文化景观的方式来保护乡土村落遗产地。虽然村落文化景观的概念至今未能流行，但乡土历史聚落的非物质遗产和可持续发展都已成为各界的共同关注点，促使社会进一步思考全面、深入、有效的保护和发展。

2009年，江西公布了第三批18处省级历史文化名镇名村，覆盖面增加到10个设区市，仅九江市仍然空白。

2010年，第五批99处中国历史文化名镇名村公布，江西又有吉安富田镇、金溪竹桥村（见本书第五章第三节）等6处村镇入选，使江西的中国历史文化名镇名村总数增加到21处。

2012年2月，江西公布第四批17处省级历史文化名镇名村，九江市有村镇各1处入选，终于覆盖了全部11个设区市。至此，江西省内各级历史文化名镇名村的总数达到86处，其中绝大部分均已编制保护规划。

在乡土历史聚落保护日渐繁荣的同时，各种矛盾和隐忧也日益浮出水面。保护规划编制不深入不科学，保护措施不具体不能落地，保护与发展的矛盾日益突出，村民难以享受保护带来的红利等，都促使乡土聚落保护工作向深层次发展。

2012年4月，住房和城乡建设部、文化部、国家文物局、财政部联合发出《关于开展传统村落调查的通知》[①]，开启了一项新的乡土历史聚落保护工作。这一年12月12日，住房和城乡建设部、文化部、财政部以建村〔2012〕184号文联合发布《关于加强传统村落保护发展工作的指导意见》[②]，将传统村落定义为"拥有物质形态和非物质形态文化遗产，具有较高的历史、文化、科学、艺术、社会、经济价值的村落"。文件提出了"规划先行、统筹指导，整体保护、兼顾发展，活态传承、合理利用，政府引导、村民参与"的保护发展原则，提出了不断完善传统村落调查、建立国家和地方的传统村落名录、建立保护发展管理制度和技术支撑体系、制定保护发展政策措施、培养保护发展人才队伍、开展宣传教育和培训共六项工作任务。保护和发展并重从此成为乡土历史聚落保护工作的新的核心思想，这是一个具有历史意义的重大变化，传统村落的保护规划从此改名为保护发展规划。江西省传统村落保护发展规划的编制工作在此后得到快速推进，包括许多此前早已编制了名镇名村保护规划的村落，也按照新的要求进行修编甚至重新编制。

在上述文件出台后的第5天，住房和城乡建设部、文化部、财政部公布了首批646个中国传统村落，数量超过此时已公布的全部5批中国历史文化名镇名村之和。江西有33个村落入选，其中28个为当时已公布的各级历史文化名镇名村。

2016年，江西省经过长时间酝酿讨论，制定公布了《江西省传统村落保护条例》[③]，共6章57条，对村落申报、批准、保护发展规划的编制审批、保护利用和开发建设及相关法律责任都作出了明确规定。2017年，江西省公布了首批省级传统村落。

至今，江西已有344个村庄被公布为中国传统村落，分布在11个设区市的70个县区，包括绝大部分已公布的历史文化名镇名村。另外还有248个村庄被公布为省级传统村落。传统村落保护工作的开展，使江西省乡土历史聚落的保护进入了一个新的阶段。

四、全面开花：2008年至今的历史城市保护

《历史文化名城名镇名村保护条例》对江西省历史城市的保护产生了更大的推动作用。

2010年，《赣州市历史文化名城保护规划》得到江西省政府批准实施。同年，著名的历史聚落保护专家、同济大学教授阮仪三先生亲自主持编制了《南昌市历史文化名城保护规划（2010-2020年）》，并于第二年公布实施。这部规划确定了南昌历史城区的范围和面积，划定了万寿宫、绳金塔、进贤仓3个历史文化街区，分别明确了其范围边界、重点保护内容和保护原则，并对城市山水格局、市域历史文化村镇和非物质文化遗产提出了保护要求。

2011年，景德镇市发布《景德镇市历史文化名城保护办法》，确定了面积约2.99平方公里的保护区域，包括各级文物保护单位、古窑址和其他历史文化要素、地下文物埋藏区、历史文化街区、传统街巷及名称以及优秀地方文化艺术等非物质文化遗产，要求在此区域内控制人口容量、改善环境质量、改善道路交通状况，并明确了具体的保护措施及其执行程序。

2012年，江西省城乡规划设计研究院受委托编制《景德镇市历史文化名城保护规划（2013-2020）》，2013年公布实施。这部规划明确了景德镇市历史城区

---

① 住房和城乡建设部 文化部 国家文物局 财政部关于开展传统村落调查的通知（建村〔2012〕58号）. http://www.gov.cn.
② 住房和城乡建设部 文化部 财政部关于加强传统村落保护发展工作的指导意见（建村〔2012〕184号）. http://www.mohurd.gov.cn.
③ 江西省传统村落保护条例. http://www.fazhijx.com.

范围，划定了地下窑址堆积区和6处历史文化街区，分别明确了其范围边界、主要保护内容和要求措施，并对市域和历史城区内的历史文化名镇名村、文物保护单位、历史建筑、古窑址、工业遗产和非物质文化遗产的保护分别提出了保护要求。

《历史文化名城名镇名村保护条例》的另一项重大推动，是在其第二章第七条明文规定，申报历史文化名城的，在所申报的历史文化名城保护范围内还应当有2个以上的历史文化街区。至彼时，江西省各级历史文化名城还只有赣州市完成了5个历史文化街区的保护规划编制，其他名城均为空白。因此，在名城保护规划编制渐次完成的同时，历史文化街区的保护也逐步走上正轨。

2013年，南昌市决定启动万寿宫历史文化街区的整体保护工程，为此组织编制了《万寿宫历史文化街区保护规划》。2014年，江西省住房和城乡建设厅决心在全省推动历史文化街区的保护工作。经过近一年的酝酿准备，2015年2月，江西省公布了第一批18处省级历史文化街区，涉及南昌、景德镇、赣州、瑞金4座国家历史文化名城，以及宜春市的王子巷历史文化街区。此后历史文化街区的申报被各地政府列入高度优先，保护规划的编制工作也得到了迅速推进。

2015年，经过持续多年的整治建设，瑞金市获得批准为国家历史文化名城。2018年，江西省经过长期考察审议，公布抚州市、乐平市、南丰县、金溪县和永丰县为第二批省级历史文化名城，使江西省级历史文化名城总数达到8个，加上已公布为国家历史文化名城的4座城市，江西省各级历史文化名城总数达到12个。至今江西省已先后公布5批共75个历史文化街区，涉及30个县市，覆盖了全部12个各级历史文化名城，并包括18个不是历史文化名城的县市。

第二节 案例研究

一、南昌市万寿宫街区

南昌是江西最古老的城市之一，自从西汉初年以来一直是江西中心城市，又是大运河—长江—鄱阳湖—赣江—珠江南北交通大动脉南段长江与岭南之间的唯一省会城市，具有关键的枢纽地位。但近代以来，南昌的传统城市肌理一直遭到吞噬和破坏，市民的生活质量显著改善的同时，传统建筑和城市空间不断消失。尤其是近20年来，城市的现代化与历史文化遗产保护之间的冲突日益显著。

2010年编制的《南昌历史文化名城保护规划（2010-2020）》，将万寿宫历史文化街区列为南昌历史城区设防范围内唯一的一个历史文化街区。街区位于南昌旧城西南部，濒临赣江，自古水运发达。宋代在此设西南城门柴步门，明代改为广润门，门外沿河设有水路驿站南浦驿，是南昌主要的对外交通出入口，并由此形成南昌市传统的商业中心。街区东部的铁柱万寿宫遗址是江西特有的许逊崇拜发源地之一，一直是南昌城内重要地标，街区因此而得名（图8-2-1）。

传说许逊铸铁柱立于南昌城南井内镇水，因称铁柱井，又称蛟井。此后在井西面建立许逊祠以纪念。最初可能仅为民间祭祀，但逐渐与道教合流。晚唐咸通年间改名为"铁柱观"，此后多次改名，南宋嘉定年间（1208~1224年），再改称"铁柱延真之宫"，此后常称为铁柱宫。明嘉靖年间（1507~1567年）又改名"妙济万寿宫"。明清两代进行过多次重建，各种地方志中

图8-2-1 万寿宫街区卫星图像，2010年（来源：蔡晴据Google Earth图像绘制）

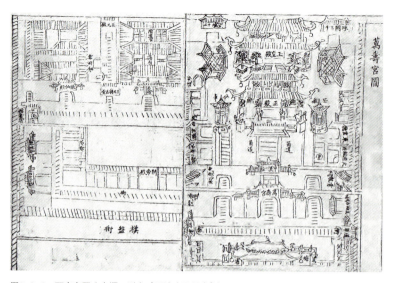

图8-2-2 万寿宫图（来源：引自《同治南昌县志》）

多有记载，并有绘图（图8-2-2）。

清光绪三十四年（1908年），将其部分附属用房改为江西省总商会，民国后改为南昌总商会。此时铁柱万寿宫官方祭祀已实际废止，但万寿宫已经成为江西商界的精神象征。南昌总商会实际接管了铁柱万寿宫的管理，成为南昌城内最重要的公共活动场所。辛亥革命期间，江西同盟会在铁柱万寿宫集会，宣布江西独立。1912年，孙中山在铁柱万寿宫发表演说。1915年，铁柱万寿宫进行了最后一次重建。中华人民共和国成立以后，政府拨款维修铁柱万寿宫，并重建宫门。1969年毁于火灾，1970年彻底毁去，改为南昌市第二十一中学。

街区北面的中山路是南昌城内古老的东西向道路和商业中心，路北区域是古代江西的政治中心，曾经集结有多个高级衙门（详见本书第二章第三节）。现均已改造为各种高层办公、商业和居住建筑。

街区以东区域亦为南昌传统商业区。街区东面的翠花街形成于清代前期，是著名的重要传统商业街道，以金银首饰珠宝店铺而著称，近代以来经过多次改造，街道尺度已不具备历史特征，但仍保持强大商业活力。

街区西、南面原为南昌城墙，广润门即位于街区西南角。1928年拆除改为环城路，1934年改名船山路，以明末清初著名思想家王夫之号船山先生命名。现功能主要为商业和交通，道路西面沿街均为多层居住建筑，历史尺度基本被破坏，并且切断了从广润门到抚河水体的空间联系。

街区内部有5条历史巷道仍部分保存着历史风貌。西部南北向的翘步街原名桥步街，历史可追溯到宋代，名称来自唐宋南昌西南城门柴步门，又称桥步门。由于此门消失已久，至清代讹为翘步街。东部南北向的合同巷位于铁柱万寿宫西面，历史至少可追溯到元末，南部东西向的萝卜巷历史至少可追溯到明代，原名罗帛市，为纺织品交易市场。至清末原有功能转移消失，改名为萝卜市，1986年改为萝卜巷。街区中部东西向的醋巷形成于清代，南昌最古老的清真寺即在此巷中，始建于清道光年间（1821~1850年），称醋巷清真寺。街区南面的棋盘街形成于清代。

街区内仍保留29处已登记不可移动文物，其中有7处已被公布为南昌市历史建筑，另外还有11处已公布为历史建筑。这些传统建筑具有显著的多样化特

图8-2-3　万寿宫街区合同巷，2013年（来源：姚赣 摄）

图8-2-4　万寿宫街区卫星图像，2012年（来源：蔡晴据Google Earth图像绘制）

征。街区既历史悠久，在进入近代以后又进行过持续的建设，现存遗存主要以民国建筑为主。在进入现代社会之后，生活并未停滞，而仍在继续发展。导致在街区内存在多种建筑风格面貌同时存在、交错出现的风貌混搭局面，传统建筑风貌、近代建筑风貌和现代建筑风貌同时出现在街区之中。建筑布局形式、建筑结构形式、墙体构造和饰面做法均极为丰富，跨越古代和近现代（图8-2-3）。

街区还和多种非物质文化遗产密切相关。除江西省非物质文化遗产万寿宫文化外，至少还有1项国家非物质文化遗产南昌瓷版画和2项江西省非物质文化遗产筱贵林南昌谐谑故事、南昌采茶戏，均为街区历史中的重要活动。

据此可知，本街区在历史上曾经是南昌城非常重要的一部分，是文化、商品、人流极其丰富的区域。但到21世纪却逐渐成为一个被遗忘的"孤岛"，成为大片多层、高层建筑密集区域中的一块凹陷地区，常被视为一片脏乱差的"贫民窟"，其历史文化价值完全被埋没。

2011年，南昌市启动地铁1号线建设，线路沿街区北侧中山路经过。为配合地铁建设，拆除了街区北部部分建筑（图8-2-4）。2013年，南昌市启动棚户区改造工程，万寿宫街区再次首当其冲。街区结构肌理的完整性、空间形态的多样性、文化传承的持续性都受到城市发展的无情考量。所幸的是，在万寿宫棚户区改造前期工作中，相关单位意识到街区的历史文化价值，委托南昌大学编制万寿宫历史文化街区保护规划，本书作者主持编制工作。

规划团队经过深入调查研究，认定万寿宫历史文化街区是南昌历史文化名城旧城城墙范围内仅存的一处历史文化街区，是江西特有的地方传统崇拜许逊信俗的发源地之一，是南昌作为中国国土南北大通道传统要点长期具有的交通与商业重镇地位最后的历史遗存，是南昌进入近代化进程后历史城区变迁的见证之一，也是南昌不同信仰民族和谐共处的见证，保存有铁柱万寿宫遗址、相当数量的清末及近代建筑遗产，以及穆斯林社区中心醋巷清真寺，对于延续南昌市及至江西省的地方文化传统，保护南昌历史文化名城历史文化遗产，具有不可替代的价值。

保护规划划定了面积为1.62公顷的核心保护范围，除必须遵守《历史文化名城名镇名村保护条例》已经明确的各项规定外,并提出应对传统格局肌理进行严格保护,拆除严重影响历史风貌的其他建筑,由具有足够资质的设计施工单位进行风貌修复。保护规划同时划定了面积为3.6公顷的建设控制地带,提出各类修建活动应与核心保护范围内建筑相协调,各类修建活动应有序进行,建筑高度实行分区控制。规划对历史街巷提出了分类修复和整治改造的具体措施,对历史建筑和传统风貌建筑提出了分级分类进行保护、维修和再利用的具体规定。规划对风貌修复时必须把握的多种风格混搭特征也作了相应要求。对于铁柱万寿宫遗址,规划提出应在考古发掘基础上进行原址恢复重建。规划对于非物质文化遗产保护传承也作出了具体安排(图8-2-5)。

在保护规划编制过程中,棚户区改造前期工作已基本结束,街区内所有居民和商户全部迁出。清华大学受委托编制了万寿宫街区修建性详细规划。经过反复沟通,确定搬迁南昌市第二十一中学,重建铁柱万寿宫,并尽可能使原有的城市街道肌理与空间形态得到完整的保存与保护。除5条历史街巷空间尺度不变外,增加若干曲折小街连接街区内外以疏解交通。对于街区内大部分历史建筑均采用落架重修方式修复。

2014年,万寿宫街区风貌修复工程开工,初期主要工作为拆除街区内的各种风貌严重冲突的当代大型建筑。2015年拆除工程基本结束,各项建设工程开始推进,受到南昌市民的高度关注,在社会上引起了广泛讨论。

图8-2-5　万寿宫街区保护区划图（来源：南昌大学建筑系 提供）

图8-2-6 铁柱万寿宫遗址发掘现场（来源：姚赯 摄）

图8-2-7 万寿宫街区卫星图像，2019年（来源：蔡晴据Google Earth图像绘制）

街区内原有历史建筑的保护方式引起大量争议。设计部门认为，街区内大部分历史建筑质量不佳，木结构腐朽严重，宜采用落架重修方式修复。在落架后，场地可开挖大面积地下室，以解决地段的停车难问题。待地下室修建完成后，再行原位修复历史建筑。此方案得到开发单位认可，但在实施过程中引起许多市民和专家质疑，认为等同于拆除重建，破坏了街区和历史建筑的原真性。

铁柱万寿宫的修复方案是另一个争议焦点。2015年夏天，省、市文物考古部门联合组成的考古队开始对铁柱万寿宫遗址进行考古发掘，历经一年时间，基本探明了明清时期铁柱万寿宫主要建筑基址，包括正殿、后殿、蛟井、二门以及庑房、配殿、钟鼓楼等（图8-2-6）。部分专家建议实施遗址展示，放弃重建铁柱万寿宫；部分专家提出在遗址上建架空平台作为重建铁柱万寿宫的地坪，从而既保护和展示了遗址，又重建了传统地标建筑。经过反复讨论，最终确定了遗址填埋、原址重建铁柱万寿宫的方案。

南昌市以十分审慎的态度推进此项工程。自2013年至2020年，每一任领导都对万寿宫街区的修复重建高度重视，本着对历史负责的态度，多次在不同范围反复讨论，听取多方意见，一再推迟工程完工时间。来自清华大学的设计人员亦充分听取各方意见，对设计图纸进行了多轮修改。2017年考古发掘工作完全结束后，万寿宫街区的重建工作逐渐加速。至2019年底，修复重建主体工程大部分完成，进入工程后期阶段，预计将于2020年底竣工开街（图8-2-7）。

万寿宫街区的保护与修复经历了漫长的过程和大量的争论，其保护与修复的方式、技术和最终效果均尚待公众评价。但无论如何，整个过程中各级官员和专业人士共同秉持的审慎态度和专业精神均值得予以肯定。

二、万载县田下街区

田下街区位于万载县城西南部。万载县地处江西西北部九岭山余脉中，三国孙吴时设阳乐县，县治在今县域北部罗城镇，属豫章郡，西晋改为康乐县，隋初废。至五代十国时期，杨吴又设万载县，境域大致相当于阳乐县，治所移至今址，在锦江南岸严岭水（当地又名龙河）汇入处。明正德八年（1513年）在龙河西岸筑

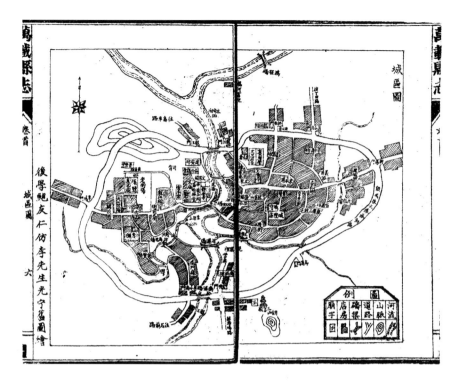

图8-2-8 万载县民国时期城区图（来源：引自《民国万载县志》）

城，正德十三年（1518年）又在龙河东岸筑城，并将东西两城合并，形成龙河穿城而过的一河两岸城市（图8-2-8）。全城共设7座城门，其中河西3座，北有龙江门，西有阜成门，南有小南门[①]。街区即位于河西小南门内，属城内兴贤坊，称田下。北面隔衙前街（现名河西路）为县衙、县学等官府建筑，是万载县自杨吴建县以来的统治中心；东面即龙河；南、西两面为城墙，面积约15.65公顷（图8-2-9）。

小南门内有街，直通衙前街，两侧还保留相当数量的传统店铺，仍有相当商业活力。此街不见记载，当地传统称田下街，即今田下路（图8-2-10）。街区西北部原为万载县考棚，现已不存。

此街区最重要的价值在于保存了13个不同姓氏家族的25座祠堂。其中世居城内的郭氏家族有最多的10座祠堂，辛氏家族4座居其次，另外还有闻氏、陈氏、欧阳氏、宋氏等多个家族祠堂。建筑始建年代最早为明隆庆三年（1569年），但现存者均不早于清代中期，最晚为1920年，大部分保存完好（图8-2-11）。

在县城里建造祠堂是江西山区的传统，因山区聚落既易发水旱天灾，又常遇兵匪人祸，祖宗神位保存不易，而县城毕竟既有城墙，又有驻军，还有诸如府库银号当铺及大户等高价值目标，祠堂被破坏的可能性大为减小，故江西山区县城里常有县内大族祠堂聚集。如江西南部的于都上宝村钟氏家族（详见本书第七章第三节），即在县城内建有宗祠，称越国世家，谱中有记：

我子姓散居赣南者，大都尊越国公为鼻祖，故我族建宗祠于邑城，洪小山题其额曰越国世家。查该祠地点在文昌宫左侧，祠基系买自易姓者，上界王家祠门首出路，下右两界俱大官路，左界黄家祠界趾，此凿凿可据者……[②]

[①] 龙赓言.（民国）万载县志·卷首·城池. 活字本. 万载. 龙起沧. 1940.
[②] 佚名. 本邑城内越国世家记[A]. 钟学琚. 宝溪钟氏八修族谱. 活字本. 于都. 1943.

图8-2-9 田下街区卫星图像，2012年（来源：蔡晴据Google Earth图像绘制）

图8-2-10 田下街区田下路，2012年（来源：姚赯 摄）

图8-2-11 田下街区绿荫公祠（来源：姚赯 摄）

图8-2-12　田下街区建设方案模型（来源：姚塘 摄）

按越国公即钟绍京，兴国人，唐代著名书法家，官至中书令，封越国公。由此段描述可知，钟氏县城宗祠亦位于类似的祠堂聚集区域，左右都是各姓祠堂，惜今已完全无存。在万载县北面约100公里外九岭山北麓的修水县城，即唐宋分宁县城、明代宁州城、清代义宁州城中，亦有大量祠堂聚集，号称曾有130余座，现仍存32座[①]。

2012年，万载文物工作者在普查中发现了这批祠堂，随即引起相关部门的高度重视。南昌大学建筑系于当年暑假在万载开展建筑遗产调查实习，对其中部分祠堂进行了测绘。万载县政府计划借助古城古建筑的开发利用，打造国家4A级旅游风景区，并随即开始启动招商引资[②]。这一年，浙江省城乡规划设计研究院为万载县编制了《万载县老城西区控制性详细规划》。尽管此时该街区并没有历史文化街区身份，规划编制人员仍然在规划中加入《田下古城保护专题研究》，将街区中保存传统建筑最为集中的区域划为保护区，将街区其余部分全部划为建设控制地带，为街区建立了一个初步的保护框架。

2014年，万载古城文化旅游发展股份有限公司成立，开发进入实质性阶段，并开始拆迁工作。

2016年，清华大学建筑设计研究院完成了《田下街区修建性详细规划》。直至此时，该街区仍然没有取得历史文化街区身份，也没有编制正式的保护规划，街区内只有2处县级文物保护单位和20处已登记不可移动文物，规划编制人员因此拥有很高的自由度。尽管如此，规划仍然划定了面积约3.73公顷的"古祠堂群建设控制范围"，由6块分散的文物古迹用地组成。其余约11公顷用地则全部作为商业用地，规划了约11万平方米的新建建筑，并提出了建筑设计方案（图8-2-12）。

---

① 朱修林. 北城区黄土岭古祠堂32栋预计7月底修缮完工. http：//www.xiushui.net.
② 江西晨报. 万载发现一大型明清古建筑群. http：//jx.sina.com.cn.

对于街区的防洪排涝、旅游组织和新建建筑的业态组成均进行了专门规划，提出了具体实施方案。此后，工程建设正式开始。

2018年，街区内拆迁清理工作全部完成，街区外部沿城市道路的新建建筑部分封顶（图8-2-13）。由于街区面貌发生较大变化，又增加了原本不存在的水系、亭台楼阁等，引起当地居民质疑，工程一度停工。在相关部门领导下，该街区被评为江西省历史文化街区，由江西省城乡规划设计研究总院编制了保护规划，划定了面积约为8.63公顷的核心保护范围和约7.02公顷的建设控制地带，对建筑风貌、体量和高度均提出了控制要求（图8-2-14）。根据规划要求，开发企业对工程设计方案进行了适当调整，工程恢复进行，至2019年大部分工程完成对社会开放，得到万载县居民乃至宜春市民的热烈追捧，市面十分繁荣。

田下街区异乎寻常的历史文化价值被发现以后，相关单位没有及时按照文物保护和聚落保护的原则、方法与程序开展工作，或多或少地造成保护与利用的矛盾和冲突。虽然目前开发建设的效果得到了居民肯定，但工程建设尚未全部完成，其最终效果仍有待观察。

图8-2-13 田下街区卫星图像，2018年（来源：蔡晴据Google Earth图像绘制）

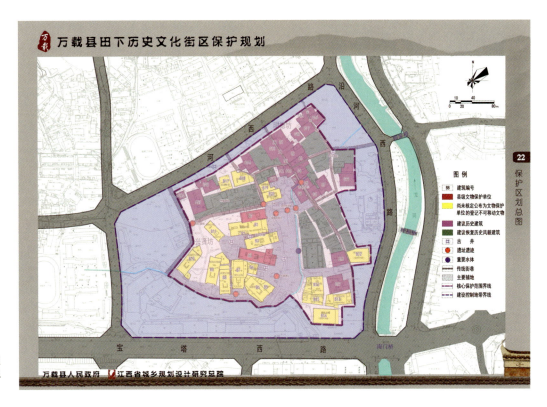

图8-2-14 田下街区保护区划图（来源：江西省城乡规划设计研究总院 提供）

三、乐安流坑村

乐安流坑村（详见本书第四章第二节）是江西省第一个得到多学科专家深入研究的村庄，第一个编制专门的保护规划的村庄，第一个在聚落尺度上进行保护的全国重点文物保护单位，同时也是江西省第一个中国历史文化名村。拥有如此众多的光环，其保护管理和利用理应十分顺利，早已取得显著成绩，成为其他乡土历史聚落的样板。但实际上，流坑村的保护管理和利用进展并不顺利。

20世纪90年代，乐安县在地方财力非常紧张的情况下持续向流坑投入巨资，用于古建筑维护修缮和基础设施建设，修建了26公里的旅游公路，开通了程控电话和移动电话，新建了一批卫生间和垃圾收集点，并鼓励村民兴办了10家农家餐馆客栈，提供了近70个住宿床位[①]。1997年，流坑村正式开放旅游，是江西省内最早兴起的乡村旅游产业之一，当年游客数量即达到约5000人次，此后持续高速增长，至2002年已达到5.5万人次，年度旅游直接收入从约1万元增长至约35万元，旅游总收入超过200万元，对一个村庄而言无疑是一笔巨款。但游客构成中本县游客占比超过一半，还有相当部分属于公务接待，而旅游直接收入中真正给村民带来的实际利益却十分有限，2001年平均每户实际旅游收入不过140元左右，对一个农户而言也只能称为相当微薄[②]。而这时，婺源的乡村旅游业迅速起步，南昌附近的安义古村也积极发展旅游业，流坑村的先发优势很快消耗殆尽，此后流坑的旅游发展即陷入停滞甚至衰退。

在旅游业陷入停滞的同时，流坑的聚落保护也面临困境。1999年编制的保护规划划定了面积约11公顷的重点保护区，其中居住人口超过2300人，无疑需要进行人口疏散，规划因此在村庄西面和乌江东岸山谷各设置一处新村。但乌江东岸新村因距村庄过远，交通不便，完全不被村民接受。村庄西面的新村也仍然被村民认为距离过远，荒无人烟，建设极为缓慢，直至2012年仍不成气候（图8-2-15）。而村庄人口还在持续增长，村民对改善居住环境的愿望日趋强烈，纷纷在村庄中拆除自有产权的原有建筑，盖起新房。村庄历史风貌因此受到明显的影响，临乌江一侧界面几乎被新房占满，至今无法恢复（图8-2-16）。村庄基础设施在保护规划中没有具体规定，改善工程无从着手，使得村庄环境状态难以实现根本好转。

2004年，乐安县为进一步推进流坑村的保护管理和开发利用，成立了流坑管理局，是县政府所属的正科级专门机构。但因职能和财力均受到限制，此后长时间作为有限。

2011年，因上轮保护规划即将到期，乐安县启动流坑村保护规划修编工作，委托江西师范大学编制新一轮保护规划。编制人员经过深入调查研究，对原有保护区划、保护措施根据实际情况进行了适当调整，补充了

图8-2-15　流坑村卫星图像，2012年（来源：蔡晴据Google Earth绘制）

[①] 银光灿. 流坑文化旅游业可持续发展初探[J]. 江西社会科学，2001（11）：118-123.
[②] 黄志繁，黄郁成，邵鸿. 农村旅游开发的"输入型"模式——以流坑村为例[J]. 老区建设，2003（8）：6-7.

图8-2-16 流坑村沿乌江界面（来源：姚赯 摄）

详尽的村庄基础设施规划，并重新组织人口疏散，彻底放弃乌江东岸的原规划新村，全力建设村庄西面新村，并将旅游接待中心与新村配套建设。此轮规划经过长时间反复酝酿修改，于2015年得到批准。此后，流坑村的保护发展开始逐渐走上轨道。

2016年以来，流坑村一方面在各级政府支持下积极维护修缮古建筑，另一方面努力改善村庄环境和基础设施，拆除各种破烂违章建筑共310处约11000平方米，改水690户、改厕580户、改沟7230米，并计划安排资金2700万元实施强弱电入地工程。新村建设得到快速推进，继第一批206户安置房建成之后，第二批126户也接近完成（图8-2-17）。目前，流坑还在加紧推进污水处理厂、骑行道、旅游公路、流坑小学搬迁、流坑农贸市场建设等工程建设。流坑村的旅游产业已连续数年出现恢复性增长，2019年流坑游客规模预计将达到45万人次[1]。

流坑村的曲折保护历程证明，深入准确的价值评估不能直接带来保护事业的顺利发展，保护必须与发展并重。成功的传统聚落保护与发展必须在科学规划的基础上进行，全面提升聚落的环境品质。聚落的保护与发展必须尊重居民的意愿，得到居民的积极参与和支持，并使所有居民都能够享受到保护与发展的红利。

图8-2-17 流坑村卫星图像，2018年（来源：蔡晴据Google Earth绘制）

---

[1] 杜宇蔚. 流坑：千古第一村焕发新活力. http：//tour.jxcn.cn.

四、龙南关西村

由于早已赫赫有名的关西新围的存在，龙南关西村可能是整个江西南部最著名的传统聚落（详见本书第六章第三节），其历史文化价值亦已经过多学科专家研究，在多个学科领域内都取得了有价值的成果。2009年，江西省城乡规划设计研究院（现江西省城乡规划设计研究总院）为关西村编制了保护规划，划定了两片共13.7公顷的核心保护范围，以及33.9公顷的建设控制地带。在规划文本中明文规定，核心保护范围内的古井、田园、河流，应保持其原有风貌，不得使用现代风格的工艺。建设控制地带内的田园是古村环境重要组成部分，应保持传统的生产方式，不得进行现代化的劳作，周边的稻田应予以保留[1]。这部规划的各项规定基本是符合实际的，之后也得到较为有效的执行，直至2014年，关西村周边的农耕环境和自然环境均保存良好（图8-2-18），关西新围仍然以其巨大体量、粗犷外表和环境浑然一体，浑厚而又苍凉（图8-2-19）。

图8-2-18　关西村卫星图像，2013年（来源：Google Earth）

2016年后，关西村的建设强度突然加大。2017年，龙南县旅游投资公司投资1.5亿重点打造旅游公路及桥梁、关西河河道及滨河景观、游客服务中心、景区大门及标志牌、乡村田园、乡村果园、下燕溪河河道工程及滨河景观、围屋修缮、南停车场、北停车场、景区游步道及游步道上景点、消防车道、新建围屋、登高拍照塔及广场[2]。关西村为此一度关闭旅游，完全变成了

图8-2-19　关西新围，2009年（来源：姚赯 摄）

---

[1] 江西省城乡规划设计研究院. 龙南县关西镇关西（新围）历史文化名村保护规划［R］. 南昌. 2009.
[2] 中国江西网. 1122龙南县 关西村. http://www.jxcn.cn.

图8-2-20 关西村，2017年（来源：黄继东 摄）

图8-2-21 关西村卫星图像，2018年（来源：Google Earth）

一个大工地（图8-2-20），村庄内外环境均进行了大规模的改造。2018年改造基本结束，旅游重新开放。在关西新围周边建造了一圈大水池，部分恢复了小花洲遗址，关西河河道被大幅度加宽，村庄中增加了大量的游步道和场地（图8-2-21）。

这些改造严重改变了聚落格局和环境。关西新围主朝向为东北向，系指向笔架山上的徐家老寨遗址，故在围屋东北侧设大池塘，作为围屋前的明塘。改造后围屋东北、东南和西南三面全为大水池包围，使围屋变成一座水中堡垒，从而全部改写了其原有的外部空间环境关系。位于关西新围西南面的田心围，顾名思义就是位于田地中央的围屋，是江西南部山区围屋的重要特征。改造后围屋周边完全不见田地，只有来历不明的大水池和形状不自然的游步道，使得这一名称无法被后人理解。

值得注意的是，关西村发生的改变并非孤例，在江西南部多处均有存在。另一座著名的围屋村，安远老围村（详见本书第六章第四节），也在近年进行了类似的环境改造，出现了更多现代的道路、场地和水池景观（图8-2-22）。原本巍然矗立在大片沃野良田中央的东生围，被隔断了与农耕环境的紧密联系，完全改变了其生存环境。定南县著名的围屋明远第围，原本也是一座居于田地中的围屋（图8-2-23），但经过近年改造，已经变成了一座建在欧洲几何式花园中的建筑（图8-2-24），与其原本基于聚族而居的农耕环境而产生的建筑特征毫不相干。

传统聚落中的场地、道路、水体、树木花草等环境要素，以及各种围墙、台阶、驳岸、花池等景观小

图8-2-22 安远老围村卫星图像,2019年(来源:Goole Earth)

图8-2-23 定南明远第围卫星图像,2009年(来源:Goole Earth)

图8-2-24 定南明远第围鸟瞰,2018年(来源:黄继东 摄)

品，都是聚落发展历史中逐渐形成的，是聚落历史风貌、原真性和历史文化价值的有机组成部分。如果忽视这些要素与聚落中建筑的紧密依存关系，盲目修改甚至胡乱设计，必然导致出现张冠李戴、关公战秦琼的笑话，严重损害传统聚落的价值，值得引起高度重视。

五、金溪县"拯救老屋行动"

保护传统聚落总体而言首先是一种公益事业，不容易迅速变现获得收益。正因为如此，中央和地方各级财政多年来一直通过各种专项资金，补助各种不同类型、不同层级的聚落保护工程。与此同时，充分调动地方积极性、引导社会力量参与聚落保护事业，也一直得到各级政府的重视。金溪县为如何筹措聚落保护经费进行了有益的探索。

金溪县的传统聚落保护工作起步较晚，直至2009年才有双塘镇竹桥村（详见本书第四章第三节）被公布为第三批江西省历史文化名村。但此后发展极为迅速，至2019年，全县已有江西省级历史文化名城1座，省级历史文化街区2处，中国历史文化名镇1处，中国历史文化名村6处，江西省历史文化名村2处，中国传统村落42处（其中包括所有各级名村及中国历史文化名镇浒湾镇镇区所在村），江西省传统村落25处，总计县域中以各种方式在不同层级受到保护的传统聚落多达70处，在全省所有县市区中遥遥领先，在全国亦不多见。而且，这些传统聚落保存质量非常高，不但保有相当完整的传统聚落空间结构和大量高质量传统建筑，而且保有大量历史文献，蕴含大量历史信息，是江西中部地区传统聚落的精华和典范，足以代表最纯粹的江西地方聚落和建筑的营建传统。

如此大量的高价值传统聚落得到保护，既体现了金溪县深厚的历史积累，也体现了金溪县政府和人民对文化遗产的深厚感情，但同时也给保护工作带来了沉重的经济和技术压力。金溪目前并不是一个非常富裕的县，2019年地区生产总值不足100亿元，人均不过3万余元；财政收入不过10亿元出头[1]。即使有多种中央和省市财政专项资金补助，以这样的经济规模和财政能力，要想在短期内达成如此众多的传统聚落的有效保护，仍然力不从心。尤其是在这些传统聚落中保存下来的各类传统建筑，大部分产权均属于居民个人，使得保护资金的有效筹集和使用更加困难。

有鉴于此，金溪县于2018年得到国家支持，启动了"拯救老屋行动"。

"拯救老屋行动"是由财政部、国家文物局资助开展、中国文物保护基金会全程管理的传统村落保护公益项目，旨在资助中国传统村落中非国有不可移动文物建筑的保护和利用。项目资助范围为中国传统村落内各级文物保护单位和第三次全国文物普查登录的一般不可移动文物中的私人产权文物建筑，资助比例为文物建筑本体修缮费用的50%。项目旨在充分发挥资助资金的杠杆作用，撬动产权人采取个人自筹、亲友拆借、银行贷款、村集体垫付、社会资本参与等多种方式出资，鼓励地方政府整合各种财政资金和资源予以补助，并引导社会资金和公益性投入，共同修缮传统村落中的高价值传统建筑。资助项目分为整县推进项目和特色村落保护项目两类，2016年已在浙江省松阳县开展了整县推进项目试点，取得了阶段性成果。2017年，中国文物保护基金会通过公开申报评审，在49个申报县中选定江西省金溪县、云南省建水县、石屏县继续开展整县推进项目[2]。

---

[1] 金溪县人民政府. 2019年金溪县主要经济指标完成情况. http://www.jinxi.gov.cn.
[2] 中国文物保护基金会. 拯救老屋行动. http://www.ccrpf.org.cn.

2018年3月18日，金溪县"拯救老屋行动"启动暨开工仪式在中国传统村落游垫村举行，中国文物保护基金会、江西省文化厅、抚州市和金溪县的多位负责官员到场观礼致辞。此项行动计划分2年投入8000万元，其中中国文物保护基金会出资4000万元，金溪县财政配套出资2400万元，产权人自筹1600万元。属于贫困户的产权人修缮老屋不需出钱。修缮好的老屋，产权仍然归原产权人[1]。迄今已有380座老屋得到抢修，集中在竹桥村等21个传统村落，目前还在进一步开展现场验收、资料核验等工作。

金溪县"拯救老屋行动"由于效果显著，社会各界反响强烈，迅速产生了连锁反应。中国文物保护基金会和金溪县进一步加强合作，于2020年7月设立了古村古建保护发展专项基金，由金溪县政府出资1000万元，并向社会募集捐款，目前已募得近360万元。金溪县还创造性地开展了以古建筑所有权、使用权向金融机构申请抵押贷款，开发了"两权抵押+古建筑生态产品价值+信用"等多种模式的金融产品，目前已落实相关贷款6亿元[2]。"拯救老屋行动"先后共有22支施工队参与，不但以前所未有的力度组织、发掘和整合了县内的老匠师及其班底，而且有效吸引了来自县外各地的传统建筑施工队伍，不仅加强了金溪县保护传统聚落和建筑的技术力量，而且促进了当地相关产业经济的发展。

通过"拯救老屋行动"，金溪县着力引入各界力量支持和参与聚落保护工作，资金和技术的困难都得到了一定的缓解，为今后进一步加强和落实传统聚落保护开辟了道路。

六、产业之路：景德镇、婺源、广昌

保护传统聚落的目的，不是为了将其变成一个封闭起来与世隔绝的博物馆，而是为了在保护文化遗产的同时，改善当地居民的生活，使聚落实现可持续发展。产业发展因此成为传统聚落保护和复兴的关键环节。

景德镇是基于古代陶瓷产业而兴起的传统工商市镇，进入20世纪之后曾经努力发展现代陶瓷工业，又兴起了航空、汽车等新兴工业。至21世纪初，景德镇现代陶瓷工业近乎消失，基本退出了日用瓷市场[3]。与此同时，艺术瓷成为景德镇陶瓷业的主体，由于其生产的小型化特征，分散在景德镇旧城区各处，成为影响景德镇名城保护工作的重要因素之一。

2012年，景德镇市决定另辟蹊径，将工业遗产保护、名城保护和新型陶瓷产业发展结合起来。清华大学受委托进行规划设计，经过充分调查研究，提出了建设城市文化创意街区的设计方案，并选定景德镇旧城区东侧的宇宙瓷厂作为核心启动区[4]。2014年完成了规划和建筑设计，2016年完成初步建设正式开业，就是今天已经赫赫有名的"陶溪川国际陶瓷文化产业园"。此项目集工业遗产再利用、棚户区改造和产业转型升级于一体，迅速实现了规模化的产业集聚，形成了具有显著可识别性和人气旺盛的街区，并且吸引了大量陶瓷艺术爱好者。"景漂"迅速成为一个热词，指那些为了实现陶瓷艺术梦想离开家乡来到景德镇的人。2017年，据不完全统计，"景漂"人数已经超过3万，其中还包括约5000名来自海外的"洋景漂"。与此同时，还有许多原本在外地打拼的景德

---

[1] 陈青峰, 全斌华. 金溪推进"拯救老屋行动". http://jxrb.jxwmw.cn.
[2] 郭辉民, 温凡. 保护古村落, 让乡村活出灵魂. http://jxrb.jxwmw.cn.
[3] 刘小丽. 陶瓷产业与景德镇城市发展问题研究[J]. 陶瓷学报, 2013(4): 511-516.
[4] 张杰, 贺鼎, 刘岩. 景德镇陶瓷工业遗产的保护与城市复兴——以宇宙瓷厂区的保护与更新为例[J]. 世界建筑, 2014(8): 100-103+118.

镇人返回家乡创业，被称为"景归"。景德镇市政府为此专门成立"景漂""景归"人才服务局，为他们提供服务[1]。

景德镇基于传统陶瓷产业发展文化创意产业的道路迅速取得成效，得到了国家层面的有力支持。2019年，经国务院同意，国家发展改革委、文化和旅游部下发《景德镇国家陶瓷文化传承创新试验区实施方案》，决定在景德镇市全域范围内建设国家陶瓷文化传承创新试验区，以保护好传承好利用好景德镇优秀陶瓷文化、发挥文化对产业转型升级的积极作用、协调推进区域高质量发展[2]。可以预见，产业的成功转型升级将成为景德镇名城保护事业可持续发展的坚实基础。

婺源县自然环境优良，又保存有大量历史聚落，号称"中国最美的乡村"。至2020年，婺源县有江西省级历史文化街区2处，中国历史文化名村、江西省历史文化名村各7处，中国传统村落28处（包括除紫阳镇考水村外的其余13处各级名村），总计37处不同类型的传统聚落。从1990年代起，婺源就已经开始有小规模的旅游活动，自2001年正式开展乡村旅游业以来发展迅速，先后获得了首批国家全域旅游示范区、全省旅游产业发展先进县等多种称号。2019年，婺源全县接待游客2463万人次，门票收入5.5亿元，综合收入244.3亿元，游客人次连续13年位居江西省第一[3]。在强有力的旅游产业支持下，婺源县的传统聚落虽然仍存在过度建设、风格错乱、过度商业化等问题，部分旅游企业和村民之间也时常由于分红不均产生矛盾，但总体而言，其整体面貌和保存状况优于省内其他县市区，可以认为旅游产业和传统聚落保护之间实现了相互促进。在另一方面，旅游业是一种相对脆弱的产业。2020年初发生新型冠状病毒肺炎疫情以后，婺源县的旅游产业受到明显影响，1～6月仅规模以上服务业营业收入即衰退了27.5%[4]。对于一个区域而言，以旅游业作为支柱产业仍然需要慎重决策。

广昌县位于江西中南部，既没有景德镇那样既古老又杰出的手工业传统，也没有婺源那样丰富优美的自然环境和乡村聚落遗存可供发展旅游业，全县只有一处列入保护名录的传统聚落，就是中国历史文化名镇驿前镇，以及镇区所在的中国传统村落驿前村（详见本书第四章第三节）。但是这里有一种古老的种植业，就是白莲。根据历史记载，广昌的白莲种植至少可以追溯到唐代，到明代中叶以后逐渐形成产业，民国时期成为重要产业。20世纪80年代，广昌县开始大力发展白莲种植，1984年成立白莲科学研究所。到1990年，白莲主副产品产值已经占到当年农业总产值的17.34%[5]。2006年广昌县成立白莲产业发展局，进一步推动这种具有显著地方特征的种植业的发展。驿前镇自古以来就是广昌白莲种植的中心，2010年以来常年种植白莲在1.8万亩以上，白莲产业收入不断提高，近年来已占到农民纯收入的1/3以上[6]。作为一种传统种植业，广昌白莲在种植技术、产品深加工和市场推广方面还具有很大潜力。这种既扎根于历史传统又可持续发展的产业，不仅改善了居民经济状况，增加了聚落的凝聚力，而且为驿前镇的传统聚落保护工作提供了支持。

景德镇、婺源和广昌的发展路径各不相同，有的基

---

[1] 吴锺昊. 景德镇市招才引智局、景漂景归人才服务局揭牌仪式举行. http://m.xinhuanet.com.
[2] 国家发展改革委，文化和旅游部. 关于印发《景德镇国家陶瓷文化传承创新试验区实施方案》的通知. http://zfxxgk.ndrc.gov.cn.
[3] 胡志骅. 婺源县召开文化和旅游工作会议. http://www.jxwy.gov.cn.
[4] 婺源县人民政府. 婺源县2020年1-7月主要经济指标. http://gk.jxwy.gov.cn.
[5] 江西省广昌县县志编纂委员会. 广昌县志[M]. 上海：上海社会科学院出版社，1994.
[6] 驿前镇政府提供。

于传统手工业的现代化，有的基于现代旅游业，有的则基于传统种植业的继续发展。尽管路径各异，成效有差，但都为聚落的永续保护利用提供了有价值的方法与思路。

第三节　基于解读的传统聚落保护

一、解读聚落选址

古代聚落选址考虑的要素和今天未必相同。江西是一个相当完整的地理单元，南昌并不处于其几何中心位置，但作为江西地方行政中心城市的历史超过2200年。其主要原因即在于它邻近鄱阳湖，位于赣江、抚河两大水系交汇处，又靠近另两大水系修河和信江入鄱阳湖的河口，以南昌为中心，既足以在军事上控扼江西大部分地区，又能够在平时方便治理往来。江西南部的行政中心城市早期曾经多次迁移，约1500年前移动至今址之后终于稳定下来，即今天赣州市，也是因为它地处章贡二水汇合成赣江的河口，以此为中心，足以控扼和联络整个江西南部地区（均详见本书第二章第三节）。

古代聚落所处的区位到今天可能发生很大变化。今天看上去颇为荒僻的聚落有可能曾经处于交通要点，古代颇为兴盛的街市今天则有可能远离交通干线完全不成气候。如宜黄棠阴镇（详见本书第四章第三节），今天完全是一个山沟里的小镇，到最近的高速公路收费站超过20公里，到最近的高铁站路程虽只有60公里，耗时却将近2小时；到最近的营运机场超过200公里。若不是有一条316省道通过，到上述各交通站点的时间还要大幅度延长。这样一个偏僻小镇，如何能在古代成为重要的工商业市镇，江西主要夏布集散地之一？而宜丰天宝村（详见本书第七章第五节），同样地处山沟之中，今天完全是一个欣欣向荣的大镇，到最近的高速公路收费站只有1.3公里，到最近的高铁站不到100公里，耗时不到1.5小时，到最近的营运机场不到150公里。这样一个交通方便的地方，为什么在古代连个成气候的市场都没有形成，所谓街道两侧全是祠堂和住宅？不研究古代交通运输体系，不解读聚落的历史区位，就无法理解传统聚落形成和发展的动因。

因为不具备现代移山填海的工程能力，古代聚落的选址需更多地考虑地形因素。山洪、滑坡，都可以给古代聚落带来灭顶之灾。河流既可以给聚落带来贸易，也可以带来洪水成为灾害之源。绝大部分乡土聚落的根基在于农业，因此还要考虑聚落建设与周边农田的关系，正因如此，江西绝大部分村庄都置身于农田之中，连围屋都是田心围。更不必说风水术的影响，尽管今天看上去都十分无稽，抛开它对地形环境的经验解释如背山面水之类，对于聚落区位选址如能进行有说服力的环境解释，最起码也可以给族群成员一个正面的心理暗示，同样是有效的团队建设。沧海桑田，这些自然要素今天有可能已经发生巨大变化，原本足堪通航的河流今天可能已经淤塞甚至改道，原本难以逾越的崇山峻岭今天可能已经变成通途，原本难以应付的山洪今天可能被一条小水坝完全消除，原本没有任何特产只能耕种水稻的村庄今天可能变成工业园区，今天看上去完全微不足道的地形特征在古代可能是至关重要必须严肃对待的山水要点。这些都需要今天的人们虚心学习，综合运用文化地理学和历史学的方法认真解读，才能理解传统聚落选址的智慧。

二、解读历史文献

凡能够保存到今天的传统聚落，或多或少会在各种史书中留下记载，包括地方志书和家谱。即使聚落建设本身可能不载于史，建设聚落的关键人物却常可能青史留名。因此，掌握和解读历史文献，是保护传统聚落的基础。

幸运的是，江西古代人文荟萃，地方文献十分丰富。明清两代，仅江西通志就有前后7部之多，其中明代3部，清代4部。诸府县志也非常齐全，如南昌府志，现存4部，其中明代1部，清代3部。南昌县志现存7部，其中6部为清代所修，另有民国《南昌纪事》1部。1912年江西81县中，仅铜鼓县、虔南县（今全南县）因行政建置历史实在过短无志，其余79县全有志，连清代未建县仅设抚民厅的定南、莲花都有厅志。民国年间，还有多个县修志，或有志稿。20世纪80年代以来，除江西省编纂了洋洋大观、包括近百部专门分册的江西省志外，各县市也先后编纂了地名志和地方志，部分县市已修志两轮。古代地方志中的记录覆盖府县城池、城内外街巷里坊、境内重要市镇村庄、古迹、官署、学校、重要祠祀和寺观，以及历史上的重要人物，其中相当部分有较详细的描述。其艺文部分又常收录相关文献，如游记、建置记、新建重建记，以及相关人物传记等。现代地方志则记载了近代以来聚落的各种演变。这些记录保存了大量历史信息，是极为宝贵的史料。

除地方志外，江西各地家族社区又有编纂家族谱牒的传统，凡有一定历史和积蓄的家族均编有谱牒，称宗谱、族谱、家乘等。部分历史悠久、文化昌盛的家族可能有长时间多次编纂谱牒的历史，例如宁都东龙村李氏族谱竟然多达十修（详见本书第六章第三节）。这些谱牒至少都有谱序，叙述本族在本地开基的源流及房派组成。较好的谱牒会包含村庄基址图及基址记，对村庄区位、风水环境、布局结构进行描述。更好的谱牒会载有更多的记，包括宗祠及各房祠记、井记、门记、堂记等，以及族中重要人物的传记，甚至有更多的绘图，详细记载村庄的社区结构、村中重要建筑物、构筑物以及街巷、场地等。这些记录是对于传统聚落更为直观具体的历史文献，属于可遇而不可求，对理解传统聚落发展历史而言无可替代。

历史文献的正确解读非常关键，但困难恰恰在于解读，必须综合运用文献学、文化人类学和历史学的方法。今天一般从事城乡规划工作的专业人员通常不具备阅读原始历史文献的能力，必须借助于地方力量；地方上从事文物保护工作的专业人员却未必理解聚落保护的复杂性，所收集的地方文献通常集中于一般文史和名人，对聚落本身不得要领。本书引用的多种原始地方文献，大部分来自于作者的直接发现和采集。更麻烦的是，虽然地方志书的记载通常较为可靠，但也难免错漏；家族谱牒则常见美化夸大乃至冒认攀附，对其记载必须谨慎从事，注意辨伪。即使是接受了建筑历史专门训练的学者甚至专业从事历史研究的学者，如果对某个特定地方历史不够熟悉，即使能够阅读文献，也未必能够正确解读文献。这种知识的割裂，使得历史文献的正确解读变得非常困难。有鉴于此，南昌大学建筑系最近为建筑历史研究方向的研究生开设了历史文献阅读课程，涵盖经史子集和地方文献，希望能够对今后的工作提供一点帮助。

三、解读营建特征

营建特征既包括聚落本身的营建，也包括聚落环境和建筑的营建。城市和乡土聚落的营建各有其自身逻辑。

对于江西古代城市的营建特征，本书第二章第一节已作概述，包括与水体、地形的关系，设防尺度，城市空间格局等。古代城市建设首重防卫，故所有地方志在记录营建时均将城池列于首位。而城池一旦建立，即割裂了内外交通，因此城门成为连接城内外的关键点，由城门连接起来的道路体系成为古代城市的基本结构。另一方面，古代建立城池的首要目的是保卫行政权力，因此城内的各级衙署是城内最重要的设施，深刻影响到城市空间结构，各种府前街、衙前街之类地名遍及各地。城市又具有在辖境内推行教化的功能，官办的府县学校实际上也是一种衙署，具有同样重要的地位。此外，城内还有各种祠庙如城隍庙之类，以及各种寺观，成为城市中重要的公共建筑。许多城市中的商业街市均依托这些公共建筑形成，如南昌之万寿宫（详见上节）、抚州之五皇殿（详见本书第二章第三节），均属此类。此外，尽管江西城市通常尺度有限，其中仍有超出一般乡村规模的人口，往往以家族社区形式出现，例如万载之郭氏家族（详见上节）、定南故城之黄氏家族、廖氏家族（详见本书第二章第四节）。对这些错综复杂的营建要素，只有通过充分阅读文献和实地调查才可能正确解读。

对于江西乡土聚落营建的特征，本书第三章已作详细阐述，包括聚落布局结构、防卫、商业、地方崇拜以及一些特定的技术传统等。这些一般特征在不同的聚落中有不同的具体体现，必须进行具体解读而不能简单套用。

和城市相比，因为没有行政权力介入其中，建造乡土聚落的人群本身发挥着主要作用，在江西乡土历史聚落中主要地体现为基于家族及其房派的社区。因此，解读乡土聚落营建，必须首先理解其社区组成、结构及其演变。例如江西中部乡土聚落中的街巷通常和社区有密切关系，金溪东源村的街巷名称干脆就叫作二房弄、六房弄等（详见本书第四章第三节）；在江西南部和西北部的山区，这种社区结构体现为基于一些聚族而居的大型建筑，虽然形成了完全不同的聚落面貌和空间结构，但社区的作用仍然清晰无误。

聚落是一个有机体，其营建特征必定是经过长期发展积累逐渐形成，包含长时段中多个时期、多种文化的遗存，反映了它们复杂的甚至是相互冲突的影响。历史街巷形成必然有时序，历史环境要素必然形形色色，历史建筑风貌必然多种风格并立，这些都是传统聚落应有的营建特征，如果见到的是一个整齐划一的聚落诸如各种"宋城""清街"之类，那一定是现代建筑工业产品。对聚落营建特征的解读，需要综合运用城乡规划学、建筑学和文化人类学的方法，才能完整地理解和保护传统聚落的文化多样性。

四、基于解读聚落的科学评价

每个传统聚落都基于特定的自然、历史、文化、技术和产业背景形成，没有一个聚落是一样的。如果不能发现每个聚落的自身特征，自然无法正确理解其价值。因此，只有经过详细认真的解读，才有可能对传统聚落的历史文化价值进行科学评价。

由于传统聚落的复杂性，其价值的析出和判定往往牵涉到多学科，非个别专家所能准确把握。针对这一情况，江西省自2002年以来长期保持着一个乡土历史聚落保护专家小组，包括历史学、城乡规划学、建筑学、文物保护和非物质文化遗产保护等多方面的专家，帮助各地有效把握特定传统聚落的价值特征。即使如此，由于全省各级各类传统聚落量大面广，仍不免挂一漏万。

传统聚落的价值评估比古建筑复杂得多，牵涉到聚落的区位、沿革、家族和人物、历史事件、聚落与环境的关系、聚落空间结构、道路和街巷、内部和外部水系以及其他聚落基础设施、古建筑、古碑刻、非物质文化遗产、装饰艺术、植被园艺等多个方面，每个方面都有可能产生与众不同的价值，必须在深入踏勘和文献研读的基础上进行全方位分析解读，才有可能真正准确、完整地把握传统聚落的历史价值、科学价值和艺术价值。

五、基于解读聚落的发展规划

2012年开始的传统村落保护工作相比以往聚落保护的另一个重要变化，就是保护与发展并重。为传统村落编制的规划称为保护发展规划，清晰地体现了这个变化。2013年住房和城乡建设部发布的《传统村落保护发展规划编制基本要求（试行）》明确指出，保护发展规划的任务包括调查村落传统资源，建立传统村落档案，确定保护对象，划定保护范围并制订保护管理规定，提出传统资源保护以及村落人居环境改善的措施[①]。这份文件将规划内容分为保护规划和发展规划两大部分，每一部分都包括一系列具体内容，特别是要求发展规划应当进行发展定位分析，并提出发展建议，是基于此前保护规划编制与实施经验作出的重大修改。

自2013年以来，江西省各级各类传统聚落的保护规划或多或少地体现了保护与发展并重的思想，但对传统聚落的发展定位和发展途径的研究仍然经常浮于表面。对于历史文化名城或者历史文化街区，地方政府经常以发展面向旅游业的商业服务业作为其振兴驱动；对于乡土历史聚落，也往往以旅游业作为主要的发展动力。部分乡土历史聚落具备交通区位优势，形成集聚效应，的确有可能发展起成规模的旅游业，如婺源县已经取得了显著成功。但还有相当数量的乡土历史聚落，目前并不具备充分的对外交通条件和其他基础设施支持，特别是一些地处偏僻、经济发展相对滞后的乡土历史聚落，如果简单地以旅游开发策划作为主要的甚至唯一的发展途径，未必符合实际情况。旅游业的发展需要强大的基础设施支持和市场运作能力。没有市场支撑，旅游业的发展很可能只是空中楼阁。江西部分距离主要交通线和重要城市较近的乡土历史聚落，已经持续多年发展旅游业，至今仍效果不彰，不仅未能形成良性发展，甚至难以为继。

要真正实现发展规划的科学定位，仍然需要对传统聚落进行深入解读。每个传统聚落能够持续发展至今，必然都有其生存之道。除了发展旅游业之外，对于乡土聚落而言，发展特色产业，特别是基于当地农耕传统的特色农业和农产品加工业，应当作为一条重要的发展途径。江西有许多村镇拥有历史悠久、特色鲜明的地方农产品、食品和手工业产品，不但具备某种非物质文化遗产价值，而且完全有可能在现代技术支持下进行深度开发、重新定位包装并推向市场。但这项工程牵涉到比旅游业更复杂的产业、科研和资本运作，实非一朝一夕之功，需要进一步开展科学研究。

---

① 中华人民共和国住房和城乡建设部. 传统村落保护发展规划编制基本要求（试行）.http：//www.mohurd.gov.cn.

附录

一、江西省各级历史文化名城一览表（至2018年）

序号	级别	名称	公布时间（年）
1	国家历史文化名城	景德镇市	1982
2	国家历史文化名城	南昌市	1986
3	国家历史文化名城	赣州市	1994
4	国家历史文化名城	瑞金市	2015
5	江西省历史文化名城	井冈山市	1991
6	江西省历史文化名城	九江市	1991
7	江西省历史文化名城	吉安市	1991
8	江西省历史文化名城	抚州市	2018
9	江西省历史文化名城	乐平市	2018
10	江西省历史文化名城	南丰县	2018
11	江西省历史文化名城	金溪县	2018
12	江西省历史文化名城	永丰县	2018

二、江西省历史文化街区一览表（至2020年）

序号	所属城市	名称	公布时间（年）
1	南昌市	万寿宫历史文化街区	2015
2	南昌市	绳金塔历史文化街区	2015
3	南昌市	进贤仓历史文化街区	2015

续表

序号	所属城市	名称	公布时间（年）
4	赣州市	七里镇历史文化街区	2015
5		郁孤台历史文化街区	2015
6		姚衙前历史文化街区	2015
7		灶儿巷历史文化街区	2015
8		南市街历史文化街区	2015
9		慈姑岭历史文化街区	2018
10		石板头历史文化街区	2020
11		盐街上历史文化街区	2020
12	瑞金市	廖屋坪—上湖洞历史文化街区	2015
13		籴米巷历史文化街区	2015
14		沙洲坝历史文化街区	2015
15	于都县	建国路历史文化街区	2018
16	景德镇市	三闾庙历史文化街区	2015
17		彭家弄历史文化街区	2015
18		葡萄架历史文化街区	2015
19		富强上弄历史文化街区	2015
20		陈家弄历史文化街区	2015
21		刘家弄历史文化街区	2015
22	乐平市	何家台历史文化街区	2016
23		周家巷历史文化街区	2019
24	鹰潭市	余江区徽州巷历史文化街区	2019
25		余江区彭家巷历史文化街区	2019
26		余江区育仁门历史文化街区	2019
27	宜春市	王子巷历史文化街区	2015
28	万载县	田下历史文化街区	2018
29		小北关历史文化街区	2019
30	靖安县	西门外街历史文化街区	2018
31	九江市	庾亮南路历史文化街区	2016
32		大中路历史文化街区	2016
33		九江市动力机厂历史文化街区	2019
34		大校场东南（老地委大院）历史文化街区	2019

续表

序号	所属城市	名称	公布时间（年）
35	庐山市	牯岭街历史文化街区	2020
36		西宁街历史文化街区	2020
37	修水县	秋收起义红色历史文化街区	2018
38		鹦鹉街历史文化街区	2018
39	吉安市	永和老街历史文化街区	2016
40		水巷历史文化街区	2016
41		能仁巷圣恩堂历史文化街区	2016
42	吉水县	上下老街历史文化街区	2016
43		八都老街历史文化街区	2018
44		金滩老街历史文化街区	2019
45	万安县	朱家巷历史文化街区	2016
46		古城墙历史文化街区	2016
47	新干县	大东门历史文化街区	2018
48	永丰县	下西坊历史文化街区	2018
49		城内街历史文化街区	2019
50	遂川县	工农兵政府旧址历史文化街区	2020
51	井冈山市	挹翠湖历史文化街区	2020
52	抚州市	文昌里汤家山历史文化街区	2016
53		文昌里汝东园历史文化街区	2016
54		荆公路历史文化街区	2018
55		州学岭历史文化街区	2018
56		抚州市义门巷历史文化街区	2019
57		抚州市延陵路历史文化街区	2019
58	金溪县	水门巷历史文化街区	2016
59		王家巷历史文化街区	2016
60	黎川县	黎川老街历史文化街区	2016
61		贤士街历史文化街区	2019
62	南丰县	望仙桥历史文化街区	2018
63		攀桂坊历史文化街区	2018
64		盱江西路历史文化街区	2018
65		盱江东路历史文化街区	2018

续表

序号	所属城市	名称	公布时间（年）
66	崇仁县	中大、西路历史文化街区	2018
67	宜黄县	北门路历史文化街区	2019
68		南门路历史文化街区	2019
69	南城县	北街历史文化街区	2020
70		将军岭历史文化街区	2020
71	乐安县	衙门巷历史文化街区	2019
72	铅山县	一堡街历史文化街区	2018
73		二堡街历史文化街区	2018
74	婺源县	大庙街历史文化街区	2020
75		南门街历史文化街区	2020

三、江西省各级历史文化名镇一览表（至2019年）

序号	级别	所属设区市	县市区	名称	公布时间（年）
1	中国历史文化名镇	九江市	修水县	山口镇	2019
2	中国历史文化名镇	景德镇市	浮梁县	瑶里镇	2005
3	中国历史文化名镇	萍乡市	安源区	安源镇	2014
4	中国历史文化名镇	鹰潭市	龙虎山风景名胜区	上清镇	2007
5	中国历史文化名镇		贵溪市	塘湾镇	2019
6	中国历史文化名镇	宜春市	樟树市	临江镇	2019
7	江西省历史文化名镇		铜鼓县	排埠镇	2009
8	中国历史文化名镇	上饶市	横峰县	葛源镇	2008
9	中国历史文化名镇		铅山县	河口镇	2014
10	中国历史文化名镇			石塘镇	2014
11	江西省历史文化名镇		德兴市	海口镇	2012
12	中国历史文化名镇	吉安市	青原区	富田镇	2010
13	江西省历史文化名镇		吉安县	永和镇	2014
14	江西省历史文化名镇		峡江县	巴邱镇	2014
15	中国历史文化名镇	抚州市	金溪县	浒湾镇	2014
16	中国历史文化名镇		广昌县	驿前镇	2014
17	江西省历史文化名镇		宜黄县	棠阴镇	2003

四、江西省各级历史文化名村一览表（至2019年）

序号	级别	所属设区市	县市区	乡镇	名称	公布时间（年）
1	中国历史文化名村	南昌市	安义县	石鼻镇	罗田村	2008
2	江西省历史文化名村				水南村	2003
3	江西省历史文化名村				京台村	2003
4	江西省历史文化名村			万埠镇	梓源民国村	2014
5	江西省历史文化名村		进贤县	架桥镇	陈家村	2007
6	江西省历史文化名村			文港镇	周坊村	2014
7	江西省历史文化名村			温圳镇	杨溪李家村	2014
8	江西省历史文化名村		新建县	大塘坪乡	汪山村	2009
9	江西省历史文化名村		南昌县	三江镇	前后万村	2009
10	江西省历史文化名村		青云谱区	青云谱镇	朱桥梅村	2014
11	江西省历史文化名村	九江市	都昌县	苏山乡	鹤舍村	2012
12	江西省历史文化名村		修水县	黄坳乡	朱砂村	2014
13	中国历史文化名村	景德镇市	浮梁县	江村乡	严台村	2008
14	中国历史文化名村			勒功乡	沧溪村	2010
15	中国历史文化名村			蛟潭镇	礼芳村	2019
16	中国历史文化名村			峙滩镇	英溪村	2019
17	江西省历史文化名村			瑶里镇	高岭东埠村	2003
18	江西省历史文化名村			西湖乡	磻溪村	2009
19	江西省历史文化名村			浮梁镇	旧城村	2012
20	江西省历史文化名村		乐平市	涌山镇	涌山村	2012
21	江西省历史文化名村	萍乡市	莲花县	路口镇	湖塘村	2009
22	中国历史文化名村	鹰潭市	贵溪市	耳口乡	曾家村	2019
23	江西省历史文化名村	新余市	分宜县	分宜镇	介桥村	2009
24	江西省历史文化名村			钤山镇	防里村	2014
25	江西省历史文化名村		渝水区	罗坊镇	下寸村	2014
26	中国历史文化名村	赣州市	赣县	白鹭乡	白鹭村	2008
27	中国历史文化名村		龙南县	关西镇	关西村	2010
28	中国历史文化名村			里仁镇	新园村	2019
29	中国历史文化名村		宁都县	田埠乡	东龙村	2014

续表

序号	级别	所属设区市	县市区	乡镇	名称	公布时间（年）
30	中国历史文化名村	赣州市	寻乌县	澄江镇	周田村	2019
31	江西省历史文化名村		安远县	镇岗乡	老围村	2003
32	江西省历史文化名村		于都县	马安乡	上宝村	2003
33	江西省历史文化名村			葛坳乡	澄江村	2014
34	江西省历史文化名村		瑞金市	九堡镇	密溪村	2003
35	江西省历史文化名村		赣县	湖江乡	夏府村	2009
36	江西省历史文化名村			大埠乡	大坑村	2014
37	江西省历史文化名村		兴国县	梅窖镇	三僚村	2009
38	江西省历史文化名村			兴莲乡	官田村	2014
39	江西省历史文化名村		南康区	坪市乡	谭邦村	2014
40	江西省历史文化名村		定南县	天九镇	九曲村	2014
41	江西省历史文化名村		会昌县	筠门岭镇	羊角村	2014
42	中国历史文化名村	宜春市	高安市	新街镇	贾家村	2007
43	中国历史文化名村		宜丰县	天宝乡	天宝村	2008
44	江西省历史文化名村		丰城市	张巷镇	白马寨村	2003
45	江西省历史文化名村			筱塘乡	厚板塘村	2003
46	江西省历史文化名村		万载县	株潭镇	周家村	2007
47	中国历史文化名村	上饶市	婺源县	沱川乡	理坑村	2005
48	中国历史文化名村			江湾镇	汪口村	2007
49	中国历史文化名村				篁岭村	2019
50	江西省历史文化名村				江湾村	2003
51	江西省历史文化名村				晓起村	2003
52	中国历史文化名村			思口镇	延村	2008
53	中国历史文化名村				思溪村	2014
54	中国历史文化名村				西冲村	2019
55	中国历史文化名村			浙源乡	虹关村	2010
56	江西省历史文化名村			秋口镇	李坑村	2003
57	江西省历史文化名村			镇头镇	游山村	2007

续表

序号	级别	所属设区市	县市区	乡镇	名称	公布时间（年）
58	江西省历史文化名村	上饶市	婺源县	段莘乡	庆源村	2007
59	江西省历史文化名村			浙源乡	凤山村	2009
60	江西省历史文化名村			紫阳镇	考水村	2009
61	江西省历史文化名村		横峰县	姚家乡	兰子畲族村	2009
62	江西省历史文化名村		德兴市	银城镇	新营村	2012
63	江西省历史文化名村		铅山县	篁碧畲族乡	畲族村	2014
64	江西省历史文化名村		广丰县	嵩峰乡	十都村	2014
65	中国历史文化名村	吉安市	青原区	文陂乡	渼陂村	2005
66	中国历史文化名村			富田镇	陂下村	2008
67	江西省历史文化名村				横坑村	2012
68	江西省历史文化名村				匡田村	2014
69	江西省历史文化名村			新圩镇	江头毛家村	2009
70	中国历史文化名村		吉水县	金滩镇	燕坊村	2007
71	中国历史文化名村				桑园村	2014
72	江西省历史文化名村				仁和店村	2007
73	江西省历史文化名村			白沙镇	桥上村	2012
74	中国历史文化名村		吉州区	兴桥镇	钓源村	2010
75	中国历史文化名村		安福县	洲湖镇	塘边村	2014
76	中国历史文化名村			金田乡	柘溪村	2019
77	江西省历史文化名村			洋门乡	上街村	2014
78	中国历史文化名村		峡江县	水边镇	湖洲村	2014
79	江西省历史文化名村				何君村	2014
80	江西省历史文化名村				沂溪村	2014
81	中国历史文化名村		泰和县	螺溪镇	爵誉村	2019
82	江西省历史文化名村			马市镇	蜀江村	2012
83	江西省历史文化名村		吉安县	横江镇	唐贤坊村	2007
84	江西省历史文化名村				公塘村	2014
85	江西省历史文化名村			敦厚镇	圳头村	2014
86	江西省历史文化名村		永新县	石桥镇	樟枧村	2012

续表

序号	级别	所属设区市	县市区	乡镇	名称	公布时间（年）
87	中国历史文化名村	抚州市	乐安县	牛田镇	流坑村	2003
88	江西省历史文化名村				水南村	2009
89	中国历史文化名村			湖坪乡	湖坪村	2019
90	中国历史文化名村		金溪县	双塘镇	竹桥村	2010
91	中国历史文化名村			琉璃乡	东源曾家村	2014
92	中国历史文化名村			合市镇	游垫村	2019
93	中国历史文化名村				全坊村	2019
94	江西省历史文化名村				东岗村	2014
95	中国历史文化名村			琅琚镇	疏口村	2019
96	中国历史文化名村			陈坊积乡	岐山村	2019
97	江西省历史文化名村			浒湾镇	黄坊村	2014
98	江西省历史文化名村		东乡县	黎圩镇	浯溪村	2007
99	江西省历史文化名村				上池村	2014
100	江西省历史文化名村		崇仁县	相山镇	浯漳村	2012
101	江西省历史文化名村		黎川县	华山垦殖场	洲湖村	2012

五、江西省中国传统村落名录（至2018年第五批）

第一批（2012年12月19日公布，33个）

南昌市进贤县温圳镇杨溪村委李家村
南昌市进贤县文港镇晏家村
南昌市安义县石鼻镇罗田村
景德镇市浮梁县江村乡严台村
景德镇市浮梁县勒功乡沧溪村
景德镇市浮梁县浮梁镇旧城村
景德镇市浮梁县瑶里镇高岭村
景德镇市浮梁县瑶里镇绕南村
景德镇市浮梁县峙滩乡英溪村
赣州市赣县白鹭乡白鹭村
赣州市安远县镇岗乡老围村
赣州市龙南县杨村镇杨村村燕翼围
赣州市龙南县关西镇关西村
吉安市井冈山市鹅岭乡塘南村
吉安市青原区富田镇陂下村
吉安市青原区富田镇横坑村
吉安市青原区文陂乡渼陂村
吉安市吉州区兴桥镇钓源村
吉安市安福县金田乡柘溪村
吉安市安福县洋门乡上街村
吉安市安福县洲湖镇塘边村
吉安市吉水县金滩镇燕坊村
宜春市高安市新街镇贾家村
宜春市宜丰县天宝乡天宝村
抚州市广昌县驿前镇驿前村
抚州市乐安县湖坪乡湖坪村
抚州市乐安县牛田镇流坑村
抚州市金溪县双塘镇竹桥村

上饶市婺源县江湾镇江湾村
上饶市婺源县江湾镇汪口村
上饶市婺源县思口镇延村
上饶市婺源县沱川乡理坑村
上饶市婺源县浙源乡虹关村

第二批（2013年8月28日公布，56个）
南昌市南昌县三江镇前后万村
南昌市安义县石鼻镇安义千年古村群
南昌市进贤县架桥镇艾溪陈家村
南昌市进贤县文港镇曾湾村
南昌市进贤县螺溪镇旧厦村
景德镇市浮梁县西湖乡磻溪村
景德镇市乐平市泊阳街道北门村
景德镇市乐平市名口镇名口村
景德镇市乐平市双田镇横路村
景德镇市乐平市涌山镇涌山村
景德镇市乐平市塔前镇下徐村
景德镇市乐平市塔前镇上徐村
萍乡市莲花县路口镇湖塘村
新余市分宜县分宜镇介桥村
新余市分宜县铃山镇防里村
鹰潭市贵溪市耳口乡曾家村
赣州市赣县湖江镇夏府村
赣州市宁都县田埠乡东龙村
赣州市于都县段屋乡韩信村
赣州市兴国县梅窖镇三僚村
赣州市兴国县兴莲乡官田村
赣州市瑞金市九堡镇密溪村
吉安市吉州区樟山镇文石村
吉安市青原区富田镇匡家村
吉安市青原区富田镇㘫田村
吉安市吉安县敦厚镇圳头村
吉安市吉水县金滩镇仁和店村
吉安市吉水县金滩镇桑园村
吉安市吉水县白沙镇桥上村
吉安市吉水县水南镇店背村
吉安市峡江县水边镇何君村
吉安市峡江县水边镇湖洲村
吉安市峡江县水边镇沂溪村
吉安市遂川县堆前镇鄢溪村
吉安市万安县百嘉镇下源村
吉安市安福县竹江乡沙溪村

吉安市安福县金田乡银圳村
吉安市井冈山市厦坪镇昌蒲古村
吉安市井冈山市拿山乡长路村长塘组
吉安市井冈山市茅坪乡茅坪村
宜春市丰城市白土镇赵家村
宜春市丰城市张巷镇白马寨村
宜春市丰城市筱塘乡厚板塘村
宜春市樟树市刘公庙塔前彭家村
抚州市南城县天井源乡尧坊村
上饶市铅山县太源畲族乡查家岭
上饶市婺源县清华镇洪村
上饶市婺源县秋口镇李坑村
上饶市婺源县秋口镇长径村
上饶市婺源县江湾镇晓起村
上饶市婺源县思口镇西冲村
上饶市婺源县思口镇思溪村
上饶市婺源县镇头镇游山村
上饶市婺源县段莘乡庆源村
上饶市婺源县浙源乡岭脚村
上饶市婺源县浙源乡凤山村

第三批（2014年11月25日公布，36个）
南昌市进贤县文港镇周坊村
景德镇市浮梁县瑶里镇瑶里村
九江市修水县黄坳乡朱砂村
九江市湖口县流泗镇庄前潘村
新余市渝水区水北镇黄坑村
赣州市赣县大埠乡大坑村
赣州市大余县左拔镇云山村
赣州市龙南县里仁镇新园村
赣州市于都县岭背镇谢屋村
赣州市于都县葛坳乡澄江村
赣州市于都县马安乡上宝村
赣州市会昌县筠门岭镇羊角村
赣州市瑞金市叶坪乡洋溪村
吉安市吉州区曲濑镇卢家洲村
吉安市吉安县固江镇赛塘村
吉安市吉安县固江镇社边村
吉安市吉安县梅塘镇旧居村
吉安市吉水县水南镇高中村委会义富村
吉安市新干县七琴镇燥石村
吉安市永丰县沙溪镇河下村
吉安市安福县甘洛乡三舍村

抚州市宜黄县棠阴镇建设村
抚州市宜黄县棠阴镇解放村
抚州市宜黄县棠阴镇民主村
抚州市金溪县合市镇东岗村
抚州市金溪县合市镇全坊村
抚州市金溪县琅琚镇疏口村
抚州市金溪县琉璃乡东源曾家村
抚州市金溪县琉璃乡印山村
抚州市东乡县黎圩镇浯溪村
上饶市玉山县双明镇漏底村
上饶市铅山县石塘镇石塘村
上饶市婺源县清华镇诗春村
上饶市婺源县江湾镇篁岭村
上饶市婺源县中云镇豸峰村
上饶市婺源县沱川乡篁村

第四批（2016年12月9日公布，50个）
南昌市进贤县前坊镇西湖李家
南昌市新建区大塘坪乡汪山村
景德镇市浮梁县蛟潭镇礼芳村
景德镇市浮梁县蛟潭镇胡宅村
九江市修水县黄沙镇岭斜村箔竹自然村
九江市修水县黄沙镇下高丽村内石陂自然村
九江市都昌县苏山乡鹤舍村
九江市彭泽县浩山乡岚陵村
鹰潭市贵溪市文坊镇车家村
赣州市崇义县聂都乡竹洞村
赣州市龙南县杨村镇乌石村
赣州市全南县龙源坝镇雅溪村
赣州市兴国县枫边乡山阳寨村
赣州市宁都县黄陂镇杨依村
赣州市于都县银坑镇平安村
赣州市于都县岭背镇禾溪埠村石溪圳自然村
赣州市石城县琴江镇沙坜河背自然村
赣州市石城县小松镇丹溪村
吉安市吉州区兴桥镇丁塘村
吉安市吉州区兴桥镇上藤桥村
吉安市青原区富田镇王家村
吉安市吉安县浬田镇田岸上村
吉安市泰和县马市镇蜀江村
吉安市泰和县螺溪镇爵誉村
宜春市宜丰县天宝乡平溪村
宜春市奉新县宋埠镇牌楼村

宜春市靖安县仁首镇雷家村
宜春市丰城市湖塘乡坑里村
抚州市南丰县洽湾镇洽湾村
抚州市黎川县华山镇洲湖村
抚州市金溪县浒湾镇浒湾村
抚州市金溪县浒湾镇黄坊村
抚州市金溪县合市镇龚家村
抚州市金溪县合市镇大耿村
抚州市金溪县合市镇游垫村
抚州市金溪县合市镇戌源村
抚州市金溪县合市镇乌墩塘村
抚州市金溪县左坊镇后车村
抚州市金溪县对桥镇旸田村
抚州市金溪县陆坊乡下李村
抚州市金溪县陈坊积乡岐山村
抚州市金溪县琉璃乡蒲塘村
抚州市金溪县琉璃乡北坑村
抚州市金溪县琉璃乡谢坊村
抚州市金溪县石门乡石门村
上饶市婺源县赋春镇上严田村
上饶市婺源县赋春镇甲路村
上饶市婺源县段莘乡东山村
上饶市婺源县大鄣山乡黄村村
上饶市广丰区东阳乡龙溪村

第五批（2019年6月6日公示，168个）
南昌市进贤县文港镇前塘村
南昌市进贤县李渡镇桂桥村
九江市武宁县甫田乡太平山村合港村
九江市修水县布甲乡太阳村
赣州市安远县长沙乡筼筜村
赣州市大余县池江镇杨梅村
赣州市定南县老城镇老城村
赣州市赣县区南塘镇大都村
赣州市赣县区南塘镇清溪村
赣州市龙南县武当镇大坝村
赣州市龙南县里仁镇新里村
赣州市龙南县里仁镇正桂村
赣州市南康区唐江镇卢屋村
赣州市南康区唐江镇幸屋村
赣州市宁都县大沽乡旸霁村
赣州市瑞金市冈面乡上田村
赣州市瑞金市武阳镇武阳村

赣州市瑞金市武阳镇粟田村黄田村
赣州市瑞金市瑞林镇下坝村
赣州市上犹县双溪乡大石门村
赣州市上犹县安和乡陶朱村
赣州市石城县琴江镇大畲村
赣州市信丰县万隆乡李庄村上龙村
赣州市兴国县城岗乡白石村
赣州市兴国县社富乡东韶村
赣州市寻乌县澄江镇周田村
赣州市寻乌县项山乡桥头村
赣州市于都县车溪乡坝脑村
抚州市崇仁县河上镇陈村段家车村
抚州市崇仁县白露乡吴坊村华家村
抚州市崇仁县相山镇浯漳村
抚州市崇仁县许坊乡谙源村
抚州市东乡区岗上积镇段溪村艾家村
抚州市金溪县双塘镇古圩村铜岭村
抚州市金溪县双塘镇对塘村湖山村
抚州市金溪县合市镇坪上村、楼下村、里姜村
抚州市金溪县合市镇崇麓村
抚州市金溪县合市镇湖坊村、珊珂村、仲岭村
抚州市金溪县合市镇良种场郑坊村
抚州市金溪县左坊镇后龚村
抚州市金溪县左坊镇徐源村
抚州市金溪县浒湾镇荣坊村
抚州市金溪县琅琚镇安吉村彭家村
抚州市金溪县琉璃乡桂家村下宋村
抚州市金溪县石门乡白沿村横源村
抚州市金溪县石门乡靖思村
抚州市金溪县秀谷镇先锋村傅家村
抚州市金溪县秀谷镇马街村符竹村
抚州市金溪县陆坊乡桥上村
抚州市金溪县陆坊乡植源村
抚州市金溪县陆坊乡陆坊村
抚州市金溪县陈坊积乡城湖村
抚州市金溪县陈坊积乡陈坊村上张村
抚州市金溪县陈坊积乡高坪村
抚州市乐安县万崇镇丰林村万坊村
抚州市乐安县南村乡炉桐村稠溪村
抚州市乐安县牛田镇水南村
抚州市乐安县罗陂乡右源村峡源村
抚州市乐安县罗陂乡水溪村
抚州市乐安县罗陂乡罗陂村古村村

抚州市乐安县谷岗乡汤山村
抚州市黎川县中田乡中田村
抚州市黎川县樟溪乡中洲村
抚州市临川区东馆镇玉湖村李家村
抚州市临川区太阳镇娄溪村门楼黎家村
抚州市临川区嵩湖乡江下村下丁村
抚州市临川区嵩湖乡陈油村田南傅家村
抚州市临川区河埠乡河埠村周家村
抚州市临川区湖南乡洪塘村游家村
抚州市临川区湖南乡竹溪村喻家村
抚州市临川区腾桥镇石池村
抚州市临川区腾桥镇腾桥村
抚州市临川区荣山镇新街村
抚州市临川区鹏田乡陈坊村
抚州市临川区龙溪镇梅溪村张家村
抚州市南城县上唐镇上唐村
抚州市南城县上唐镇上舍村
抚州市南城县上唐镇下崔村
抚州市南城县上唐镇源头村
抚州市南城县新丰街镇新丰村
抚州市南城县新丰街镇汾水村
抚州市南城县株良镇云市村
抚州市南城县株良镇红米丘村磁圭村
抚州市南城县沙洲镇临坊村
抚州市南丰县三溪乡石邮村
抚州市南丰县傅坊乡港下村
抚州市南丰县洽湾镇长岭村梅坑村
抚州市南丰县琴城镇瑶浦村
抚州市南丰县白舍镇上甘村
抚州市南丰县白舍镇古竹村
抚州市资溪县嵩市镇杜兰村
抚州市资溪县高阜镇莒洲村
抚州市资溪县鹤城镇大觉山村上傅村
吉安市安福县平都镇平都镇浮山村下李家村
吉安市安福县枫田镇枫田村松田村
吉安市安福县洋门乡嘉溪村嘉溪村
吉安市安福县洲湖镇毛田村龙田村
吉安市吉安县登龙乡泗塘村第泗塘村
吉安市吉水县尚贤乡桥头村桥头村
吉安市吉水县尚贤乡王家村栗下村
吉安市吉水县枫江镇上陇洲村上陇洲村
吉安市吉水县枫江镇兰田村林桥村
吉安市吉水县枫江镇坪洲村东塘村

吉安市吉水县水南镇金城村大圳村
吉安市吉水县醪桥镇固洲村固洲村
吉安市吉水县金滩镇荷塘村栗头村
吉安市吉水县黄桥镇云庄村云庄村
吉安市吉水县黄桥镇涩塘村涩塘村
吉安市吉水县黄桥镇西岭村上栋村
吉安市吉州区兴桥镇湖田村匏塘村
吉安市吉州区兴桥镇藤桥村菰塘村
吉安市吉州区曲濑镇彭家村胡家村
吉安市吉州区长塘镇赵塘村上赵塘村
吉安市青原区值夏镇毛家村源头村
吉安市青原区值夏镇永乐村永乐村
吉安市青原区新圩镇江头村毛家村
吉安市泰和县万合镇店边村梅冈村
吉安市泰和县万合镇钟埠村
吉安市泰和县苑前镇书院村书院村
吉安市泰和县苑前镇王山村王山村
吉安市新干县荷浦乡塘下村新居村
吉安市新干县麦斜镇上寨村
吉安市永丰县陶唐乡金溪村
吉安市永新县石桥镇樟枧村
景德镇市浮梁县兴田乡城门村
景德镇市浮梁县兴田乡程家山村龙源村
景德镇市浮梁县峙滩镇龙潭村
景德镇市浮梁县江村乡江村村
景德镇市浮梁县江村乡诰峰村
景德镇市浮梁县瑶里镇五华村
景德镇市浮梁县经公桥镇鸦桥村
景德镇市浮梁县鹅湖镇桃岭村楚岗村
景德镇市乐平市双田镇耆德村
景德镇市乐平市洪岩镇小坑村
景德镇市乐平市涌山镇东岗村石峡村
景德镇市乐平市涌山镇车溪村
景德镇市乐平市镇桥镇浒崦村
上饶市德兴市海口镇海口村
上饶市广丰区嵩峰乡十都村
上饶市横峰县葛源镇枫林村
上饶市鄱阳县枧田街乡丰田村
上饶市鄱阳县莲花山乡清溪村新屋下村
上饶市铅山县太源畲族乡太源村水美村
上饶市铅山县陈坊乡陈坊村
上饶市婺源县中云镇桃溪村坑头村
上饶市婺源县大鄣山乡水岚村

上饶市婺源县大鄣山乡菊径村
上饶市婺源县思口镇河山坦村新源村
上饶市婺源县思口镇长滩村龙腾上村
上饶市玉山县仙岩镇官溪社区
新余市分宜县操场乡塘西村
新余市渝水区南安乡新生村哲山村
新余市渝水区新溪乡西江村
新余市渝水区欧里镇白梅村
宜春市丰城市同田乡长塘村
宜春市丰城市段潭乡湖茫村
宜春市丰城市湖塘乡六坊村富塘村
宜春市丰城市湖塘乡洛溪村
宜春市丰城市湖塘乡湖塘村
宜春市丰城市湖塘乡红湖村赤坑村
宜春市奉新县干洲镇长青村
宜春市靖安县中源乡船湾村
宜春市靖安县仁首镇大团村水垅村
宜春市靖安县仁首镇象湖村占坊村
宜春市宜丰县潭山镇店上村
宜春市宜丰县潭山镇龙岗村
宜春市宜丰县芳溪镇下屋村
鹰潭市贵溪市塘湾镇上祝村闵坑村

六、江西省省级传统村落名录（2017年第一批）

南昌市（4个）
进贤县长山晏乡五桥村
进贤县罗溪镇三房村
进贤县李渡镇桂桥村
进贤县文港镇前塘村

九江市（6个）
修水县布甲乡太阳村
修水县新湾乡回坑村
都昌县汪墩乡茅垅村
都昌县汪墩乡石树南边圈村
九江县涌泉乡戴山村
武宁县甫田乡太平山村合港村

景德镇市（16个）
浮梁县江村乡江村村
浮梁县兴田乡城门村
浮梁县兴田乡程家山村龙源自然村
浮梁县鹅湖镇楚岗村
浮梁县蛟潭镇吴家村
浮梁县经公桥镇新源村
浮梁县峙滩镇龙潭村
浮梁县江村乡诰峰村
浮梁县勒功乡勒功村
乐平市洪岩镇小坑村
乐平市双田镇耆德村
乐平市名口镇戴村
乐平市名口镇流芳村
乐平市镇桥镇浒崦村
乐平市涌山镇车溪村
乐平市涌山镇石峡村

萍乡市（3个）
莲花县路口镇阳春村
武功山风景名胜区万龙山乡摩高村
芦溪县宣风镇马塘村

新余市（6个）
渝水区罗坊镇下寸村
渝水区南安乡哲山村
渝水区新溪乡西江村
分宜县杨桥镇辋川村
分宜县操场乡塘西村
仙女湖区欧里镇白梅村

鹰潭市（2个）
贵溪市塘湾镇闽坑村
余江县马荃镇五峰倪家

赣州市（32个）
南康区坪市乡谭邦村
南康区唐江镇卢屋村
南康区唐江镇幸屋村
上犹县双溪乡大石门村
上犹县安和乡陶朱村

寻乌县澄江镇周田村
寻乌县吉潭镇圳下村
寻乌县菖蒲乡五丰村
龙南县里仁镇新里村
龙南县里仁镇正桂村
龙南县桃江乡清源村
龙南县武当镇大坝村（田心围）
定南县老城镇老城村
崇义县上堡乡水南村
安远县长沙乡筻笃村
于都县禾丰镇禾丰村
于都县车溪乡坝脑村
瑞金市叶坪乡田背村
瑞金市武阳镇黄田村
瑞金市武阳镇武阳村
瑞金市瑞林镇下坝村
瑞金市冈面乡上田村
瑞金市壬田镇凤岗村
瑞金市叶坪乡谢排村
瑞金市九堡镇坝溪村
兴国县社富乡东韶村
赣县区南塘镇大都村
赣县区南塘镇清溪村
宁都县大沽乡旸霁村
全南县大吉山镇大岳村
全南县龙源坝镇上窖村
大余县池江镇杨梅村

宜春市（16个）
靖安县仁首镇水垅村
靖安县仁首镇占坊村
靖安县中源乡船湾村
奉新县干洲镇长青村
丰城市湖塘乡赤坑村
丰城市湖塘乡富塘村
丰城市湖塘乡湖塘村
丰城市湖塘乡洛溪村
丰城市同田乡长塘村
丰城市淘沙镇后坊村范家自然村
丰城市张巷镇瑾山村
丰城市段潭乡湖茫村
宜丰县潭山镇龙岗村

宜丰县潭山镇浌溪村
宜丰县潭山镇店上村
宜丰县芳溪镇下屋村

上饶市（26个）
德兴市海口镇海口村
婺源县思口镇新源村
婺源县思口镇龙腾上村
婺源县中云镇坑头村
婺源县大鄣山乡菊径村
鄱阳县莲花山乡新屋下村
鄱阳县枧田街乡丰田村
广丰区铜钹山管委会小丰村
广丰区嵩峰乡十都村
上饶县石人乡青山村
上饶县湖村乡库前村
上饶县茶亭镇松坪村
上饶县应家乡安坑村
上饶县上泸镇上泸村
上饶县望仙乡外方村
玉山县仙岩镇官溪社区
玉山县横街镇周山村
横峰县葛源镇葛源村
横峰县葛源镇枫林村
横峰县姚家乡兰子村
铅山县永平综合垦殖场西门分场
铅山县太源畲族乡太源村水美自然村
铅山县太源畲族乡西坑村大西坑自然村
铅山县篁碧畲族乡畲族村雷家自然村
铅山县陈坊乡陈坊村
万年县石镇镇中洲村下孙自然村

吉安市（54个）
永新县石桥镇樟枧村
永新县象形乡马家村
安福县洲湖镇毛田村委龙田村
安福县枫田镇枫田村委松田村
安福县洋溪镇牌头村
安福县平都镇浮山村委下李家村
安福县洋门乡嘉溪村
泰和县万合镇店边村委梅冈村
泰和县万合镇钟埠村

泰和县苑前镇书院村
泰和县苑前镇王山村
泰和沿溪镇荷树村委荷树峡村
青原区新圩镇江口村委会毛家村
青原区值夏镇永乐村
青原区毛家村委会源头村
吉州区长塘镇赵塘村委会上赵塘村
吉州区兴桥镇藤桥村委会菰塘村
吉州区曲濑镇腊塘村
吉州区曲濑镇彭家村委会胡家村
吉州区樟山镇东陂村
吉州区兴桥镇湖田村委会匏塘村
吉州区兴桥镇高坎村委会石边村
吉水县尚贤乡王家村委栗下村
吉水县白沙镇赤岸村
吉水县螺田镇亿田村
吉水县金滩镇阁上村委栋头村
吉水县枫江镇坪洲村委东塘村
吉水县枫江镇林桥村
吉水县阜田镇高村村委石溪村
吉水县阜田镇育贤村委宋家村
吉水县水南镇水南村委荷山村
吉水县水南镇新居村委泷头村
吉水县水南镇村背村
吉水县白沙镇木口村
吉水县白沙镇南坪村委低坪村
吉水县黄桥镇涩塘村
吉水县金滩镇荷塘村委栗头村
吉水县黄桥镇西岭村委上栋村
吉水县黄桥镇云庄村
吉水县黄桥镇大桥村
吉水县枫江镇上陇洲村
吉水县尚贤乡桥头村
吉水县醪桥镇固洲村
吉安县横江镇大洲村委中马洲村
吉安县登龙乡泗塘村委第泗塘村
吉安县梅塘镇村背村
吉安县梅塘镇小灌村
吉安县永阳镇下边村
新干县麦斜乡上寨村
新干县溧江镇桃湾村委会路溪村
新干县金川镇灌溪村委会神头村
新干县桃溪乡黎山村

新干县荷浦乡塘下村委会新居村
永丰县陶唐乡金溪村

抚州市（83个）
崇仁县相山镇浯樟村
崇仁县河上镇段家车村
崇仁县白露乡华家村
崇仁县许坊乡谙源村
乐安县牛田镇连河村
乐安县牛田镇水南村
乐安县南村乡稠溪村
乐安县南村乡前团村
乐安县鳌溪镇东坑村
乐安县谷岗乡汤山村
乐安县谷岗乡珠溪村
南丰县琴城镇瑶浦村
南丰县付坊乡港下村
南丰县洽湾镇梅坑村
南丰县白舍镇上甘村
南丰县白舍镇古竹村
南丰县三溪乡石邮村
南城县株良镇磁圭村
南城县新丰街镇新丰村
南城县株良镇云市村
南城县新丰街镇汾水村
南城县沙洲镇临坊村
南城县上唐镇上唐村
南城县上唐镇下崔村
南城县上唐镇源头村
南城县上唐镇上舍村
临川区湖南乡竹溪喻家村
临川区湖南乡洪塘游家村
临川区荣山镇新街村
临川区东馆镇玉湖李家村
临川区腾桥镇腾桥村
临川区腾桥镇石池村
临川区龙溪镇梅溪张家村
临川区太阳镇门楼黎家村
临川区嵩湖乡田南傅家村
临川区鹏田乡陈坊村
临川区河埠乡河埠周家村
临川区嵩湖乡江家下丁村
东乡区黎圩镇枫山李家村
东乡区黎圩镇黎阳村
东乡区瑶圩乡万石塘村
东乡区瑶圩乡排头村
东乡区岗上积镇段溪艾家村
东乡区岗上积镇水南村
金溪县合市镇七坊村
金溪县合市镇仲岭村
金溪县合市镇邱家村
金溪县合市镇楼下村
金溪县合市镇崇麓村
金溪县合市镇后林村
金溪县合市镇坪上村
金溪县合市镇车门村
金溪县合市镇杭桥村
金溪县合市镇胡锡村
金溪县合市镇珊珂村
金溪县合市镇孙坊村
金溪县琉璃乡澳塘村
金溪县琉璃乡中宋村
金溪县琉璃乡波源村
金溪县陈坊积乡涂坊村
金溪县陈坊积乡城湖村
金溪县左坊镇彭家渡村
金溪县秀谷镇杨坊村
金溪县秀谷镇付家村
金溪县秀谷镇符竹村
金溪县左坊镇后龚村
金溪县陈坊积乡上张村
金溪县对桥镇大拓村
金溪县石门乡靖思村
金溪县黄通乡邓家村
金溪县琉璃乡古楼下村
金溪县琉璃乡常丰岭村
金溪县琉璃乡尚庄村
金溪县浒湾镇中洲村
金溪县何源镇孔坊村
黎川县樟溪乡中洲村
黎川县社苹乡社苹村
黎川县中田乡中田村
资溪县鹤城镇上傅村
资溪县乌石镇陈坊村
资溪县嵩市镇杜兰村
资溪县高阜镇苕洲村
资溪县马头山镇姚家岭村

索 引

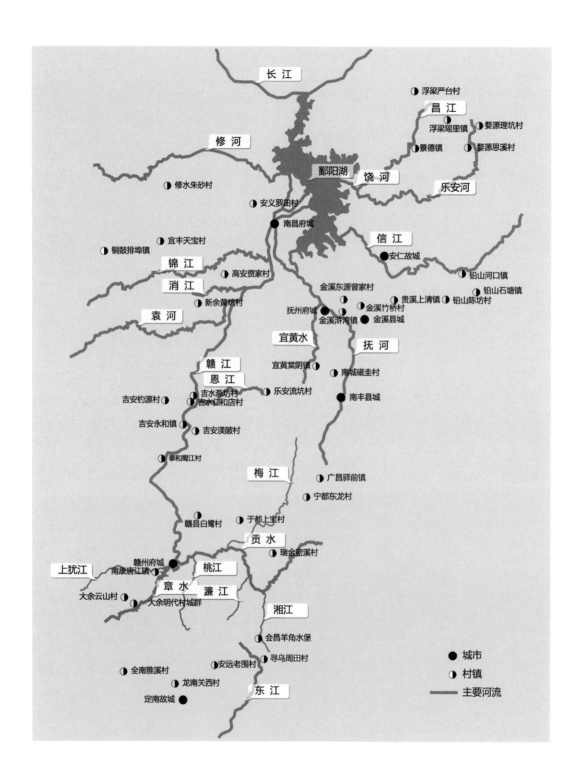

聚落名称	地点	形成年代	类型	面积(公顷)	人口(人)	保护等级(入选年份)	页码
南昌府城	南昌市	公元7世纪初	府城	650	224000	国家历史文化名城(1984年)	042
赣州府城	赣州市	公元552年	府城	305	56700	国家历史文化名城(1994年)	047
抚州府城	抚州市	公元874~879年	府城	1000	30000	江西省历史文化名城(2018年)	058
南丰县城	南丰县	公元837年	县城	80	10000	江西省历史文化名城(2018年)	063
金溪县城	金溪县	公元825~827年	县城	90	7000	江西省历史文化名城(2018年)	068
安仁故城	鹰潭市余江区锦江镇	公元860~874年	县城	75	10000	江西省历史文化街区(徽州巷、彭家巷、育仁门，2019年)	075
定南故城	定南县老城镇老城村	1569年	县城	18	5000	中国传统村落(2018年)	081
永和镇	吉安县	11世纪	市镇	50	3000	中国历史文化名镇(2014年)	123
渼陂村	吉安市青原区文陂乡	14世纪	村庄	15	3000	中国历史文化名村(2005年) 中国传统村落(2012年)	129
钓源村	吉安市吉州区兴桥镇	10世纪	村庄	18	800	中国历史文化名村(2010年) 中国传统村落(2012年)	136
燕坊村	吉水县金滩镇	14世纪	村庄	15	700	中国历史文化名村(2007年) 中国传统村落(2012年)	140
仁和店村	吉水县金滩镇	19世纪	村庄	0.5	6	江西省历史文化名村(2007年) 中国传统村落(2013年)	143
流坑村	乐安县牛田镇	10世纪	村庄	42	5600	中国历史文化名村(2002年) 中国传统村落(2012年)	145
蜀江村	泰和县马市镇	12世纪	村庄	8.5	1800	江西省历史文化名村(2012年) 中国传统村落(2016年)	153
浒湾镇	金溪县	15世纪	市镇	36	6000	中国历史文化名镇(2014年) 中国传统村落(浒湾村，2016年)	158
驿前镇	广昌县	12世纪	市镇	10	1200	中国历史文化名镇(2014年) 中国传统村落(驿前村，2012年)	165
棠阴镇	宜黄县	15世纪	市镇	33	5000	江西省历史文化名镇(2003年) 中国传统村落(解放村、建设村、民主村，2014年)	172
竹桥村	金溪县双塘镇	14世纪	村庄	42	1700	中国历史文化名村(2010年) 中国传统村落(2012年)	180
东源曾家村	金溪县琉璃乡	14世纪	村庄	16	860	中国历史文化名村(2014年) 中国传统村落(2014年)	189
磁圭村	南城县株良镇	10世纪	村庄	6	100	中国传统村落(2018年)	193
景德镇	景德镇市	1004年	市镇	4.5	153700	国家历史文化名城(1982年)	203

续表

聚落名称	地点	形成年代	类型	面积(公顷)	人口(人)	保护等级（入选年份）	页码
瑶里镇	浮梁县	15～16世纪	市镇	12	1700	中国历史文化名镇（2005年） 中国传统村落（瑶里村，2014年）	209
严台村	浮梁县江村乡	15世纪	村庄	9	1260	中国历史文化名村（2008年） 中国传统村落（2012年）	214
理坑村	婺源县沱川乡	15世纪	村庄	10	1200	中国历史文化名村（2005年） 中国传统村落（2012年）	218
思溪村	婺源县思口镇	13世纪	村庄	7	1270	中国历史文化名村（2014年） 中国传统村落（2013年）	223
河口镇	铅山县	15世纪	市镇	46	17000	中国历史文化名镇（2014年）	228
石塘镇	铅山县	1042年	市镇	31	2500	中国历史文化名镇（2014年） 中国传统村落（石塘村，2014年）	232
上清镇	龙虎山风景名胜区	1105年	市镇	36	4100	中国历史文化名镇（2007年）	236
陈坊村	铅山县陈坊乡	17世纪	村庄	18	2000	中国传统村落（2018年）	239
唐江镇	赣州市南康区	11世纪	市镇	130	21000	江西省历史文化街区（石板头、盐街上，2020年） 中国传统村落（卢屋村，2018年）	249
云山村	大余县左拔镇	15世纪	村庄	1.2	110	中国传统村落（2014年）	254
大余明代村城群	大余县	16世纪	村庄	—	—	中国传统村落（杨梅村，2018年）	258
白鹭村	赣州市赣县区白鹭乡	1136年	村庄	20	2075	中国历史文化名村（2008年） 中国传统村落（2012年）	265
上宝村	于都县马安乡	14世纪	村庄	3	435	江西省历史文化名村（2003年） 中国传统村落（2014年）	272
羊角水堡	会昌县筠门岭镇	1483年	村庄	7.2	1890	江西省历史文化名村（2014年） 中国传统村落（2014年）	277
关西村	龙南县关西镇	1237年	村庄	34	1110	中国历史文化名村（2010年） 中国传统村落（2012年）	284
东龙村	宁都县田埠乡	公元967年	村庄	50	2000	中国历史文化名村（2014年） 中国传统村落（2013年）	290
密溪村	瑞金市九堡镇	13世纪	村庄	10	1000	江西省历史文化名村（2003年） 中国传统村落（2013年）	293
雅溪村	全南县龙源坝镇	1830年	村庄	3.4	211	中国传统村落（2016年）	300
老围村	安远县镇岗乡	17世纪	村庄	54	1175	江西省历史文化名村（2003年） 中国传统村落（2012年）	306
周田村	寻乌县澄江镇	16世纪	村庄	28	1500	中国历史文化名村（2019年） 中国传统村落（2019年）	312

续表

聚落名称	地点	形成年代	类型	面积（公顷）	人口（人）	保护等级（入选年份）	页码
排埠镇	铜鼓县	17世纪	市镇	10.53	2613	江西省历史文化名镇（2009年）	321
朱砂村	修水县黄坳乡	17世纪	村庄	7.76	350	江西省历史文化名村（2014年） 中国传统村落（2014年）	325
罗田村	安义县石鼻镇	公元880年	村庄	14.6	1730	中国历史文化名村（2008年） 中国传统村落（2012年）	330
黄坑村	新余市渝水区水北镇	1325年	村庄	5	966	中国传统村落（2014年）	335
贾家村	高安市新街镇	14世纪	村庄	16.5	1200	中国历史文化名村（2007年） 中国传统村落（2012年）	339
天宝村	宜丰县天宝乡	11世纪	村庄	23	5000	中国历史文化名村（2010年） 中国传统村落（2012年）	346

参考文献

一、古代方志

[1] 于成龙.（清康熙）江西通志. 南昌. 1683.
[2] 刘坤一.（清光绪）江西通志. 南昌. 1881.
[3] 范涞, 章潢.（明万历）南昌府志. 南昌. 1588.
[4] 陈兰森, 王文涌.（清乾隆）南昌府志. 南昌. 1789.
[5] 徐午.（清乾隆）南昌县志. 南昌. 1794.
[6] 许应鑅, 王之藩.（清同治）南昌府志. 南昌. 1873.
[7] 陈纪麟, 汪世泽.（清同治）南昌县志. 南昌. 1870.
[8] 董天锡.（明嘉靖）赣州府志. 赣州. 1536.
[9] 魏瀛, 钟音鸿.（清同治）赣州府志. 赣州. 1873.
[10] 黄德溥, 崔国榜.（清同治）赣县志. 赣州. 1872. 1931铅字重印本.
[11] 许应鑅, 朱澄澜.（清光绪）抚州府志. 抚州. 1876.
[12] 刘绳武.（清道光）临川县志. 抚州. 1823.
[13] 柏春, 鲁琪光.（清同治）南丰县志. 南丰. 1871.
[14] 包发鸾.（民国）南丰县志. 南丰. 1924.
[15] 张希京.（清光绪）曲江县志. 曲江. 1875.
[16] 李云.（清道光）金溪县志. 金溪. 1823.
[17] 锡德.（清同治）饶州府志. 鄱阳. 1872.
[18] 朱潼.（清同治）安仁县志. 余江. 1872.
[19] 赖勋, 黄锡光.（清道光）定南厅志. 定南. 1825.
[20] 邵子彝.（清光绪）建昌府志. 南城. 1879.
[21] 李人镜.（清同治）南城县志. 南城. 1873.
[22] 德馨, 鲍孝光.（清同治）临江府志. 樟树. 1871.
[23] 暴大儒.（清同治）峡江县志. 峡江. 1871.
[24] 曾毓璋.（清同治）广昌县志. 广昌. 1867.
[25] 徐清选.（清道光）丰城县志. 丰城. 1825.
[26] 黄鸣珂.（清同治）南安府志. 大余. 1868.
[27] 叶滋澜.（清光绪）上犹县志. 上犹. 1893.
[28] 杨錞.（清光绪）南安府志补正. 大余. 1886.
[29] 钟焕, 曾钝. 东昌志. 江西省博物馆藏抄本, 年代不详.
[30] 定祥.（清光绪）吉安府志. 吉安. 1876.
[31] 陈汝桢.（清同治）庐陵县志. 吉安. 1873.
[32] 李正谊.（民国）吉安县志. 吉安. 1941.
[33] 宋瑛.（清同治）泰和县志. 泰和. 1878.
[34] 张兴言, 夏燮.（清同治）宜黄县志. 宜黄. 1871.

[35] 乔溎. （清道光）浮梁县志. 浮梁. 1832.
[36] 葛韵芬. （民国）婺源县志. 婺源. 1925.
[37] 蒋继洙. （清同治）广信府志. 上饶. 1873.
[38] 郑之侨. （清乾隆）铅山县志. 铅山. 1743.
[39] 张廷珩. （清同治）铅山县志. 铅山. 1873.
[40] 杨长杰. （清同治）贵溪县志. 贵溪. 1872.
[41] 沈恩华. （清同治）南康县志. 南康. 1872.
[42] 吴宝炬, 薛雪. 大庾县志. 大余. 1923.
[43] 颜寿芝. （清光绪）雩都县志. 于都. 1903.
[44] 黄瑞图. （清同治）安远县志. 安远. 1872.
[45] 王凝命. （清康熙）新修会昌县志. 会昌. 1675.
[46] 李本仁, 陈观酉. （清道光）赣州府志. 赣州. 1846.
[47] 孙瑞征, 胡鸿泽. （清光绪）龙南县志. 龙南. 1936.
[48] 黄永纶, 杨锡龄. （清道光）宁都直隶州志. 宁都. 1824.
[49] 张国英. （清光绪）瑞金县志. 瑞金. 1875.
[50] 沈涛. （清乾隆）长宁县志. 寻乌. 1749.
[51] 张汉. （民国）上杭县志 [M]. 上杭：启文书局，1939.
[52] 王维新. （清同治）义宁州志. 修水. 1873.
[53] 盛元. （清同治）南康府志. 庐山. 1872.
[54] 杜林. （清同治）安义县志. 安义. 1871.
[55] 骆敏修. （清同治）袁州府志. 宜春. 1874.
[56] 文聚奎, 祥安. （清同治）新喻县志. 新余. 1873.
[57] 黄廷金. （清同治）瑞州府志. 高安. 1873.
[58] 孙家铎. （清同治）高安县志. 高安. 1871.
[59] 朱庆萼. （清同治）新昌县志. 宜丰. 1872.
[60] 龙赓言. （民国）万载县志. 万载. 龙起沧. 1940.

二、现代方志

[1] 杨巧言. 江西省自然地理志 [M]. 北京：方志出版社，2003.
[2] 《遂川县志》编纂委员会. 遂川县志 [M]. 南昌：江西人民出版社，1996.
[3] 江西永丰县志编纂委员会编. 永丰县志 [M]. 北京：新华出版社，1993.
[4] 韩国栋. 江西省商业志 [M]. 北京：方志出版社，1998.
[5] 江西省广昌县县志编纂委员会. 广昌县志 [M]. 上海：上海社会科学院出版社，1994.
[6] 井冈山市志编纂委员会. 井冈山志 [M]. 北京：新华出版社，1997.
[7] 南昌市地方志编纂委员会. 南昌市志 [M]. 北京：方志出版社，1997.

[8] 赣州市地方志编纂委员会. 赣州市志 [M]. 北京：中国文史出版社, 1999.
[9] 抚州市志编纂委员会. 抚州市志 [M]. 北京：中共中央党校出版社, 1993.
[10] 江西省南丰县史志编纂委员会办公室. 南丰县志 [M]. 北京：中共中央党校出版社, 1994.
[11] 金溪县志编纂领导小组. 金溪县志 [M]. 北京：新华出版社, 1992.
[12] 江西省余江县志编纂委员会. 余江县志 [M]. 南昌：江西人民出版社, 1993.
[13] 江西省余江县地方志编纂委员会. 余江县志1986-2005 [M]. 北京：方志出版社, 2008.
[14] 定南县志编纂委员会. 定南县志 [M]. 定南. 1990.
[15] 江西省奉新县地名办公室. 江西省奉新县地名志 [M]. 奉新. 1983.
[16] 黎川县地名办公室. 黎川县地名志 [M]. 黎川. 1987.
[17] 南城县地名委员会. 南城县地名志 [M]. 南城. 1984.
[18] 婺源县地名委员会. 婺源县地名志 [M]. 婺源. 1985.
[19] 江西省吉水县地名办公室. 吉水县地名志 [M]. 吉水. 1987.
[20] 江西省靖安县地名志编辑部. 靖安县地名志 [M]. 靖安. 1986.
[21] 广昌县地名办公室. 广昌县地名志 [M]. 广昌. 1984.
[22] 金溪县人民政府地名办公室. 金溪县地名志 [M]. 金溪. 1986.
[23] 南丰县地名志办公室. 南丰县地名志 [M]. 南丰. 1985.
[24] 黄诗杰. 崇义县志 [M]. 海口：海南人民出版社, 1989.
[25] 吉安县志编纂委员会. 吉安县志 [M]. 北京：新华出版社, 1994.
[26] 吉安市地方志编纂委员会. 吉安市志 [M]. 珠海：珠海出版社, 1997.
[27] 吉安县人民政府地名办公室. 吉安县地名志 [M]. 吉安. 1987.
[28] 泰和县人民政府地名办公室. 泰和县地名志 [M]. 泰和. 1986.
[29] 宜黄县地名办公室. 江西省宜黄县地名志 [M]. 宜黄. 1985.
[30] 江西省纺织工业志编纂委员会. 江西省纺织工业志 [M]. 北京：中共中央党校出版社, 1993.
[31] 宜黄县志编纂委员会. 宜黄县志 [M]. 北京：新华出版社, 1993.
[32] 林景吾. 景德镇市志·第一卷 [M]. 北京：中国文史出版社, 1991.
[33] 景德镇市志编纂委员会. 景德镇市志略 [M]. 上海：汉语大词典出版社, 1989.
[34] 景德镇市地名委员会办公室. 江西省景德镇市地名志 [M]. 景德镇. 1988.
[35] 婺源县地名委员会办公室. 婺源县地名志 [M]. 婺源. 1985.
[36] 铅山县县志编纂委员会. 铅山县志 [M]. 海口：南海出版公司, 1990.
[37] 铅山县人民政府地名志办公室. 铅山县地名志 [M]. 铅山. 1985.
[38] 南康县志编纂委员会. 南康县志 [M]. 北京：新华出版社, 1993.
[39] 南康县地名办公室. 江西省南康县地名志 [M]. 南康. 1984.
[40] 江西省大余县志编纂委员会. 大余县志 [M]. 海口：三环出版社, 1990.
[41] 江西省赣县志编纂委员会. 赣县志 [M]. 北京：新华出版社, 1991.
[42] 安远县地名办公室. 安远县地名志 [M]. 安远. 1985.
[43] 胡春旺, 温运汉. 全南县志 [M]. 南昌：江西人民出版社, 1995.
[44] 王达观. 寻乌县志 [M]. 北京：新华出版社, 1996.
[45] 修水县地名办公室. 修水县地名志 [M]. 修水. 1988.
[46] 江西省安义县志编纂领导小组. 安义县志 [M]. 海口：南海出版公司, 1990.
[47] 新余市地方志编纂委员会. 新余市志 [M]. 上海：汉语大词典出版社, 1993.
[48] 江西省宜丰县地方史志编纂委员会. 宜丰县志 [M]. 上海：中国大百科全书出版社上海分社, 1989.

三、家族谱牒

[1] 馨德堂第四修委员会. 廖氏族谱. 定南. 1994.
[2] 永兴户六修理事会. 黄氏族谱. 定南. 1994.
[3] 赖得名, 赖榿生. 广昌梅驿赖氏重修族谱. 广昌. 1944.
[4] 佚名. 疏溪吴氏六修宗谱. 金溪. 1941.
[5] 余济武. 竹桥余氏家谱. 金溪. 1948.
[6] 曾纪会. 东源曾氏宗谱. 刻本. 金溪. 2003.
[7] 江芹藻. 诰峰道一堂济阳江氏宗谱. 浮梁. 1908.
[8] 俞隆圭. 泗水俞氏干同公支谱. 婺源. 1922.
[9] 佚名. 敦叙堂曹氏族谱. 南康. 曾秀文堂, 1923.
[10] 钟学琚. 宝溪钟氏八修族谱. 于都. 1943.
[11] 安远等合修. 颍川堂陈氏族谱. 安远. 1995.
[12] 佚名. 鲜水周氏续绍吉州新修族谱. 会昌. 1898.
[13] 龙南关西徐氏七修族谱理事会. 龙南关西徐氏七修族谱. 龙南. 1999.
[14] 佚名. 密溪罗氏六修族谱. 瑞金. 1908.
[15] 贾克玖, 贾水纲. 畲山贾氏十修族谱. 高安. 1996.

四、其他古籍

[1] 陈桥驿, 王东. 水经注[M]. 北京: 中华书局, 2016.
[2] 王祎. 青岩丛录 华川卮辞 续志林[M]. 上海: 上海古籍出版社, 2011.
[3] 陈振孙. 直斋书录解题·卷十二. https://zh.wikisource.org.
[4] 纪昀. 四库全书总目提要·卷一百九·子部十九·术数. https://zh.wikisource.org.
[5] 徐弘祖, 朱惠荣. 徐霞客游记校注[M]. 昆明: 云南人民出版社, 1985.
[6] 宋濂. 元史·卷八十八·志第三十八·百官四. https://zh.wikisource.org.
[7] 蓝浦, 郑廷桂, 连冕. 景德镇陶录图说[M]. 济南: 山东画报出版社, 2004.
[8] 张廷玉. 明史·卷一百五十·列传三十七. https://zh.wikisource.org.

五、政府文件

[1] 中华人民共和国国务院. 历史文化名城名镇名村保护条例. http://www.gov.cn.
[2] 全国历史文化名镇（名村）评选和评价办法（讨论稿）. http://www.mohurd.gov.cn.
[3] 中华人民共和国建设部, 国家文物局. 关于公布中国历史文化名镇（村）（第一批）的通知（建村〔2003〕199号）. http://www.mohurd.gov.cn.
[4] 住房和城乡建设部 文化部 国家文物局 财政部关于开展传统村落调查的通知（建村〔2012〕58号）. http://www.gov.cn.
[5] 住房和城乡建设部 文化部 财政部关于加强传统村落保护发展工作的指导意见（建村〔2012〕184号）. http://www.mohurd.gov.cn.
[6] 中华人民共和国住房和城乡建设部. 传统村落保护发展规划编制基本要求（试行）. http://www.mohurd.gov.cn.
[7] 江西省传统村落保护条例. http://www.fazhijx.com.
[8] 泰和县建设局, 苏州规划设计研究院. 泰和县螺溪镇爵誉村传统村落保护发展规划（2017-2030）[R]. 泰和. 2017.
[9] 于都县建设局. 江西省赣州市于都县马安乡上宝村中国传统村落档案[R]. 于都. 2015.
[10] 江西省城乡规划设计研究院. 龙南县关西镇关西（新围）历史文化名村保护规划[R]. 南昌. 2009.

［11］金溪县人民政府. 2019年金溪县主要经济指标完成情况. http：//www.jinxi.gov.cn.
［12］中国文物保护基金会. 拯救老屋行动. http：//www.ccrpf.org.cn.
［13］婺源县人民政府. 婺源县2020年1～7月主要经济指标. http：//gk.jxwy.gov.cn.

六、研究专著

［1］熊小群. 江西水系［M］. 武汉：长江出版社，2007.
［2］彭适凡. 江西通史1：先秦卷［M］. 南昌：江西人民出版社，2008.
［3］卢星，许智范，潘乐平. 江西通史2：秦汉卷［M］. 南昌：江西人民出版社，2008.
［4］周兆望. 江西通史3：魏晋南北朝卷［M］. 南昌：江西人民出版社，2008.
［5］陈金凤. 江西通史4：隋唐五代卷［M］. 南昌：江西人民出版社，2008.
［6］许怀林. 江西通史5：北宋卷［M］. 南昌：江西人民出版社，2008.
［7］许怀林. 江西通史6：南宋卷［M］. 南昌：江西人民出版社，2008.
［8］吴小红. 江西通史7：元代卷［M］. 南昌：江西人民出版社，2008.
［9］方志远，谢宏维. 江西通史8：明代卷［M］. 南昌：江西人民出版社，2008.
［10］梁洪生，李平亮. 江西通史9：清前期卷［M］. 南昌：江西人民出版社，2008.
［11］赵树贵，陈晓鸣. 江西通史10：晚清卷［M］. 南昌：江西人民出版社，2008.
［12］王鹤鸣，王澄. 中国祠堂通论［M］. 上海：上海古籍出版社，2013.
［13］曹树基. 中国移民史·第五卷·明时期［M］. 福州：福建人民出版社，1997.
［14］曹树基. 中国移民史·第六卷·清 民国时期［M］. 福州：福建人民出版社，1997.
［15］张振兴. 中国语言地图集（第2版）：汉语方言卷［M］. 北京：商务印书馆，2012.
［16］黄浩. 江西民居［M］. 北京：中国建筑工业出版社，2008.
［17］姚赯，蔡晴. 江西古建筑［M］. 北京：中国建筑工业出版社，2015.
［18］蔡晴. 基于地域的文化景观保护研究［M］. 南京：东南大学出版社，2016.
［19］顾朝林. 中国城镇体系——历史·现状·展望［M］. 北京：商务印书馆，1992.
［20］谭其骧. 中国历史地图集［M］. 北京：中国地图出版社，1982.
［21］闵忠荣，段亚鹏，熊春华. 江西传统村落［M］. 北京：中国建筑工业出版社，2018.
［22］万幼楠. 赣南传统建筑与文化［M］. 南昌：江西人民出版社，2013.
［23］马志武，马薇. 江西古桥建筑［M］. 南昌：江西人民出版社，2019.
［24］费赖之，冯承钧. 在华耶稣会士列传及书目［M］. 北京：中华书局，1995.
［25］江西省文物考古研究所，西北大学文化遗产学院，抚州市文物博物管理所，金溪县文物管理所. 江西抚河流域先秦时期遗址考古调查报告之二：金溪县［M］. 北京：文物出版社，2017.
［26］王金平，李会智，徐强. 山西古建筑［M］. 北京：中国建筑工业出版社，2015.
［27］王海松，宾慧中. 上海古建筑［M］. 北京：中国建筑工业出版社，2015.
［28］周銮书. 千古一村——流坑历史文化的考察［M］. 南昌：江西人民出版社，1997.
［29］黄志繁，廖声丰. 清代赣南商品经济研究［M］. 北京：学苑出版社，2005.

七、研究论文

［1］姚赯，蔡晴. 斯山 斯水 斯居——江西地方传统建筑简析［J］. 南方建筑，2016（1）：16-23.
［2］姚赯. 百川并流：江西传统建筑的地域特征［J］. 建筑遗产，2018（4）：62-68.
［3］刘志庆. 江西天主教教区历史沿革考［J］. 中国天主教，2015（3）：55-62.
［4］陈良文，杨开忠，吴姣. 中国城市体系演化的实证研究［J］. 江苏社会科学，2007（1）：81-88.

［5］谭其骧，张修桂．鄱阳湖演变的历史过程［J］．复旦学报（社会科学版），1982（2）：42-51．
［6］王天有，徐凯．明朝"州"的建设与特点［M］//纪念许大龄教授诞辰八十五周年学术论文集．北京：北京大学出版社，2007．
［7］彭适凡．再论古代南昌城的变迁与发展［J］．南方文物，1995（4）：86-98．
［8］冯长春．试论水塘在城市建设中的作用及利用途径——以赣州市为例［J］．城市规划1984（1）：38-42．
［9］吴薇．明清江西天主教的传播［J］．江西师范大学学报，2003（1）：54-59．
［10］蔡晴，姚赯．临水而居与枕水而居——婺源与江南滨水历史聚落空间特征的比较研究［J］．农业考古，2009（4）：306-312．
［11］蔡晴，姚赯，黄继东．堂祀与横居：一种江西客家建筑的典型空间模式［J］．建筑遗产，2019（4）：22-36．
［12］余庆民．江西乐平乡土戏台普查纪要——兼论乐平乡土戏台建筑艺术与历史传承及其文化成因［J］．南方文物，2009（4）：177-186．
［13］余家栋，陈定荣．吉州窑遗址发掘报告［J］．江西历史文物，1982（3）：1-24．
［14］李德金，蒋忠义．南宋永和镇的考察［R］．未刊稿，江西省博物馆提供．
［15］刘国宣．书籍史视阈下的《琉璃厂书肆记》［J］．图书馆理论与实践，2017（10）：107-112．
［16］兰昌剑，姚赯．一种传统砖石混合砌体形式与结构研究——以江西省金溪县传统建筑为例［J］．华中建筑，2017（9）：26-31．
［17］刘毅．明清陶瓷官窑制度比异［J］．南方文物，1992（4）：81-86．
［18］王光尧．明代御器厂的建立［J］．故宫博物院院刊，2001（2）：78-86．
［19］彭涛．明代宦官政治与景德镇的陶政［J］．南方文物，2006（2）：114-120+111．
［20］刘淼．清代官窑瓷业的技术成就与陶官制度［J］．中国社会经济史研究，2008（1）：56-62．
［21］陈宁，徐波．明清时期景德镇御窑厂督陶官的文献考察［J］．中国陶瓷工业，2011（4）：23-30．
［22］兰昌剑．基于传统产业的历史聚落保护：功能重构与形态修复——以铅山县石塘镇石塘上街—犁头尖地段为例［D］．南昌：南昌大学，2017，
［23］饶伟新．明清时期华南地区乡村聚落的宗族化与军事化——以赣南乡村围寨为中心［J］．史学月刊，2003（12）：95-103．
［24］方志远．明朝军队的编制与领导体制［J］．明史研究，1993（0）：35-44．
［25］蔡晴，姚赯．传统乡土聚落环境意义的解读——以高安贾家村为例［J］．农业考古，2012（4）：240-244．
［26］罗哲文．我国历史文化名城保护与建设的重大措施［J］．城市规划，1982（3）：1-5．
［27］银光灿．流坑文化旅游业可持续发展初探［J］．江西社会科学，2001（11）：118-123．
［28］黄志繁，黄郁成，邵鸿．农村旅游开发的"输入型"模式——以流坑村为例［J］．老区建设，2003（8）：6-7．
［29］刘小丽．陶瓷产业与景德镇城市发展问题研究［J］．陶瓷学报，2013（4）：511-516．
［30］张杰，贺鼎，刘岩．景德镇陶瓷工业遗产的保护与城市复兴——以宇宙瓷厂区的保护与更新为例［J］．世界建筑，2014（8）：100-103+118．

八、新闻报道

［1］中央电视台．鄱阳湖水位跌破8米进入极枯水期．https：//news.sina.com.cn．
［2］朱修林．北城区黄土岭古祠堂32栋预计7月底修缮完工．http：//www.xiushui.net．
［3］江西晨报．万载发现一大型明清古建筑群．http：//jx.sina.com.cn．
［4］杜宇蔚．流坑：千古第一村焕发新活力．http：//tour.jxcn.cn．
［5］中国江西网．1122龙南县关西村．http：//www.jxcn.cn．
［6］陈青峰，全斌华．金溪推进"拯救老屋行动"．http：//jxrb.jxwmw.cn．
［7］郭辉民，温凡．保护古村落，让乡村活出灵魂．http：//jxrb.jxwmw.cn．
［8］胡志骅．婺源县召开文化和旅游工作会议．http：//www.jxwy.gov.cn．

后记

本书作者的本职工作都是教师兼建筑师，从21世纪初开始主要以业余时间参与传统聚落保护工作，大约到2008年前后积累了一定资料，萌生了写一部书记录江西传统聚落的愿望。之后又过了8年，从2016年开始实际写作，有了更多的积累和更深刻的认识，写作任务也由单纯的记录演变为研究聚落及其保护。再经过4年的反复删改，终于完成此书。

本书的写作从一开始就得到已故中国民居大师黄浩先生的热情支持和鼓励。黄浩先生既是江西古建筑研究的开拓者，也是江西传统聚落保护的先驱者，1982年景德镇被公布为首批国家历史文化名城之时，黄浩先生正担任景德镇市建设行政部门负责人，为景德镇的聚落遗产保护做了大量工作。2003年后，黄浩先生又长期出任国家和江西省的历史文化名镇名村和传统村落的评审专家，以耄耋之年为江西的聚落保护贡献了晚年的大部分心力。本书作者有幸多次追随黄浩先生参与传统聚落考察和评审，深切感受了他对传统聚落保护的拳拳之心和真知灼见。黄浩先生不幸于2019年1月去世，本书的写作再也无法得到先生的指导，至为憾事。

本书的写作得到了以下单位的巨大帮助：

江西省住房和城乡建设厅、江西省文化和旅游厅、江西省文物局、江西省文物保护中心、江西省博物馆、江西省文物考古研究院、南昌大学建筑系、南昌大学设计研究院、江西省城乡规划设计研究总院、龙虎山风景名胜区管委会、南昌市自然资源局、赣州市城乡规划局、赣州市博物馆、景德镇市自然资源和规划局、抚州市建设局、抚州市文化局、抚州市文物博物管理所、吉安市自然资源局、吉安市博物馆、九江市自然资源局、宜春市自然资源局、新余市住房和城乡建设局、上饶市博物馆、安义县建设局、樟树市博物馆、丰城市建设局、万载县博物馆、万载县自然资源局、铜鼓县建设局、修水县建设局、高安市建设局、吉安县博物馆、吉水县博物馆、泰和县建设局、金溪县建设局、金溪县文物管理所、乐安县建设局、乐安县流坑管理局、广昌县建设局、广昌县博物馆、南城县建设局、南丰县建设局、南丰县博物馆、宜黄县建设局、赣县区建设局、南康区建设局、瑞金市建设局、龙南县建设局、宁都县建设局、于都县建设局、安远县建设局、大余县建设局、寻乌县建设局、乐平市博物馆、浮梁县建设局、铅山县博物馆、铅山县建设局、婺源县规划局等。

本书要特别感谢江西省住房和城乡建设厅村镇建设处从21世纪初开始的接连三任负责人：齐红先生、聂新民先生和熊春华先生。他们在近20年时间中，前后接力，薪火相传，始终高度重视名镇名村和传统村落的保护，在升职或退休之后仍然给予关心帮助，不仅有力推动了江西乡土历史聚落保护工作的持续开展，也为本书的研究工作提供了最直接的支持和帮助。

华南理工大学陆琦教授、中国建筑工业出版社李东禧先生在本书写作过程中提供了极具建设性的意见。江西省文物保护中心徐少平先生在百忙之中审阅书稿，提出大量宝贵意见，有效提高了本书质量。

江西省文物保护中心、南昌大学建筑系、南昌大学设计研究院、抚州市文化局、吉安县博物馆、泰和县建设局、铅山县博物馆等单位为本书提供了珍贵测绘图纸和照片。南昌大学建筑系校友、江西省华杰建筑设计院有限公司黄继东先生为本书作者的调研工作提供了关键帮助，拍摄了大量重要照片，并参与部分调研。景德镇市自然资源和规划局邹虚怀先生、江西浩风建筑设计院有限公司张义锋先生为本书提供了珍贵照片。南昌大学建筑系同事李焰、周志仪、江婉平、马凯、张所根、苏东宾，南昌大学设计研究院同事郭晔、唐生财，以及研究生兰昌剑、黄昊盛参与了部分调研工作。研究生赵梓铭、陶文茹参与了插图绘制。

对以上各位先生和单位的无私帮助与指导，本书作者在此一并表示最衷心的谢忱。

最后，向中国建筑工业出版社的各位编辑表示真诚的感谢和敬意，正是在他们不懈的努力与热忱的推动之下，本书终于得以完成。

图书在版编目（CIP）数据

中国传统聚落保护研究丛书. 江西聚落 / 姚赯，蔡晴著. —北京：中国建筑工业出版社，2021.7
ISBN 978-7-112-26084-3

Ⅰ.①中… Ⅱ.①姚…②蔡… Ⅲ.①乡村地理—聚落地理—研究—江西 Ⅳ.①K928.5

中国版本图书馆CIP数据核字（2021）第074485号

本书基于田野调查和历史文献，对江西传统聚落的营建特征进行了概括，重建了江西古代城市体系的形成过程，对具有代表性的7座古代府县城市、39个传统村镇以及江西南部特有的明代村城群进行了深入研究，对传统聚落与环境的关系、组成聚落的社群及其领袖、聚落空间形态的特征和形成过程等问题进行了系统解读，以揭示江西传统聚落"百川并流"的多样性，并通过对当代江西传统聚落保护历程以及8个实际保护案例的研究，进而为传统聚落的保护提供一种方法论：基于解读的方法。本书可供建筑、城乡规划、风景园林、人文地理、文物保护等相关专业的读者及文化旅游爱好者参考阅读。

扫一扫
观看本卷聚落视频资源

责任编辑：贺　伟　胡永旭　唐　旭　吴　绫　张　华
文字编辑：李东禧　孙　硕
书籍设计：付金红　李永晶
责任校对：王　烨

中国传统聚落保护研究丛书
江西聚落
姚赯　蔡晴　著

*

中国建筑工业出版社出版、发行（北京海淀三里河路9号）
各地新华书店、建筑书店经销
北京锋尚制版有限公司制版
北京富诚彩色印刷有限公司印刷

*

开本：889毫米×1194毫米　1/16　印张：27½　插页：9　字数：718千字
2022年12月第一版　　2022年12月第一次印刷
定价：298.00元（含视频资源）
ISBN 978-7-112-26084-3
（36718）

版权所有　翻印必究
如有印装质量问题，可寄本社图书出版中心退换
（邮政编码 100037）